कविता का अर्थात्

कविता का अर्थात्

परमानन्द श्रीवास्तव

वाणी प्रकाशन

वाणी प्रकाशन

4695, 21-ए, दरियागंज, नयी दिल्ली 110 002

शाखा

अशोक राजपथ, पटना 800 004

फ़ोन: +91 11 23273167 फ़ैक्स: +91 11 23275710

www.vaniprakashan.in
vaniprakashan@gmail.com

KAVITA KA ARTHAT
by Parmanand Shrivastava

ISBN : 978-81-8143-926-0
Criticism

प्रथम (वाणी) संस्करण 2008, 2014
आवृत्ति संस्करण 2015

मूल्य : ₹595

आवरण : सतीश वर्मा

शुभम् ऑफसेट, दिल्ली-110 032 में मुद्रित

वाणी प्रकाशन का लोगो मक़बूल फ़िदा हुसेन की कूची से

शमशेर बहादुर सिंह
नागार्जुन
और रघुवीर सहाय को
याद करते हुए

छुपे हुए छापाख़ाने को खोजो
जहाँ कि चुपचाप ख़यालों के पर्चे
छपते रहते हैं [बाँटे जाते]
इस संस्था के मन्त्री को खोजो
शायद, उसका ही नाम हो आस्था
कहाँ है सरगना इस टुकड़ी का
कहाँ है आत्मा !

—मुक्तिबोध

अनुक्रम

भूमिका

'शब्द और मनुष्य' / 'समकालीन कविता का यथार्थ' (1983) के बाद *कविता का अर्थात्* (1999) तक आने में दस साल का जो समय बीता है वह यों तो सब जगह की तरह हमारे यहाँ भी मूल्य, विचारधारा, भविष्य-स्वप्न और विश्वदृष्टि के लोप से उत्पन्न संकट, मानवीय स्वतंत्रता या मानवीय अस्तित्त्व के संकट, पूँजी हिंसा के वर्चस्व, माध्यमों के विस्फोट आदि से उत्पन्न संकट, उपभोक्तावाद के प्रभुत्व से प्रेरित संकट—इनके चलते कला और संस्कृति के लिए कठिन समय के रूप में जाना गया, पर उसने बहुत गहरे स्तर पर भाषायी अभिव्यक्ति के सर्वोत्तम रूप कविता और कविता की आलोचना के लिए भी नयी चुनौती पैदा की। दृश्य यह है कि समूची दुनिया जीवन और अस्तित्त्व के रहस्य खोकर एक भयावह मंडी में बदल गयी है जहाँ मूल्य और विचार भी बिकने के लिए अभिशप्त हैं। जो ताक़तवर हैं उनका आंतक सब ओर छाया है। वे धर्मांधता और साम्प्रदायिकता को वैध, हिंसा को सुंदर और हत्या को कलात्मक बनाकर उन्हें बिकाऊ चीज़ के रूप में तब्दील कर सकते हैं और एक सांस्कृतिक विचार को निरीह तकनीक में सीमित कर सकते हैं। आस्वाद की निजता की जगह उपभोगवाद प्रेरित सामूहिक सहमति या अनुकरणशीलता ने ले ली है। कविता और कविता की आलोचना के सामने यह नया यथार्थ या उत्तर आधुनिक यथार्थ एक नयी चुनौती है।

महान और क्षुद्र के द्वंद्व में फँसी बीसवीं शताब्दी बीत रही है और कठिन समय महज़ कविता या साहित्यिक विमर्श का मुहावरा नहीं रह गया है। इस बीच सत्ताएँ अधिक क्रूर हुई हैं और विकल्पहीनता उन्हें सुरक्षित रखती आयी है। सत्ता संस्कृति बाज़ार के बीच जो नये समीकरण बन रहे हैं वे किसी भी गंभीर साहित्यिक विमर्श को संदिग्ध बताकर हाशिये की ओर ठेल रहे हैं। कविता कवियों और कुछ ख़ास पाठकों को छोड़कर किसकी चिंता है, कहना कठिन है। फिर भी कविता का कोई अलक्षित पाठक है ज़रूर, जिससे उसका संवाद बना हुआ है। राजनीति से उम्मीद नहीं है पर इस स्थिति में भी राजनीतिक कविता से थोड़ी बहुत उम्मीद रखने वाले पाठक कहीं न कहीं हाशिये पर ज़रूर हैं। यदि आज राजनीतिक कविता जैसी कोई चीज़ है तो ऊपरी अवधारणात्मक लाक्षणिकता के आधार पर नहीं, छोटी

और मामूली चीज़ों में निहित राजनीतिक अभिप्राय या मर्म के कारण। जो एक नैतिक काव्यात्मक विज़न के अभाव में असंभव है।

कविता और समाज का रिश्ता यदि पहले से जटिल और संवेदना विचार के स्तर पर अधिक उलझा हुआ और अप्रत्याशित रूप से तनावपूर्ण है तो क्या पहले की तुलना में कविता की संरचना और उसके आस्वाद में कोई मौलिक बदलाव आया है! कविता अपने लिए क्या सच्चे अर्थों में एक नया 'स्पेस' खोज रही है या कविता के सर्वथा ज्ञात मुहावरे में ही अपनी जैसी तैसी जगह बनाकर संतुष्ट है! यहाँ कविता में समय और समय में कविता को देखने की कोशिश मेरे लिए एक अर्थ में उत्तेजक अनुभव है—ख़ासकर इसलिए कि यह सीधे बिंब प्रतिबिंबात्मक संबंध की जगह जटिल तनावपूर्ण संदर्भ पर आधारित है। 'कविता का अर्थात्' शीर्षक संकेत है कि इस नये पाठ या विमर्श में जो चुनौतियाँ दिखाई दे रही हैं, वे कविता से एक वृहत्तर अर्थात् की माँग करती हैं। कविता में अनलिखा उपन्यास मुक्तिबोध का अपना अनुभव था। कविता में उपन्यास जैसे स्पेस की खोज गद्य और कविता के बीच एक विलक्षण रिश्ते का संकेत है। आज कविता की आलोचना के सामने संरचना का एकाग्र पाठ ही ज़रूरी कार्यभार नहीं है, सभ्यता समीक्षा के रूप में संरचना में निहित समय और यथार्थ की पहचान एक नैतिक ज़िम्मेदारी है। मेरे लिए आलोचना के रूप में यह कोशिश ही आलोचक का अपना संघर्ष भी है। दूसरे शब्दों में एक खोज। एक अनथक जिज्ञासा।

आसान समझौते या सहमति से लिखी कविताएँ छपते ही निरर्थक हो जाती हैं। कई बार सकारात्मक हताशा या नकार से, कभी कौतुक और खिलंदड़ेपन से ऐसी महत्त्वपूर्ण कविता संभव हो पाती है जिसे सच्चे अर्थों में 'बहुवस्तुस्पर्शी' कहा जा सके। कविता को एक अनहोनी एक अतिरेकी काव्य विडंबना के लिए भी तैयार रहना पड़ता है। सौंदर्य और आनंद की अवधारणाएँ ही नहीं बदली हैं—दृश्य पर ऐसी ताक़तें मौजूद हैं जो उन्हें मनमाने ढंग से मनुष्य के विरुद्ध इस्तेमाल कर सकती हैं। इस अर्थ में एक वैकल्पिक सौंदर्यशास्त्र कविता की ज़रूरत हो सकता है। काव्याभिरूचि के सेंसर्स अभी भी प्रबल हैं। उन्हें तोड़ने के लिए कौन-से कवि आगे दृश्य पर आएँगे, अभी इसका कोई पूर्वानुमान भी कठिन है। अधिकतर कवि मध्यवर्गीय संवेदना के कवि हैं और भद्रवर्गीय संस्कार अनजाने ही उनकी सीमाएँ बनते हैं।

'कविता का अर्थात्' का काफ़ी बड़ा हिस्सा अप्रकाशित है और पहली बार यहीं उपलब्ध है। शायद यह प्रासंगिक लगे कि पिछले दिनों जब यह पांडुलिपि अधूरी थी और लिखने का सिलसिला जारी था, घर के बहुत निकट के तटबंध के टूटने का डर दूरदर्शन के विदेशी चैनल और अपने सब प्रचार-प्रसार के माध्यम बता और दिखा रहे थे। यह शताब्दी की पहली कही जाने वाली बाढ़ का इस शहर

पर पहला हमला था। गाँव में जो ऐसी छोटी-बड़ी त्रासदी के अभ्यस्त हैं, उनके लिए भी यह एक न समझ में आने वाली दुर्घटना थी। सरकार या सरकारें नहीं थीं, प्रशासन नहीं था, सुरक्षा नहीं थी, ख़बरों अफ़वाहों में फ़र्क़ करना कठिन था। लोग भाग रहे थे। लगा कि डूबना ही है। फिर क्या-क्या बचाएँगे। यह पांडुलिपि। पत्र। कविताएँ। मूल्यवान किताबें। या कुछ भी नहीं। दक्षिणांचल डूबा। उत्तरांचल बच गया। असहाय। अपमानित। शहर में जिधर से पानी आ रहा था उसकी तेज़ धारा का अनुमान कठिन था। रेलमार्ग सड़क-मार्ग बंद। डर आकर घरों में पास-पड़ोस में लोगों के मन में पसरा पड़ा था। कहना कठिन है कि इस तनाव ने आलोचना के लिए आलोचना के व्याकरण के लिए क्या समस्याएँ पैदा कीं! यह टिप्पणी प्रसंगहीन लगती है पर मुझे इस भूमिका के अंत में ज़रूरी लगी। इन्हीं दिनों पुस्तक का नाम 'कविता का अर्थात्' तय हुआ। इस पर पहली पसंद कवि अरुणकमल और कथाकार अलका सरावगी ने जताई कि कविता का एक अपना अर्थात् तो होना ही चाहिए। वह एक वृहत्तर अर्थात् भी हो सकता है, जो निराला का है।

—परमानंद श्रीवास्तव

कविता का अर्थात्

कि पुच्छल तारों का रास्ता होता है कवियों का रास्ता
बहुत लंबी कड़ी कारणत्व की—
यही उसका सूत्र ! ऊपर उठाओ माथा—
निराश होना होगा तुम्हें
कि कवियों के ग्रहण का
पूर्वानुमान नहीं लगा सकता कोई पंचांग

कवि वह होता है जो मिला देता है ताश के पत्ते
गड्डमड्ड कर देता है भार और गिनती
कवि वह होता है जो पूछता है स्कूली डेस्क से
जो कांट का भी खा डालता है दिमाग़

—मारीना त्स्वेतायेवा

जब उत्तरोत्तर क्रूर, बर्बर और जटिल होते समय में *कविता* और *कवि* के लिए जगह बहुत *सीमित सिकुड़ी हुई* जान पड़े, कविता की वापसी या पुनः प्रतिष्ठा के किसी संघर्ष में कविता और महान कविता के बहुत सारे सिद्धांत निरर्थक जान पड़ेंगे। ऐसे गंभीर संकट के दौर में *कविता कविता* को बचाएगी। पर प्रकारांतर से वही *मनुष्य* को भी बचाएगी। ऑक्तोवियो पॉज़ जैसे कवि अगर हमारे समय में पूछते हैं—कि *कविता कौन पढ़ता है* ! तो हमारे समाज को बहुत अधिक जानने वाले और नितांत सामान्यीकरणों से संतुष्ट हो जाने वाले कवियों को और कविता के पाठकों को भी उलझन में डाल देते हैं। एक अपेक्षाकृत सरल और एक अधिक जटिल, जैसे मैथिलीशरण गुप्त और निराला को शायद यह ठीक-ठीक पता हो कि उनकी कविता कौन पढ़ता है, हमारे समय के कवि उस अर्थ में यह दावा नहीं कर सकते कि उनके पाठकों के नाम, ठिकाने, स्वभाव उन्हें ज्ञात ही हैं। कविता पढ़ी जाती है और समाज में अपना काम चुपचाप कर भी रही होती है, यह अंशतः

सच हो सकता है—पर जैसा समय है—*सम्प्रेषण* के जैसे सर्वसुलभ मूल्यों तक को वस्तुओं की तरह बेच लेने वाले प्रचंड आक्रमणकारी *माध्यम* हैं—यह जवाब हम आसानी से नहीं दे पाएँगे कि कविता कौन पढ़ता है!

अपने इस कठिन समय को देखें तो दो तरह की कविताएँ पहले ध्यान में आती हैं—डर, हादसे, तनाव, मृत्यु, संदेह, अनिश्चय की कविताएँ और प्रेम, उम्मीद, स्मृति, करुणा राग और कई बार एक सर्वसम्मत यक़ीन की कविताएँ। इनमें किसी तरह की कविता के बारे में नहीं कहा जा सकता कि यहाँ झूठ बोला जा रहा है। हादसे भी सच हैं और उम्मीद भी एक तरह का सच है। झूठ वहाँ है जहाँ इन्हीं अनुभवों की बनी-बनाई शिल्पगत रूढ़ियाँ हैं। अनुभव हर स्थिति में जहाँ महज़ शिल्पगत रूढ़ि है वहीं झूठ है। वही हमारे समय को उसकी जटिल भयावह सच्चाइयों में देखने से इंकार है। वही *काव्यानुभव* के रूप में तरह-तरह से दुहराया जाने वाला अनुभव है और इसी तर्क से *काव्यानुभव* है ही नहीं। *काव्यानुभव* वह तभी है जबकि कवि की निजी खोज, निजी संघर्ष से संपन्न कविता को नया रूप, नया तात्पर्य, नयी संभावना वाला *'अर्थात्'* देने का साहस उसमें मौजूद हो। कविता सबकुछ सब सामाजिक सरोकार आशय एकबारगी बता भर न दे रही हो, हमें उसी अनुभव से उलझने योग्य और उत्सुक भी बना रही हो।

लोकतंत्र का संकट बहुत कुछ जाना-पहचाना है। आज वह लगभग राजतंत्र और तानाशाही के ज्ञात-अज्ञात रूपों में घुलमिल गया है। व्यवस्था वह अमूर्त चट्टान है जो एक जगह दिखायी नहीं देती। बहुत हद तक सार्वभौम सर्वग्रासी है। एक महत्त्वपूर्ण कवि हत्या के बहाने इस निर्मम क्रूर सच को बताता है कि ''हत्या के तंत्र का विकास यह है कि सभी तार मिल जाते हैं / एक सी संवेदना के''— पर यदि यही सच है कि एक-सी संवेदना के सब तार मिलते ही निष्क्रिय और निष्प्रभावी हो जाते हैं और हत्यातंत्र पर कोई चोट नहीं कर पाते—फिर क्या हम यह मान लें कि हताशा सर्वसम्मत है और विकल्प को लेकर ही मतभेद है। जिन दो तरह की कविताओं का ज़िक्र पहले किया गया है उनके चरित्र, संरचना और संदेश से और अधिक उलझने की ज़रूरत है। सूचना संसार के सारे माध्यम सुख-दुख का एक सर्वमान्य संस्करण बनाते हैं और एक सुख को दूसरे सुख से, या एक दुख को दूसरे दुख से अलग करना कठिन होता जाता है। चीज़ों के दाम रातों-रात कितने भी बढ़ जाएँ, अब इस मुद्दे पर कोई विरोध नहीं। बस समाज पर एक *'भयानक चुप्पी छाई है'* (रघुवीर सहाय)। सुरक्षा का बस एक तर्क आदमी के पास बचा है कि 'जो मारे जाएँगे' उनमें 'वे नहीं होंगे'। खाते-पीते लोगों की एक भरी पूरी दुनिया है—*खुशहाली*, होटलों के आसपास *खिली रोशनी* भीड़ दूर तक चमकते चेहरे। आलोकधन्वा अगर यह दृश्य देखते हुए लिखते हैं—''कभी लिखेंगे कवि इसी देश में / इन्हें भी घटनाओं की तरह''—तो डर भी जाते हैं कि

हादसों की, मृत्यु की, हत्या की, हिंसा की घटनाओं पर शायद यही कवि नहीं लिख रहे होंगे। एक झूठ सर्वमान्य सच हो चुका होगा और असहमति या इंकार की कविता के लिए आने वाले समय में जगह न होगी।

डर के बावजूद। होना कुछ और भी है। आज कविता में खंड-खंड *स्मृतियाँ* हैं जिन्हें महज़ *नास्टेल्जिया* के खाते में डालना संभव नहीं। स्मृतियाँ भी *प्रतिरोध* हैं—एक अधिक नैतिक *साहसपूर्ण प्रतिरोध*। और अब वे ही धीरे-धीरे कविता में वृत्तांत रच रही हैं। छोटे-बड़े वृत्तांत इधर की कविता में जहाँ भी हैं, परिचित ढर्रे में बँधे काव्यशास्त्र के लिए चुनौती हैं। मितव्यय का मर्म जानने वाले कवि आज पूरे दृश्य पर कम नहीं हैं। आलोकधन्वा जैसे कवि 'गोली दागो पोस्टर', 'जनता का आदमी' जैसी कविताएँ लिखने के बाद कई बार 'मिनिएचर' लिख रहे हैं। दूसरी ओर लीलाधर जगूड़ी, विष्णु खरे जैसे कवियों के यहाँ *वृत्तांत* के विविध रूप हैं। फैलाव या *स्फीति* को एक ज़रूरी काव्ययुक्ति या काव्यात्मक जिम्मेदारी के रूप में देखने के लिए समाज संरचना से कविता के जटिल रिश्ते को अधिक गंभीरता से लेना चाहिए। *'कविता का अर्थात्'* यदि अपने आप में सम्यक संभावनायुक्त अर्थपद है तो वह हमें कविता के भविष्य और भविष्य के समाज पर विचार करने के लिए प्रेरित कर सकता है। एक ओर ज़रूरी है कि हम कविता में ही कविता की व्याख्या को देखें। कविता अपने आप में एक पूरी व्याख्या भी हो। कविता में निहित समाज या गहरी सामाजिकता की शक्लें पहचान सकें। जिन दो तरह की कविताओं की चर्चा ऊपर की गयी है, उनसे अलग भी कविताएँ लगातार लिखी जा रही होंगी। इसलिए कोटियाँ बनाना या वर्गीकरण करना तदर्थ आलोचना जैसा काम हो सकता है, कविता की ठीक पहचान इस तरह नहीं बन सकती है। इसमें क्या संदेह है कि कविता के रूप में कविता के नाम पर जो कुछ छपकर उपलब्ध है उसमें अधिकतर एक *रीति* है। एक ही रीति नहीं, कई तरह की रीतियाँ। चिंता हो सकती है तो इसी नये पुराने रीतिवाद को लेकर। जो रीति को सचमुच तोड़ रहे होते हैं, उन्हें आसानी से स्वीकृति नहीं मिलती। जाँच इस तरह भी उन्हीं से उलझते हुए, उन पर एकाग्र होते हुए होनी चाहिए कि इस *तोड़-फोड़* से कविता को क्या हासिल हुआ और *उसका अर्थात्* कितना विशद और विस्तृत हुआ। नहीं हुआ तो समझना चाहिए कि यह तोड़-फोड़ भी नयी रीति है। रघुवीर सहाय कविता और कविता-भाषा की तोड़-फोड़ से बड़ा काम लेते हैं। कविता भी अपनी लगातार नयी पहचान बनाती है और कविता का *अर्थात्* भी एक वृहत्तर परिप्रेक्ष्य पाना चाहता है। कुँवर नारायण के यहाँ ऐसी तोड़-फोड़ नहीं है। एक नितांत क्लासिकी संगठन के भीतर ही वे कविता को पूर्णतः वृहत्तर *अर्थात्* देना चाहते हैं। क्लासिकी अनुशासन में भी कुँवर नारायण की कविता बग़ैर बताए जिस युक्ति पर लगातार निर्भर है वह यही *'अर्थात्'* है। उनकी कविता 'उनके पश्चात्' को रुक-रुक कर पढ़ें और देखें

कि गद्य कविता में किस हद तक काम आता है! और चाहें तो जगह-जगह 'अर्थात्' जैसा शब्द रखकर देखें कि गद्य कविता की परस्पर आवाजाही में यह क्यों एक सार्थक युक्ति है!

कुछ घटता चला जाता है मुझमें
उनके न रहने से जो थे मेरे साथ।

मैं क्या कह सकता हूँ उनके बारे में अब
कुछ भी कहना एक धीमी मौत सहना है।

मैं हूँ कि मेरी जगह कोई और
कर रहा उनके किए धरे पर ग़ौर?

सौ साल बाद
परस्पर सहयोग से प्रकाशित एक स्मारिका
पारंपरिक सौजन्य से आयोजित एक शोकसभा :

किसी पुस्तक की पीठ पर
एक विवर्ण मुखाकृति
विज्ञापित
एक अविश्वसनीय मुस्कान !

ब्राड्स्की ने रूसी कवि मारीना त्स्वेतायेवा की कविता में गद्य कविता के रिश्ते को समझाने की कोशिश में यह सवाल पूछा है—एक गद्य लेखक कविता से क्या सीखता है? ब्राड्स्की का उत्तर है—किसी एक दुनिया के ख़ास गुरुत्वाकर्षण के संदर्भ पर *निर्भरता, एकाग्र सोच, स्वतः प्रत्यक्ष से बचाव* और वे ख़तरे जो मस्तिष्क की उन्नति जैसी अवस्था में छिपे होते हैं। और एक कवि गद्य से क्या सीखता है—ज़्यादा नहीं : *ब्यौरों पर ध्यान, बोलचाल की भाषा, कामकाजी ढंग,* और विरल उदाहरणों में एक तरह का *संयोजन विवेक* (संगीत जिसका सर्वोत्तम शिक्षक है)। ये तीनों चीज़ें कविता के अपने अनुभव में भी मौजूद हो सकती हैं। पर गद्य है कि उसके बग़ैर कवि का काम नहीं चल सकता। इस तर्क से देखें तो 'अर्थात्' की व्यंजना क्या है? एक अर्थ में कविता का गद्य। कविता में ही निहित कविता का गद्य। एक अर्थ में वह कविता का अर्थविस्तार है। सामाजिक आशय। त्स्वेतायेवा की कविता की जिस 'विरल लयात्मकता' या विलक्षण 'ध्वनि संयोजन' की बहुत चर्चा की जाती है उसमें *'अर्थात्'* की गूँज भरी हुई है। इस युक्ति से भी कविता में एक नया तनाव पैदा होता है।

संदेसडउ सवित्थरउ, पर मइ कहणु न जाइ
जो कालंगुलि मूंदडउ सो बाहडी समाइ

देखें कि एक अपभ्रंश कवि का काम एक भले ही किसी प्रच्छन्न *'अर्थात्'* के बग़ैर नहीं चलता है। कथित और व्यंजित के बीच की अनोखी संधि। कथित का विस्तार। सब किसी अंतर्न्याय से इस एक युक्ति से ही सधते हैं। अपभ्रंश का कवि जब कहता है कि *संदेश सविस्तर* है और कहा नहीं जाता, पर तुरंत ही कहने लगता है—'अर्थात्' यह जो कनगुरिया की मुंदरी थी, वह बाँह में समा जाती है तो यह *व्यंग्य* महज़ पूरक कामकाजी वाक्य का निर्वाह नहीं है, वह *रूप दृश्य बिंब* भी इसी कहने, न कहने और कहने तथा अधिक कहने की दुविधा में छिपी युक्ति है।

केदारनाथ सिंह की कविता 'बाघ' एक ऐसी लंबी प्रबंधात्मक कविता के रूप में पढ़ी जा रही है जिसमें क्रमिक वस्तु-जैसा कुछ नहीं है। पढ़ने वाले उसे इक्कीस कविताओं के एक चयन के रूप में भी पढ़ रहे हैं। पर इसकी संरचना में ही जाने-अनजाने एक *कथा-लय* है, एक तरह की *प्रच्छन्न अर्थसंगति* जिसमें असंगतियाँ धड़कती हैं। न ठस तारतम्य है, न अतार्किक अराजकता। इसकी पूरी बनावट और वाक्य लय में इस 'अर्थात्' की अनोखी गूँजें हैं—इस छूट के साथ कि अर्थांतर भी वर्ण्य नहीं है। *'क्योंकि' 'इसलिए' 'इस तरह' 'और'* इन सब प्रयोगों में झंकृत होता है यह *'अर्थात्'*। आरंभिक वक्तव्य में केदार के शब्द हैं—'इस पूरी काव्यशृंखला में मेरी एक कोशिश लगातार यह रही है कि बाघ को किसी एक बिंदु पर इस तरह *कीलित न किया जाए* कि वह अपनी ऐंद्रिक मूर्त्तिमत्ता को छोड़कर किसी एक विशेष प्रतीक में बदल जाए। इसलिए शृंखला की *हर कड़ी* में बाघ *एक नये बाघ की तरह* आता है—और लगभग हर बार अपने बाघपन के एक नये अनुषंग के साथ।' यहाँ *'आमुख'* जैसी पहली कविता में *'कि'* शब्द से शुरू होने वाले हर वाक्य में *'अर्थात्'* की-सी गूँज या *अर्थध्वनि* है :

कि कितने अभिन्न हैं
मेरे समय के पंजे
मेरे नाख़ूनों की चमक से
कि मेरी आत्मा में जो ख़ुशी है
असल में वही है
मेरे घुटनों में दर्द

कि इस समय मेरी जिह्वा पर
जो एक विराट् झूठ है
वही है—वही है मेरी सदी का
सबसे बड़ा सच।

लालाधर जगूड़ी और विष्णु खरे एक जैसे कवि नहीं हैं पर दोनों की लंबी कविताएँ इस *'अर्थात्'* जैसी काव्ययुक्ति को अत्यंत विस्तृत फलक पर, विस्तृत परिदृश्य में चरितार्थ करने में सक्षम हैं। विष्णु खरे लगातार अहसास कराते हैं कि उन्हें कविता की शुद्धता परिष्कार संगठन से लेना-देना नहीं हैं, सारे जटिल त्रासद अनुभव वृत्तांत सपाटता में लिख लेने हैं। *अपस्फीति* का ख़तरा उठाकर ही नहीं, *अपस्फीति* को अपनी कविता की *अनिवार्यता* बताकर विष्णुखरे *'बंगले', 'घर', 'लालटेन जलाना'* जैसी कविताएँ लिख सके हैं जिन्हें जटिलतम दौर का जटिलतम महाकाव्यात्मक रूपक कहा जा सकता है। यहाँ *तनाव* निरंतर और अनिवार्य है। इस जटिल उलझाव और अंतर्गुम्फन में इस काव्ययुक्ति को देखें—"यह समझाना कठिन है कि आख़िर कोई लालटेन/अच्छी तरह क्यों जलाई जाए/ वह अल्पायु में शुरू हुआ एक आजीवन ख़ब्त भी हो सकता है/लेकिन लालटेन जलाने का लुत्फ़ मुख्यत: तेल से है /और उसमें उतनी ही केंद्रीय भूमिका अच्छी बत्ती/और शायद उससे भी ज़्यादा/उम्दा साफ़ किए गए काँच की है/भलाई इसी में है कि बत्ती से बेवजह छेड़छाड़ न की जाए/..." स्वत: चालित लेखन जैसी त्वरा से चलने वाली कविता में जहाँ काव्यात्मक *विडंबना* का *चरम क्षण* है उसे भी महज़ एक बार नहीं आना है। गुस्सा क्षोभ और ट्रैजिक अहसास में भ्रामक ढंग से अचानक प्रकट होना है। जगूड़ी छोटी लंबी कविता में बुनियादी फ़र्क़ नहीं मानते हैं। उन्हें यह कहना ज़रूरी जान पड़ता है कि "अच्छी *छोटी कविता* भी अपने *आशय* में *बड़ी* हो सकती है और खराब *लंबी कविता* लंबी होकर भी अपने आशय में *छोटी* हो सकती है।" महत्त्वपूर्ण है उनका यह संकेत—कि छोटी कविता में Essence *सारबिंदु* से काम चल जाता है जबकि *लंबी कविता अनुभव* को पुनरुत्पादित करती है और उसे तार्किक रूपांत तक पहुँचाती है। वह कहानी उपन्यास नाटक के सारतत्त्व से बनती है। यहाँ—*नरक में* की आवृत्ति में एक अनंत अलिखित 'अर्थात् क्रम है—

नरक में आकाश नहीं होता
नरक में ख़ुशबू नहीं होती

नरक में घर नहीं होते । कोठरियाँ होती हैं
नरक में दीवारें ही दीवारें होती हैं
नरक में तहख़ाने ही तहख़ाने होते हैं
नरक में दायरे ही दायरे होते हैं
दायरे से बाहर कुछ भी नहीं होता
कितना जाना पहचाना है नरक
हममें से कौन नहीं जानता है इसे

इसी तरह 'आपरेशन टेबुल पर दुंनिया की याद' कविता में *'दुनिया माने'*

प्रयोग का दुहराव अनंत अर्थात्-क्रम का उदाहरण है—"दुनिया माने अपने अलावा एक दूसरा आदमी/दुनिया माने दहलीज़ से बाहर एक क़दम/वरना दुनिया माने क्या?" यहाँ परिचित क्रम में हस्तक्षेप या प्रतिप्रश्न भी अर्थवान है। एक शब्द या एक वाक्य दूसरे शब्द या वाक्य में जो *नैरंतर्य* बनाता है उसी की टेक है—*'अर्थात्'*। कविता में कोई आख्यान या वृत्तांत द्वंद्वहीन नहीं होता। इसी द्वंद्व को एक सापेक्ष तर्क या अनुशासन देता है—यह अर्थात्।

निराला से इधर के नये कवि क्या सीखते हैं या निराला को किस तरह पढ़ते हैं यह देखने के लिए हमारा ध्यान अरुणकमल, ज्ञानेंद्र पति, वीरेन डंगवाल, स्वप्निल जैसे कवियों की ओर जा सकता है। निराला को पढ़ते हुए अरुणकमल को प्रख्यात अमरीकी कवि राबर्ट लॉवेल का ध्यान आता है जिनकी दृष्टि में आज कविता के सामने मुख्य चिंता यह है कि कैसे *उपन्यास* जैसा विस्तार कम से कम शब्दों में हासिल करें। अरुणकमल निराला में ही देख पाते हैं बीसवीं शताब्दी की वह विरल कविता—जो इस आकांक्षा को प्रत्यक्ष करती है। उनकी टिप्पणी है—"हम उनकी प्रसिद्ध कविता 'बाँधो न नाव इस ठाँव बंधु' लें जो केवल दस पंक्तियों में एक पूरी *कथा* कहती है। इन दस पंक्तियों में एक गाँव, एक घाट, घाट पर नहानेवाली युवती और एक नाविक की पूरी कथा है जो खोलने पर बढ़ती ही जाएगी। यह *घनत्व* दुर्लभ है। इसी प्रकार 'पत्रोत्कंठित जीवन का विष बुझा हुआ है' में प्रत्येक *शब्द* एक *महाकाव्य* की तरह अर्थसंपन्न है। यहाँ अर्थ के इतने स्तर हैं, इतने संदर्भ, इतनी *अंतर्कथाएँ* हैं, इतने भाव-प्रसंग कि प्रत्येक शब्द भवभूति का बिंब लेकर कहें तो यवों की तरह अंकुरित होता है।" (साखी-8, पृष्ठ 31) दिलचस्प और अर्थवान है कि इधर अरुणकमल ने कवि और कविता पर कुछ अंधाधुंध टिप्पणियाँ लिखी हैं। उनका एक अंश 'पहल-57' में परचून शीर्षक से प्रकाशित है। *'कविता का अर्थात्'* जैसी अवधारणा पर विचार करते हुए यहाँ मुझे कुछ चुने हुए टुकड़े बहुत सटीक सार्थक लगते हैं। अरुणकमल बढ़ई के कारखाने का रूपक लेते हैं। बढ़ई का रूपक प्लेटो के काव्यशास्त्र के काम भी आया था पर निष्कर्ष कुछ और थे। अरुणकमल देखते हैं—चारों तरफ लकड़ी के छिलके बुरादे, गोटियाँ, छोटे-बड़े टुकड़े, काँटियाँ...और भी न जाने क्या-क्या। इतना फैला उलझा-पुलझा—कि फ़र्श तक नज़र नहीं आती। अरुणकमल के शब्द हैं : "यह जो *गुटका* है वह भी किसी *ढीले चूल* में ठोंक दिया जाएगा, यह छिली हुई *छल्ली* कभी भी कहीं *पच्चर* बनकर पूरा बोझ सँभाल लेगी और ये *बुरादे-छिलकोइये*—और कुछ नहीं तो इनसे मसाला ही गर्म होगा और जाड़े में कारखाना भी। मैं बहुत निराश हुआ कि वहाँ ऐसी कोई चीज़ न थी जो कभी-न-कभी काम न आ सके। बिल्कुल कवियों के कारखाने की तरह।" इसे एक तरह से कवि और कविता पर टिप्पणी के रूप में देखें। असीमित फैलाव। गड्डमड्ड। पर सबकुछ काम का। आगे अरुणकमल उस

जगह जाते हैं जहाँ पूरा घर साफ़ चिक्कन होकर भी कूड़े का अंबार दिखता है पर क्या मजाल कि कुछ भी ऐसा मिले जो कविता के काम का हो। यहीं कहीं अरुणकमल एक गंभीर वास्तविक कवि से उम्मीद करते हैं जिसकी कविताएँ कहीं-न-कहीं एक डोर से बँधी हों—स्नायुतंत्र की तरह जहाँ एक-एक स्नायु का अलग महत्त्व हो जो फिर मिलकर पूरे जीवन का समर्थन संवहन करता हो।

कविता और कविता संबंधी उन बहसों को और पहले से देखना चाहिए जिन्हें आज फिर याद करने से निरंतर टूटने बदलने की प्रक्रिया में कविता और समाज के रिश्तों को समझने के लिए उपयुक्त आधार मिलता है। नामवर सिंह '63 के आस-पास अपनी लेखमाला (ज्ञानोदय) में कह रहे थे—"आज की कविता अपनी प्रकृति में अब तक की *बिंबप्रधान* कविता से सर्वथा *भिन्न* है अथवा उसका झुकाव *बिंब भिन्न* है। कवियों का संभवत: कुछ ऐसा विश्वास हो चला है कि बिंब-विधान सीधे *सत्य-कथन* के लिए *बाधक* है।" आज सत्य-कथन की जगह हम कहना चाहेंगे कविता के 'अर्थात्' के लिए। मुख्य बात यह है कि नामवर सिंह को बिंब मोह के टूटने का कारण सामाजिक ऐतिहासिक वास्तविकता की विषम स्थितियों में ही दिखाई दिया जिसकी चुनौती के सामने बिंबविधान कविता के लिए अनावश्यक भार प्रतीत होने लगा। अशोक वाजपेयी ने इसी क्रम में '68 के आस-पास रघुवीर सहाय श्रीकांत वर्मा और केदारनाथ सिंह को *सपाटबयानी* का मूल्य पहचानने वाले कवियों के रूप में देखा जिन्होंने सपाटबयानी को *बुनियादी बिंबधर्मिता* के साथ संयोजित करने का नया विवेक प्रमाणित किया। आज यह भी देखते हैं कि आलोकधन्वा-जैसा कवि लंबी कविता में विरोध का *वृत्तांत* लिखने के साथ ही छोटी कविताएँ लिखता है जो 'मिनिएचर पेंटिंग' की तरह *बिंब* पर नयी रोशनी फेंकता है।

वहाँ घने पेड़ हैं
उनमें पगडंडियाँ जाती हैं

ज़रा आगे ढलान शुरू होती है
जो उतरती है नदी के किनारे तक
वहाँ स्त्रियाँ हैं
घास काटती जाती हैं
आपस में बातें करते हुए
घने पेड़ों के बीच से ही उनकी
बातचीत सुनाई पड़ने लगती है

अपने तरह का बिंब। जहाँ रोशनी एकाग्र हो, एक जीवन-आलोकित बिंब बतकही से चलकर जीवन के यथार्थ (वही, 'कविता का अर्थात्') में प्रवेश कर

जाता है। आप अनुमान लगा सकते हैं कि क्या होगा उनकी *बतकही* का *कथानक*। इधर अरुणकमल की छोटी-बड़ी सब कविताओं में सघन है कविता का वृत्तांत, बिंब में कथा, कथा में विस्तृत होता हुआ जीवन। जहाँ चरम दुख है वहाँ भी असहायता और आत्मदया की जगह नसों में भरता जाता है जीवद्रव्य। यह प्रतिरोध है दुख का। दुख में होकर दुख का प्रत्याख्यान। मंगलेश की एक *'आपबीती'* (जब जीवन ठीक चल रहा होगा) में *'लोगों', 'बातों', 'चीज़ों'* का *भंडार* हो जाने की विकलता है जब कवि यह कहने के लिए नहीं रुक जाएगा—कि ''बस बहुत हो गया बहुत''—

मुझे चीख़ना नहीं पड़ेगा क्रोध नहीं आएगा
थकूँगा नहीं मिन्नतें नहीं करूँगा
मुझे अपना भविष्य साफ़ नहीं दिखेगा
मैं नहीं कहूंगा बस बहुत हो गया बहुत

मंगलेश के काव्यात्मक मुहावरे में *'हाशिया'* हो सकता है *'कविता का अर्थात्'*—हाशिया—जिसे ख़ाली भी छोड़ा जा सकता है—पर अब जैसा समय है—कवि को निरंतर है हाशिये की खोज—''वहाँ जितनी हवा और रोशनी है उसे रेखाओं से घेर लेता है, वहाँ कुछ शब्द लिखता है। पशुओं, वनस्पतियों या तार पर सूखते कपड़ों की शक्ल में कुछ आकृतियाँ बनाता है, अपने कुछ कर्त्तव्य दर्ज़ करता है, कुछ निशान छोड़ जाता है लाल रंग के।'' कवि देखता है कि हाशिया कवि की उम्र की तरह फैलता जाता है जहाँ ''साइकिल चलाती बहनों का तेजी से बीतता कठिन बचपन है, पिताओं की भारी साँसें और पानी की तरह बहता माँओं का जीवन है, स्मृति है छोटी-सी एक बच्ची की तरह बड़ी होती हुई।'' *केंद्र बिंदुओं* से *बाहर* है यह *हाशिया*—जो मंगलेश जैसे कवि के लिए किसी केंद्रीय विषय से बढ़कर है। अपने समय में ही कालातीत हो चुके कवियों के काम का नहीं है—यह कविता का अर्थात्—कविता में कविता से अधिक कहने का साहस।

देखें कि नरेंद्र जैन की *'आपबीती'* में *'जगबीती'* किस हद तक शामिल है। ''बयान करते अपना दुख / वह गहरे विस्तार में चला जाता / वह कहे संक्षेप में / बहुत कुछ केवल संकेत में / कभी देखता मेरी ओर विषादपूर्ण आँखों से / शब्द जान पड़ते अनुपयुक्त / शब्दों के बग़ैर वह खालीपन / देखा नहीं जाता / मैं जो आदी हो चुका शब्दों का / केवल तकलीफ़देह वृत्तांत में / निरंतर घसीटता हूँ उन्हें / फिर भी छूट जाते हैं स्थल / जहाँ रख नहीं पाता मैं शब्द / बहुत कुछ कह दिया करता / वह विषाद जो उसके चेहरे से ढलकर इस ओर आता।'' यह है कविता का अर्थात्। उन स्थलों में जो छूट जाते। लंबी कड़ी कारणत्व की—बाधा देने लगती है—स्वतःस्फूर्त काव्यत्व में। कविता का 'अर्थात्' आत्मतुष्ट सुखी

कवियों के लिए नितांत ग़ैरज़रूरी फैलाव है जबकि वह भीतर से पुच्छलतारों का-सा रास्ता बनाता हुआ ग़ैरज़रूरी को नये काव्यत्व की बुनियाद बनाता है। मारीना त्स्वेतायेवा के लिए कविता का यह अर्थात् जलता हुआ रास्ता है जिसे उद्विग्नता और संतुलन के तनाव में एक जटिल विस्तृत भावजगत और वस्तुसंसार को स्वायत्त करने वाला कवि ही पहचानता है। 'शार्टकट' वाली कटी-छँटी कविता दृश्य पर हमेशा बहुत ज़्यादा मौजूद होती है। ऐसे कवि कविता के स्वीकृत विषयों के दायरे में ही कविता लिखते हैं। दुख और संघर्ष भी उनका मुहावरा होता है, उदासी एक आसान सुकून। जो सचमुच मुश्किल में होते हैं उनके लिए बराबर यह अहसास ज़रूरी होता है कि "दुनिया को सुधारने के लिए / निरी कविता नहीं कुछ और चाहिए।" (घर की एक शाम/टोनी कॉनर) काफ़्का ने अपनी डायरी में कहीं लिखा है कि साहित्य का इतिहास सिर्फ़ साहित्य का इतिहास नहीं है वह लोगों का वास्तविक इतिहास भी है यानी एक अर्थ में उसे ऐसा होना चाहिए। कविता का स्रोत कविता नहीं वास्तविक जीवन ही है जो अपनी प्रकृति में ही वैविध्यपूर्ण और बहुस्पर्शी है। आपात्काल, दरिद्रता, अकाल, बाढ़, गैस त्रासदी, युद्ध, प्रेम, वनस्पतियाँ, पशु-पक्षी सब इसी वास्तविक जीवन के बहुस्पर्शी वृत्तांत हैं। वे कविता में 'जस का तस' भी आएँ तो आ सकते हैं पर किसी आंतरिक नियम से ही वे कुछ और होकर भी आते हैं। यह मामला अलंकार वक्रोक्ति से अधिक इसी बहुस्पर्शी जीवन *बहुस्पर्शी 'अर्थात्'* का है।

सच्ची महत्त्वपूर्ण कविता जीवन वास्तव से मुठभेड़-भर नहीं चाहती। वह जीवन में छिपे गोपन अज्ञात रहस्यमय का भी पूरा स्वाद चाहती है। वह क्रमशः हर पाठ में कुछ और बताने लगती है जिस पर पहले ध्यान न गया हो। निजी और सामाजिक के बीच का अनुभवलोक उस संरचना में सार्थक होता है जिससे कई झंकृतियाँ कई गूँजें संभव हैं। पर यह रहस्य वे ही जानते हैं जो जीवन संघर्ष में गहरे धँसे हुए हैं। जिन्हें कविता के रास्ते चलकर ही कविता की संपूर्ण मुक्ति संभव है वे वास्तव से मुठभेड़ को कवि-कर्म का विषयांतर या हाशिये का-सा काम मानते हैं। ज्ञानेंद्रपति ने निराला को याद करते हुए और निराला से हमारे समय की कविता की दूरी पर विचार करते हुए लिखा है—"नयी कविता के अपने ऊर्जस्वी दौर से गुज़र कर मुक्त छंद अभी इस हाल तक—धूमिल के समय तक—जन-कण्ठ से लगा था। फिर जन चित्त से उसकी दूरी क्यों बढ़ती जा रही है? कविता के पारम्परिक रूपों में ढला काव्याभास जन-मन को यत्किंचित् तोष तो दे जा रहा है पर आज की हमारी अधिकतर गद्य कविता—चाहे उसका आशय जनवादी ही क्यों न हो—से जन का निस्संबंध इस हद तक है कि यह कविता कवि-समाज में ही पारस्परिक प्रशंसा या निंदा अर्जित कर संतुष्ट हो लेने में ही संतुष्ट है।" (सम्मेलन पत्रिका : निराला जन्मशती अंक) एक सहज सक्रिय समकालीन कवि की यह

प्रतिक्रिया कविता के अर्थात् के विस्तृत होने और संकुचित होने या सिकुड़ते जाने के फ़र्क़ को स्पष्ट करती है। क्या आज लिखी जा रही कविता का अधिकांश एक नयी काव्यरीति में ढलकर महज़ काव्याभास नहीं है! आचार्य रामचंद्र शुक्ल की चेतावनी को ध्यान में रखें तो बहुत सारी कविता बहुत सारे कारणों से *काव्याभास* नज़र आती है और सच्ची कविता के मर्म से वंचित रह जाती है। जीवन के वृहत्तर क्षेत्र का अर्थबहुल संभावनाओं के साथ अन्वेषण करने वाली कविता को अनिवार्यतः एक बड़ा फलक प्राप्त करना चाहिए। फिर उसकी संरचना और अभिव्यक्ति में चाहे हम कितनी ही नयी हिकमतें खोज रहे हैं। विनोदकुमार शुक्ल का कवि स्वभाव जिस मुक्त *देशज* (यद्यपि गहरे पाठ में उत्तर आधुनिक) *औपन्यासिक* लोक में संचरण करता है वही है बड़ा काव्यफलक जो कवि का स्वप्न है, कवि के लिए चुनौती है। इसी स्वप्न से कविता का अर्थात् सम्यक प्रसार पाता है। विनोदकुमार शुक्ल की छोटी कविताओं में जो औपन्यासिक संवेदना बीज रूप में मौजूद है उसे देखने की ज़रूरत है।

ज़रूरी नहीं कि *लंबी कविता* के ढाँचे में लिखी गयी कविताओं से ही कविता के *अर्थात्* का मूल्य आँका जाए। संभव है कभी लंबी कविता का विस्तार निरर्थक हो, वह बहुत कम कहने वाला हो। और उसकी तुलना में कोई कम जगह घेरने वाली कविता सघन तात्पर्य समृद्धि का प्रमाण हो—यानी कविता के *अर्थात्* को एक साथ व्याप्ति और सघनता देने में सक्षम हो। धूमिल की *'पटकथा'* की तुलना में *'मोचीराम'* महत्त्वपूर्ण कविता जान पड़ती है। इससे भिन्न मुक्तिबोध के विस्तार में निरंतर सघनता है और वह एक अलग तरह की काव्यऊर्जा का संकेत है। इधर की सर्वथा युवा कविता को ध्यान से देखें तो यह चौंकाने वाला सच तुरंत प्रथम पाठ में ही दिख जाएगा कि चौंकाने वाली स्मार्ट काव्य उक्तियों का समुच्चय और सघनता का स्थापत्य रचने वाली कविताओं का *अर्थात्* नितांत क्षीण संकुचित है जो अनुभव की अल्पता का ही सूचक है। ज़रूरी है कि वे कविता को महज़ शिल्प मानने की धारणा से मुक्त हों, भले ही प्रचलित कलावाद के प्रतिष्ठान उन्हें स्वीकृति देने के लिए अभी से तैयार बैठे हों। काव्यानुभव की विपुलता और वैविध्य पर ही कविता का भविष्य टिका है। इस अर्थ में निराला नागार्जुन बहुत दिनों तक युवा कवियों के लिए सीखने की दृष्टि से आदर्श बने रहेंगे। कविता के अर्थात् के क्षीण या संकुचित होने के ख़तरे आज अधिक क्यों हैं ? क्या इसलिए कि आज जैसा विजेंद्र का मानना है—अर्थवान जीवन मूल्य और उससे प्रेरित मनुष्य के नैतिक आचरण में लगातार गिरावट है। या इसलिए कि कविता बहुतों के लिए चतुराई या हुनर है। जीवन पूर्णता को व्यक्त करने वाला नैतिक काव्यात्मक विज़न ही कविता को एक विशद् मुक्त 'अर्थात्' दे सकता है। पास्तरनाक यह पते की बात कह सकते थे कि *मौलिकता* एक कविता के नये उद्‌भाषित सच में और उसके

मुहावरे में ही नहीं होती—उसे आगे बढ़कर एक ऐसी *सांस्कृतिक परिघटना* का रूप लेना चाहिए जिसके साधन स्रोत दुनिया की चरम समग्र सच्चाई से चमक प्राप्त करते हों। आचार्य शुक्ल इसे *'भावात्मक सत्ता का प्रसार'* कहते थे। कविता का अर्थात् बोरिस पास्तरनाक के अनुसार है क्या—कला या कविता का अपने से परे जाकर किसी वास्तविक चीज़ के बारे में किसी वृहत्तर सच का आख्यान। अनुभव की अल्पता या एक ही तरह के अनुभव की रूढ़ि या अभ्यास के बल पर वह असंभव है। युवा कवि कुमार अंबुज की कविता 'वे लताएँ नहीं' एक जटिल कारा में बंद मनुष्य और व्यापक अर्थ में समाज की अपनी चुनी गुलामी का मार्मिक वृत्तांत है। कविता का 'अर्थात्' जैसे एक 'रूपक-कथा' का समकक्ष हो। यह कविता एक विशेष अर्थ में हमारे समय में लिखी गयी सभ्यता-समीक्षा है। कैसी थीं ज़ंजीरें जिन्होंने हमारी स्मृति हमारे चिंतन संस्कार समाज ज्ञान कला विचार सबको आच्छादित कर लिया था। आज उन्हें देखकर लगता है कि किस तरह उन्होंने लोगों के जीवन में जगह बना लिया—'जैसे शरीर में आँतें'। उनके कट जाने पर बीमारियाँ घेर लेतीं। ''वे तड़पते थे उन काट दी गयी जंजीरों की स्मृति में''। देर सबेर हुआ यह कि जंजीरें मान्य हो गईं। वे आभूषण मान ली गईं। सभ्यता का चेहरा हो गयीं। अब वे लताओं की तरह उगने लगीं और कभी देर से पता चलता कि वे लताएँ नहीं, जंजीरें हैं। वे धीरे-धीरे लोगों का भक्षण करने लगीं। भीतर-भीतर कुतरने लगीं—क्योंकि अनंत भूख की स्वामिनी थीं वे। अब उनके नाम अलौकिक थे। सुंदरताएँ उन्हें घेरे थीं। अब वे उनकी वास्तविकता जान भी पाते तो जीवन भर उन्हें लड़ना था, उन्हीं से उन्हें काटने के लिए।

और उनमें छिपे आर्तनाद से व्यथित कुछ लोग आख़िर
अपनी अपनी आरियाँ लेकर जुट जाते थे जंजीरों को काटने में
और बार-बार अपने लिए बनाते थे ऐसी आज़ाद जगहें
जहाँ रह सकते थे ऐसे कई लोग और भी
जिन्हें पूरी उम्र काटते ही जाना था हर रोज़ काई की तरह
फैलती हुई जंजीरों को

कविता एक रूपक-कथा के ढंग से बताती है कि कैसे मिथ्या विश्वास अंध-आस्थाएँ पवित्रतावाद की ग्रंथियाँ भीतर-भीतर जड़ जमा लेती हैं और सभ्यता को खोखला बना जाती हैं। निराला देख सकते थे कि कैसी थी अंधकारा—जिसमें वे और उनके आसपास का समाज दोनों बंद थे। कहाँ थी मुक्ति! या मुक्ति थी ही नहीं! यह निर्मम आलोचनात्मक विमर्श एक गीत जैसी कविता को वृहत्तर आयाम या कविता का सम्यक अर्थात् देने में सक्षम है।

गहन है यह अंधकारा
स्वार्थ के अवगुंठनों से

हुआ है लुंठन हमारा
खड़ी है दीवार जड़ की घेर कर
बोलते हैं लोग ज्यों मुँह फेर कर
इस गगन में नहीं दिनकर
नहीं शशधर, नहीं तारा

बड़े कवि इसलिए भी महत्त्वपूर्ण माने जाते हैं कि उनकी स्मृतियाँ आगे की कविता में तथा पाठकों के मन में देर तक जीवित हों—जिस तरह एक युवा कवि की क्षमता इससे भी आँकी जाती है कि उसमें पहले की स्मृतियाँ सहज रची-बसी हों। स्मृतिहीन तात्कालिकता से ज़्यादा महत्त्वपूर्ण कविता संभव नहीं होती—भले ही नया शिल्प कितने ही कौशल से क्यों न स्वायत्त कर लिया गया हो। कुमार अंबुज की कविता 'वे लताएँ नहीं' पढ़कर मुक्तिबोध याद आएँगे जिन्होंने संस्कारों को सेंसर करने का प्रखर आलोचनात्मक परीक्षण का-सा ढंग कविता में और कविता के बाहर विकसित किया।

अंत में, क्या कविता का अर्थात् कविता से की गयी एक बड़ी और ज़रूरी माँग है! क्या हम एक समय में लिखी जा रही कविताओं के आधार पर कविता के अर्थात् की सम्यक अवधारणा बना सकते हैं। या इसके लिए हमें निराला, फ़िराक़, ग़ालिब, मीर जैसे क्लासिक बन चुके कवियों से निरंतर उलझने टकराने की ज़रूरत बनी रहेगी।

कि सहसा एक ओर कुछ कौंधा सर्पमणि-सा

यह वो समय है जब
कट चुकी है खेत में फसल
और नया बोने का दिन नहीं

खेत पड़े हैं उघारे
अन्धमनस्क है मिट्टी सहसा धूप में पड़कर—
हर थोड़ी दूर पर मेड़ों की छाँह—
चमकती है कटी खूंटियाँ
दूर पर चरती भेड़ों के रेवड़
और मूसकोल
और चींटियों के बिलों के बाहर मिट्टी चूर

यह वो समय है जब
शेष हो चुका है पुराना
और नया आने को शेष है।

—यह वो समय

यह सर्वथा स्वाभाविक है कि शताब्दी के अवसान पर आज का कवि अपने *समय* की पहचान के लिए नये सिरे से व्यग्र हो। समय में जो पहले घट चुका है और आज घट रहा है, उसका परीक्षण करे। अरुणकमल-जैसे कवि के लिए समय को देखने का अर्थ *कुछ इस तरह* से भी देखना है। उनके देखने के ढंग से समय को देखना दूसरे-तीसरे समय को भी देखना है। यह देखना प्रगति और परिवर्तन के स्थूल आँकड़ों के बीच समय को देखना नहीं है। यहाँ देखने का अर्थ इस दौर की दुर्घटनाओं-हादसों को भी देखना है। इस देखने में जो नष्ट हो चुका है जो

ख़त्म हो चुका है जो क्षत-विक्षत है वह भी शामिल है। अरुणकमल अक्सर समय को और चीज़ों को *उसकी तरफ से* भी देखना चाहते हैं जो सबसे *कमजोर* है, जो अपने कौर के लिए भी हाथ नहीं उठा सकता। पर उसकी ओर से देखने में उस *'बेला'* की खोज स्थगित नहीं है जहाँ अंधकार के नाम पर *प्रकाश* की पंखुड़ियाँ खुल रही हैं, जहाँ सप्तपर्णी में *गंध* के भँवर उठ रहे हैं, जहाँ है—"वह *गर्भवती युवती* जो *एक* भी है *दो* भी / जिसके उर में *छत्ता है शहद का* / जिसका आनन शरद का आकाश"। स्वप्न में यथार्थ और यथार्थ में स्वप्न। *'सोये में चलना'* यह वह कविता है जहाँ कला भी युक्ति नहीं है, जीवन ही है। जीवन का सघन पाठ—जिसमें जेल के और जीवन के और मृत्यु के अनुभव एक लय में गुँथे हैं। अरुणकमल जैसे कवि के लिए समय को देखना अपने कवि-कर्म को भी नया करके देखना है। 'अपनी केवल धार' और 'सबूत' के बाद कवि का 'नये इलाके में' प्रवेश इधर के काव्य-परिदृश्य में एक नयी घटना है। 'नये इलाके में' अरुणकमल का तीसरा संग्रह है। कवि का ही मुहावरा लेकर कहें, भाषा के अदृश्य अक्षय उद्‌गम स्रोतों तक जाकर ही उसने अपनी परिचित हिकमतों को नयी धार दी है, नया संगठन या कसाव दिया है। किसी संग्रह से कविताएँ बार-बार पढ़ी जाएँ, तात्कालिक सरलता के बावजूद उनके नये अर्थ खोजे और खोले जाएँ, यह सुख प्रायः विरल ही है। 'नये इलाके में' ऐसा ही संग्रह है जो बार-बार नये पाठ के लिए आमंत्रित करता है।

जब कविता में किसी समय नयी मानकर आज़मायी गयी हिकमतें बासी लगने लगी हों, नवोन्मेष सरीखी कविता बनावट में परिपाटी लगने लगी हो, कठिन समय भी कवियों का और कविता का मुहावरा होकर रह गया हो, जीवन और अनुभव के नये-नये रूपों का अनुसंधान रुद्ध हो गया हो, अरुणकमल-जैसा कवि ही एक बार फिर कविता में *जीवन* की *नयी आँच,* नयी ऊष्मा, नयी गतिविधि, नयी ताज़गी के साथ, नये नैतिक बोध के साथ जीवन-मृत्यु-प्रकृति-प्रेम-राग-विराग-हिंसा-बाज़ार के अछूते प्रसंगों को उद्‌घाटित करते हुए संभव कर सकता है। अरुणकमल ने 'नये इलाके में' प्रवेश कर यही किया है और सच्चे अर्थों में उन्होंने जीवन के *'आवरण'* की नहीं, *'अस्तर'* की कविताएँ लिखी हैं। इतनी सघन ऐंद्रिकता, रूप-रस-स्पर्श-गंध-शब्द या ध्वनि के सघन अनुभव, स्मृतिलोप के हादसे के बीच निरंतर नये-नये स्मरणों की खोज या उद्‌घाटन, जीवन की मार्मिक छवियों का गहन परीक्षण अरुणकमल को एक महत्त्वपूर्ण कवि के रूप में देखने-पढ़ने-समझने के लिए पाठक को उत्सुक बनाता है। अरुणकमल अपनी सच्ची विनम्रता के साथ उन महत्त्वपूर्ण कवियों की परंपरा में हैं जिनके लिए *मनुष्य* ही *मुहावरा* है *मनुष्य ही रूपक* है। वे वृहत्तर जीवन या बहुआयामी जीवन के निरंतर संपर्क में हैं। बेशक उन्हें अपनी महत्त्वपूर्ण और कई अर्थों में निर्मम शताब्दी के हादसों का पता है,

पर वे, जहाँ भी संभव हो, थोड़ा *जीवन* थोड़ा *प्रेम* थोड़ी *गरमाई* बचा लेना चाहते हैं। त्रासद समय में भी कुछ सार्थक बचा लेने की कोशिश के बल पर ही उनकी कविता का ताप कायम है। यह ताप प्रकारांतर से वह बुनियादी गुणवत्ता है जो *नैतिकबोध, नैतिक पीड़ा* और *विनम्रता* के विलक्षण साहचर्य में जन्म लेती है। भ्रम न हो अगर हम कहें कि यह वह बुनियादी गुणवत्ता है जो दुर्लभ क्षणों में *संतों* की *'बानी'* में है—कबीर में, रैदास में, दादू में ...।

> फूटने के बाद भी मिट्टी की सुराही
> जाड़े में बोरसी बन जाती है
> वैसे ही मैं भी तो काम आ सकता हूँ
> अन्न उगा न सकूँ तो क्या
> सूखते धान के पास बैठ कौआ तो हाँकूँगा
>
> —*निवृत्त*

अरुणकमल के लिए हर विपत्ति दुख त्रास हादसे के बाद भी *जीवन* खुला हुआ है। इसलिए महत्त्वपूर्ण है—*अंत* और *मृत्यु* के समक्ष घटित नया *आरंभ* नया *जीवत्व*। जीवन द्रव्य महत्त्वपूर्ण है क्योंकि निरंतर है—विनाश के विरुद्ध, दंगों के विरुद्ध, ध्वंस के विरुद्ध। महत्त्वपूर्ण है *'शहद का छत्ता'*, महत्त्वपूर्ण है *'हवा'*—जो—*'से रही पृथ्वी पर जीवन'*। *ऐंद्रिकता जीवन-रस* की गहरी प्रतीति है, रुग्ण रूमान नहीं है। जीवनप्रद है यह रूप। 'कुहासे में मढ़ा उसका चेहरा एक लौ / में दमकता / डगमगाता' (लौ) जीवनप्रद है यह *स्पर्श* और *स्वाद* और *गंध* : 'जर्जर पंखुड़ी को सूँघ पहचानता हूँ / पुआल रौंदे पाँवों पर पानी पड़ने की चुनचुनाहट / चुंबन के बीच सहसा / पसीने के नमक का स्वाद' (चेहरा); *जीवनपूर्णता* लिए यह सुनिश्चित *गंध* 'प्याज की तेज गंध हींग जीरे की कपूर की गंध / मुझे किसी औरत की गंध लग रही है' (अभिसार); अनिश्चितता में अनुपस्थिति में जैसे न सुनाई देने वाली आवाज़ (जो सघन अहसास के रूप में कहीं ज़्यादा सुनाई दे रही है) मैं बहुत सारी आवाज़ें नहीं सुन पा रहा हूँ / चींटियों के शक्कर तोड़ने की आवाज़ / पंखुड़ी के एक-एक कर खुलने की आवाज़ / गर्भ में जीवन बूँद गिरने की आवाज़ / अपने ही शरीर में कोशिकाएँ टूटने की आवाज़' (जैसे)।

अरुणकमल को पढ़ते हुए आदिमता और समकालिकता का, मृत्यु और जीवन का, प्रेम और मृत्यु का समक्षीकरण अर्थवान लगता है—इस तरह कि हम अस्तित्त्व की अनिवार्य चेतना को नैरंतर्य में देख रहे हों, जीवनपूर्णता में देख रहे हों। भाषा यहाँ अरुणकमल के बहुत काम आती है। अप्रचलित, पुराने पड़ गए, स्मृतियों की बहुत निचली तह में दबे हुए शब्द जीवन और अस्तित्त्व की विकलता की खोज बनकर आते हैं। आदिम बिंब, अनजाने शब्द गहरी व्यंजना शक्ति का

पता देते हैं। जिस कविता में ये पंक्तियाँ आती हैं—

बहुत दिन से एक जगह पड़ी हुई ईंट हूँ मैं
जिसे उठाओ तो निकलेंगी बिलखती चींटियाँ
और कुछ दूब चारों ओर
हरी पीली

इस कविता का शीर्षक है *'स्थावर'*। भाषा के अक्षय उद्गम स्रोत तक जाकर कविता में नयी अर्थमयता विकसित करने की फ़िक्र जीवन रहस्यों को भेदने की ही चिंता है। गहरे पर्यवेक्षण और निरंतर सक्रिय नैतिक उद्विग्नता से ही ऐसे प्रयोग संभव हुए हैं। 'हवा का थक्का', 'देह का बुरादा', 'देह का ढेला' 'अंतिम ठोप तक ऐंठती गारती' 'हवा मुझे चाँडती है' 'आवाज़ अँधेरे को कोड़ती' 'आत्मा का रोकड़' 'कनकन पानी' 'टकराता पैरों से लोटा ठन से' 'हुंकरी' 'नधा' 'गुइयाँ' 'थम्भ' 'उकटेर'—ऐसे असंख्य प्रयोग हैं जो चमत्कार संभव करने के लिए नहीं, कविताई के लिए नहीं, जीवन मर्म के गहरे साक्षात, स्मृतिलोक के निरंतर परीक्षण या अनुसंधान की प्रक्रिया में कवि के हाथ आए हैं। शब्द संवेदना की अचूक गुणवत्ता (Quality) के बल पर कविता समय में टिकी रहती है, चमत्कार के बल पर नहीं। फिर भी अरुणकमल एक तरह के रहस्य के आश्चर्य को 'वर्जित विषय क्षेत्र' मानकर नहीं चलते। जहाँ हड़बड़ी, आपाधापी, तुरत लाभ का अनवरत लोभ है, वहाँ वे *फंतासी* और *स्वप्न* के कौतुक में भी रस लेते हैं। कल्पना उनके अनुभव-यथार्थ को विस्तार भी देती है और अर्थसघनता भी। *क्रियापद* पता देते हैं कि कवि के अनुभव-लोक में कितनी गहरी और सक्रिय *रागधर्मिता* है। जो *जीवन सक्रियता* का ही पर्याय है। यह जीवन सक्रियता हँसी से, फूलों से, ब्रह्मांड से रस लेती है और कविता में हर क्षण नया *अंकुरण* पैदा करती है।

अपवादों को छोड़कर हमारे समय में कविताएँ इस हद तक इकहरी हैं कि पहली ही बार पाठ और आस्वाद में ठहरी या अवरुद्ध जान पड़ती हैं। एक-सा-पन या खराब अनुवाद-सा ढंग। जो भी प्रभाव है एकबारगी जाना जाता है। और बस। कितने संग्रह हैं जो दूसरी तीसरी बार पढ़े जाएँ या पढ़े जाने की उत्तेजना जगाएँ। इसके विपरीत 'नये इलाके में' संग्रह की कई कविताएँ एक साथ कई-कई गूँजें रचती हैं। वे अक्सर यद्यपि ढर्रे से हटकर, औसत लक्षणों को छोड़कर प्रतीकात्मकता का-सा विन्यास रचती हैं। जब बिंब को केवल अलंकरण मात्र लिया गया हो, प्रतीक को निश्चयार्थक रूढ़ि, ध्वनि-अलंकार को अतिरंजना या निरी काव्य-युक्ति—अरुणकमल जैसा कवि इन सब उपादानों को नया संस्कार देते हुए एक ऐसी अचूक नयी संभावनाएँ खोजता है कि कविता के लिए वे जरूरी लगने लगते हैं। कहना न होगा कि इसे एक महत्त्वपूर्ण मर्मी कवि अनुकरण से नहीं,

रीति से नहीं, प्रत्यभिज्ञा से ही संभव करता है। अरुणकमल के लिए वह भी गहरे जीवन का ही हिस्सा है, अपना पक्ष है। आज जब तमाम ताक़तें मनुष्य की कल्पना शक्ति को पंगु बनाने, ख़त्म करने में लगी हैं, कवि के सामने इसी अंत:प्रज्ञा या भीतरी संवेदना को जीवित या अक्षुण्ण रखने की चुनौती है। रूप-रस-गंध-स्मृति की संवेदना पर लगातार हमले हैं। अनुभवों की एक समूची प्रणाली या प्रजाति ख़तरे में है। इस स्थिति में कवि के लिए इतिहास मिथक स्वप्नतंत्र लोककथा शिल्पविधा अभिचार शास्त्र की तहों में जाना अपने समयबोध के विस्तार के लिए, अपने समय में दूसरे तीसरे समय की अनुभूति के लिए अपने अनुभव-फलक के विस्तार के लिए क्यों ज़रूरी हो गया है! इसका उत्तर *'सबसे ऊँची छत पर'* और *'सुख'* जैसी कविताएँ देती हैं। उन्हें ही अरुणकमल का उत्तर मानना चाहिए।

क्षति की अनुभूति (Sense of Loss) कई कविताओं में है। यह वो *समय* है जब रोज कुछ बन रहा है घट रहा है कि अपना ही घर अपना ही ठिकाना अपना ही रास्ता पहचान में नहीं आता : ''अब यही है उपाय कि हर दरवाजा खटखटाओ / और पूछो— / क्या यही है वो घर?' (नये इलाके में) : एकदम ऊपरी तल से—'दिखते हैं घरों के आँगन मुँडेर / बरामदे भीतर रसोई तक / पर पहचानना मुश्किल है अपना ही घर / अपना ही मुहल्ला लगेगा अनजान / खुदाई में निकली किसी लुप्त सभ्यता का ध्वंसावशेष' (सबसे ऊँची छत पर) : जहाँ- 'घर था मेरा घर नहीं था / अट्टालिका थी लौह कपाट और द्वारपाल— / यहाँ मेरा घर था मेरे पिता मेरी माँ / मेरा घर? / द्वारपाल हँसे / तुम किस जन्म की बात कर रहे हो?' (हाट) : जहाँ— 'भग्न है ब्रह्मांड का आर्केस्ट्रा / हर दीवार में पड़ी है दरार / यह इतना पुराना पेड़ अंतिम दाँत सा / बस लगा भर है पृथ्वी के मसूड़े से / हिल रहा है सबकुछ हिल रहा है / जो अंतिम आधार थी धरती वह भी' (ऐसे में)। *क्षति* का यह अहसास अपने समय और समाज के कठोर त्रासद यथार्थ से अनिवार्य सामना है। विगत को याद भर करने का रूमानी नास्टेल्जिया नहीं है। कठिन समय से घबराहट या पछतावे भरी पराजय की अनुभूति भर नहीं है। जहाँ-जहाँ *मृत्यु* है, वहाँ-वहाँ *जीवन* है। जहाँ-जहाँ *अंत* है, वहाँ-वहाँ *आरंभ*। यह नैतिक साहस ही कवि को उसकी पहचान कराता है जो *अर्थवान* है—भले ही मीडिया का कैमरा वहाँ तक न पहुँचता हो। ख़बरों में वह चाहे न हो।

मृत्यु जीवन के *समक्षीकरण* (juxtaposition) के कई संदर्भ या संकेत कविताओं में दिखेंगे। जैसे 'कट गया। आवाज़ वैसी ही थी / इतनी रात में निकला था लकड़ी चुनने।' के ठीक बाद की पंक्तियाँ : 'और कितनी दूर है मेरा स्टेशन / मैंने थककर पूछा और बक्स पर बैठ गया'। *(एक रात जब मैं सफर में था)* या 'और मैं बच गया / बचा हूँ अब भी / जलकर राख हुए घर का चौखट / रौंदा हुआ धान का खेत' *(शेष)*। राहुल सांकृत्यायन के यात्रा प्रसंगों पर आधारित

कविता का आरंभ यह है—'टूट चुकी है मेरी नौका / तटों पर बिखरा है मलबा' और अंत : 'ओफ़्फ़, मैं भूल ही गया था / मुझे एक छट्ठी में जाना है / और एक श्राद्ध में।' *(चरथ भिक्खवे चारिकं)*। *'श्राद्ध का अन्न'* कविता इसी सच का एक *विडंबनापूर्ण* संदर्भ उपस्थित करती है। जहाँ व्यंजनों का स्वाद है वहीं जैसे मृतक का हँसना और पूछना भी—'कैसी है बुंदिया कैसा है रायता?' जीवन मृत्यु को आमने-सामने दिखाने की अरुणकमल के यहाँ कई हिकमतें हैं। समय की कितनी ही भंगिमाएँ हैं—जो समय का भेद बताती हैं। अचानक रघुवीर सहाय याद आते हैं—'शोकसभा में क्या है / जिससे हम एक-दूसरे से आँख नहीं मिलाते / आँख चुराते हैं आपकी / मृत्यु में मैं भी आ गया हूँ / आप मुझसे मिलने आए थे / मैंने सिर्फ़ उनके पाँव छूए...'

'नये इलाके में' संग्रह की एक अलग ढंग की कविता है—*'सुख'*—जिसकी व्याख्या करने के लिए पूरा एक निबंध लिखा जा सकता है। जहाँ स्थूल ज्ञान का इतना आतंक है कि *रहस्य* और *आश्चर्य* अनुभवों से ग़ायब हैं, यह कविता वस्तु-काम और काम-वस्तु की एक विलक्षण अर्थगर्भ बुनावट में है। इतिहास स्मृति फंतासी तंत्र वास्तुविधा आगम-परंपरा के रहस्यों में ले जाने वाली एक अलग ढंग की कविता। '*वास्तुशांति* नहीं है दैवि'—पहली ही पंक्ति रहस्य की ओर ले जाती है। 'वास्तुशांति' नहीं है, कुछ और भेद है, कुछ अधिक प्रच्छन्न, अधिक कूट। कविता के अंतिम अंश से तंत्र संकेत अधिक रहस्य उपजाने वाला है। महज़ कामजन्य (erotic) नहीं। पर अनिश्चित।

इस वृद्ध तांत्रिक से अव और कुछ
न पूछो देवि
कोई मंत्र कोई उपचार नहीं जानता
मुझे कुछ भी सिद्ध नहीं—
लगता है बरसेंगे देव
रात यहीं रुक जाऊँ देवि?

इससे पहले का *स्थापत्य-बिंब* (architectural imagery) भी रहस्यगर्भित है। 'जहाँ तुम्हारा शयन कक्ष है वहीं / ठीक उसके नीचे याद करो / कोई वृक्ष था जामुन का / नींव पड़ने के पहले / छोटी गुठली वाले काले जामुनों का वृक्ष / वही वृक्ष तुम्हें हिला रहा है / एक पक्षी अभी भी ढूँढ़ता है वहीं अपना नीड़ / वे चींटियाँ खोजती हैं अपना वाल्मीक...' *शब्दावली अंतर्वस्तु बुनावट*—सभी दृष्टियों से अलग *कथात्मक* अनुभव की कविता। कथा-युक्तियाँ कई कविताओं में। *नाटकीय* विन्यास भी। आठ खंडों में *'वृत्तांत'* कविता काफी स्पेस घेरती है। पहले खंड में *'और'* शब्द की आवृत्ति *वृत्तांत* की *लय* बनाती है और *वृत्तांत* का *अर्थ* उद्घाटित करती है।

'कोई भी इंतज़ार इतना ज़्यादा नहीं होता /
कि *और* इंतज़ार न हो सके / कभी भी जगह इतनी कम नहीं होती /
कि *और* कुछ अँट न सके'

अन्य खंडों में भी *'और'* अर्थवान शब्द है बल्कि वृत्तांत युक्ति है—'और लगता है गाड़ी / बचपन के पुराने स्टेशन पर खड़ी है /...' या 'जब थोड़ी चल ली गाड़ी / *और* देह को हवा लगी /'— । गद्य सरीखे विन्यास में प्राण भरने के लिए अरुणकमल ने छंद का नया संस्कार भी अर्जित किया है जहाँ तुक का बंधन नहीं है, पाबंदी नहीं है, एक नयी *लयात्मकता* का-सा रचाव है जो सपाट गद्य से कविता को अलग करता है। *'रात'* कविता का अपना छंद है

भीड़ भरी आँखों से
ताक रहा हूँ अंधकार में
गर्म लहरते आटे में ज्यों
घुलट रहा हूँ आँख ज़रा सट जाए
लेकिन देह उखड़ जाती है...

छंद है। भाषा का अपना संगीत है। अपना वर्णक्रम। खड़ी बोली का यही परिचित छंद—जितनी भी है दीप्ति कविता में :

चारों ओर अँधेरा छाया
मैं भी उठूँ जला लूँ बत्ती
जितनी भी है दीप्ति भुवन में
सब मेरी पुतली में कसती

कविता का अपना एक *अंत:संगीत* भी होता है जो *'रात का ढाबा'*—जैसी कविता में जीवन का एक पूर्णतर रूपकात्मक बिंब बनाता है। कविता समय के भयावह रूप को एक दो पंक्तियों में प्रत्यक्ष करती है—'आकर बैठेगा बेंच पर सफर में फँसा अनजान राहगीर / बैठा रहेगा देर तक वो ज़िसे भोर में *बेचना है खून'*। पर साथ ही एक आवृत्ति लय में जीवन की निरंतरता को ध्वनित करती है। मितकथन और आवृत्ति का अरुणकमल का अपना विवेक है, जो रात के ढाबे को जीवन-नैरंतर्य की लय में ढाल लेता है। कविता शुरू होती है *'अब भी हैं बहुत यहाँ'* जैसे वाक्य-पद पर बल देकर—

'ऐसे अब भी हैं बहुत यहाँ / जिन्हें चाहिए रोशनी रात में /
अब भी हैं बहुत यहाँ / जो टिमटिमा रहे अकेले निहंग एक छोर /
घुंडी में वंद पारे की बूँद'

इन शब्दों की अर्थध्वनि अचूक है। *'टिमटिमा रहे'* को *'रोशनी'* के बरक्स देखें। *'बहुत'* के साथ *'अकेले'* और *'निहंग'*। और 'घुंडी में बंद पारे की बूँद' अर्थात् जीवन। अर्थात् संभावना। उम्मीद। जीवन की गरमाई का ऐसा उत्कट सामना। सीधा। प्रत्यक्ष। पढ़ते हुए हम रात के ढाबे में हैं—जीवन ऊष्मा के बीच। 'जब सारे फूल मूँदते हैं अपना शरीर / ठीक तब खुलते हैं फूल कुछ रात में / बिलों से निकलती है मर्म की मिट्टी / प्रकट होता है छुपा हुआ जल पत्ती कर नोंक पर / जब ठंडे हो रहे होते हैं सारे चूल्हे / तब पूरे ताव पर होता है *रात का ढाबा'*। रात के कितने ही अनुभव-चित्र अरुणकमल की कविताओं में हैं, इसी तरह प्रकृति में जीवन की अर्थछवि देने वाले सधे सटीक बिंब। कविता के अंत:संगीत को छोटे-छोटे टुकड़े या चित्र सँभाले हुए हैं—'कुछ धुवाँ-धुवाँ लग रहा है/चाँद पीछे ढह रहा है/... 'गिर रही है ओस बदन तप रहा है/चाँद पीछे ढह रहा है' । वाक्य-लय का अत्यंत सतर्क संयोजन अरुणकमल की अपनी हिकमत है। जैसे अलग है उनका अपना शब्द विवेक। देखें कि कहाँ वे 'थम्भ' शब्द का प्रयोग करते हैं कहाँ 'खम्भे' का। सब जगह कालबोध का नियम नहीं है, स्थिति और शब्द का अपना विवेक भी है जो लय और गति को प्रभावित करता है। 'अगहन' के चित्र में जहाँ 'बहस' शब्द आता है वहीं 'थम्भ' भी आता है। बिंब लय की अन्विति अचूक है और कहना होगा कि यह जीवन पर्यवेक्षण का ही हिस्सा है।

चुप
कर देते हैं धान से भरे खेत
जैसे बाढ़ की नदी

जैसे किसी सुंदर युवती का *बहस* के बीच
सहसा प्रवेश
जैसे पहाड़ी चढ़ाई पर एक ट्रक की धीर गति
और गंभीर थिर रोशनी का *थम्भ*

लगातार उठता ऊपर
आकाश
चुप

याद आते हैं शमशेर के बेहद सधे सुगठित प्रकृति दृश्य—सुबह के—शाम के। वही सघन पर्यवेक्षण। वही मितकथन। बिंब और लय की वैसी ही अन्विति। *'जागरण'* कविता में इस्पात नगर की लेबर कॉलोनी की गृहिणी—'बुहारती है वेग से / द्वार पर झरे फूल हरसिंगार के / झटके से फेंकती है *वीथि* पर / ठीक मेरे आगे फूलों का कूड़ा।' याद करें कविता की पहली पंक्ति—'वीडियो चला है रात

भर'। यानी उत्सव। फिर क्या व्यक्तित्त्वांतरण नहीं हो गया है लेबर कॉलोनी की गृहिणी का! वह रेणु के मुहावरे में जैसे हो गयी है लाल पान की बेगम। फिर *'वीथि'* शब्द क्यों न सार्थक हो!

रूपविन्यास और लय की विभिन्नताएँ भी अरुणकमल के यहाँ देखने की चीज़ हैं। 'जीवन का चौथाई' कविता अपने व्यंग्य में दिलचस्प *नैरेटिव* का ढंग अपनाती है। व्यंग्य के अनुरूप भाषायी गतिविधि। इस तरह अरुणकमल के यहाँ काव्ययुक्ति का परिक्षेत्र भी विस्तृत हुआ है। बुनियादी सरलता से प्रतीकात्मक अंतर्दृष्टि तक। यहीं *'घड़ी'* की प्रतीकात्मकता *'श्रद्धांजलि'* कविता में अलग से ध्यान में आती है। भ्रम यहाँ भी नास्टेल्जिया का हो सकता है। (स्मृति में कौंधता है ब्राजीली बालनाटक का नीला घोड़ा) भ्रम हो सकता है कि एक बेकार पड़ी घड़ी को लेकर क्यों कवि इतना बेचैन है! बस वही बीते दिनों की याद और एक तरह का अभिभावकत्व ओढ़े उन्हीं पुराने दिनों की घड़ी—वही—जिसकी टिकटिक कभी 'अँधेरे को कोड़ती'। और कवि देखता : 'आसमान में इतनी भीड़ तारों की/ रश्मियों की धूल इतना रोर'। अब जब सभ्यता का, नव उपभोक्तावाद का आतंक बढ़ा है और मानवीय मूल्य प्रायः कूड़ेदान में हैं और हिंसा बढ़ रही है और लगता है कि एक निरपराध अकारण दीवार में ज़िंदा चुन दिया जा रहा है, वही घड़ी जैसे अपनी चमक में चीखने लगती है, रोशनी दिखाने लगती है। दिखाने लगती है चरम अँधेरे में रास्ता। 'कि सहसा एक ओर कुछ *कौंधा सर्पमणि-सा* / वही बेकार घड़ी / जिसका *रेडियम* दमक रहा था अब भी *अँधेरे में*।' प्रतिरोध की एक पूरी विस्मृत परंपरा जैसे चौकन्नी हो उठती है और रास्ता दिखाने लगती है।

'नये इलाके में' संग्रह की कविताओं में कई बार अभिव्यक्त है—हमारा समय। क्रूर विसंगतियों से भरा हुआ समय। शताब्दी का अवसान। जब भाषा धर्म जाति क्षेत्र को लेकर घनघोर संकीर्णतावाद और सनक उभार पर है। हिंसा का वर्चस्व है। सब ओर हत्याएँ हैं। जो सूरत की महामारी में नहीं मारा गया (क्योंकि महामारी थी ही नहीं) वह अपने घर में मारा जाता है। शेली के बहाने कवि याद करता है कि किस तरह दासों का विद्रोह विफल हुआ। किस तरह मारा गया स्पार्टकस। मारा गया प्रमथ्यु। आग में ज़िंदा झोंक दिया। जो बैकुंठ से चुराकर लाया था आग।' वही समय है। आज जो *'नैतिक'* है उसी पर *ख़तरे* हैं। सब ताक़तवरों की निगाह उसी पर है। नैतिकता की माँग उनकी दुनिया में ख़लल है।

और मैं मारा गया

इसलिए कि मेरी नाभि में कस्तूरी थी
और रोओं से झर रही थी सुगंध लगातार

जानता था एक दिन नष्ट हो करेगी पवित्रता
इसी जीवन के कारण मरूँगा तय था

—चार दिन

यह एक बेहद क्रूर समय है जब सहमति के मूढ़मति, पर खाते-पीते संसार में *असहमति* अपराध है। पर कोई एक तो है जो असहमत है। वह *'अपवाद'* है, पर है। आज हमारे पास कहने के लिए लोकतंत्र, पर हमने बनाया ऐसा समाज जिसकी नींव में है बलि और हिंसा। कभी 'ढेले' 'पत्ते' का भी साथ हो सकता था। थोड़ा-थोड़ा बाँटकर भी जी लेते थे। आज का समय जैसे क्रूरता का पर्याय हो चला है। इसके बाद भी अरुणकमल की ज़िद है—एक ज़िद्दी *यक़ीन*—कि "खड़े होंगे करोड़ों करोड़ एक साथ / और चलेंगे सब प्रकाश की ओर।" सरल आशावाद का ख़तरा उठाकर भी अरुणकमल इस यक़ीन को जिलाये रखना चाहते हैं। 'अब तो जैसे रस्सी कस रही है चारों तरफ से / मानो अन्नहीन पृथ्वी पर मैं ही हूँ अन्न का अंतिम दाना / अंतिम ग्रास।'—ऐसे तनाव को पूरी शिद्दत से महसूस करने वाले कवि के लिए यह ज़िद्दी यक़ीन भी शायद अर्थ रखता हो।

अरुणकमल से ही शब्द लेकर कहें, 'नये इलाके में'—भट्ठी की धाह में उठता गिरता जीवन निरंतर कवि की निगाह में है। इस अर्थ में अरुणकमल सच्चे 'जीवनधर्मी' कवि हैं। 'शब्द और मनुष्य' (1988) में अरुणकमल पर विचार करते हुए इस शब्द की सार्थकता का मुझे जो अनुभव हुआ था, वह 'नये इलाके में' (1996) संग्रह से गुजरकर अधिक दृढ़ हुआ है। कहने की ज़रूरत नहीं कि कवि की दुनिया अधिक विस्तृत हुई है, अनुभवों को अधिक गहराई और व्याप्ति मिली है। भाषा के अक्षय उद्गम स्रोत तक जाने का साहस बढ़ा है और रूप या संगठन में जहाँ-तहाँ क्लासिकी निखार आया है। कविता की मुक्ति और नये ढंग का काव्यसंयम एक साथ प्रकट है। यह संग्रह प्रमाण है कि आज भी, जब कविता का भविष्य संकटग्रस्त बताया जा रहा है और लगातार कहा जा रहा है कि मीडिया के आतंककारी फैलाव में कविता-जैसी कलाओं के लिए कोई गुंजाइश नहीं बचेगी—कविता के लिए, जो जीवन को संपूर्णता में जानना और कहना चाहती है, कितने ही रास्ते खुले हैं। 'जितनी भी है दीप्ति भुवन में/सब मेरी पुतली में कसती'। यह गर्वोक्ति नहीं, कविता और जीवन की अनंत संभावनाओं में कवि का गहरा यक़ीन है। इस संग्रह से यह धारणा बनती है कि कविता की मुक्ति का भी अपना स्वतंत्र काव्यानुशासन हो सकता है। इस नये काव्यानुशासन के लिए भी शायद एक दूसरे वैकल्पिक काव्यशास्त्र की ज़रूरत होगी।

वहीं है आशा

मैं वैसी कविता क्यों नहीं लिख पाता
जैसी माँ के शरीर में नये पुआल की महक होती है
जैसी बाँस के जंगल में हिरन के पसीने की गंध होती है
जैसे खरगोश के कान होते हैं
जैसे ग्रीष्म के बीहड़ एकांत में
नीले जलपक्षियों का मिथुन होता है
जैसे समुद्री खोहों में लेटा हुआ खारा कत्थईपन होता है
मैं वैसी कविता क्यों नहीं लिख पाता

—जनता का आदमी

'कविता नहीं है यह' से 'कविता की महान संभावना है यहाँ' तक आलोकधन्वा का कवि-कर्म वृत्तांत या गाथा में अपने होने, कवि जीवन में आवेगमय काव्य-नायक जैसा जीवन जीने की सार्थकता की एक विलक्षण अद्वितीय खोज है। आलोकधन्वा अपने ढंग के अकेले प्रतिबद्ध और बेचैन कवि हैं जिनके लिए कविता शुरू के दिनों में एक विस्फोटक कार्रवाई भी रही है और बहुत दिनों तक उनकी ऐसी ही पहचान युवाओं के लिए क्रांतिकारी प्रेरणा, उत्तेजना और दीवानगी का सबब रही है। 'जनता का आदमी' और 'गोली दागो पोस्टर' दोनों 1972 की कविताएँ हैं और दोनों आलोकधन्वा की एक क्रांतिकारी-रोमांटिक छवि बनाती हैं। यह 'रोमांटिक' एक दौर की रुग्ण रूमानियत से भिन्न एक तीखी सकर्मक आवेगपूर्ण संवेदना का सूचक है। इसमें एक जोखिम के वरण-जैसी उत्कटता भी छिपी है। आलोकधन्वा के पाठकों को नेरुदा ठीक याद आते हैं जिनके लिए क्रांति और रोमांटिकता लगभग समानार्थी हैं। क्रांति के भावोद्‌गार आज बहुतों को अर्थहीन लग सकते हैं और इधर के नये प्रस्थान में आलोक की कविता ने जो निविड़ अंतर्मुखता प्राप्त की है, उसे देखते हुए लग सकता है कि कवि की क्रांतिकारी छवि का जादू कहीं पीछे छूट चुका है और वह समय में होते हुए भी समयातीत के रहस्यों को ही गहरी ऐंद्रिकता और भाषा के नये संगीत में आत्मसात कर लेना

चाहता है। पर ऐसा अनुमान एक हद तक अधूरा और हड़बड़ी-जैसा पूर्वानुमान भर होगा। अधिक सजग पाठक दो भिन्न प्रकार की कविताओं में, उनकी मुखरता और ख़ामोशी के भेद में भी, समानता का कोई आंतरिक तर्क देख सकेंगे। आलोकधन्वा हिंदी कविता के सुमित्रानंदन पंत नहीं हैं कि एक योजनाबद्ध तार्किक विकास कवि की नियति हो।

क्रांति भी अपने आप में एक सांस्कृतिक कार्रवाई है जिसकी प्रेरणा के मूल में आंतरिक आवेग और तन्मयता की भी गुंजाइश हो सकती है। कभी-कभार बहुत छोटी स्मृति सघन ऐंद्रिक कविताओं में भी लंबी कविताओं का वृत्तांत-शिल्प या वाचिक ढंग देखा जा सकता है। यह नहीं कि आलोक की कविता में विकास नहीं है पर विकास ऐसा नहीं है कि बहुत आकस्मिक या तात्कालिक हो। *'सफ़ेद रात'* 1997 की कविता है पर अपने अनेक रंगों में यह कविता आलोक के बुनियादी कवि-स्वभाव को उद्‌घाटित करती है। कविता यहाँ रंग ध्वनि गति विन्यास की सब भंगिमाओं के साथ एक मानवीय हस्तक्षेप है। इस दृष्टि से भी *कविता* को देखें कि यहाँ *लिखित* और *वाचिक* का कोई फ़र्क़ नहीं है। जैसा नेरुदा के यहाँ विलक्षण ऊँचाईयों के साथ संभव है। नींद चट्टान रात जंगल की उपस्थिति कविता के भीतर यथार्थ के समकक्ष एक रहस्य छोड़ जाती है। वहीं है आशा! और वहीं है कविता! कविता की कोई बड़ी संभावना! जैसे *'पानी'* कविता शुरू होती है, एक समाजशास्त्री की-सी चिंता की तरह, पर ठीक अंत के पहले 'कर्व' लेती हुई एक *गहन* और चिरंतन विमर्श में ख़त्म होती है। इस तरह की कविता ख़त्म तो होती है पर उसका अंतिम रहस्य बचा रहता है। कविता शुरू होती है कुछ ऐसे—

आदमी तो आदमी
मैं तो पानी के बारे में भी सोचता था
कि पानी को भारत में बसना सिखाऊँगा

और अंत की पंक्तियाँ हैं—

क्या स्त्रियों की आवाज़ों में बच रही हैं
पानी की आवाज़ें
और दूसरी सब आवाज़ें कैसी हैं?

दुखी और टूटे हुए हृदय में
सिर्फ़ पानी की रात है
वहीं है आशा और वहीं है
दुनिया में फिर से लौट आने की अकेली राह!

कविता में पानी पुआल मोम गोधूलि गुंबद घड़ा प्यास—जैसे शब्द महज़

शब्द नहीं हैं। वे अपने आप में सम्यक उपस्थिति हैं—संपूर्ण सघन अनुगूँज। कविता-कथा का बिंबविधान भी और तरह का होता है। अकेला शब्द भी पूरे-पूरे प्रसंग की तरह दृश्य होता है।

आलोकधन्वा अगर *स्मृति* और *करुणा* की गहनता के कवि हैं तो क्रांतिकारी आशयों के साथ। एक शिल्प सजग नागर कवि-स्वभाव के मूल में सक्रिय गहरी अरण्य संवेदना उनकी ताक़त है। समय की *अनंतता* से चलकर वें *समकालीनता* को पहचानते हैं। और इसी तर्क से, *समकालीनता* से चलकर समय की *अनंतता* तक जा पहुँचते हैं। अनंतता पर भी उनका एकाधिकार नहीं है। वहाँ भी वे शेष समाज के साथ हैं या होना चाहते हैं। इससे उनके बुनियादी कवि-स्वभाव का पता चलता है। उनकी *निर्लिप्तता* भी अपनी है और *संलग्नता* भी ख़ास अपनी। फक्कड़पन भी और सधी-तनी रणनीति भी। इलियट ने कभी कहा था कि *संवेदना* तो पीढ़ी-दर-पीढ़ी बदलती है पर कोई बिरला प्रतिभावान ही *भाषा* या *अभिव्यक्ति* का *मुहावरा* बदल पाता है। दूसरे-तीसरे दर्जे के कवि भी समय के तकाज़े से संवेदना के बदलाव की कुछ रूढ़ियाँ रीतियाँ चलन तो पकड़ लेते हैं पर उनके पास एक से अधिक पाठ के लिए आमंत्रण नहीं होता। जो कवि सचमुच भाषा में कुछ नया घटित कर पाते हैं वे बार-बार पढ़े जाते हैं। सामाजिक ज्ञान, अनुभव और सामाजिक कल्पना से भी कवि के निजी भाषायी उद्यम में कुछ नया तत्त्व जुड़ने लगता है। यह एक सतत् काव्य-प्रक्रिया के भीतर अनुभव और पाठ या अंतर्पाठ का विषय है। सभ्यता के इतिहास से आदिम लगावों तक जाकर आलोक की भाषा एक सांस्कृतिक गतिविधि की संपूर्णता का पर्याय बन जाती है। बेशक उनमें एक अविराम फक्कड़पन है, सूफ़ियों की-सी गाफ़िल लापरवाही और दीवानगी भी, जुनून भी, पर साथ ही एक सतर्क सधी निगाह भी जो दृश्यों पर महज़ टिकी नहीं रहती, उनमें अपना पक्ष, अपना तर्क, अपना विज़न भी चुनती है। आश्चर्य नहीं कि यह कभी कीमियागिरी लगे। शायद उस बढ़ई या लुहार-जैसी जो एक-एक चूल गाँठ या तीली को सँभालकर किसी विन्यास में जमाना चाहता है। *'सात सौ साल पुराना छंद'* (1994) में देख सकते हैं कि कविता में भाषा खुद किस अर्थ में सांस्कृतिक गतिविधि बनती है।

> घास की पत्तियों में ठहर गयी बूँदें
> बिखरने लगीं तमाम *नींद* में
>
> *धूप* उतरी- *नींबू* में
>
> *पहला प्यार* जब राख हो गया
> खुद को बचाया उस साँवली नृत्य शिक्षिका ने

दंगे के ख़िलाफ़ दिखी वह प्रभातफेरी में फिर
शरीर और *समुदाय* एक होता हुआ
लंबी छुट्टी बीच में ही ख़त्म कर
लौटी वह फिर काम पर
आई अपनी छात्राओं के बीच
अभ्यास करने *सात सौ साल पुराने छंद* का।

'शरीर' और *'समुदाय'* के एक होने में जैसे छंद का अर्थ छिपा हो। छंद को *'अप्रत्याशित'* का *हेतु* कहा गया है। छंद इस अर्थ में कविता में विरल होता गया है। छंद कविता में तभी सार्थक है जब भाषा की पूरी गतिविधि दृश्य होने की स्थिति में हो। आलोक की कविता का यह सहज पाठ-गुण है। *पाठ* में ही खुलती है वह। अपनी *'गूँज'* में देर तक सुरक्षित या टिकी रहती है।

आलोकधन्वा की कविता में *स्त्री-जीवन* बहुत बार आता है जैसे *रात* आती है जैसे *नींद* आती है जैसे *समुद्र* आता है *हवाएँ* आती हैं। कभी तो कवि के मन में सभ्यता के वर्तमान, वर्तमान के विकास को लेकर क्षोभ है कि नदियों से मिलना इतना *विरल* क्यों है! विरल इसलिए कि *'दिमाग़* तो भरा रहता है / *लुटेरों के बाज़ार* के शोर से।' लुटेरों का बाज़ार आज कितना सर्वग्रासी, आतंककारी, आक्रामक है, वताने की ज़रूरत नहीं। ब्रेख़्त ने कभी कहा था कि बाज़ारों में जब वे *मेरा नाम* लेकर पुकारते हैं, उम्मीद से, हौसले से, मैं अपने आप में तय करता हूँ कि उन्हें निराश करूँगा। उपभोक्तावाद आत्मा तक में धँसा हुआ है। खरीदने की ही नहीं, बिकने की भी हड़बड़ी है। आलोक उसे धता बताकर *अनंत* को भी ऐसे बरतना चाहते हैं जैसे वह *मूर्त जनपद* हो। 'अगर अनंत में झाड़ियाँ होतीं / तो बकरियाँ अनंत में भी हो आतीं / भरपेट पत्तियाँ टूँग कर वहाँ से / फिर धरती के किसी परिचित बरामदे में लौट आतीं।' (धरती के विपुल विस्तार में धरती का बरामदा)।

आलोकधन्वा ने कविताओं क़ा *रचनाकाल* देकर अपने विकास-ग्राफ़ को समझने में शायद सहूलियत दे दी है। उसका फ़ायदा न उठाया जाए तो वह भी एक तरह की काहिली है। *कालांकित कविताएँ* भी अपना कोई *अंतिम भेद* छिपाकर रखती हों तो ऐतराज़ क्यों? पर आलोक के अपने नियम और तर्क से जो प्रकट है, वह छिपने को तैयार नहीं। *'80 के पहले* की कुछ कविताएँ हैं—पतंग (76), कपड़े के जूते (79), गोली दागो पोस्टर (72), जनता का आदमी (72), भूखा बच्चा (73), शंख के बाहर (73)। 72 से 79 के बीच की थोड़ी-सी कविताएँ लंबे समय तक आलोक की कीर्ति का आधार रही हैं। 85 से 97 तक—यानी एक दशक से कुछ ही अधिक की कविताएँ संग्रह का एक बड़ा हिस्सा हैं। 80 के बाद की कुछ कविताएँ हैं—भागी हुई लड़कियाँ (88), नींद (95), शरीर (95), एक ज़माने की कविता (95), जिलाधीश (89), फ़र्क़ (92), छतों पर लड़कियाँ

(92), चौक (92), पानी (97), ब्रूनो की बेटियाँ (89), मैटिनी शो (98), पहली फ़िल्म की रोशनी (97), कीमत (97), आसमान जैसी हवाएँ, रेल (94), जंक्शन (94), शरद की रातें (92), रास्ते (96), सूर्यास्त के आसमान (96), विस्मय तरबूज़ की तरह (90), थियेटर (96), सात सौ साल पुराना छंद (94), समुद्र और चाँद (90), पगडंडी (96), मीर (96), हसरत (96), किसने बचाया मेरी आत्मा को (96), कारवाँ (97), अपनी बात (96), सफ़ेद रात (97)। एक कवि के विकास का यह जो ग्राफ़ बनता है थोड़ा अचरज में डालने वाला है। जैसे प्रौढ़ता परिपक्वता का काल अधिक काव्य उर्वरता का भी काल हो। '79 से '88 तक—यानी एक पूरा दशक आलोक की रचनायात्रा के बीच गहरे अथाह लंबे सन्नाटे का दौर है। क्या थी इस चुप्पी की वजह! या जैसा मृणालसेन ने अपना अनुभव बताते हुए कहा है, यह सन्नाटे का दशक कवि के बेचैन दिमाग में कुछ ऐसा घटित कर देने वाला था जिस पर चुप रहा जा सकता है, जिसकी व्याख्या शब्दों में कठिन है।

देखें यह भी कि जब आलोकधन्वा *'कपड़े के जूते'* 'पतंग' जैसी कविताएँ लिख रहे थे—1976-1979 वाले दौर में, तब भी उनका शिल्प सजग कवि व्यक्तित्त्व अदृश्य निष्क्रिय न था। इनमें 1972 की *'गोली दागो पोस्टर'*, *'जनता का आदमी'* की ऊष्मा तो कायम है पर समूची अभिव्यक्ति भंगिमा में कुछ और हिकमतें जुड़ गयी हैं। उग्र सपाटता से अलग भाषा में एक तरह की कोमल संवेदनीयता। बीच का दौर इमरजैंसी का दौर है। उसका आतंक उसकी विडंबनाएँ अपनी जगह। क्या अनजाने कवि के काव्यात्मक सोच में कोई बदलाव आ रहा था जो इधर के दशक में अधिक अर्थसघन होकर सर्वथा नये विन्यास में प्रकट है। यह निरूपण शायद ग़लत हो कि दो तरह की कविताएँ *'दुनिया रोज़ बनती है'* संग्रह में हैं। दो से अधिक तरह की कविताएँ तो शुरू के दौर की थोड़ी-सी कविताओं में भी हैं। पर कुछ आलोक में ऐसा भी है जो आद्यंत उनके बुनियादी कवि-व्यक्तित्त्व से अनुप्राणित है। *पतंग* और *जूते* महज़ विषय नहीं हैं। वे ऐतिहासिक-दार्शनिक विमर्श बनते हैं।

जानवर प्रकृति से आए। और दिन भी।
लेकिन जूते प्रकृति से नहीं आए
जूतों को आदमियों ने बनाया

आदमी ने *महान चीज़ें* बनाईं
और उन *महान चीज़ों में जूते* आदमी
के सबसे निकट हैं।

कपड़े के जूते इतने *पुराने* हो चुके हैं
कोई कह सकता है कि
जहाँ वे *जूते* हैं वहाँ कोई समय नहीं है—
कपड़े के वे जूते *समय के बाहर* झूल रहे हैं।

क्रूर व्यवस्था के विरुद्ध ग़ुस्सा, बच्चों चिड़ियों के लिए स्निग्ध प्यार, भविष्य के लिए उम्मीद—जहाँ ये अनुभव *'पतंग'* कविता में व्यक्त हैं वहीं प्रतिरोध तर्क का सरलीकरण भी। यहाँ सम्बोध्य भी रूढ़ि है सरलीकरण है। दुश्मन की ऐसी पहचान—कि कोई पहचान नहीं। ग़ुस्सा ऐसी शब्दावली में कि *अपव्यय* जान पड़े—'बच्चों को मारने वाले आप लोग / एक दिन पूरे संसार से बाहर निकाल दिए जाएँगे / बच्चों को मारने वाले शासकों / सावधान / एक दिन आपको बर्फ़ में फेंक दिया जाएगा।' यहीं पारदर्शी जिजीविषा के विलक्षण अनुभव भी हैं जिन्हें सपाट अपव्यय आच्छादित करता है। आलोक क्रमशः इस अंतर्विरोध को पहचानते हैं। रेटॉरिक की ताक़त के साथ रेटॉरिक की दुर्बलता को भी। विद्रोह की ऐसी भाषा जो सम्मोहन पैदा करती है देर तक कारगर नहीं होती। हम सम्मोहन में खिंचे जब-तब इस विद्रोह को सेलिब्रेट करने लगते हैं। विद्रोह और सपाट अभिव्यक्ति की जो रूढ़ियाँ बनीं हैं उनमें फँसे रहने का अर्थ है विद्रोह की भी क्षति और कविता की भी। *नक्सलबाड़ी आंदोलन* के साथ *आलोकधन्वा* की कविता का मुहावरा बना, यह सच है। *कुमार विकल, आलोकधन्वा* जैसे कवि किन-किन आंतरिक तथा बाह्य चुनौतियों का सामना करते हुए आगे गए, यह सतर्क-अध्ययन का विषय है। ख़ासकर इसलिए कि बिना आगे के जटिल समय को पहचाने अतर्क्य क्रांतिवाद की स्फीतिप्रधान पदावली में एक जमात के कवि आज भी लिख रहे हैं और अपने संतोष के लिए उन्हें छोड़कर हिंदी कविता में सिर्फ़ कलावाद जीवित है। *नागार्जुन* की कविता में जगह-जगह समय की जटिलताएँ भी हैं और गहरी मानव संवेदना की तात्कालिकता भी। वे अपने को दुहराने वाले कवियों में नहीं हैं। उनकी कविताएँ करुणा और स्मृति से वंचित नहीं हैं। इसी अर्थ में आलोकधन्वा *नागार्जुन* की परंपरा के कवि हैं और जहाँ वे *निविड़ गहनता* के नये शिल्प की ओर बढ़ते हैं वहाँ *शमशेर* भी उनके आदर्श हो सकते हैं। प्रगतिशील जनवादी कविता की अगर कोई सार्थक पहचान बनती है (प्रवृत्ति या आंदोलन की सामान्यता से अलग) तो बेशक वह *नागार्जुन-शमशेर-मुक्तिबोध* को मिलाकर ही बनती है। यों आलोक जैसे कवि को ताक़त अपनी पहचान में ही पहले से प्राप्त है। यह सच है कि एक जैसी कविता का जादू हमेशा कायम नहीं रहता। बनता-टूटता रहता है। आक्तोवियो पॉज़ के शब्द हैं—''कोई भी तब तक कवि नहीं है जब तक उसे अपने भीतर को नष्ट करने और एक *दूसरी भाषा* रचने के आकर्षण ने नहीं लुभाया है।'' प्राचीनता आदिमता के लिए आलोक की निरंतर उत्सुकता साधारण-असाधारण के

बीच मार्मिक संबंध खोजती रही। *'कपड़े के जूते'* में ''जूतों की दुनिया जहाँ से शुरू हुई होगी / गड़रिये वहाँ तक ज़रूर आए होंगे / क्योंकि जूतों के भीतर एक निविड़ता है आज भी / जहाँ से समुद्र सुनाई पड़ता है / और निविड़ता एक ऐसी चीज़ है / जहाँ नींद के बीज सुरक्षित हैं...।'' प्राक्, प्राचीनता, आदिमता के लिए यायावर कवि आलोकधन्वा का आकर्षण जाना-पहचाना है। जूते नावें फल पाल कपड़े—इनमें प्राचीनताएँ हैं। भय भी प्राचीन। हथियार भी। (ध्यान दें, सभ्यता की विकासगाथा के परिप्रेक्ष्य में, आज के परमाणु हथियारों की बर्बर होड़ के अर्थ में नहीं।) ज़मीन पर चल रहे आदमी को देखना जैसे एक प्राचीन दृश्य को देखना है। वही अरण्य भाव। वही आदिम राग। एक अरण्य भाव यह है जो आलोकधन्वा को सामाजिक संघर्ष का, पक्षधरता का कवि बनाता है। वही नरेश मेहता को अंत:समाधि की ओर ले जाता है जहाँ इस प्रत्यक्ष दुनिया की आहटें कम ही मिलती हैं। *'जूते'* आलोक की कविता में समय के परे, समय के पार अपना अर्थ फेंकने लगते हैं और मृत्यु के विरुद्ध, नश्वरता के विरुद्ध, अबाध जीवन के पक्ष में एक संदेश बन जाते हैं। आलोक ने बड़ा फलक तब भी चुना, जब कविता क्रांतिकारी एजेंडे के तहत थोड़े से शब्दों पर निर्भर थी। वे कविता में वृत्तांत, वृत्तांत में कविता रचने की अपनी एक शैली विकसित कर रहे थे। इधर उनकी फिक्र और हिकमतें कुछ और हैं।

इसमें संदेह नहीं कि इधर के एक दशक में आलोकधन्वा की कविताएँ एक नया स्थापत्य रचती हैं। पहले *स्त्रीविमर्श* के दायरे में आने वाली तीन कविताओं को एक साथ देखें। *भागी हुई लड़कियाँ, छतों पर लड़कियाँ,* ब्रूनो की बेटियाँ। छः खंडों की लंबी कविता *'भागी हुई लड़कियाँ'* में कुलीनता की शिकार लड़की के भागने का वृत्तांत है। परिवार-समाज की क्रूरता की ख़बरें जब-तब छपती रहती हैं। कुलीनता की हिंसा का अपना तंत्र है। घर क्या है जैसे बंद और मज़बूत टैंक। भागने के इस वृत्तांत में कई वृत्तांत कई प्रसंग हैं। अपने बोध अनुमान से हम सिर्फ़ यह न मान लें कि अभिभावकों के अनुशासन के विरुद्ध कविता लिखी गयी है और खामख्वाह उन्हें कोसा जा रहा है। यह मामला इतना आसान है भी नहीं। कुछ ख़बरों की लाक्षणिकताएँ ही देख लें तो कई बार पास-पड़ोस के ही दायरे में बर्बर सामंती मनोवृत्ति का बर्बर क़िला नज़र आएगा। आलोकधन्वा की कविता को इस परिप्रेक्ष्य में भी देखें। कविता बताती है कि जब तक लड़कियाँ सिर्फ़ फ़िल्मों में भागती थीं, सबकुछ ठीक-ठाक था। जब सचमुच भागने लगीं—अपने सपने, अपनी संभावनाएँ लिए-दिए, तब मुश्किल हुई। दूसरे खंड में भागती लड़की के वजूद पर अधिक बल है। जोखिम का सौंदर्य। जोखिम का सम्मोहन।

तुम तो छिपाओगे पूरे ज़माने से
उसका संवाद

चुराओगे उसका शीशा, उसका पारा
उसका आबनूस
उसकी सात पालों वाली नाव
लेकिन कैसे चुराओगे
एक भागी हुई लड़की की उम्र

एक रोमांटिक तात्पर्य-निर्धारण से आगे भागती लड़की व्यक्ति से अधिक एक समुदाय का हिस्सा हो जाती है। उसके साहस के कुछ सामूहिक बिंब उभरने लगते हैं। ''लड़की भागती है / जैसे फूलों में गुम होती हुई / तारों में गुम होती हुई / तैराकी की पोशाक में दौड़ती हुई / खचाखच भरे जगर-मगर स्टेडियम में।'' ज़रूरी नहीं कि प्रेम के प्रवाद-भय से भागती हों वे। पर कुछ है कि पुरुष प्रभुत्व वाले समाज को कई बार वे बरदाश्त नहीं कर पातीं। हॉकी-फुटबाल खेलती लड़कियों पर कई कवि कविताएँ लिखते रहे, सच्चाइयाँ यह बताती हैं कि पुरुष दर्शक उनमें मनोरंजन कहाँ किन अंगों में ढूँढ़ रहे होते हैं। यह मनोरंजन लगातार क्रूरताओं के लिए जगह बनाता है। वे बेख़ौफ भटकती हैं इसलिए उन पर हमला पुरुष प्रभुत्व संपन्न समाज का अधिकार हो जाता है। औसत सामाजिकता के दायरे में विवाह दहेज दाम्पत्य को लेकर सवाल पूछना, संबंधों की जाँच-पड़ताल, स्त्री के प्रति पुरुष के रुख का विश्लेषण—इन सब सरोकारों के साथ कविता प्रेम का पक्ष लेती हुई प्रेम को विद्रोह का समकक्ष मानती हुई एक हल्के करुण 'नोट' के साथ समाप्त होती है। ...''सिर्फ़ आज की रात रुक जाओ / तुमसे नहीं कहा किसी स्त्री ने /... दुनिया जब तक रहेगी आज की रात भी रहेगी।'' पाठ का आवेग कविता की अंतर्वस्तु को भी प्रभावित करता है। आलोकधन्वा का पाठक कई बार दर्शक होता है। वे पूरे शरीर से कविताएँ पढ़ रहे होते हैं। इसलिए तर्कवाद को कई बार आवेग ही विचलित करता है। तर्कवाद को शायद कुछ देर के लिए स्थगित रखना चाहिए। अन्यथा कविता का अंतराल, छूटी हुई जगहें पकड़ में नहीं आएँगी। *'छतों पर लड़कियाँ'* कविता मे जो लड़कियाँ हैं उनके लिए एक साथ इंतज़ार में हैं—घर-परिवार रिश्ते बेरोजगार छात्र नौकरीपेशा लोग; लफंगे। आलोक का प्रेम-संबंधी आदर्शवाद ख़ासा उदार है—यहाँ तक कि व्यापक अर्थ में वह इंसानियत का तकाज़ा है। अत्यंत साधारण हल्के-फुल्के दृश्यों से निकलकर इंतज़ार का जैसे अर्थ बदल जाता है। जैसे सस्ता रोमांस भी अचानक विलक्षण पावनता प्राप्त कर ले। कवि की सदाशयता का यह तर्क कि उन सबके लिए उन घरों और छतों से आएगा प्यार—एक बार फ़िल्मी लग सकता है। आलोक के लिए वह भी एक आदिम जीवन-रुचि या राग है। आलोक प्रेम के मामले में अंध आदर्शवाद का ख़तरा उठाते हैं। 'आवारा' 'श्री चार सौ बीस' की अमर धुनों के आकर्षण में विगत दिनों के स्मरण खींच लाते हैं। मैटिनी शो के अँधेरे में उनका प्यार अमरत्व प्राप्त कर लेता है।

जहाँ उनके क्रांतिकारी समकालीनों मे भटके कवियों ने स्त्रीविरोधी कविताएँ भी लिखी हैं, आलोकधन्वा के लिए स्त्रियाँ एक सांस्कृतिक उपस्थिति हैं। सभ्यता समीक्षा में इस स्त्रीविमर्श को शामिल कर देखेंगे तो इसका अर्थ उत्तरोत्तर गहन और व्यापक होता जाएगा। *'ब्रूनो की बेटियाँ'* 1989 में क्या कह रही थीं और आज 1998 में क्या कह रही हैं। उसकी *नाटकीय अंतर्ध्वनियाँ* कहाँ से कहाँ जा पहुँची हैं। इसी बीच रघुवीर सहाय स्त्रीविमर्श के बड़े कवि के रूप में सामने आए। उनका पाठ जटिल विडंबनापूर्ण है और अक्सर उदास कर जाता है। आलोक की स्मृति सुदूर जाकर ब्रूनो की बेटियों को कल्पना में लाती है। ब्रूनो को चर्च-वर्चस्व को चुनौती देने के अभियोग में ज़िंदा जला दिया गया था। आलोक की कविता का फलक एक बार फिर बहुत विस्तार घेरता है—नाटकीय ध्वनियाँ ही उसे एक सुगठित स्थापत्य में सँभाले हुए हैं। कविता अपने महाकाव्यात्मक स्पेस में एक विराट गूँज पैदा करती है।

''वे ख़ुद टाट और काई से नहीं बनी थीं / उनकी माताएँ थीं /
और वे ख़ुद माताएँ थीं /...उनके चेहरे थे /
शरीर थे केश थे/ और उनकी परछाइयाँ थीं धूप में /...उनके सनम थे / उनमें
झंकार थी / वे माताएँ थीं / उनके भी नौ महीने थे / किसी
ह्वेल के भीतर नहीं—पूरी दुनिया में / पूरी दुनिया के नौ महीने .../

''वे पृथ्वी की आबादी में थीं / जैसे खुद पृथ्वी / जैसे खुद हत्यारे /
लेकिन आज की सुबह ? / जबकि कल रात उन्हें ज़िंदा जला दिया गया /

''वे धब्बा और शोर नहीं थीं / उनके चिराग़ थे / जानवर थे /
घर थे / उनके घर थे / जहाँ आग पर देर तक चने की दाल रीझती
थी / आटा गूँथा जाता था / वहाँ मिट्टी के बर्तन में नमक था /...

अचानक इसी झंकार में से उभरता यह सवाल जिस पर बहुत कुछ निर्भर करता है।

कैसे देखते हो तुम इस श्रम को?
भारतीय समुद्र में तेल का जो कुआँ खोदा
जा रहा है,
क्या वह मेरी ज़िंदगी से बाहर है ?
क्या वह सिर्फ़ एक सरकारी काम है?

आलोक के लिए स्त्रीविमर्श सिर्फ़ ख़बर या सनसनी नहीं है। वह दमन के स्रोतों को तुरंत लक्ष्य करने वाला है। क्रूर दमनकारी व्यवसायियों के विरुद्ध हस्तक्षेप। वह कई बार हताशा में प्राण संचार भी करने वाला है। आलोक ने काव्य नायकत्व

को चरितार्थ करते हुए, कविता को एक क्रांतिकारी सांस्कृतिक कार्रवाई बताते हुए पिछले दिनों लिखी कविताओं में शांत सघन पर्यवेक्षण का रास्ता चुना है। इन छोटी कविताओं में आलोकधन्वा बार-बार आज़माए अपने ढंग से बचते हैं। इनकी ऐंद्रिक बुनावट के भीतर सहज जीवन प्रत्यक्ष नये *काव्यसंयम* का संकेत है। डर है कि क्रांतिकारी विचारक्षेत्रों में इसे एक तरह का कलावाद मान लिया जाए। *'पगडंडी' 'समुद्र और चाँद' 'आसमान जैसी हवाएँ'*। इन्हीं के साथ एक लंबी कविता *'सफ़ेद रात'* भी। जहाँ याद आती है जंगल की एक रात। जब जंगल पुकारते हैं जंगल को। कवि की निगाह में आते हैं—पीली मिट्टी के रास्ते—और खरहे—महोगनी के घने पेड़—तेज़ महक वाली कड़ी घास—देर तक गोधूलि—ओस। याद करें, लीलाधर जगूड़ी घर की ऐतिहासिक याद लिखते हैं, तो जंगल पहले ही याद आता है। आलोक के यहाँ जंगल की रात के साथ चाँद के उजाले में वह *असहायता* भी है जो *कुचलती* है और एक *उम्मीद* जो *तकलीफ़ जैसी* है। आलोक की कविता में है जंगल का वृत्तांत। वृत्तांत में आता है शहर का *समाजशास्त्र* भी। परिवार-व्यवस्था का ध्वंस, विघटन, परजीवीपन, जड़हीन होने की पीड़ा। विस्थापितों की-सी नियति। जो समाज बन रहा है—शहरों का समाज—वहाँ 'मूलगामी' कुछ नहीं रहा। वहाँ हिंसा है, बाज़ार है, हत्यारे हैं। *आलोक* पूछते हैं—भारत में जन्म लेने का *मैं भी तो कोई मतलब* पाना चाहता था। जैसे केदारनाथ सिंह पूछते हैं—*क्या मैं हिंदू हूँ*? आलोक का सवाल है—क्या लाहौर बच रहा है? वह अब किस मुल्क में है? जैसे केदारनाथ सिंह का पूछना—कितने पत्ते गिरते हैं पाकिस्तान में? आलोक पूछते हैं—क्या वे बगदाद को फिर से बना सकते हैं? क्या वे एक ऊँट बना सकते हैं? एक गुंबद एक तरबूज़ एक ऊँची सुराही? क्षति का अहसास तीखा होता हुआ एक तकलीफ़देह रोमांटिक जिज्ञासा में बदल जाता है—"और गली में / सिर पर फ़ीरोज़ी रूमाल बाँधे एक लड़की / जो फिर कभी उस गली में नहीं दिखेगी।"

आलोकधन्वा अपने विशेष अर्थ में सभ्यता-समीक्षा के कवि हैं जिसमें न रोमांस और राग वर्जित है, न आत्मपीड़ा को छिपाने का कौशल शेष रह गया है। दंगों के परिप्रेक्ष्य में एक महत्त्वपूर्ण कविता है—*'किसने बचाया मेरी आत्मा को'*!

> *किसने बचाया मेरी आत्मा* को
> दो चार *उबले हुए आलू* ने बचाया
> सूखे पत्तों की आग
> और मिट्टी के बर्तनों ने बचाया
> पुआल के बिस्तर ने और
> पुआल के रंग के चाँद ने

दादी के लिए रोटी पकाने का चिमटा लेकर
ईदगाह के मेले में लौट रहे नन्हें हामिद ने
और छह दिसंबर के बाद
फरवरी आते-जाते
जंगली बेर ने
इन सबने *बचाया* मेरी *आत्मा* को।

आलोकधन्वा गहरे अर्थ में नास्टेल्जिया के कवि हैं। आलोक की कितनी ही कविताओं का निहितार्थ यह है कि जीवन बचा रहेगा—बाज़ार, लुटेरों और हत्यारों के बावजूद। उनके यहाँ इसीलिए दुनिया के *रोज़ बनने* का ख़ास अर्थ है। यह *सरल आशावाद* नहीं है जिसे भावोच्छ्वास मानकर हिकारत से देखने का चलन है। यह *कठोर आशावाद* है। नाउम्मीदी-सी उम्मीद। मीर पर कविता लिखने वाले आलोक के यहाँ मीर की-सी अकल्पनीय सरलता है पर वह जटिलता से वंचित नहीं है। क्या कहेंगे इस सरलता को जिसमें नींद का अहसास, हल्कापन, कोमलता, स्निग्धता, तरलता का ऐसा अंत:स्पर्श है—

रात के आवारा
मेरी आत्मा के पास भी रुको
मुझे दो ऐसी नींद
जिस पर एक तिनके का दबाव भी न हो
ऐसी *नींद*
जैसे चाँद में पानी की घास

कभी खटक सकता है कि मुक्तिबोध की तरह *आलोकधन्वा* में *क्रीड़ावृत्ति* या *परिहास* का तत्त्व नहीं है जबकि वह नागार्जुन, विष्णुखरे, अरुणकमल, वीरेन डंगवाल के यहाँ है। इससे क्या कोई फ़र्क़ पड़ता है! आलोक की कल्पना में ही कभी-कभी एक खेल या *कौतुक* दिख जाता है—जैसे विस्मय तरबूज़ की तरह—जो दूसरे अनुषंगों के साथ जीवन के प्रति आसक्ति जगाता है। आलोक के अभ्यस्त पाठकों को यह देखकर भी अचरज हो सकता है कि कविता जिसके लिए अधिकतर सामाजिक वक्तव्य या अथक सामाजिक संघर्ष का घोषणा पत्र या वृत्तांत रही हो, आज कविता उसके लिए *एकांत राग* भी हो सकती है। हालाँकि आलोकधन्वा का एकांत राग भी *जटिल अंत:समृद्ध जीवन-राग* का ही हिस्सा है। क्रांतिकारी हस्तक्षेप और प्रतिरोध की लंबी गूँजती कविताओं के लिए ख्यात और लोकप्रिय कवि एक दिन 'मिनीएचर' लिखने लगे और *'नींद' 'घास' 'नींबू'* की गंध की सपनीली दुनिया में नया कल्प चाहने लगे... तो अचरज तो होगा ही। पर यह कोई पहली बार नहीं हुआ है। *समय* और *समयातीत* से एक साथ बतकही करने वाले *सभ्यता-*

विमर्श के इस कवि को गहरे लगाव से पढ़ने की ज़रूरत है। कहने की ज़रूरत नहीं कि *वाचिक* कविता की ताक़त के लिए आलोकधन्वा की एक ख़ास अपनी अविस्मरणीय पहचान है। कविकर्म के उत्तरोत्तर कठिन होते जाने के तमाम लक्षण हमारी पतनशील सामाजिक संरचना और क्रूर उपभोक्ता समय में हैं। कविता के *भविष्य* के लिए उम्मीद है तो गहरे राजनीतिक सांस्कृतिक मानवीय विमर्श की इसी *वाचिक* कविता की ताक़त को लेकर। वामपंथी सांस्कृतिक क्रांति के भीतर क्या एक *नव-उपभोक्तावाद* सक्रिय है या *काव्याभिरूचि* की *तानाशाही* जो आलोकधन्वा से आज भी 'गोली दागो पोस्टर' की माँग कर रही है और मानवीय विमर्श की गहनता सूक्ष्मता के प्रति कवि के झुकाव को राजनीतिक *विचलन* और काव्यात्मक *कीमियागिरी* या *रीतिवाद* या *कलावाद* मान बैठी है। फ़िलहाल इस पर और कोई टिप्पणी ज़रूरी नहीं।

कविता का गद्य और काव्यभाषा

जब *पास्तानाक* ने कहा था—हम *रोजमर्रा की चीज़ों* को गद्य में खींचकर लाते हैं —*कविता* के लिए, और *गद्य* को *कविता* में खींचकर लाते हैं—*संगीत* के लिए, तो एक तरह से काव्यगत सृजनशीलता और काव्यभाषा के चरम आदर्श की ओर संकेत किया था। कविता और काव्यभाषा की सूक्ष्मता पर विचार करने वाले और सात तरह की अस्पष्टताओं का सूक्ष्म विवेक करने वाले *एम्पसन* पर टिप्पणी करते हुए *रिचर्ड्स* ने याद दिलाया था कि भाषा, विशेषत: कविता की भाषा में, *कोई एक* शब्द दूसरों से तब तक सहयोग नहीं करता जब तक *सभी शब्द* एक दूसरे से ग्रहण करने और एक दूसरे को देने की स्थिति में न हों। गद्य के बारे में अगर यह धारणा बनी हुई है कि उसमें आप चलकर कहीं आ-जा सकते हैं तो कविता के बारे में यह धारणा ग़लत है कि आप वहाँ एक ही जगह बने रहते हैं। *गति* या *हरकत* गद्यभाषा या काव्यभाषा को सार्थक बनाने वाला समान तत्त्व है जिसे हम लय के रूप में जानते हैं। कभी एक तरह की बौद्धिक दीक्षागम्य कविता को समर्थन देने के लिए जगदीश गुप्त ने *'गद्य की लय'* का सवाल उठाया था—तब लय वहाँ बताई जा रही थी, जहाँ थी ही नहीं। पर इससे लय की सार्थकता ख़त्म नहीं हो गयी। वह गद्य और कविता के लिए ज़रूरी है और अच्छे गद्य और अच्छी कविता का समान गुण है।

स्वत:स्फूर्तता ही लय नहीं है। कहते हैं *स्वत:स्फूर्तता के विरुद्ध* जाकर लोर्का ने *कविता का संगीत* हासिल किया था। इससे हम गद्य की लय के काव्यात्मक उपयोग की सार्थकता समझ सकते हैं। इसमें संदेह नहीं कि *काव्यभाषा* की क्षमता *काव्यानुभूति* की क्षमता पर निर्भर है और *काव्यानुभूति की क्षमता* कवि के *अपने समाज* या *अपने समय के ऐतिहासिक-सामाजिक यथार्थ* से गहरी *संपृक्ति* या संलग्नता पर। इस सवाल को कविता और जीवन के घनिष्ठ संपर्क या लगाव से जोड़कर ही देखना होगा। जीवन एक बार ही अपनी संपूर्णता के साथ हमारे लिए प्रकट नहीं होता। धीरे-धीरे हम उसके अनेक रूपों छवियों आयामों से परिचित

होते हैं। यह हमारी सक्रिय *जीवनासक्ति* के बग़ैर नहीं होता। यही हाल काव्यभाषा का है—महत्त्वपूर्ण यह है कि हम किस हद तक उसके बनने की प्रक्रिया में सक्रिय योग दे रहे होते हैं। अगर एक तरह की अनिवार्य बेचैनी से हम गद्य को कविता के नज़दीक ला रहे हैं तो वह हमारी काव्यभाषा की ताक़त बढ़ाने के लिए अनिवार्य तथा सजीव हिकमत या माध्यम होगा पर जहाँ गद्य कविता के लिए महज़ एक तरह की सहूलियत है जिसके चलते आज लिखी जा रही तमाम कविताएँ अपने अस्त-व्यस्त फैलाव में निरा *काव्याभास* या *स्वचालित लेखन* का प्रभावहीन उदाहरण जान पड़ती हैं, वहाँ उसका होना, न होना व्यर्थ ही है। आज हमारे बीच गद्य को कविता को निकट लाने वाले और काव्यभाषा की नयी भंगिमाओं या विशेषताओं से परिचित कराने वाले कुछ महत्त्वपूर्ण कवि हैं पर दूसरी ओर उपर्युक्त अनर्गल काव्याभास या स्वचालित लेखन-सरीखी कविता का दौर समाप्त नहीं हो गया है। अतः कविता के गद्य और काव्यभाषा के गुणात्मक संबंध को ठीक-ठीक समझना ज़रूरी है। इधर की कविता में जैसे छंद की ओर वापसी के प्रयोग हुए हैं वैसे ही सीधे *गद्य की कविता* लिखने जैसे प्रयोग भी हुए हैं। उनकी ताक़त और सीमा विचारणीय है।

रघुवीर सहाय के वर्ष 1990 के अंत में अचानक निधन के साथ यह बात बहुत विकलता के साथ महसूस की गयी कि *गद्य* को *कविता* के निकट लाने या *कविता* को *गद्य* के निकट लाने का महत्त्वपूर्ण काम हमारे समय के कवियों में सबसे सार्थक रूप में रघुवीर सहाय ने किया। 'सेब' जैसी उनकी कहानियों का गद्य कविता के निकट है और 'सीढ़ियों पर धूप में' से लेकर 'कुछ पते कुछ चिट्ठियाँ' तक उनकी अनेक महत्त्वपूर्ण कविताओं का भाषायी विन्यास गद्य के निकट है। काव्यभाषा को पहले से ही प्राप्त सिद्ध वस्तु के रूप में रघुवीर सहाय ने स्वीकार नहीं किया। बोलचाल की भाषा यानी समाजभाषा की गतिविधि या हरकत को ठीक से पहचानते हुए, उसकी अंतर्ध्वनियों को या आंतरिक गूँज को ठीक से पकड़ते हुए वे भाषा को काव्यभाषा का रूप देते रहे जैसे कच्ची मिट्टी से हम वांछित रूपाकार गढ़ते या निर्मित करते हैं। *लिखी भाषा* और *बोली जाने वाली भाषा* का अंतर कम-से-कम हो, उनके प्रयत्न का सारतत्त्व यही है पर काव्यभाषा के निर्माण की प्रक्रिया में कल्पना समृद्ध अंतराल या स्पेस रचने का जोखिम उठाने के साहस से वे वंचित न थे। यह साहस उनके लिए कविकर्म का सबसे सजीव अंग था और साथ ही उनकी दृष्टि में समाज को बचाने या बदलने का ज़रूरी साधन भी। कविकर्म का विकल्प सामाजिक कर्म न था पर कविकर्म में गहरी सामाजिकता रची-बसी थी। *भाषा की अंतर्निहित शक्ति* को या भाषा में स्पंदित समाज की गतिविधियों को जाने बिना काव्यात्मक कल्पना वह सब नहीं कर सकती जो कवि रघुवीर सहाय ने *बोलचाल की भाषा* को *काव्यभाषा* बनाने

के लिए किया। उनकी कविता का गद्य सचेत निर्मित है—सचेत और संवेदन क्षम। उसके पीछे कवि का अपना संघर्ष और समय का अहसास दोनों है। यहाँ फिर याद दिलाने की ज़रूरत है कि *अच्छा गद्य* ही अच्छी कविता के काम आता है। अच्छे गद्य की आख़िर पहचान क्या है! *निराला* के लिए जिस अर्थ में गद्य *जीवन संग्राम की भाषा* है, वह भी गद्य की गुणवत्ता, उसके जुझारूपन या जीवनशक्ति को जानने का एक तर्क हो सकता है। साथ ही वह *लय* वह *पठनीयता* भी गद्य की गुणवत्ता का एक प्रबल तर्क है। खराब अपठनीय गद्य कविता को कितना यांत्रिक निष्क्रिय बेजान बनाता है, आज कविता के पाठकों को यह बताने के लिए वहुत उदाहरण देने की ज़रूरत नहीं है। आज की हिंदी कविता का एक बड़ा हिस्सा सपाट गद्यात्मकता से इस हद तक ग्रस्त है कि *नामवर सिंह* जैसे आलोचकों को एक बार *प्रगीत* ही कविता के पुनर्जीवन के लिए ज़रूरी लगा। स्वर की विश्वसनीयता, विशिष्टता, लयात्मकता, संक्षिप्तता, कसाव आदि अनेक विशेषताओं के पक्ष में कविता से की गयी इस नयी माँग को स्थूल अर्थ में ग्रहण करने के ख़तरे भी हैं। आज सब कवि छंद में, लय के सरल स्थूल निर्वाह को आदर्श मानकर लिखने लगें तो आज के यथार्थ की जटिल विडंबनायुक्त चुनौतियों का क्या होगा जिसके लिए कविता से अधिक चौड़ी ज़मीन की माँग की जाती है।

कहना न होगा कि आज कविता में जो नयी लयात्मक विशिष्टता पैदा हुई है, वह बोलचाल के गद्य की निकटता में उसके *अंतर्निहित बलाघातों* के उपयुक्त विवेक से संभव हुई है। यह सवाल तो बना ही रहेगा कि गद्य के निकट आकर भी कविता, कविता क्यों है! गद्य कविता के लिए उपयोगी और मूल्यवान तभी होगा जब वह *वाचिक भाषा* की अपनी धार बचाए रख सकेगा। काव्यभाषा महज़ काव्याभास भाषा न हो, यह चिंता आचार्य रामचंद्र शुक्ल की भी थी, इसीलिए उन्होंने *कविता क्या है* जैसे बुनियादी सवाल से उलझना चाहा। कविता की बुनियादी पहचान से काव्यभाषा के प्रकृत गुणों की पहचान हो सकती है, इसमें संदेह नहीं। पर क्या कविता की हमारी मूलभूत अवधारणा में अंतर नहीं आता! क्या काव्यगत विशेषताओं के संदर्भ में हमारी चयनदृष्टि में बदलाव नहीं आता! हमारी प्राथमिकताएँ नहीं बदलतीं! कभी *रसध्वनि* और *अलंकार ध्वनि* को महत्त्वपूर्ण ठहराने वालों ने वस्तुध्वनि को हेय और तिरस्करणीय ठहराया था और फिर बदले हुए युग में यथार्थवाद के दौर में *वस्तुध्वनि* ही सबसे महत्त्वपूर्ण नहीं मान ली गयी! फिर भी कविता की बुनियादी पहचान का अर्थ है। हम हर समय की कविता के बारे में पहले संपर्क या पाठ या संवेदनाघात में ही मान लेते हैं कि यह कविता है या कविता नहीं है! संभव है काव्यभाषा की बुनियादी प्रकृति में कतिपय ऐसी विशेषताओं के लिए जगह हो जिनके लिए हमारी आलोचना अब तक उपयुक्त या सटीक शब्द न खोज पाई हो।

आचार्य रामचंद्र शुक्ल ने जब कविता में 'गोचर रूपों के विधान' पर बल दिया था तो वे कविता में कही गयी बात के चित्र रूप में उपस्थित होने पर बल दे रहे थे पर उस साधारण कोटि की चित्रप्रियता का समर्थन नहीं कर रहे थे जो निराला को स्वच्छंद काव्यभूमि में विचरण करने से रोकने वाली प्रवृत्ति है। कविता के संगीत को महत्त्व देते हुए शुक्ल जी ने कहा था—*नाद सौंदर्य* से कविता की आयु बढ़ती है। पर साथ ही यह भी, कि कविता में भाषा की सब शक्तियों से काम लेना पड़ता है। 'सब शक्तियों' का यहाँ अधिक व्यापक अर्थ लेना चाहिए—शास्त्रीय ढंग से परिभाषित अभिधा-लक्षणा-व्यंजना तक इसे सीमित नहीं करना चाहिए। निराला जब मुक्त छंद को कविता के लिए उपयोगी बता रहे थे तो कविता की मुक्ति को मनुष्य की व्यापक मुक्ति के समानांतर देख रहे थे। गद्य की ताक़त लेकर कविता को प्रभावशाली बनाने का बहुत उल्लेखनीय प्रयत्न उनके यहाँ नहीं दिखाई देता है लेकिन जब वे मुक्त छंद की विशेषता बताते हुए *पाठ की कला* (Art of Reading) पर बल दे रहे थे तो आने वाली कविता को रास्ता दिखा रहे थे। *त्रिलोचन* जब काव्यभाषा की *नयी अर्थव्यंजकता* के लिए *पूरे-पूरे वाक्यों* पर बल देते हैं तो वे गद्य और कविता की निकटता के सार्थक परिणामों के प्रति सचेत करते हैं। इसे वे हिंदी की अपनी जातीय प्रकृति, खुले मैदानी गद्य की अंतर्निहित क्षमता से संबद्ध करके देखते हैं।

> संध्या ने मेघों के कितने चित्र बनाए—
> हाथी, घोड़े, पेड़, आदमी, जंगल, क्या-क्या
> नहीं रच दिया और कभी रंगों से क्रीड़ा
> की, आकृतियाँ नहीं बनाईं, कभी चलाए
> झीने से बादल जिनमें चटकीली लाली
> उभर उठी थी
>
> —*उस जनपद का कवि हूँ / पृष्ठ 55*

यहाँ यह स्पष्ट करना ज़रूरी है कि *बिंबविधान* और *सपाटबयानी* को आमने-सामने रखकर और एक को दूसरे का विलोम बताकर हमारे यहाँ एक समय जो नतीजे निकाले गए; वे भ्रामक थे। तब बिंबविधान को निरस्त कर सपाटबयानी को तरजीह दी जा रही थी और अच्छी कविता दोनों के घनिष्ठ लगाव से जो काव्यत्व अर्जित करती है, उसे नज़रअंदाज किया जा रहा था। *धूमिल* ने *वक्तव्य* और *बिंब* के संगठित विवेक से *'मोचीराम'* में कविता की भाषा को ही नहीं, पूरी संरचना को सार्थक चमक दी थी। एक अधिक *संकीर्ण किस्म के बिंबवाद* के विरुद्ध *नामवर सिंह* का तर्क था : "काव्यभाषा के लिए भी प्रायः बिंबयोजना हानिकारक सिद्ध हुई है। बिंबों के कारण कविता बोलचाल की भाषा से अक्सर दूर हटी है, बोलचाल

की सहज लय खंडित हुई है, वाक्य विन्यास की शक्ति को धक्का लगा है, भाषा के अंतर्गत क्रियाएँ उपेक्षित हुई हैं, विशेषणों का अनावश्यक भार बढ़ा है और काव्य तत्त्व की ताक़त कम हुई है।" इसे सामान्यीकरण (generalisation) के रूप में ग्रहण करने के ख़तरे थे। संभव है एक समय सपाटबयानी की काव्यात्मक सार्थकता पर अधिक बल देने के आग्रह से नामवर सिंह का ध्यान तब ऐसे खतरों की ओर न गया हो। अन्यथा अतिरिक्त सपाटबयानी से पीड़ित होकर उन्हें *प्रगीततत्त्व* को महत्त्वपूर्ण बताना ज़रूरी न लगता।

आधुनिक हिंदी काव्यभाषा के निर्माण-क्रम में निराला का योगदान सबसे महत्त्वपूर्ण रहा है। उनकी *संवेदना* ही *बहुवस्तुस्पर्शी* न थी, उनकी *भाषा* में भी यह *वैविध्य* रचा-बसा था। तत्सम-तद्भव, सरल-दुरूह की द्विधाविभक्ति (dichotomy) को निराला की भाषा चुनौती देने वाली है। गद्य के निकट तो एक तरह की निराला की कविता भी है पर उसकी धार कविता की अपनी धार है—भाषा की वाचकता के अनन्य प्रभाव के साथ।

> बाहर मैं कर दिया गया हूँ
> भीतर पर भर दिया गया हूँ

वाक्य गति की ठीक-ठीक पकड़ ही गद्य सरीखे विन्यास को कविता बनाती है। *'बाहर मैं'*—'मैं बाहर' नहीं। हालाँकि दूसरा प्रयोग ही गद्य का औसत व्याकरणिक प्रयोग होता। बल यहाँ 'बाहर' पर है—'मैं' पर नहीं। बाहर होने की नियति तो 'मैं' की ही है। पर कहने का ढंग यहाँ व्यक्तिगत तथा निर्व्यैक्तिक का भेद मिटा जाता है। निराला के यहाँ भाषा के प्रति *क्रीड़ावृत्ति, तोड़फोड़ की हिकमत*-जैसी अनेक विशेषताएँ हैं जो बाद के कवियों के काम आईं। त्रिलोचन और रघुवीर सहाय पर यह असर है पर भिन्नता लिए हुए। त्रिलोचन ने तो तुलसीदास की अवधी का भी लाभ उठाया और खड़ी बोली काव्यभाषा को जब तब नया क्लासिकी संगठन दिया। रघुवीर सहाय ने *अज्ञेय* से अधिक असर *बच्चन* की भाषा से लिया। वास्तविकता यह है कि अज्ञेय की काव्यभाषा कभी बोलचाल की भाषा पर इस तरह निर्भर न थी जैसी बच्चन की भाषा। महत्त्वपूर्ण कवि अज्ञेय हैं, वच्चन नहीं—इस फ़र्क़ के बावजूद। काव्यभाषा की विकास-परंपरा खोजने वालों के लिए दिलचस्प और उपयोगी होगा कि वे *असद ज़ैदी* और *विनोदकुमार शुक्ल* जैसे इधर के कवियों की भाषायी बनावट में *रघुवीर सहाय* के *असर* की जाँच कर सकें। रघुवीर सहाय के ढर्रे पर कविता को गद्य के निकट लाने के खतरे भी हैं! इस दिशा में मैंने पहले लिखी टिप्पणियों में कुछ संकेत किया है।

अज्ञेय और बच्चन से अधिक उपयोगी होंगे *शमशेर*—जिनके यहाँ काव्यभाषा के निर्माण की प्रक्रिया में अधिक बड़ी तैयारी बड़ी *अनुभूति क्षमता, गहरी ऐंद्रिकता*

और बड़ी *सर्जनात्मक कल्पना* दिखाई देती है। शमशेर भी निराला से सीखने वालों में हैं। क्रीड़ावृत्ति या खिलवाड़ का तत्त्व उनके यहाँ भी है। गद्य उनके यहाँ भी ताक़तवर साधन है पर कविता में काव्यात्मकता को सजीव सार्थक रूप देते हुए। *अच्छा गद्य* उनके यहाँ भी कविता की बुनियाद है। लेकिन *लचीला, लयात्मक, गति की वक्रता* या *भंगिमा* के साथ। विन्यास गद्य का, पर काव्यानुभूति तीव्र गहनतर एकाग्र।

हाँ, तुम मुझसे प्रेम करो जैसे मछलियाँ लहरों से करती हैं
जिनमें वह फँसने नहीं आतीं
जैसे हवाएँ मेरे सीने से करती हैं
जिसको वह गहराई तक दबा नहीं पातीं
तुम मुझसे प्रेम करो जैसे मैं तुमसे करता हूँ

अनुभूति ही सीधे कथन में वह विशेष प्रभाव पैदा करती है जिसका अन्यथाकरण असंभव है। गद्यात्मक विन्यास में भी *अंतराल* या स्पेस का अपना अर्थ होता है। अंतिम वाक्य का सपाटपन अन्यत्र सस्तेपन की ओर उन्मुख हो सकता था, जिसकी यहाँ आशंका नहीं। *जीवित भाषा* की गरमाई यहाँ पाठक को पकड़ में ले लेती है। शमशेर ने अज्ञेय की आधुनिक काव्यभाषा में चतुर शिल्पी की गढ़ी हुई भाषा देखी। इसी से अनुमान कर सकते हैं कि वे अपनी भाषा में अंतर्निहित ऊष्मा या ताप को सचेत रूप से कितना महत्त्व दे रहे होंगे। *नैसर्गिक भाषा* के लिए निर्णायक तो काव्यानुभूति ही होगी—जिस पर शमशेर का आग्रह सर्वथा प्रकट है। मुक्तिबोध खड़ीबोली काव्यभाषा के आदर्श नहीं हैं पर उनकी भाषा में अंतर्वस्तु (काव्यानुभूति / विचारधारा) की ताक़त के कारण ही एक तरह की धार पैदा हुई है—टुकड़ों में विशेष रूप से। या जहाँ नाटकीय मोड़ के साथ *आवृत्तियाँ* या *गूँजें* पैदा होती हैं वहाँ काव्यभाषा की सार्थकता या क्षमता का अनुमान संभव है।

रघुवीर सहाय बोलचाल के गद्य या बोलचाल की भाषा के प्रति शुरू से ही संवेदनशील रहे हैं। दूसरा सप्तक के कवि-वक्तव्य में वे कहते हैं—"भाषा को भी साधारण *बोलचाल की भाषा* के निकट लाने की कोशिश रही है मगर उसमें भी कहीं-कहीं भाषा की *फिजूलखर्ची* करनी पड़ी है। बहरहाल इस तरह की कोशिशें विचार वस्तु के दिल और दिमाग में उतरने के तरीके पर निर्भर रहेंगी। ...*विचारवस्तु* का कविता में खून की तरह दौड़ते रहना कविता को जीवन और शक्ति देता है और यह तभी संभव है जब हमारी कविता की जड़ें *यथार्थ* में हों।" अज्ञेय जिस बयान या वक्तव्य को कविता के लिए बाधक मानते रहे हैं उसका रघुवीर सहाय ने खूब उपयोग किया है पर उसमें अपने 'टोन' का व्यक्तिगत स्पर्श भरते हुए। जिनके ज़ेहन में रघुवीर सहाय का काव्य-पाठ होगा वे इस पाठ के

अंतर्निहित गुणों को काव्यभाषा की संरचनात्मक विशिष्टता के स्तर पर देख सकेंगे। पाठ की मूल गति को लय के रूप में ही पहचाना गया है जो *वक्तत्व* गुण के बल पर कविता के समूचे प्रभाव में संप्रेषित करता है। आवृत्ति के ज़रिये रघुवीर सहाय की कविता में एक ख़ास *लय* पैदा होती है—

यही वक़्त है अभी कुछ करो नौजवान
और उस औरत के दुख भरे जीवन में पैठ जाओ
यही मौत के ख़िलाफ़
अपनी मौत के ख़िलाफ़
एक काम है जो कर सकते हो

असद ज़ैदी के यहाँ भी अमूर्तन से चलकर कविता जहाँ *मूर्त्तता* पाती है वह 'यही है' का दुहरा-तिहरा लयात्मक इस्तेमाल।

यही समय है अरे *यही* मेरी खुशी है
यही है मेरे जीवन का केंद्र और पूरे
विश्व की धुरी — और
मैं एक नहीं हूँ : हम तीन हैं
और इस प्रकार मैं एक बहुत बड़े
अनर्थ से बच गया

वाक्यगतियों को जोड़ने वाला तत्त्व *'और' जैसा* अव्यय भी गद्य के निकट आती इस काव्यभाषा के रचनात्मक प्रभाव का कारक तत्त्व है। इस आवृत्ति में एक तेज़ी है, क्षिप्रता और तनाव भी—

पूछो
चाहे जितनी बार *पूछना* पड़े
चाहे *पूछने* में जितनी तकलीफ़ हो
मगर *पूछो*
पूछो कि गाड़ी अभी कितनी लेट है

—केदारनाथ सिंह

क्रिया-रूपों के बदलाव से वाक्य की अस्पष्टता और भंगिमा में जो फ़र्क़ आता है वह भी ग़ौर करने की चीज़ है। गद्य की-सी स्पष्टता और बोलचाल की भाषा की ताक़त के बाहर यहाँ काव्यत्व असंभव है। *राल्फ फ़ाक्स* ने लिखा है : "हमारे अपने समय में यदि गद्य की कला मृतप्राय है तो कारण यही कि *चीज़ों* को उनके *सही नाम से पुकारने* के लिए ज़रूरी साहस नहीं रहा।" आवृत्ति और बलाघात दोनों का संबंध 'पूछने' के साहस से है।

रघुवीर सहाय की कविता 'हँसो हँसो जल्दी हँसो' में *विडंबना* का स्पर्श कविता की पूरी लय और प्रभाव में मौजूद है। काव्यभाषा में यहाँ संवाद का तत्त्व लय की भंगिमा से जुड़ा है। *शब्द-विशेष पर बल* यहाँ *संदर्भ* पर बल है—कविता के *केंद्रीय चिंतन* या अभिप्राय पर भी। गद्य का विन्यास यहाँ कविता को स्पेस या विस्तार देता है यह विन्यास स्वतःस्फूर्त नहीं, निर्मित है—पर उसके पीछे गहरा परिस्थितिजन्य तनाव है :

> *हँसो* तुम पर निगाह रखी जा रही है
> *हँसो* अपने पर न *हँसना* क्योंकि उसकी कड़वाहट
> पकड़ ली जाएगी और तुम मारे जाओगे
> ऐसे *हँसो* कि बहुत खुश न मालूम हो
> वरना शक होगा कि यह शख़्स शर्म में शामिल नहीं
> और मारे जाओगे
> *हँसो हँसो* जल्दी *हँसो*
>
> उनको याद दिलाते हुए *हँसो*
> कि तुम कल भी *हँसे* थे

सारा विन्यास गद्य का—पर एक *विडंबनाभरी लय* की गूँज के साथ, जो कविता में और कविता के बाहर की ऐतिहासिक परिस्थिति में मानो अंकित हो गयी हो। आपातस्थिति का सारा तनाव व्यंग्य में से छनकर काव्यात्मक विडंबना को अर्थसघन बनाता है। सारे रेखांकित शब्द उसी *लयात्मक आवर्तन* के अंग हैं जिससे कविता अंतर्गठित होती है—एक *तीखे* तनाव में—और शायद प्रतिरोध की प्रच्छन्न कार्रवाई में भी। दूसरी ओर, कहने की ज़रूरत नहीं, कि बहुत सारे कवियों के यहाँ (एक पूरा अकविता आंदोलन जिसका दुःखद उदाहरण है) गद्य कविता पर बोझ की तरह पड़ा है अपनी *अतिरंजना* में, *स्फीति* में *यांत्रिक काव्याभास* में। खराब गद्य खराब कविता पर। भाषा और काव्यभाषा की अंदरूनी ताक़त से बेख़बर। भाषा की प्रकृत सामाजिकता के प्रति अनभिज्ञ या असंवेदनशील। इस ख़तरे के शिकार वे कवि अक्सर देखे गए जो आधुनिकतावाद की गिरफ़्त में थे और कविता को बहुशिल्पित बनाने के लिए तर्कातीत अतिरंजना का सहारा लेना ज़रूरी समझते थे। वह हमारी चिंता का विषय महज़ इसलिए है कि अक्सर यशः प्रार्थी युवा और युवतर कवियों के लिए सरलता के प्रलोभन से वही जब-तब अनुकरणीय हो उठता है।

रघुवीर सहाय ने इधर की भाषा पर पड़ रहे *शब्द-प्रसार* के जिन *विराट माध्यमों के दबाव* का ज़िक्र किया है उनसे काव्यभाषा अछूती रहेगी, यह कल्पना नहीं की जा सकती। इस दृष्टि से भी ज़रूरी है कि *काव्यभाषा* की प्रकृत क्षमता

और भाषायी संवेदना में *कवि-दृष्टि* के सीधे *हस्तक्षेप* से जुड़ने वाली विशेषताओं के प्रति सजगता बनी रहे। इस संदर्भ में ऐसे माध्यमों का महत्त्व बढ़ जाता है जो *बोली* और *सुनी जाने वाली कविता* के प्रति उत्सुक और सजग हों। दुर्भाग्यपूर्ण है कि या तो ऐसे माध्यम हैं नहीं या उनका इस हद तक पतन हो चुका है कि वे गद्य के निकट जाकर काव्यभाषा की संभावनाओं की खोज करने वाली कविता को कविता मानने से ही इंकार करते हैं। शमशेर के बहाने रघुवीर सहाय ने यह स्पष्ट करने की कोशिश की है कि ऐसी कविता का संगीत कभी कविता से नहीं भी पैदा होता—बल्कि अलग कहीं पैदा होता है—समानांतर, पर *इसी संसार की ध्वनियों* और *गतियों* से। *विनोदकुमार शुक्ल* के बारे में यह तो नहीं कहा जा सकता कि उनमें भाषायी संवेदना या सजगता नहीं है पर जिस *अपस्फीति* के रास्ते चलकर उन्होंने शुरू में एक तरह की *काव्यात्मक नवीनता* के प्रति ध्यान आकृष्ट किया था वह हिकमत आगे लगभग अर्थ खो चुकी है। उनकी छोटी और अधिक संगठित कविताएँ अपने *अटपटेपन* में ही एक तरह के *प्रगीत गुण* का प्रमाण देती हैं। जैसे,

यह चेतावनी है
कि एक छोटा बच्चा है.
यह चेतावनी है
कि चार फूल खिले हैं

लक्ष्मीकांत वर्मा की व्याख्या के अनुसार *'शरारतपूर्ण सहसंयोजन'* जैसी युक्ति ने एक समय नयी काव्यभाषा के लिए नयी प्रविधि से परिचित कराया था। पर विचारणीय है कि किस चीज़ के अभाव में किन कारणों से वह अब एक तरह के *चमत्कारवाद* के हवाले हो गया और इस प्रकार अंततः प्रभावहीन। नागार्जुन जैसे अनुभव समृद्ध कवि के लिए यह विशेषता या ऐसी अन्य युक्तियाँ कभी अतिरिक्त आकर्षण का विषय नहीं बनीं बल्कि सादगी और साधारणता ही कई बार 'तीन दिन तीन रात' सरीखी कविताओं के बयान में एक नयी काव्यभंगिमा के साथ प्रकट हुई। *सादगी* की भी एक लय होती है जिसे अंतर्वस्तु और विचारधारा से ऊर्जा मिलती है। *सादगी* का भी अपना *आश्चर्य* होता है—इसे केदारनाथ सिंह जैसे कवि अक्सर प्रमाणित करते हैं। काव्यभाषा की दृष्टि से इन कविताओं की बनावट और अंतर्निहित काव्यानुभूति पर विचार किया जाना चाहिए—देखना चाहिए कि इनमें गद्य और कविता की निकटता का, कविता के गद्य और कविता के संगीत की अभिन्नता का अर्थ क्या है :

आना
जैसे हाथों में
आता है जाँगर

जैसे धमनियों में
आता है रक्त
जैसे चूल्हों में
धीरे-धीरे *आती है* आँच
आना

आना जैसे मंगल के बाद
चला *आता है* बुध
आना

यहाँ 'आना' शब्द नहीं, वाक्य है; वाक्य नहीं, एक पूरा *जीवनसंदर्भ* है। यह काव्य-विवेक और जीवन-विवेक की अभिन्नता से ही संभव है।

जिन्हें *विचारधारा* से परहेज़ है और जो इधर अपने इच्छा-तर्क के अनुसार आज के इस दौर को *विचारधारा के अंत* वाला दौर मानकर संतुष्ट हैं वे एक बार इस अजब-सी स्थिति पर विचार करके देखें कि आख़िर क्यों हमारे समय के महत्त्वपूर्ण कवि वे ही हैं जो प्रगतिशील रूझान के साथ कविता के गद्य और कविता के संगीत के संश्लिष्ट विवेक के बल पर काव्यभाषा को एक नयी चमक दे सके हैं। बेशक, जिस अर्थ में निराला ने *कविता की मुक्ति* का सवाल उठाया था उस अर्थ में उनका काव्यसंघर्ष अभी अधूरा है और उनकी काव्यप्रक्रिया के अपने अवरोध भी हैं, पर *जीवन* पर *अपनी पकड़* वे उत्तरोत्तर मज़बूत करना चाहते हैं यह तो उनके प्रयत्नों से प्रकट ही है। काव्य-भाषा की सार्थक क्षमता भी उसी पर निर्भर है।

कविता के प्रतिमान : स्थायी और विकसनशील

मेरे लिए इस प्रश्न पर विचार करने का सबसे ज़रूरी और प्रामाणिक आधार समकालीन कविता ही है पर किसी को यह भ्रम नहीं होना चाहिए कि मूल प्रश्न—काव्यप्रतिमान के स्थायित्व और विकसनशीलता—से बचने के लिए यहाँ कोई सरल सुगम आधार चुना जा रहा है। समकालीन कविता का फलक जितना सीमित समझा जाता है उतना है नहीं। एक अर्थ में आधी शताब्दी ('रूपाभ' के प्रकाशन से अब तक) का महत्त्वपूर्ण साहित्यिक इतिहास समकालीन कविता का ही इतिहास है। निराला के परवर्ती कृतित्व से लेकर मुक्तिबोध, नागार्जुन, शमशेर, त्रिलोचन, रघुवीर सहाय, केदारनाथ सिंह और आज के युवा कवियों तक कम-से-कम चार पीढ़ियों की सर्जनात्मक क्षमता का सर्वोत्तम प्रमाण इसी समकालीन कही जाने वाली कविता के इतिहास में मौजूद है। जो समकालीन भारतीय कविता से और व्यापक अर्थ में समकालीन विश्व कविता से परिचित हैं उन्हें समकालीन हिंदी कविता के उस सर्जनात्मक वैशिष्ट्य का पता है जो काव्यप्रतिमानों का निर्धारण और नामकरण करने वालों के लिए चुनौती है। जिन्हें भ्रम है कि समकालीन कविता में तात्कालिक चिंताएँ ही अभिव्यक्त हुई हैं, वे इन चिंताओं के मूल स्रोत तक जाने की अपनी क्षमता भी बढ़ाएँ—यह बेहद ज़रूरी है।

'नयी कविता के प्रतिमान' में लक्ष्मीकांत वर्मा को यह कहना ज़रूरी जान पड़ता था कि नयी कविता कोई आंदोलन नहीं है। वह एक साहित्यिक प्रवृत्ति है जिसमें आज का भावबोध अधिक व्यंजना के साथ अभिव्यक्ति पाता है। आलोचना में दुर्घटना जैसी स्थिति का कारण उन्हें यह जान पड़ा कि 'आज के भावबोध को उन्हीं मानदंडों से देखने की कोशिश की जाती रही है जो आज के विकसित यथार्थ और दृष्टिकोण को वहन करने में असमर्थ रहे हैं'। लक्ष्मीकांत वर्मा की दृष्टि में यह वह समय था जब सौंदर्य के प्रतिमान बदल रहे थे, आदमी का संदर्भ बदल

रहा था और किरकिरी तिक्तता को स्वीकृति मिलने लगी थी। विशेष भावक वर्ग पर नयी कविता के इन कतिपय विशिष्ट व्याख्याताओं का बल इतना स्पष्ट था कि ऐसी अमूर्त परिभाषाएँ भी की जा रही थीं—'नयी कविता का नयापन संज्ञा नहीं, विशेषण है। विशेषण इसलिए कि विशिष्ट है।' युग के दबाव के अनुसार फिर भी यह कहना ही पड़ा—''नयी कविता का सौंदर्यबोध वैज्ञानिक बोध है जिसमें सौंदर्य का शुभ पक्ष उसके अशुभ पक्ष से उतना ही संबद्ध है, जितना काव्यबोध यथार्थ से!'' पर इस वैज्ञानिकता को भी अंततः मानव विशिष्टता का पर्याय हो जाना था। अतिविशिष्टता के पक्षधर कवियों-चिंतकों को फिर भला 'प्रगतिवाद' क्यों स्वीकार्य होता इसलिए उसकी एकांगी व्याख्या भी ज़रूरी थी और उसका अन्यथाकरण भी ज़रूरी था। लक्ष्मीकांत वर्मा की आपत्ति प्रगतिवाद के 'मिलिटेंट' तत्त्व पर थी। उनका एतराज़ सीधे-सीधे 'वर्गचेतना' पर था। वैज्ञानिक दृष्टि से साहित्य की व्याख्या करने पर उन्हें लगा कि कथा में 'रंगभूमि' के विनय कुमार के बाद कोई नायक आया तो शेखर! उन्हें कहना ही था—''प्रगतिवाद एक विशेष राजनैतिक मतवाद का लक्ष्यपूर्ण आंदोलन है जिसका संबंध साहित्यिक मानदंड से निर्धारित नहीं होता वरन् राजनीतिक परिस्थितियों और आवश्यकताओं द्वारा संचालित होता है।'' गोया नागार्जुन मुक्तिबोध का साहित्य, साहित्य न होकर कम्यूनिस्ट मेनिफेस्टो हो।

लक्ष्मीकांत वर्मा ने सौंदर्य का यथार्थ से, भावना का ज्ञान से, उदात्त का वस्तुस्थिति से, परिवेश का नये तत्त्वों से संघर्ष बताते हुए उससे बनने वाले नये भावस्तरों की चर्चा की। 'मानव आस्था पर बल' और 'आत्म-सत्य की प्रतिष्ठा'—इन्हीं को वे नयी कविता के महत्त्वपूर्ण लक्षण बता रहे थे। यही उनके लिए नयी कविता के प्रतिमान थे। आत्मानुभूति की सक्रियता उनकी दृष्टि में विद्रोहात्मक सक्रियता थी। हालाँकि, यह पता नहीं था कि कैसा विद्रोह! किसके प्रति! किस उद्देश्य के लिए! यह पता लगाने के लिए शायद मिलिटेंट तत्त्व भी ज़रूरी होता जो इन विद्रोहियों के लिए वर्ज्य था। विद्रोह की व्याख्या के रूप में कहा भी गया तो इतना ही कि वह सत्यान्वेषण का माध्यम है। अब सत्य ही अपरिभाषेय हो तो इलाज क्या है! लक्ष्मीकांत वर्मा की दृष्टि में यथार्थ की गतिशीलता समसामयिकता द्वारा ही वहन की जा सकती थी, समसामयिकता क्षण की गहरी तीव्रानुभूति तक सीमित थी और क्षण की तीव्रानुभूति के लिए लघुता पर आग्रह ज़रूरी था। जब प्रसाद 'यथार्थवाद' की परिभाषा करते हुए उसे 'लघुता के प्रति साहित्यिक दृष्टिपात' बता रहे थे और उसके मूल में दुख की प्रधानता और वेदना की अनुभूति पर बल दे रहे थे तो उनका मंतव्य कुछ और था। लघुता पर आग्रह करने वाली यह नयी विचारधारा मनुष्य की खंडित चेतना के नाम पर अज्ञात हताशा और आत्महीनता को ही काव्यात्मक अभिव्यक्ति देने के पक्ष में थी। 'मानव-आस्था पर बल' को

नयी कविता का प्रतिमान बतायाा जा रहा था, इस प्रकार की अनास्था के पोषण के लिए, जिसका वस्तुगत आधार अज्ञात या आयातित था।

नयी कविता के मूल्यांकन के लिए अलग से प्रतिमानों की माँग करने वालों की पहली मुठभेड़ रस सिद्धांत से हुई, और रस सिद्धांत जिस क्लासिकी परंपरा की देन था, उस क्लासिकी परंपरा से भी। लक्ष्मीकांत वर्मा ने कहा—''क्लासिक्स के जहाँ काफी अच्छे प्रभाव होते हैं वहाँ उनमें यह एक दोष भी होता है कि वे किसी नयी परिधि के अन्वेषित होने में बाधक होते हैं। उनका प्रतिमान इतना निश्चित होता है कि उसके समक्ष कोई भी स्वतंत्र अनुभूति या पृथक् उपलब्धि गौण मान ली जाती है।'' पाठक शायद भूले न होंगे कि उन्हीं दिनों मराठी साहित्यशास्त्र में 'विक्षोभ' नामक नये रस की कल्पना की गयी थी जिसे नये काव्यात्मक बोध के मूल्यांकन के लिए हिंदी काव्य समीक्षा में भी उपयोगी ठहराया जा रहा था। याद रखने की बात यह भी है कि लक्ष्मीकांत वर्मा के समक्ष 'नयी कविता के प्रतिमान' बनाते समय जिस नयी कविता का आदर्श था, उससे भिन्न नयी कविता भी लिखी जा रही थी जो प्रगतिशील यथार्थवादी काव्यधारा का नया विकास कही जा सकती थी। इसमें ऐसे जीवंत तत्त्व भी थे जो आलोचना को नयी चुनौती, नयी शब्दावली दे सकते थे। पर ख़ास ढर्रे की नयी कविता की तरह ख़ास ढर्रे की मूल्यचिंता में उलझी आलोचना को संक्रमणशील पश्चिमी आलोचना के मॉडल ही प्रिय थे जो शीतयुद्ध की विचारधारा के साथ और उसके पोषक रूप में विकसित थे और प्रगतिशील विचारधारा, जीवन दृष्टि और साहित्य दृष्टि के विरुद्ध एक विशेष प्रकार की राजनीति (या अ-राजनीति) के अधीन चलाए गए थे। मानवीय विशिष्टता, साहस, अद्वितीयता जैसे गरिमामंडित मूल्यों के आग्रह के पीछे भी कोई वास्तविक आधार न था—कुछ था तो एक ख़ास तरह के बौद्धिक अकेलेपन का उजाड़।

जब विजयदेव नारायण साही ने कहा : ''ज़रूरत नयी कविता के प्रतिमान की नहीं है, कविता के नये प्रतिमान की है''—तो शायद उन्हें नयी कविता की कठिनाइयों और सीमाओं का अहसास रहा हो। अपने निबंध 'पुनर्मूल्यांकन : किस आधार पर' में साही लिखते हैं : ''वैसे भी आलोचना के लिए, चाहे वह मूल्यांकन हो या पुनर्मूल्यांकन, सीधे सुथरे गिनाए जाने लायक प्रतिमान बहुत काम के नहीं होते। सबसे अधिक आकर्षक आलोचना तो वही होती है जो एक साथ बहुत से पहलुओं को उजागर करती चलती है और पाठक को मूल कृति या कृतियों के बारे में एक विशिष्ट उन्मुख अवस्था में छोड़ देती है जो कभी-कभी प्रतिमान-जैसी लग सकती है।'' (साहित्य क्यों / पृष्ठ 27) जिन दिनों साही ने यह स्थापना की थी, नये साहित्य के मूल्यांकन के लिए कुछ नये प्रतिमानों का उल्लेख किया जा रहा था। जैसे, 'रचना के व्यक्तित्त्व और उसमें निहित वैशिष्ट्य की खोज',

'रचना का भाषिक विधान' आदि। इन्हें आलोचनात्मक व्यवहार में स्वीकृति ज़रूर मिली पर इस हद तक नहीं कि इन्हें परिवर्तित काव्यबोध के परीक्षण के लिए सम्यक प्रतिमान कहा जा सके।

कहने की ज़रूरत नहीं कि कविता के प्रतिमान की चिंता कविता के आलोचनात्मक प्रतिमान की चिंता है। रामविलास शर्मा जैसे मार्क्सवादी आलोचक भी स्वीकार करते हैं कि प्रतिमान लेकर साहित्य की ओर नहीं जाना चाहिए। नामवर सिंह 'कविता के नये प्रतिमान' की भूमिका में बए-बनाए स्पष्ट प्रतिमान को काव्यगत मूल्यांकन में एक हद तक बाधक या अनुपयोगी ठहराते हुए आलोचना-पद्धति के लिए संघर्ष को ही महत्त्व देते जान पड़ते हैं। उनकी मुख्य आपत्ति ही शायद स्थायी प्रतिमानों के उस पूर्वग्रह के प्रति है जो कविता के पाठक की दृष्टि को पहले से ही सीमित कर लेता है। जो रस-सिद्धांत काव्यगत मूल्यांकन में सबसे अधिक स्थायी महत्त्व का प्रतिमान मान लिया गया था उसे छायावाद और छायावाद-परवर्ती कविता के मूल्यांकन के लिए अपर्याप्त मान लिया गया। छायावाद तक किसी न किसी रूप में (भाव या मनोविकार के निरूपण के रूप में ही सही) रस-चर्चा होती आ रही थी, 'कामायनी' के अंगीरस के बारे में नगेंद्र तो चिंतित रहे ही हैं पर आगे की बौद्धिक संवेदना प्रधान, द्वंद्व प्रधान नयी कविता के मूल्यांकन के लिए रस सिद्धांत को अप्रासंगिक ही मान लिया गया। नामवर सिंह ने रस-सिद्धांत के प्रति शुक्ल जी की ग्रहण और त्याग-दृष्टि का समर्थन किया है और रस सिद्धांत के दो पक्षों—अर्थमीमांसा और तत्त्वमीमांसा में भेद करते हुए स्वीकार किया है कि रस सिद्धांत प्रतिमान के रूप में मान्य हो या न हो—अर्थमीमांसा के स्तर पर रस दृष्टि का उपयोग किया जा सकता है। उनके अनुसार 'रस निर्णय अंततः अर्थ निर्णय पर निर्भर है'। (कविता के नये प्रतिमान, पृष्ठ 48) नामवर सिंह ने अपने मत के समर्थन में मनोहर काले की इस आपत्ति का भी उल्लेख किया है : ''संस्कृत काव्यशास्त्र का रस सिद्धांत काव्य के आस्वाद की एक प्रक्रिया-मात्र है, मूल्यांकन का कोई प्रतिमान नहीं।''

स्पष्ट है कि कविता के मूल्यांकन के लिए वे ही प्रतिमान उपयोगी हो सकते हैं जो काव्यास्वाद की प्रक्रिया में सहज रूप से विकसित हों, वे नहीं जो स्थायित्व के आग्रह के बावजूद स्थिर या जड़ हो चुके हों। यह भी एक प्रकार का पूर्वग्रह ही है कि कविता के प्रतिमानों की कल्पना ही व्यर्थ मान ली जाए। देखना यह है कि वे किस प्रक्रिया में विकसित होते हैं और कितने प्रत्यग्र, कितने उन्मुख, कितने संभावनापूर्ण बने रहते हैं! इसलिए मुझे लगता है समकालीन कविता का विस्तृत फलक पिछले दौर के आलोचनात्मक संघर्ष से विकसित प्रतिमानों के परीक्षण के लिए अधिक उपयोगी, अधिक उत्तेजक आधार बन सकता है। जब हम कविता और कविता में, अच्छी कविता और खराब कविता में, सार्थक या सफल कविता और

असफल कविता में, कविता और निरे काव्याभास में फ़र्क़ करते हैं तो जो विवेक या तर्क निर्णायक होता है वही एक अर्थ में प्रतिमान कहा जाता है। समकालीन कविता के विश्लेषण में इधर यह धारणा भी सामने आई है कि कभी 'अच्छी कविता' की धारणा ही कुछ विशेषताओं पर निर्भर रूढ़ि बन जाती है और उससे मुक्त हुए बिना सच्चे प्रखर मौलिक और महत्त्वपूर्ण काव्यत्व की संभावना नहीं रहती। केदारनाथ सिंह के कविता संग्रह 'अकाल में सारस' की समीक्षा करते हुए युवा कवि राजेश जोशी ने 'अच्छी कविता' के प्रचलित ढर्रे से बाहर जाने की कवि की कोशिश को महत्त्वपूर्ण बताया है और लिखा है—"हर वक़्त एक 'अच्छी कविता' बने रहना कविता के गुण के बजाय उसका दुर्गुण है और सीमा भी।" समकालीन कविता का काव्यशास्त्र बनाने वालों के लिए यह एक तरह की चेतावनी है कि वे परंपरा से प्राप्त स्थायी महत्त्व के प्रतिमानों पर बहुत भरोसा करके न चलें, संज्ञा की जगह विशेषणों में आत्ममुग्धता अनुभव करने की प्रवृत्ति से मुक्त हों और नये काव्यास्वाद को ही प्रतिमान-निर्माण का ज़रूरी नियामक आधार मानकर चलें।

जिस प्रतिमान के आधार पर हम निराला की कविता 'राम की शक्तिपूजा' की श्रेष्ठता सिद्ध करना चाहेंगे उसके आधार पर 'कुकुरमुत्ता' और 'नए पत्ते' के यथार्थवाद की ही नहीं, 'अर्चना' 'अणिमा' की बहुत-सी कविताओं का मूल्यांकन करने में कठिनाई होगी। मैनेजर पांडे ने इस कठिनाई की ओर ठीक ही संकेत किया है कि यथार्थवाद के जिस सीधे सरल वैचारिक ढाँचे में नागार्जुन की प्रसिद्ध राजनीतिक कविताएँ आ जाती हैं उसमें 'कालिदास सच सच बतलाना' 'श्याम घटा सित बीजुरि रेह' 'घन कुरंग' आदि कविताएँ कैसे आ पाएँगी! त्रिलोचन की कविता के लिए नामवर सिंह ने एक नये काव्यशास्त्र की माँग की ही है। उनके इस संकेत-सूत्र में ही नये काव्य प्रतिमान का सुझाव भी मौजूद है : 'परंपरा के साथ द्वंद्वात्मकता में ही त्रिलोचन के सृजन का बीज है'। (आलोचना : 82, संपादकीय, पृ. 6) पश्चिमी आधुनिकता के विरुद्ध ठेठ हिंदी की कविता त्रिलोचन की कविता है जिसकी अंतर्वस्तु ही नहीं, जिसका वाक्य-विन्यास, रचनाविधान भी भिन्न प्रकार का है। इस भिन्नता को लक्ष्य करने के लिए नामवर सिंह ने त्रिलोचन की काव्य प्रकृति की विशिष्टता को जिस तरह स्पष्ट किया है उसमें प्रतिमान निर्धारण का ऊपरी प्रयत्न न भी दिखाई दे, नये प्रतिमानों का विवेक अलक्ष्य नहीं रहता। यहाँ उस विवेचन से कुछ सूत्रों की याद दिलाना उपयोगी जान पड़ता है—"...त्रिलोचन की निपट निर्वैयक्तिकता में भी गहरी वैयक्तिकता है। निर्वैयक्तिकता ठोस यथार्थ का निर्मम बोध कराती है तो वैयक्तिकता आत्मीयता का भाव जगाती है। इस प्रकार त्रिलोचन विडंबना और तन्मयता एक साथ पैदा करते हैं।" ..."कुछ कविताएँ तो आद्यंत निरे गद्य में ही हैं लेकिन काव्य की अनुभूति कराने में तनिक भी कमी नहीं आती। ...इस प्रकार काव्य में यह गद्यात्मकता भी त्रिलोचन के काव्यशास्त्र

का एक महत्त्वपूर्ण तत्त्व है।'' ...''त्रिलोचन का काव्य यदि कोई विश्वास जगाता है तो यह कि स्वयं अपनी देसी परंपरा के अंदर से आत्मसमीक्षा की प्रक्रिया से गुज़र कर जो नयी काव्य-सर्जना हुई वही सार्थक है और सच्ची भी।'' विश्लेषण की इस शब्दावली पर ध्यान दें तो विडंबना का, तनाव की जगह, तन्मयता के साथ संयोग एक नया सार्थक काव्य प्रतिमान कहा जा सकता है। वह मुकम्मल तौर पर स्थायी प्रतिमान हो या न हो, सार्थक है और संभावनायुक्त भी। इधर की कविता में संभव है इसकी सार्थकता जाँचने योग्य उदाहरण सहज ही दिख जाएँ।

पिछले दिनों 'समकालीन कविता और काव्यमूल्य' विषय पर विचार करते हुए मुझे यह कहना ज़रूरी जान पड़ा : ''प्रतिमान अपने आप में महत्त्वपूर्ण या साध्य नहीं हैं—वे अंततः वहीं सार्थक हैं जहाँ हम अपने काव्यास्वाद को गहरा सार्थक प्रामाणिक अनुभव कर पाते हैं और जहाँ हम उनके ज़रिये कविता में निहित अनेक विशेषताओं की अपनी पहचान को ऐसी संज्ञा दे पाते हैं कि वह अनेक पाठकों के लिए भी कविता से संपर्क या संबंध गहरा बनाने में सहायक हो सके। कठिनाई तब होती है जब वे हमारे लिए एक स्वतःपूर्ण निरपेक्ष कोटि बनने के अर्थ में चरम साध्य बन जाते हैं और काव्यपूर्णता की हमारी सहज स्फूर्त धारणा या नये विश्वास में ही सेंध लगाने लगते हैं।'' (शब्द और मनुष्य, पृष्ठ 189) इसलिए यहाँ इनकार प्रतिमान मात्र से नहीं, प्रतिमान के उस दंभप्रेरित हठाग्रह से है जो काव्यास्वाद की सहज प्रक्रिया में बाधक हो, जो कविता से सीधे साक्षात्कार की प्रक्रिया में अन्यथा हस्तक्षेप करने वाला शास्त्रबद्ध विचार मात्र हो। समकालीन कविता के लंबे इतिहास में मुक्तिबोध, शमशेर और त्रिलोचन जैसे कवियों का हर बार नया आस्वाद ग्रहण करने वाले संवेदनशील पाठक, जिन पर शास्त्रबद्ध प्रतिमानों या प्रतिमान सरीखे विचारों का आतंक न हो, अनुभव करेंगे कि कविता के प्रतिमानों का भी हर दौर में हम नया अनुसंधान करते हैं। कभी उन्हें एकदम नये रूप में उपलब्ध करते हुए और कभी उन्हें नये अर्थ में ग्रहण करते हुए अथवा नयी व्याख्या देते हुए। उदाहरण के लिए खरी सच्ची अनुभूति का महत्त्व कवि-कर्म में चाहे कभी भी कम न हुआ हो पर अनुभूति का जो अर्थ सुमित्रानंदन पंत के लिए रहा होगा, वही मुक्तिबोध के लिए नहीं। यहाँ तक कि अनुभूति के निजीपन की बात बहुत आग्रह से हर दौर में की जाती है (कोई महत्त्वपूर्ण प्रगतिशील कवि भी निजता को पूरी तरह ख़ारिज नहीं करता) पर हर कवि के लिए निजीपन या निजता का अर्थ बदल जाता है। इस दृष्टि से आस्वाद को अमूर्त और व्यक्तिगत मामला समझनेवाले भी आस्वाद को छोड़कर काव्यविवेक की जाँच के लिए किसी दूसरी चीज़ पर निर्भर नहीं। इसी मार्ग से चलकर हम कविता में प्रकट सामाजिकता को उसके अनेक जटिल द्वंद्वात्मक रूपों में भी देख पाते हैं या उनमें प्रवेश कर पाते हैं। यहीं से हम ठीक-ठीक यह जान पाते हैं कि कौन-सा निर्णायक तत्त्व है जो किसी कविता को कविता

बनाता है। यह महज़ रचना-प्रक्रिया का प्रश्न नहीं है। जब लीलाधर जगूड़ी कहते हैं : ''मैं हर कविता की शुरूआत एक बहुत बड़ी संभावना के साथ करता हूँ। बस शुरूआत ही है जो मेरे बस में है, अंत पर मैं उसके कभी काबू नहीं पा सका।'' (वर्तमान साहित्य, मई 1987, पृष्ठ 33) तो वे पाठक की या समीक्षक की कोई मदद नहीं करते। कविता का आरंभ या अंत कविता की प्रकृति का कोई नियामक संदर्भ नहीं है। कविता अपनी संपूर्णता में ही काव्य समीक्षक के लिए आस्वाद्य और चुनौती दोनों हो सकती है। प्रबंध के मार्मिक स्थलों की पहचान के बल पर जो प्रतिमान बनेगा वह रामचरितमानस की महाकाव्यात्मक क्षमता को जाँचने के लिए भी अधूरा अपर्याप्त प्रतिमान होगा। पर मार्मिकता की अर्थबहुल छायाएँ अपने आप में विकसनशील प्रतिमान का उदाहरण हो सकती हैं। तब इस विकसनशीलता का स्थायित्व से आत्यंतिक विरोध भी न होगा।

मुक्तिबोध ने अनुभूति क्षण की विशिष्टता और सामान्यता के द्वंद्व में ही विधायक कल्पना द्वारा पुनर्रचित जीवन को कविता के रूप में सार्थक और महत्त्वपूर्ण बताया है। कहाँ कविता में सामान्य ही विशिष्ट और विशिष्ट भी सामान्य हो उठता है यह देखने के लिए कविता से सीधा सामना ज़रूरी है। मुक्तिबोध की एक कम चर्चित कविता है—

विचार आते हैं

विचार आते हैं—
लिखते समय नहीं,
        बोझ ढोते वक़्त पीठ पर
सिर पर उठाते समय भार
परिश्रम करते समय
चाँद उगता है व
पानी में झलमलाने लगता है
हृदय के पानी में

विचार आते हैं
        लिखते समय नहीं
                पत्थर ढोते वक़्त
पीठ पर उठाते वक़्त बोझ
साँप मारते समय पिछवाड़े
बच्चों की नेकर फचीटते वक़्त!!

पत्थर पहाड़ बन जाते हैं
नक्शे बनते हैं भौगोलिक
पीठ कच्छप बन जाते हैं

समय पृथ्वी बन जाता है...

बहुतों को इस कविता में सौंदर्य नहीं दिखाई देगा। वे इसे एक अटपटा बयान मात्र मानेंगे। कलात्मकता की दृष्टि से विचार करने का धीरज या विवेक न होने पर वे अधिक से अधिक कविता में संगीत या छंद का सौष्ठव खोजेंगे और निराश होंगे। ऐसे सभी पाठक कहे जाते हैं सामान्य ही, पर कविता के स्थायी प्रतिमानों के आतंक में वे विशेष प्रकार के पूर्वग्रहों से लैस होते हैं और उस सहज उन्मुखता के लिए अप्रस्तुत होते हैं जिसकी माँग साही जैसे आलोचकों ने अच्छी आलोचना और अच्छे आलोचकों से बहुत पहले की थी। विशिष्ट और सामान्य के द्वंद्व में विकसित काव्य संवेदन की पहचान के लिए भी यही सहज उन्मुखता, यही सहज साक्षात् सार्थक है। ज़रूरी है। ऐसी कविता के काव्यत्व को पहचानने के लिए एक हद तक संश्लिष्ट काव्यविवेक उपयोगी होता है जिसे वस्तु रूप भाषा में वर्गीकृत करके देखना कठिन होता है। मानवीय कर्म, श्रम और संघर्ष में सौंदर्य देखने वाले पीड़ा या सहनशीलता का निषेध करके कोई अविकल सौंदर्य नहीं देखते। पर किस प्रतिबद्ध विचारधारा वाले इस नयी सौंदर्यदृष्टि जीवनदृष्टि के अधिकारी होते हैं, यह बात मुक्तिबोध के काव्य पाठकों से छिपी न रहेगी। यहाँ बात सौंदर्य दृष्टि की ही नहीं है जीवनबोध की केंद्रीयता या जीवनोन्मुखता की ही है जिसे आज महत्त्वपूर्ण कविता या साहित्य की जाँच की सबसे विश्वसनीय कसौटी माना जा सकता है। ज़रूरी नहीं कि जीवन-बोध मनुष्य के संघर्ष की पक्षधरता या हिस्सेदारी में ही दिखे। वह प्रेम और सौंदर्य के जीवनधर्मी आकलन में भी-प्रत्यक्ष हो सकता है जैसे त्रिलोचन के यहाँ :

जाड़े का दिन, धूप खिली है आसमान की
नील लता पर, प्राची में, थोड़ा-सा ऊपर
सूरज उठकर चला गया है...

प्रिय लगती है बहुत घमौनी; घाम देखकर
लोग कहीं जमते हैं, गायें और बकरियाँ
खड़ी धूप में मौज लिया करती हैं, सर्दी
इसी तरह जाती है, घर से मीन-मेख कर

आती हैं महिलाएँ, आती हैं सुंदरियाँ
कुत्ते करते रहते हैं आवारागर्दी
वही धूप पेड़ों के पत्तों की हरियाली
ओप रही है, कितने रंग निखार रही है
रंग रंग के फूलों में, उड़ती चिड़ियों के

रोयें, डैने चमकाती हैं, जो खुशहाली
चौपायों में है उठकर ललकार रही है
सुस्ती को जब-तब दिख गए पवन के झोंके

हिंदी में कहाँ प्रकृति चित्रण के नाम पर रीति कवियों के अनुप्रास-संगीत वाले रूढ़ शब्दचित्र हैं और कहाँ यह गोचर रूपों का जीवनधर्मी विधान करने वाली विशिष्ट चित्रमयता! न तो इसे सराहने के लिए परंपरागत रसदृष्टि का आश्रय लिया जा सकता है न विसंगति, विडंबना, तनाव की पहचान करने वाली नयी समीक्षा की आलोचनात्मक शब्दावली का। यद्यपि, यह भी सही है कि हम कविता के प्रत्यक्ष पाठ या आस्वाद के बल पर जिस काव्यगुण को लक्ष्य करेंगे या जिस संभावित प्रतिमान तक पहुँचेंगे उसके पीछे परंपरा से अर्जित संस्कार हो सकते हैं। वे हर स्थिति में बाधक नहीं होते, सहायक भी होते हैं। यह इस पर निर्भर है कि हमारी आस्वाद क्षमता किस कोटि के आलोचनात्मक विवेक पर टिकी है जिसमें सहृदयता संवेदनोन्मुखता या संवेद्यता और तीखी बौद्धिक सजगता एक साथ मौजूद हो।

यहाँ प्रसंगवश आधुनिक रूसी कविता की एक महत्त्वपूर्ण कवयित्री अन्ना अख़्मातोवा पर महान रूसी कवि ओसिप मांदेलस्ताम की एक टिप्पणी याद आती है जो हमें अपने अभ्यस्त काव्यास्वाद के पुनः परीक्षण की प्रेरणा देने वाली है। अख़्मातोवा, जो अपनी स्त्रीसुलभ प्रगीतात्मक अभिव्यक्ति के लिए प्रसिद्ध हैं, पर विचार करते हुए मांदेलस्ताम ने उनमें रूसी कथा-साहित्य का प्रभाव लक्ष्य किया है। स्थापना उनकी यह है कि अख़्मातोवा की काव्यसंवेदना की जड़ें रूसी कथा-साहित्य में हैं जो उन्नीसवीं शताब्दी में गोगोल ताल्सताय चेख़व दोस्तावस्की द्वारा लिखा गया। यह विवेक करने के लिए रूप और वस्तु, वस्तु और संवेदना, कथ्य और कला में फ़र्क़ करने की क्षमता ज़रूरी है। जो आचार्य प्रगीत और प्रबंध के शास्त्रनिर्दिष्ट लक्षणों को याद करके ही कविता में प्रवेश करना चाहेंगे उनके लिए यह सूक्ष्म विवेक असंभव होगा, जबकि युवा हिंदी कवि राजेश जोशी के लिए यह कहना और प्रमाणित करना ज़्यादा आसान है कि प्रगीतात्मकता और प्रबंधात्मकता का वैसा शुद्ध विभाजन भी आज संभव नहीं रहा, जो कुछ बरस पहले तक संभव था।

इधर भारतीय काव्यशास्त्र को समकालीन कविता के मूल्यांकन में उपयोगी सिद्ध करने के लिए कई प्रकार के प्रयत्न और तर्क सामने आए हैं। ध्वनि सिद्धांत और वक्रोक्ति सिद्धांत का पुनराख्यान उसका एक उदाहरण है। 'सहृदय संवाद' और 'ध्वन्यात्मकता' जैसे तर्क देकर स्पष्ट किया गया है कि इनके आधार पर विसंगति विडंबना और तनाव जैसे काव्य मूल्यों या काव्य भंगिमाओं से युक्त आधुनिक या

समकालीन कविता का नया मूल्यांकन किया जा सकता है। प्रयत्न से क्या आपत्ति हो सकती है! परिणाम अभी तक ऐसा देखने में नहीं आया है जो आश्वस्त कर सके कि ऐसे प्रयत्न काव्य-चिंतन की रूढ़ परंपरा और पद्धति से मुक्त होकर अपनी सार्थकता प्रमाणित कर पाएँगे। पाश्चात्य ढर्रे के संरचनात्मक शैली विज्ञान आदि अनुशासनों के भीतर 'काव्यभाषा' को एक सार्थक प्रतिमान बनाने की कोशिश तो शुरू ही हुई थी। पाठ केंद्रित समीक्षा के रूप में प्रस्तावित पद्धति भी किसी हद तक चर्चा और व्यवहार में है। कठिनाई यह है कि ये सब पद्धतियाँ वर्गीकरण या श्रेणी विभाजन जैसी युक्तियों में फँस जाती हैं और कृति के सीधे-सच्चे-घनिष्ठ-आवेगमय साक्षात् के मूल आदर्श से ही विमुख हो जाती हैं।

'कविता के घनिष्ठ पाठ' का जो आदर्श रिचर्ड्स ने सुझाया था, वह अनेक पद्धतियों और व्यावहारिक आलोचना-रूपों से गुज़रकर उस आलोचना-पद्धति तक पहुँचा है जिसे एक अर्थ में संवादधर्मी आलोचना कहा जा सकता है। इस पद्धति के प्रयोग का एक उदाहरण केदारनाथ सिंह की कविता पुस्तक 'अकाल में सारस' पर ही एक अन्य युवा कवि अरुणकमल द्वारा लिखित आलोचना है—'अकाल में सारस : एक क्लोज़ अप' (आलोचना : अंक 86)। एक तरह से देखा जाए तो विश्लेषण में किसी एक सुनिश्चित प्रतिमान या किन्हीं स्पष्ट प्रतिमानों का उल्लेख नहीं है पर कवि के अनुभव संसार और कविता की बनावट में प्रवेश करते हुए अरुणकमल जिन विशेषताओं पर रुकते हैं वे तो पाठक को आकृष्ट करती ही हैं।

कविता और विचारधारा

मैं कोड़ों से उनका अन्न
क्यों छीन रहा था
अन्न जो फेफड़े और
जिगर और कलेजे में
गाद बन गया था

—अभाव के व्यंग्य से

'अभाव के व्यंग्य से' यह कविता शमशेर की है। रचनाकाल : वर्ष 1987। शमशेर व्यापक अर्थ में प्रगतिशील धारा के कवि हैं पर रामविलास शर्मा उनमें प्रयोगवादी ढर्रे का कलावाद या रीतिवाद ही देख पाते हैं। सच तो यह है कि सप्तकों में संकलित दो महत्त्वपूर्ण कवियों—मुक्तिबोध और शमशेर तथा सप्तकों के बाहर के तीन महत्त्वपूर्ण कवियों—नागार्जुन, त्रिलोचन और केदारनाथ अग्रवाल को एक साथ रखकर ही प्रगतिशील कविता के काव्यशास्त्र और सौंदर्यशास्त्र पर विचार करना संभव है। कभी लगता है कि नागार्जुन और मुक्तिबोध या नागार्जुन और रघुवीर सहाय की कविता को मिलाकर प्रगतिशील-यथार्थवादी कविता का सौंदर्यशास्त्र विचारणीय हो सकता है। इनसे पहले के महत्त्वपूर्ण प्रस्थान निराला और बाद के कुछ अन्य महत्त्वपूर्ण कवियों को ज़ेहन में रखकर भी कुछ ऐसी संभावनाओं पर विचार किया जा सकता है। सबसे पहले ज़रूरी है कि प्रगतिशील आंदोलन के दौर में बनी प्रगतिशील कविता की औसत रूढ़ि से बचकर हम प्रगतिशील कविता की ऐसी व्यापक अवधारणा को ध्यान में रखें, जिसमें कविता की ताक़त की पहचान युक्तिपरकता के अधीन न हो। विडंबना यह है कि प्रगतिशील कविता की पहचान को रेखांकित करने वाले अक्सर कविता को कविता के रूप में न पढ़कर वक्तव्य के रूप में, प्रतिबद्धता के आसानियों से भरे शपथ पत्र के रूप में पढ़ते आए हैं।

इसमें संदेह नहीं कि कविता के रूप में महत्त्वपूर्ण प्रगतिशील यथार्थवादी काव्यधारा का मुख्य बल जीवन की स्वीकृति पर रहा है—जीवन के वैविध्यपूर्ण अनुभव-प्रत्यक्ष पर रहा है। प्रयोगवाद से परवर्ती अकविता तक जिस तरह की हताशा कुंठा निषेध या अजनबीपन को एक प्रकार के संकीर्ण रूपवाद में ढालने की कोशिश की जा रही थी और उसे ही काव्यगत नवीनता का प्रतिमान या मॉडल माना जा रहा था, जीवन की स्वीकृति पर यह नया बल उसी का प्रत्याख्यान था। कहने की ज़रूरत नहीं कि आज का समय अधिक जटिल और भयानक चुनौतियों से भरा है। आसान प्रतिबद्धता के ढंग की कोई कविता इस समय को समझने या परिभाषित करने में सर्वथा निरर्थक और लाचार नज़र आएगी। आज अगर कोई यकायक चौंककर या खिन्न होकर पूछता है कि जीवनासक्ति पर प्रगतिशीलता के रंग का यह नया बल किसी चमकीले आशावाद की रोमानी स्वीकृति, दूसरे शब्दों में, त्रासद कठिन समय के यथार्थ से पलायन तो नहीं है तो उसे शुरू में ही पूर्वग्रहग्रस्त मान लिया जाए, यह ग़लत होगा।

'तारसप्तक' के दूसरे संस्करण में अज्ञेय ने भी कहा था कि कवि का युग के साथ संबंध बदल गया था। कहा मुक्तिबोध ने भी, 1961 में, कि आज की कविता किसी न किसी प्रकार से अपने परिवेश के साथ द्वंद्व रूप में उपस्थित है। क्या दोनों तरह के निरूपण में कोई फ़र्क़ नहीं है! क्या यह सच नहीं कि जो समस्या अज्ञेय के लिए एक अर्थ में सौंदर्यबोध की समस्या थी, वह मुक्तिबोध के लिए जीवनदृष्टि और विश्वबोध की समस्या बनी! आज बहुतों के यहाँ आशावाद आसान रूढ़ि जैसी चीज़ है—यह मानकर चलने की प्रवृत्ति है कि प्रगतिशील खेमे में इस लुभावने मोहक आशावाद को आसानी से स्वीकृति मिल जाने की गुंजाइश है। मुक्तिबोध 1963-64 में कह रहे थे—"सच्चा आशावाद मनुष्य की ज्वलंत वास्तविक ऊष्मा से पैदा होता है, केवल भविष्य स्वप्न से नहीं।" प्रगतिशीलता की आसान रूढ़ियाँ आशावाद के अनेक मोहक रूपों में दिखाई देती हैं। उसे क्रांतिकारी यथार्थवाद कहना रामविलास शर्मा को भी अच्छा लगता है। मुक्तिबोध सतर्क थे और देख रहे थे कि प्रगतिशील कवि, जो संघर्ष से बचते हैं, भड़कीले रंग, फिसलती ज़बान और रोमांटिक ढंग पर बह जाते हैं। क्रांतिकारी यथार्थवाद के मुहावरे में कभी मुक्तिबोध ने भी लिखा है—पंक्तियाँ उन्हीं की हैं और 'तारसप्तक' में ही संकलित कविता 'पूँजीवादी समाज के प्रति' में :

> इतने प्राण इतने हाथ इतनी बुद्धि
>
> इतना काव्य इतने शब्द इतने छंद
> जितना ढोंग जितना भोग है निर्बंध

इतना गूढ़ इतना गाढ़ सुंदर जाल
केवल एक जलता सत्य देने टाल

तू है मरण तू है रिक्त तू है व्यर्थ
तेरा ध्वंस केवल एक तेरा अर्थ

प्रतिहिंसा को स्थायी भाव कहने वाले नागार्जुन का तल्ख़ स्वर मुक्तिबोध के इस स्वर के बहुत निकट है। मुक्तिबोध अपने विवेक-विक्षोभ को व्यक्त करने के लिए लंबी कविता का वह ख़ास रूप चुनते हैं जो महाकाव्यात्मक है—औपन्यासिक है—एक विशेष अर्थ में नाटकीय भी है। उनका क्रांतिकारी यथार्थवाद जटिलताओं से वंचित नहीं है पर है वह क्रांतिकारी यथार्थवाद ही। बद्धमूल मानसिक द्वंद्वों के बीच भी वह अपने समय की जटिल वास्तविकता से साक्षात् का ही परिणाम है।

प्रगतिशील आलोचकों की विडंबना है कि वे नागार्जुन और मुक्तिबोध, नागार्जुन और शमशेर, नागार्जुन और रघुवीर सहाय को एक ही तरह के औसत नपे-तुले सुसंगत प्रतिमानों से जाँचना चाहते हैं और ऐसा न कर पाने की स्थिति में उनकी कवि प्रकृति, जीवनानुभव और अभिव्यक्ति की स्वकीय विशिष्टता को नज़रअंदाज करते हुए प्रगतिशील-ग़ैरप्रगतिशील जैसे सरलीकृत नतीजों तक जा पहुँचते हैं। आसान शर्तों पर टिकी प्रगतिशील आलोचना पर मुक्तिबोध को ही नहीं, नागार्जुन को भी आपत्ति है और त्रिलोचन का तो एक सानेट ही प्रमाण है कि औसत प्रगतिशीलता की माँग करने वालों को उनसे निराशा ही हुई है।

प्रगतिशील कवियों की नयी लिस्ट निकली है
उसमें कहीं त्रिलोचन का तो नाम नहीं था

प्रगतिशील कविता की परंपरा पर विचार करने के लिए मुझे हमेशा निराला पहले महत्त्वपूर्ण प्रस्थान की तरह दिखाई देते हैं। उनकी प्रगतिशीलता कितने रूपों, कितने रंगों, कितनी जटिलताओं के साथ है! मुक्तिबोध से पहले वे विवेक विक्षोभ के कवि हैं। 'नए पत्ते' का रचना समय है—1946—और उन दिनों निराला अपने समय के संकट को इस तरह देख रहे थे—

हमारे अपने हैं यहाँ बहुत छिपे हुए लोग
मगर चूँकि अभी ढीलापोली है देश में
अख़बार व्यापारियों की संपत्ति हैं
राजनीति कड़ी से कड़ी चल रही है
वे सब जन मौन हैं इन्हें देखते हुए

आज का यथार्थ यह है कि मुक्त बाज़ार के हल्ले में बहुराष्ट्रीय कंपनियाँ हमारे यहाँ से हमारे लिए अख़बार निकालने जा रही हैं और आर्थिक साम्राज्यवाद

के चमचमाते विस्तार में संचार साधनों का विस्फोट हमें भावना, कल्पना, संवेदना, विचार से मुक्ति दिलाने के नये-नये रास्ते खोज रहा है। इस ख़तरनाक राजनीति पर भी लोग चुप हैं—अक्सर मुग्ध और चकित भी। आत्मतुष्टि का नशा कला साहित्य संस्कृति को अछूता नहीं छोड़ गया है। ग़ौरतलब है कि 'तारसप्तक' के संशोधित संस्करण में रामविलास शर्मा का यह वक्तव्य संपादक द्वारा छोड़ दिया गया। ''समाजवादी शक्तियों का विरोध करना साम्राज्यवाद मुख्यतः अमरीकी साम्राज्यवाद का काम है। इन प्रतिक्रियावादियों, प्रतिक्रियावादी शक्तियों का साथ देने वाले कवि विषयवस्तु में कुंठा और घुटन, और रूप में अनगढ़ प्रतीक योजना के सिवा और कुछ नहीं दे सकते।'' रामविलास शर्मा की कमज़ोरी यह है कि वे नयी कविता को पूरी तरह प्रयोगवाद की गिरफ़्त में ही देख पाते हैं। प्रयोगवाद में भी प्रगतिशील रुझान के कवि हो सकते हैं, नयी कविता में भी सकर्मक प्रगतिशीलता की गुंजाइश हो सकती है, यह मानने को वे तैयार नहीं हैं। उनके इस वक्तव्य के आतंक में प्रगतिशील आलोचना अगर आ गयी हो तो उससे किसी तरह के साहित्यिक न्याय की उम्मीद करना कठिन है। उनका यह पूरा वक्तव्य भ्रामक है और प्रगतिशील कवियों के बीच अलग तरह के द्वंद्वयुद्ध की मिथ्या कल्पना पर आधारित है। ''नयी कविता का आंदोलन प्रगतिशील साहित्य के विरोध में चलाया गया था, इसमें संदेह की गुंजाइश नहीं है। व्यक्तिमूल्य का नारा लगाकर इसने जनवादी आंदोलनों का विरोध किया पर दस साल से भी कम समय में नयी कविता की धारा मूल्यहीनता के रेगिस्तान में खो गयी। इस समय मुक्तिबोध की बीमारी और मृत्यु से नयी कविता में नयी जान डालने के लिए उसके सूत्रधारों को नया हीरो कवि मिल गया। इसी समय कम्यूनिस्ट पार्टी विघटित हुई। इससे कुछ मार्क्सवादियों के लिए प्रगतिविरोधियों के साथ संयुक्त मोर्चा बनाने का काम आसान हो गया। केदारनाथ अग्रवाल और नागार्जुन को पीछे ठेलकर उनकी जगह मुक्तिबोध को प्रतिष्ठित करने का जो संगठित प्रयास सन् '64 से आरंभ हुआ उससे हिंदी कविता की यथार्थवादी धारा को भारी क्षति पहुँची।'' यह समूचा निरूपण दुर्भाग्यपूर्ण है। नागार्जुन का यथार्थवाद भी जहाँ काव्यात्मक ऊँचाई प्राप्त करता है वहाँ इतना सरल, सुगम और सुसंगत नहीं है जो प्रगतिशील-जनवादी के नाम पर आसानी से स्वीकार कर लिया जाता है। पहले किसी टिप्पणी में कह चुका हूँ कि मुक्तिबोध की जटिलता को छोड़कर नागार्जुन की सरलता को आदर्श मानने के बड़े खतरे हैं। नागार्जुन सरलता की जटिलता पहचानने वाले कवि हैं।

प्रगतिशील काव्य परंपरा का एक तरह का विकास साठ के बाद की प्रतिबद्ध कविता में हुआ जो अकविता के रूमानी अतार्किक अराजक विद्रोहवाद से अलग ढंग की चीज़ है। धूमिल में थोड़ा बहुत सिनिसिज़्म भी है, अकविता वाला तेवर भी, पर मूलतः वह जटिल राजनीतिक कविता का एक नया रूप खोजने वाले कवि

हैं। 'मोचीराम' से 'लोहसाँय' तक धूमिल के कई रंग हैं। धूमिल और उनके समकालीन कवियों ने जान लिया था कि प्रगतिशीलता का पुराना ढंग और मुहावरा काम नहीं आने वाला है क्योंकि स्थितियाँ बेहद जटिल हैं, वर्ग-संबंधों का स्वरूप बदल गया है, वर्ग-संघर्ष का भी। जिस तरह नयी कविता में प्रगतिशील तत्त्व भी थे और वह जड़ीभूत सौंदर्याभिरुचि भी थी जिसके विरुद्ध मुक्तिबोध ने प्रेमचंद की तरह सौंदर्यबोध के मानदंड बदलने की बात की थी, उसी तरह प्रतिबद्ध कविता में अकविता की रूढ़ियाँ भी थीं।

इधर की कविता में विद्रोह की रूमानियत से मुक्ति है पर नये ढंग का चुपचुप विरोध जब-तब अर्थमय है ताक़तवर है और अपने कठिन समय की संवेदना से वंचित नहीं है। विनोदकुमार शुक्ल और विष्णु खरे, लीलाधर जगूड़ी, अरुणकमल और वीरेन डंगवाल जैसे कवियों की ताक़त पहचानते हुए हम अनुभव कर सकते हैं कि प्रगतिशील कविताधारा सूख नहीं गयी है पर इस काव्यात्मक प्रगतिशीलता को परिभाषित करना मुश्किल काम है। जिस तरह मुक्तिबोध, शमशेर, रघुवीर सहाय, केदारनाथ सिंह एक-से कवि नहीं हैं, न आसान शर्तों पर एक-से प्रगतिशील कवि हैं, उसी तरह अपने कठिन समय के तीखे गहरे अहसास ने इन कवियों को अपना अलग मुहावरा दिया है, अपनी अलग पहचान दी है। रघुवीर सहाय की तात्कालिक वर्तमान में धँसी हुई कविताएँ राजनीतिक अर्थ देती हुई समय में जैसा काव्यात्मक हस्तक्षेप करती हैं वह दृढ़ नैतिक संवेदनात्मक प्रतिरोध का साक्ष्य है। मुक्तिबोध का समय फिर भी ऐसा था कि वे प्रयोगवाद के बारे में पूछ सकते थे कि "क्या प्रयोगवाद का आज तक का विकास ऐसा है जो हमारी जनता के मुख्य लक्ष्यों को अग्रसर कर सके!" आज की नयी प्रगतिशील कविता के बारे में भी ऐसी कोई अपेक्षा करना कठिन होगा। 'सहमत' और 'परिवेश' के इधर के सांप्रदायिकता-विरोधी काव्यचयन का गहराई से अध्ययन किया जाना चाहिए जिनमें हमारे समय के कवियों की दृढ़ प्रतिबद्धता और पक्षधरता का (इस भयानक मूल्यांध समाज में भी) आभास तो मौजूद है, कवि-कर्म की कठिनाइयों का पता भी चलता है। इस नयी प्रगतिशीलता का मुख्य स्वर मुझे पहचानता हो तो मैं कहूँगा—उम्मीद के विरुद्ध उम्मीद।

इस नयी जीवनासक्ति और नये लोकराग में कठिन समय की संवेदना और समझ अनुपस्थित नहीं है।

> प्रत्येक आवाज़ खटका है
> बच्चे की माँ। कहकर पुकारना
> ख़त्म होती हरियाली में
> बीज से अंकुर का निकलना
> खाली मुट्ठी में बंद हवा का छुटकर

ज़मीन पर गिरना खटका है
पानी पीना और रोटी चबाना भी

बचाओ! बचाओ!! चिल्ला सकने वाले लोग
बचाओ भी नहीं चिल्लाते
कोई बचा है
यह पूछने वाला भी नहीं बचेगा
लगता है दुनिया को नष्ट करने का धमाका
अभी शायद हो
हो सकता है ज़िंदगी को नष्ट करने के धमाके के पहले
ज़िंदगी का बड़ा धमाका हो

—विनोदकुमार शुक्ल

क्या हम प्रगतिशील कविता की एक अबाध परंपरा बताने के लिए नयी प्रगतिशीलता के नाम पर आज की कविता को आसान होने और दिखने के कुछ नये लक्षण सौंपने जा रहे हैं! इस डर को इस संक्षिप्त लेख का ज़रूरी 'पुनश्च' माना जाए। आज की कविता का निर्मम पाठ और परीक्षण इस दृष्टि से ज़रूरी है कि उसमें एक ही ढंग के हुनर का आत्यंतिक दख़ल क्यों है जो कविता को एक अच्छी-अच्छी सी कविता बनाता है—बुरे दिनों की भी एक अच्छी-सी कविता! हुनरमंद हम इतने हैं कि इस दौर की साहसपूर्ण जोखिम भरी नयी प्रगतिशीलता को भी लक्षणबद्ध करने से बाज़ नहीं आएँगे। कविता को लक्षणों से मुक्त करने की ज़रूरत है। आज की कविता में भी डर है कि कोई नया रीतिकाल न जन्म ले। इस दृष्टि से हम चाहेंगे कि यह माँग कड़ी चेतावनी बने। आज 'प्रगतिशीलता' प्रश्नहीन पद नहीं है। उसके साथ असंख्य सवाल जुड़े हुए हैं। मानवीय रागात्मकता बड़ी चीज़ है पर जहाँ उसे अर्थपूर्ण होना है वहाँ क्रोध विक्षोभ करुणा साहस वर्जित विषय नहीं हैं। इस मानवीय रागात्मकता पर तरह-तरह के दबाव हैं। पूँजीवाद के चरम उपभोक्ता समाज में हिंसा और नग्नता, धर्मांधता और संकीर्णता के भयानक रूप सामने आए हैं। मानवीय रागात्मकता जिस उदार व्यापक कल्पना से पुष्ट होती है उस कल्पना का क्षय इस दौर में अनिवार्य है। चेष्टाएँ भाषा में आते ही अश्लील हुई जाती हैं। नैतिक संवेदना के निरंतर क्षय का दौर है यह। समाज में व्यर्थ होती हुई कविता को महज़ कविता में अर्थवान बने रहने का भ्रम छोड़ देना चाहिए। एक नैतिक प्रतिरोधी समाज बनाए रखने के लिए कविता को अपने मोर्चे पर लगातार सक्रिय सजग संवेदनशील बने रहना है। हमारे अपने समय की चुनौतियों को नैतिक पक्षधरता के अनुरूप स्वीकार करना और समय के कठिनतर अनुभवों को एक नैतिक-काव्यात्मक विज़न में बदल पाना एक साथ कवि-कर्म के रूप में संभव

हो सके, ऐसे उदाहरण विरल हैं और यह दुर्भाग्यपूर्ण है। ख़तरनाक किस्म की आतुर आत्मतुष्टि हुनर के अर्जित गर्व के रूप में इस हद तक मौजूद है कि तमाम कविता साँचे में ढला सामान या उत्पाद है—सलीकेदार निर्मिति। कोई नयी ज़मीन। कोई नयी टूट फूट। कोई नया विस्फोट। वह कहाँ है जिससे हम मनुष्यता के निरंतर क्षय के विरुद्ध संघर्ष के लिए नयी ताक़त पा सकें। वह जहाँ है प्रगतिशीलता या आधुनिकता की किन्हीं भी आसान शर्तों का दृढ़ अस्वीकार है। सीमित सूत्रबद्ध विचार में उसे ढालना कठिन है।

याद करोगे उस हवा को
जो नदी के फाट से बढ़ती हुई
पुल तक चढ़ जाती है
एक रीते हृदय की तरह
एक सूने वृक्ष की काया की तरह
हवा के भीतर नदी भरी है
और उसके पीछे सूखे आवेग की एक
अदृश्य निर्जन धारा है

— *ऋतुराज*

साधारण का अर्थमय पाठ

ज्येष्ठ पूर्णिमा। हिंदी की अपनी ठेठ जातीय काव्य परंपरा और प्रगतिशील-जनवादी कविता-धारा के शीर्षस्थ कवि नागार्जुन का जन्म दिन। कहना ज़रूरी नहीं कि कवि कर्म में संलग्न कई कवि-पीढ़ियाँ आज भी उनकी प्रखर जीवंत उपस्थिति से नयी स्फूर्ति पाती हैं। निराला के बाद वही सबसे बड़े कवि हैं जिन्हें आज का युवा कवि प्रणाम भर नहीं करता, बल्कि जिनसे अधिक से अधिक आत्मीयता अनुभव करते हुए, सीखना भी चाहता है। युवा कवि बोधिसत्व का 'सुमिरन' इसका उदाहरण है।

मिलना इसी जेठ-बैसाख
या अगले अगहन
देना हमें हड्डियों में
चिर-संचित धातु-गहन

जनता के बीच कविता को सीधे ले जाने के लिए प्रखर लोक संवेदना और जन-संस्कृति के इस सबसे बड़े कवि ने जनभाषा और साहित्यिक भाषा का भेद मिटाकर जो दुर्लभ काव्यबोध प्रमाणित किया, उसका मूल्यांकन करते समय निस्संदेह तुलसी भी याद आएँगे और कबीर भी। गहरे राग और तीखे विक्षोभ से एक साथ अनुप्राणित नागार्जुन की कविता मूल्यांकन करने वालों के लिए चुनौती है। 'प्रतिहिंसा' को अपनी कविता का स्थायीभाव कहने वाले कवि नागार्जुन के यहाँ सात्विक क्रोध और घृणा के मेल से जिस सार्थक विक्षोभ रस को गौरव प्राप्त है, उसे बेशक नये काव्यशास्त्र के अंतर्गत स्वीकृति दी जानी चाहिए। नागार्जुन के इस नये विक्षोभ रस में और भी तमाम विशेषताएँ निहित हैं जिनके लिए आलोचक ठीक-ठीक नाम नहीं ढूँढ़ पाए हैं। बहुत सलीक़े से लिखी जा रही, बहुत शालीन, विनम्र, कोमल, प्रगीतात्मक अंदाज़ में लिखी जा रही आज की कविता में यह गुस्सा, घृणा या विक्षोभ क्यों अनुपस्थित है, बेशक पूछने की चीज़ है। पर नागार्जुन बड़े कवि हैं

तो केवल विवेक-विक्षोभ के लिए नहीं, केवल आक्रामक व्यंग्य के लिए नहीं, सहज जीवन व्यापार के मार्मिक चित्रण के लिए भी, खुले चौकन्ने इंद्रिय बोध या राग बोध के लिए भी, वर्जनामुक्त सौंदर्य साक्षात् के लिए भी, और काव्य-विधान के असंख्य रूपों के लिए भी वे बड़े कवि हैं। साधारण का उनका पाठ कितना अर्थमय है यह निरंतर खोज का विषय है। व्यंग्य विनोद से, कभी निश्छल हास्य से जैसा काम नागार्जुन कविता में ले सके हैं, वह भी एक विलक्षण चीज़ है। इस दृष्टि से उनकी तुलना केवल प्रेमचंद से की जा सकती है। प्रेमचंद के बारे में बहुत आसानी से कह दिया जाता है कि वे आसानी से पाठकों तक पहुँच जाने वाले लेखक हैं और यह बात भुला दी जाती है कि उनकी सरलता में ही एक तरह की गहरी अर्थव्यंजकता, एक तरह की जटिलता भी मौजूद है। वह भी उनका संदेश है क्योंकि उसमें उनका अपना समय गहरे द्वंद्वों के साथ उपस्थित है।

इसमें संदेह नहीं कि नागार्जुन जैसी लोकप्रियता किसी दूसरे आधुनिक कवि को नहीं मिली। न मुक्तिबोध को, न शमशेर को, न आगे के किसी रघुवीर सहाय जैसे कवि को। दुनिया के राजनीतिक संघर्ष में इन कवियों की दिलचस्पी न रही हो, ऐसा नहीं है। पर इनमें नागार्जुन ही हैं जो सीधे जन-आंदोलनों में शरीक हुए और जेल गए। उन्होंने राजनीतिक संघर्ष में सीधे हिस्सा लेकर राजनीति की ताक़त भी देखी और छोटी-बड़ी क्षुद्रताएँ भी। अंतर्विरोध और दुरभिसंधियाँ भी। और अपने ही शब्दों में एक विलक्षण 'पगलेट' कवि की तरह उस आदमी के और नज़दीक चले आए जो गरीबी की अंतिम रेखा से भी नीचे चल गया है, जिसे पता नहीं कि कैसा लोकतंत्र है, कैसा है इस लोकतंत्र का नायक, कैसा है प्रधानमंत्री। धूल गर्द, खून पसीने में लिपटी, साधारणता में महत्त्वपूर्ण कविता नागार्जुन को यहीं मिली।

> कौन था उन दिनों दिल्ली का राजा / मालूम नहीं अपने को / अपने को नईं मालूम डालकर भौंहों पर जोर बोला माड़िया अधेड़ / और अगले ही क्षण / हथेलियों पर उछालता वही सिक्का / उतर गया सड़क के नीचे / खो गया शाल वनों के निविड़ टापू में। / माड़िया अधेड़...

'शालवनों के निविड़ टापू में' कविता 1973 में लिखी गयी थी। बीस साल बाद भी देश और समाज में स्थितियाँ बदली नहीं हैं और नागार्जुन की कविता आज भी उसी सामाजिक संघर्ष की मूलभूमि पर मौजूद है—जनता के संघर्ष में, जनता के साथ, जनता के बीच। वहीं से सत्ता के झूठे आश्वासनों को चुनौतियाँ देती हुई। एक ख़ास तरह के साहित्यिक सांस्कृतिक छल को भी ध्वस्त करती हुई। कविता में संघर्ष की तात्कालिकता को जाँचने के लिए, संघर्ष के वृहत्तर काव्यफल के मूल्यांकन के लिए, राजनीतिक व्यंग्य और राजनीतिक कविता के विवेक के लिए नागार्जुन से उपयुक्त उदाहरण उनके समकालीनों में किसी दूसरे बड़े कवि की

कविता नहीं है। यही वजह कि कुछ बड़े और असुविधाजनक सवाल भी नागार्जुन की कविता से पैदा होंगे। तात्कालिक प्रतिक्रिया की ही कविता में कहाँ बड़ी कविता है और कहाँ कविता नहीं है! व्यंग्य से कहाँ बड़ी कविता संभव होती है, कहाँ नहीं! अशुद्ध कविता का भी श्रेष्ठ कलात्मक मॉडल नागार्जुन के यहाँ उपलब्ध है इसलिए ऐसे असुविधाजनक, पर आलोचनात्मक मूल्यांकन की दृष्टि से ज़रूरी सवालों को शुद्धतावाद या शुद्ध कलावाद से प्रेरित मान लेना उस चुनौती को भी नज़रअंदाज करना होगा जिसके बल पर नागार्जुन की कविता बड़ी कविता है। नागार्जुन के यहाँ क्या है जो 'सदा सुलभ' होकर भी 'अतिदुर्लभ' है!

आश्चर्य नहीं कि पिछले बीस वर्षों की युवा कविता नागार्जुन को अपना आदर्श मानती है। उसने मुक्तिबोध को खारिज नहीं किया है और कुछ देर से ही सही, शमशेर जैसे गूढ़ और कठिन दिखने वाले कवि के प्रति भी इस हद तक उत्सुक या विनम्र हुई है कि उनमें जीवन की वास्तविकता देख सके और उस तरह उन्हें रीतिवादी या कलावादी मानकर न छोड़ दे जिस तरह रामविलास शर्मा ने उन्हें रीतिवादी संस्कारों वाला एक नितांत आत्ममुग्ध कवि मानकर छोड़ दिया था। आज के काव्य परिदृश्य में शमशेर ऐसे उपेक्षणीय कवि नहीं हैं और सिर्फ़ शहरी आभिजात्य या रीतिवादी संस्कारों में क़ैद कवि भी नहीं हैं। प्रकृति से शांत निरीह ज़रूर दिखते हैं पर समय-समय पर भीतर ही भीतर अधिक बेचैन, उद्विग्न दिखने वाले कवि भी हैं। कहीं अधिक प्रखर, सख़्त, अड़ियल कवि भी। सभी कवियों के चहेते बाबा नागार्जुन हिंदी के ठेठ देशज ठाठ वाले जनकवि हैं (कविता, और जनकविता जैसा दो-टूक विभाजन दूसरों के लिए चाहे जो समस्याएँ पैदा करे!) और उनका अक्खड़-फक्कड़ जुझारू, संघर्षशील व्यक्तित्त्व सबसे अलग है। यह सही है कि शमशेर को कुछ 'विशेष' ही आकृष्ट करता है। कुछ विलक्षण। विस्मयकारक। कुछ नया अप्रत्याशित-सा सौंदर्यलोक। जबकि नागार्जुन की कविता साधारणता में ही सार्थक काव्यत्व अर्जित करती है। 'हिम सृष्टि शिखरणी' 'नखत अश्विनी-भरणी' के साथ ही 'मादा सुअर / नेवला / बछेंद्रीपाल' 'सिंके हुए दो भुट्टे' 'माँगुर मछली-सी देह कांति वाली नवपरिणीता वधू'—जैसे अनेक विषय एक साथ—कवि के अपने ख़ास रंग में। भ्रम न हो, नागार्जुन के यहाँ सहजता या साधारणता का कोई एक रूप नहीं है। वह विविध रूपों वाली है। बहुअर्थमयी। जीवन वैविध्य से संपन्न और सजीव। नागार्जुन के यहाँ साधारण का पाठ इसी दृष्टि से अर्थमय पाठ है।

नागार्जुन की अनेक कविताएँ तात्कालिकता में धँसी हुई कविताएँ हैं। उन्हीं में कई कालजयी कविताएँ भी हैं। तात्कालिकता कविता की सीमा ही नहीं ताक़त भी है, यह नागार्जुन की कविता हमें दिखाती है। पर जो इस तात्कालिकता को आसानी से मान लेंगे, वे तात्कालिकता तक ही सीमित रहेंगे। जो कि नागार्जुन की

कविता नहीं है। काव्य प्रतिमान के रूप में तात्कालिकता और स्थानीयता को स्वीकृति देते समय आलोचक सतर्क न होंगे तो हिंदी में मुक्तिबोध, शमशेर, रघुवीर सहाय जैसे कवि न होंगे, केवल शील, नचिकेता और कृषक जैसे कवि होंगे। फिर अरुणकमल और देवीप्रसाद मिश्र जैसे कवि भी न होंगे, जिन्होंने नागार्जुन से बहुत कुछ लिया होगा पर अपनी दुनिया के अपने संघर्ष से, अपने कलात्मक संघर्ष से, भी बहुत कुछ विलक्षण और नया प्राप्त किया होगा। कवि गुरु नागार्जुन से ग्रहण करने वाले कवि अनेक हैं। 'कटहल' जैसे विषय पर या 'मादा सुअर' जैसे विषय पर नागार्जुन ने कविताएँ लिखी हैं, तो वीरेन डंगवाल जैसे कवि ने 'हाथी' 'ऊँट' 'पपीता' 'समोसा' जैसे विषयों पर कविताएँ लिखी हैं। बाबा नागार्जुन ने बछेंद्रीपाल पर कविता लिखी तो वीरेन डंगवाल ने पी.टी. ऊषा पर। विचारधारा से प्रतिबद्ध। साधारण या अकाव्यात्मक को काव्यात्मक सार्थकता देते हुए। पर वीरेन डंगवाल वीरेन डंगवाल हैं, शील या नचिकेता या कृषक नहीं हैं। कविता के रूप संगठन में नया होना या दिखना अनिवार्यत: शहरी आभिजात्य प्रधान कलावाद नहीं है। शहरी आभिजात्य की काट आज के अनेक कवि कर रहे होंगे। अनेक युवा कवि। ज्ञानेंद्रपति, अरुणकमल के साथ एकांत श्रीवास्तव, कुमार अंबुज, बद्रीनारायण, निलय उपाध्याय, प्रेमरंजन अनिमेष, पंकज चतुर्वेदी, हेमंत कुकरेती। और भी। ज़रूर ही अपनी विशेषताओं के साथ। अपनी सीमाओं के साथ। यह भी स्वत:सिद्ध नहीं मान लेना चाहिए कि रघुवीर सहाय और उनके ढंग के दूसरे कवि शहरी आभिजात्य में क़ैद महज़ शिल्पवादी कवि हैं। जहाँ कला बहुत बहुत होगी, वहाँ जीवन कम होगा—रघुवीर सहाय के यह कहने का कोई अर्थ तो होगा।

सच्चे अर्थ में कठिन समय और कविता के भी कठिन समय में आलोचनात्मक संवेदना को ज़रूरी प्रतिष्ठा नहीं दी गयी तो सरल क्रांतिवाद और सरलीकृत जनवादी कविता के लिए ही कविता के पाठकों में उत्साह बचा रहेगा। चिंता का विषय यह है कि नागार्जुन जैसे बड़े कवि के मूल्यांकन के लिए महत्त्वपूर्ण राजनीतिक कविता और नितांत तात्कालिक प्रक्रिया का फ़र्क़ मिटाने की कोशिश की जा रही है। नागार्जुन बड़े कवि हैं। दुनिया के बड़े कवियों के बीच उनका मूल्यांकन करने के लिए उनके विपुल काव्यलेखन के बीच फ़र्क़ करना ज़रूरी है। जली ठूँठ पर बैठकर गयी कोकिला कूक और महाप्रभु जानसन पर लिखी व्यंग्य कविता एक ही तरह की राजनीतिक कविता नहीं है जिसके लिए ब्रेख़्त, निकानोर पारा या मायकोवस्की जैसे कवि याद आएँ। दोनों तरह की कविताओं में भेद किए बिना नागार्जुन का मूल्यांकन एक तरह का ख़तरनाक सरलीकरण होगा। 'भाई मोरार जी घर के न घाट के', 'हो गए बारह महीने' नागार्जुन ही लिख सकते हैं। लिखकर एक दौर के कुहासे को काट सकते हैं। सही राजनीतिक समझ दे सकते हैं। पर ये और इसी ढंग की असंख्य कविताएँ उसी तरह की राजनीतिक कविता नहीं हैं जैसी 'तीन

दिन तीन रात', 'चंदू मैंने सपना देखा' 'नेवला', 'शाल वनों के निविड़ टापू में' आदि कविताएँ। कुछ कविताएँ जनसंघर्ष में आगे आने वाली युवा पीढ़ी को स्पष्ट निश्छल बयान या वक्तव्य के रूप में याद आती रहेंगी। जिन्हें शुद्ध कविता का रीतिवाद ही प्रिय न हो, जिनकी काव्यात्मकता की कसौटी बहुत संकीर्ण न हो, उन्हें ऐसी कविताओं की अंतर्वस्तु में ही एक तरह की अनोखी चमक दिख जाएगी।

> हाँ हाँ तुम्हारे ही अंदर तैयार हो रहे हैं। / आगामी युगों के लिबरेटर। आओ भई, सामने आओ। / मैं तुम्हारा चुंबन लूँगा। / मैं तुममें से एक-एक का सिर सूँघूँगा। / आओ भाई सामने आओ / मुझ पगलेट के साथ बातचीत करो। / हँसो-खेलो मेरे साथ। / मैं तुम्हारी जूतियाँ चमकाऊँगा। / दिल बहलाऊँगा तुम्हारा। / कुछ भी करूँगा तुम्हारे लिए। / मैं तुम्हें अपना चुंबन दूँगा।

यह वक्तव्य नागार्जुन की सच्ची मनुष्यता, गहरी सदाशय क्रांतिकारी पक्षधरता का प्रमाण है। कहने का ढंग ऐसा कि उन्हें छोड़कर किसी का हो भी नहीं सकता। फक्कड़ कवि का सादा निश्छल बयान। काव्यात्मक श्रेष्ठता के रूप में भी इसे स्वीकृति देने के लिए कोई उपयुक्त नाम तो चाहिए ही। आलोचना अब तक ऐसा उपयुक्त नाम खोज नहीं पाई है तो इसे आलोचना की लाचारी ही समझना चाहिए।

शब्दों की सीमा और अनुभवों की संकीर्णता उन्हीं के यहाँ नहीं है जो शहरी सलीक़ेदार कविता लिख रहे हैं, उनके यहाँ भी है जो नागार्जुन की जुझारू परंपरा के नाम-जाप भर से क्रांति की निर्जीव, निष्प्राण एक ही ढर्रे की कविता लिख रहे हैं। गहरी रागात्मक संवेदना, वर्जनामुक्त सौंदर्यबोध, प्रकृति और जीवन व्यापार में गहरी पैठ से तीखे राजनीतिक व्यंग्य तक जितना बड़ा काव्यफलक नागार्जुन ने दिया है, वह आज भी सीखने की चीज़ है। पर कविता में यह सीखना अपनी ही शर्तों पर होगा—अपने समय के अधिक जटिल यथार्थ के अनुभव रूपों को नये विन्यास में ढालते हुए अपने समय के अनुरूप रचनातंत्र को तोड़ते-बदलते हुए। छंद में या छंद के बाहर महज़ अनुकरण करने वालों के लिए नागार्जुन ख़तरनाक कवि होंगे। क्योंकि उन जैसा क्लासिकी साहित्यबोध, सांस्कृतिक अनुभव, संघर्षमय जीवन...इतिहास जिसके पास नहीं है, वह तो उनके छंद और लचीले, लयात्मक और नाटकीय वाक्य विन्यास के आगे तुतलाता ही नज़र आएगा। यह तुतलाहट बहुतेरे कवियों के यहाँ दिखाई दे रही होगी जो 'जन कविता' का एक औसत सामान्य ढाँचा स्वीकार करके जटिल जीवनानुभवों में प्रवेश को एक तरह का बुद्धिविलास और कविता के विन्यास में ज़रूरी बदलाव को महज़ कलावाद समझ रहे होंगे।

पचासी की उम्र पार कर लेने वाले अपने समय के इस बड़े कवि से आज

भी युवा कवि जान सकेंगे कि अपार जीवन वैविध्य के बीच कविता की संभावना कहाँ है! साथ ही यह भी कि मूल्यक्षय के इस कठिन त्रासद समय में भविष्य की कविता का स्वरूप क्या होने जा रहा है! पर सबसे अधिक वे अपने अनुभवों से ही जान पाएँगे कि आज की चुनौतियों के अनुरूप एक समृद्ध काव्य परंपरा से उन्हें क्या लेना है और क्या नहीं लेना है। सब प्रश्नों के उत्तर परंपरा में ही उपलब्ध होते तो कवि कर्म या रचनाकर्म की सार्थकता ही क्यों होती! नागार्जुन का सिर्फ़ 'सुमिरन' युवा कवियों के लिए काफी नहीं है। उनसे अपेक्षित है—समय की एक तीखी निर्मम आलोचनात्मक समझ, कविता के उपकरणों का कठोर परीक्षण, रचने-तोड़ने-बनाने-बदलने का साहस और बेशक नागार्जुन का-सा *विज़न*। यह विज़न यहाँ न होता तो उनके एक छोटे से दोहे में न *त्रासदी* की गहरी छाया उभरती, न *महाकाव्य* की-सी पीड़ा। कठिन समय में नागार्जुन की कविता से आज की कविता का संबंध जोड़ते हुए पहले से कहीं ज़्यादा सतर्कता ज़रूरी है। याद करें आचार्य रामचंद्र शुक्ल को जिनकी दृष्टि में वस्तुओं की *सामान्य परिगणना* कविता का *वस्तुविधान* नहीं है, उसी प्रकार *राजनीतिक घटना* पर सीधी सामान्य *प्रतिक्रिया बड़ी राजनीतिक कविता* नहीं है। बड़ी राजनीतिक कविता तभी संभव है जब एक *राजनीतिक अनुभव* या *प्रतिक्रिया* में *मानवीय अनुभव संवेदन* और *विमर्श* के अधिक व्यापक और गहरे *साहचर्य* या अनुषंग (Associations) घुले-मिले हों। 'नागार्जुन के स्थानीयता बोध में इतना स्पेस कैसे पैदा हुआ!' (शंभुनाथ / कथादेश, अगस्त '98) यह प्रश्न ही अपने आप में उत्तर भी है। यह व्यापक स्पेस संभव इसीलिए हुआ कि नागार्जुन के राजनीतिक विमर्श में सांस्कृतिक क्रांतिकारी और मानवीय विमर्श के गहरे साहचर्य वर्ण्य या बहिष्कृत न थे। बड़ी राजनीतिक कविता के भी अपने ढंग के अकेले और बड़े प्रतिमान वे ही हैं।

अच्छी और महान कविता

कविताएँ
रात-रात भर करती हैं गुप्त मंत्रणाएँ
ज़रा हवा चलती है
कहीं एक पत्ता पट् से गिरता है ज़मीन पर
और एक छपती हुई कविता
अपने टाइम और फर्मे से छिटककर
आ जाती है बाहर
एक अच्छी कविता तरस खाने लगती है
अपने अच्छे होने पर
एक महान कविता ऊबने लगती है
अपनी स्फटिक गरिमा के अंदर...

—'उमस' / केदारनाथ सिंह

यहाँ इस कविता-अंश की व्याख्या नहीं करूँगा। पूरे संदर्भ से अलग व्याख्या का औचित्य है भी नहीं। इसे उद्धृत करते हुए इतना ही अनुभव किया जा सकता है कि अच्छी कविता और महान कविता में अवधारणा के रूप में भेद करना कठिन है यद्यपि कवियों के अपने अनुभव और रचनाप्रक्रिया में भी इन अवधारणात्मक रूपों का भेद शामिल है। अच्छी कविता और महान कविता में भेद करने के लिए सर्वथा सुनिश्चित, स्थिर या शाश्वत प्रतिमान शायद नहीं हैं। इस प्रकार का भेद-विवेक कराने में कुछ नियम या तर्क सहायक हो सकते हैं पर वे समय और रुचि के भेद से बदल भी सकते हैं। उदाहरण के लिए प्रबंधकाव्य ही महान काव्य होगा या प्रबंध काव्य महानकाव्य होगा ही, ऐसे तर्क स्पष्ट आलोचनात्मक नियम नहीं बन सकते हैं—बन भी नहीं सकते हैं—यद्यपि बहुत दूर तक प्रबंध काव्य में महान काव्य की संभावना देखी जाती है। हिंदी में आचार्य रामचंद्र शुक्ल इस दृष्टि के प्रबल प्रतिष्ठापक रहे हैं। उन्होंने काव्य में लोकमंगल की साधनावस्था का महत्त्व

बताने के लिए काव्य के दो विभाग किए हैं—आनंद की साधनावस्था या प्रयत्न पक्ष को लेकर चलने वाले—जिसके अंतर्गत 'रामचरितमानस' और 'पदमावत' जैसी कृतियाँ आती हैं, और आनंद की सिद्धावस्था या उपभोग पक्ष को लेकर चलने वाले—जिसके अंतर्गत 'सूरसागर' और 'बिहारी सतसई' जैसी रचनाएँ आती हैं। शुक्ल जी के ही अनुसार डंटन ने जिसे शक्तिकाव्य कहा है वह पहले प्रकार का काव्य है। इससे भिन्न प्रकार की रचनाएँ कलाकाव्य के दायरे में आती हैं। यदि शुक्ल जी के भेद निरूपण को महान कविता और अच्छी कविता जैसे विभावन (चिंतन) पर आरोपित करें तो यह प्रश्न पूछना असंगत न होगा कि 'सूरसागर' महान काव्य क्यों नहीं है! यदि वह महान कविता नहीं, अच्छी कविता ही है तो क्या उसी अर्थ में जिस अर्थ में 'बिहारी सतसई' अच्छी कविता है! स्वाभाविक है कि इस प्रकार के अनेक सवाल इस विचार-क्रम में उठेंगे।

अच्छी कविता और महान कविता में भेद करने के उद्देश्य से इलियट ने कुछ महत्त्वपूर्ण स्थापनाएँ की हैं। इलियट की एक महत्त्वपूर्ण स्थापना यह है कि साहित्य की साहित्यिकता का मूल्यांकन करने के लिए उसे साहित्य की सीमाओं में ही देखना होगा पर साहित्य की महानता का निर्णय करने के लिए साहित्य के बाहर जाना ज़रूरी होगा। (तात्पर्य यह कि उस स्थिति में धर्म, दर्शन, संस्कृति आदि की मान्यताओं पर भी विचार करना प्रयोजनीय होगा)। इलियट की यह भी मान्यता है कि कोई लेखक केवल वैयक्तिक अनुभवों की अभिव्यक्ति के बल पर महान नहीं हो सकता। इस दृष्टि से विचार करते हुए इलियट ने 'प्रगीतात्मक' की जगह 'नाटकीय' अभिव्यक्ति को महत्त्व दिया है। ऐतिहासिक सांस्कृतिक बोध की निरंतरता ही किसी कृति या कविता को महान बनाती है। हर महान कविता में कुछ न कुछ ऐसा ज़रूर होता है जिसकी रहस्यमयता बनी रहती है। इलियट के अध्ययन के ये कुछ प्रमुख निष्कर्ष भी हैं। देवराज ने संभवतः इलियट के प्रभाव से ही कहा है कि श्रेष्ठ साहित्य किसी न किसी रूप में विकसित सांस्कृतिक बोध को अभिव्यक्ति देता है। जो रचना जीवन की संभावनाओं का जितना सघन, बल्कि बारीक एवं यथार्थानुकारी चित्र उपस्थित करती है वह उतनी ही प्रौढ़ होती है। देवराज ने महान साहित्य या महान कविता के संगठित करने वाले तत्त्वों का उल्लेख इस प्रकार किया है : उद्दाम जीवनी-शक्ति, जीवन रूपों का विस्तृत बारीक चित्रण, मूल्यों का तारतम्य, सम्यक जीवनदृष्टि या जीवनविवेक। गजानन माधव मुक्तिबोध ने भावदृष्टि से अच्छी कविता की संभावना स्वीकार की है पर महान कविता के लिए विश्वदृष्टि को ज़रूरी तथा उपयोगी बताया है। इसी प्रकार के तर्क के सहारे कहा जाता है कि तात्कालिक महत्त्व की कविता अच्छी कविता हो सकती है, महान नहीं। महान कविता को तो समय में देर तक टिकना ही चाहिए।

क्लासिक और रोमांटिक में फ़र्क़ करने वाली बहस भी इस विचार-क्रम

में शामिल की जा सकती है। इलियट ने क्लासिक में ऐतिहासिक अनुभूति, विचारगत तथा कलागत प्रौढ़ता आदि गुणों की चर्चा की है जिन्हें महान कविता के लक्षणों के रूप में स्वीकार किया जा सकता है। पर उलझन इलियट के मन में भी रही है जिन्हें यह कहना ज़रूरी लगा कि एक ही कृति में क्लासिक और रोमांटिक के तत्त्व मौजूद हो सकते हैं। मुख्य बात यह कि क्लासिक बनने में किसी कृति या कविता को समय लगता है। महान कविता और अच्छी कविता का फ़र्क़ हम वहीं से करने लगते हैं जब कविता कवि की प्रयोगशाला से बाहर आती है। मुक्तिबोध ने काव्यसंघर्ष के जिस त्रिविध स्वरूप की चर्चा की है—1. तत्त्व के लिए संघर्ष, 2. अभिव्यक्ति को सक्षम बनाने का संघर्ष, 3. दृष्टि-विकास का संघर्ष। उससे अनुमान किया जा सकता है कि तीसरे स्तर तक आए बिना अच्छी कविता महान कविता नहीं हो सकती। दृष्टि-विकास के संघर्ष का अर्थ मुक्तिबोध के लिए विश्वदृष्टि का विकास है। यहाँ भी कवि के काल्पनिक साहस, अंतर्वस्तु के व्यापक आधार, अनुभव समृद्धि, संवेदनात्मक क्षमता के विकास की सम्यक जाँच-पड़ताल ज़रूरी होगी। कवि की शक्ति के साथ तनाव और नमनीयता की भी।

कोमलता का अपनी काव्य संवेदना और काव्य भाषा में यथेष्ट विकास करने वाले कवि जयशंकर प्रसाद ने कभी निराला की कृति 'गीतिका' का मूल्यांकन करते हुए कहा था कि केवल कोमलता से बड़ी कविता संभव नहीं है। इस दृष्टि से मुक्तिबोध की यह टिप्पणी विचारणीय है—"वे सौंदर्यवादी लोग यह भूल गए कि बंजर काले-स्याह पहाड़ में भी एक अजीब वीरान भव्यता होती है। गली के अँधेरे में उगे छोटे-से जंगली पौधे में भी एक विचित्र संकेत होता है। विशाल व्यापक मानव जीवन में पाए जाने वाले भयानक संघर्ष के रौद्र रूप तो उनकी सौंदर्याभिरुचि के फ्रेम के बाहर थे।" प्रकारांतर से मुक्तिबोध कहना चाहते हैं कि जो सुंदर या ललित की आत्यंतिक सीमा का अतिक्रमण करके भव्य उदात्त भयानक और कभी विरूप को भी अपनी अंतर्वस्तु अपनी संवेदना और कल्पना में समेट सके उसी के निकट महान कविता संभव हो सकती है। इस तरह देखें तो फिर हम आचार्य रामचंद्र के काव्यादर्श के निकट जा पहुँचते हैं। शुक्ल जी के शब्द हैं : "अनंत रूपों में प्रकृति हमारे सामने आती है—कहीं मधुर, सुसज्जित, सुंदर रूप में; कहीं रूखे बेडौल या कर्कश रूप में; कहीं भव्य, विशाल या विचित्र रूप में; कहीं उग्र कराल या भयंकर रूप में। सच्चे कवि का हृदय उसके इन सब रूपों में लीन होता है, क्योंकि उसके अनुराग का कारण अपना ख़ास सुख-भोग नहीं, बल्कि चिर साहचर्य द्वारा प्रतिष्ठित वासना है।" प्रश्न केवल प्रकृति के भीतर के दो विरोधी रूपों की संश्लिष्ट व्यंजना का नहीं है संस्कृति के भीतर निहित द्वंद्वपूर्ण वास्तविकता की ऐतिहासिक अनुभूति का भी है। आज की कविता-स्थिति के बारे में नामवर सिंह द्वारा किए गए एक विश्लेषण के आधार पर कहा जा सकता है

कि स्थानिक वर्णन, चित्र, या बिंब की सीमित विशिष्टता के आधार पर कोई कविता सामान्य की तुलना में अच्छी या महत्त्वपूर्ण कही जा सकती है, उससे आगे बढ़कर संस्कृति की चुनौती झेलने और उस संदर्भ में मानवीय नियति को ऐतिहासिक परिप्रेक्ष्य देने-जैसी शर्त महान कविता के लिए ज़रूरी होगी। पर नामवर सिंह ने भव्य और उदात्त के आधार पर कविता की महानता का निर्णय करने वालों को भी सतर्क किया है और कहा है कि अतिसाधारण, छोटी घटना, छोटा व्यक्ति, छोटा-सा दृश्य भी बड़ी कविता को, महान कविता को जन्म दे सकता है।

जब आचार्य शुक्ल प्रबंध कविता के अपने आदर्श पर सूर की सीमाएँ बता रहे थे, वर्ण्यवस्तु की सीमा और अभिव्यक्ति पद्धति की विशिष्ट सीमा उनकी दृष्टि में थी। "यदि हम मनुष्य जीवन के संपूर्ण क्षेत्र को लेते हैं सूरदास की दृष्टि परिमित दिखाई पड़ती है।" ..."इनकी रचना गीतकाव्य है जिसमें मधुर ध्वनि प्रवाह के बीच कुछ चुने हुए पदार्थों और व्यापारों की झलक भर काफी होती है।" "तुलसी के समान लोकव्यापी प्रभाव वाले कर्म और लोकव्यापिनी दशाएँ सूर ने वर्णन के लिए नहीं ली हैं।" —इस प्रकार की स्थापनाएँ क्या 'सूरसागर' को महान काव्य की श्रेणी में आने से रोक सकेंगी! क्या वस्तु-सीमा में जीवन की अनेकरूपता का समावेश ही महान काव्य होने के लिए पर्याप्त होगा! विचारणीय यह है कि शुक्ल जी की उपर्युक्त स्थापनाओं में निर्दिष्ट तथ्यों के अतिरिक्त वह कौन चीज़ है जो 'सूरसागर' को महान काव्य की श्रेणी में ला बिठाती है! केशवदास की 'रामचंद्रिका' प्रबंध ही सही, महान कविता नहीं है—बहुलांश में अच्छी कविता भी नहीं है। मुक्तिबोध भी महान कविता में स्पंदनशील वैविध्यपूर्ण मानव जीवन की खोज करते हैं और अनुभव करते हैं कि महान कविता को व्यक्तिगत प्रतिक्रिया से आगे वैविध्यपूर्ण विस्तृत मनोरम और महान जीवन की अनुभूति से संपन्न होना चाहिए। यदि 'सूरसागर' में वैविध्यपूर्ण मानव जीवन का अनुभव प्रत्यक्ष नहीं है तो उसकी पूर्ति का क्या कोई अन्य अंतर्मार्ग, अन्य आंतरिक युक्ति या काव्यात्मक तर्क कवि ने खोज निकाला है। यह तर्क भी शुक्ल जी के ज़ेहन में है। वे अनुभव करते हैं कि सूर में तुलसी जैसा वस्तुगांभीर्य नहीं, पर कल्पना की पूर्णता कुछ ऐसी है जिसे लेकर सूर सर्वथा अद्वितीय ठहरते हैं। वैसी कल्पनापूर्णता तुलसीदास के यहाँ भी नहीं है। क्या इस कल्पनापूर्णता को हम महान कविता का एक ज़रूरी लक्षण मान सकते हैं!

महान कविता जीवंत सामंजस्य, आवेगशील उत्तेजना और प्रशांत स्थिरता, सरलता और अनंत व्यंजनात्मकता, तनाव, सौम्यता, लालित्य, लोकमंगल आदि से अर्थ विशिष्टता प्राप्त करती है। इनमें कुछ लक्षण ऐसे हैं जिनका संबंध कवि या कविता के अंत: संघर्ष से है और कुछ ऐसे जिनका संबंध बाह्य संघर्ष से है। इन स्थापनाओं से उभरकर भी यही बात सामने आती है कि जहाँ आत्मसंघर्ष और बाह्य

संघर्ष अभिन्न हो उठते हैं वहीं महान कविता संभव होती है। अच्छी कविता का संबंध अधिक से अधिक शिल्पपूर्णता या दक्षता से है। ऐसी शिल्पपूर्णता जो प्रायः अनुभवों के इकहरेपन या एकदेशीयता की सीमा में संभव होती है—बिना अनुभव और अभिव्यक्ति के स्तर पर कोई ख़तरा उठाए। महान कविता की शर्त बहुत कुछ 'विरुद्धों का सामंजस्य' है जो प्रायः शिल्पपूर्णता और दक्षता तक सीमित काव्यसंस्कार को मुश्किल में डालने वाला सिद्ध होता है। अज्ञेय की तमाम कविताएँ उनके आभिजात्य-प्रधान संस्कार के कारण परिष्कृत संवेदना के अनुसार शिल्पपूर्णता में ढली-ढलाई जान पड़ती हैं। उनमें अच्छी कविता के उदाहरण आसानी से मिल जाएँगे पर महान कविता की श्रेणी में 'असाध्य वीणा' की स्वीकृति भी निर्विवाद न होगी जबकि मुक्तिबोध की कविता 'अँधेरे में' प्रायः निर्विवाद रूप से महान कविता की कोटि में स्वीकृति पा सकेगी।

अच्छी कविता और महान कविता के इस समस्त भेद निरूपण के बावजूद एक विचारणीय प्रश्न यह भी है कि क्या कविता के मूल्यांकन के दुहरे प्रतिमान (अच्छी कविता के लिए अलग और महान कविता के लिए अलग) आलोचनात्मक न्याय की दृष्टि से एक विडंबनापूर्ण स्थिति के उदाहरण नहीं हैं! इनमें से क्या किन्हीं लक्षणों के आधार पर अच्छी कविता या महान कविता जैसे सर्वथा स्पष्ट दो टूक निर्णय किए जा सकते हैं! 'कामायनी' के अनेक स्थल क्या केवल अच्छी कविता के उदाहरण हैं! क्या वे अन्य स्थलों से मिलकर संश्लिष्ट संरचना में 'कामायनी' को महान कविता का रूप दे पाते हैं! पहले तो प्रश्न यही उठना चाहिए कि कविता के नाम पर प्रकाशित कोई कृति कविता है या कविता नहीं है। फिर उसकी गुणवत्ता या सार्थकता के सीमांकन या इस आधार पर श्रेणी-विवेक का सवाल पैदा होता है। कविता में आत्मपरकता का उपयोग भी अलग-अलग रूपों में संभव है। प्रगीत के ढाँचे में भी आत्मपरकता वस्तुपरकता का द्वंद्व औसत तार्किक संगति को अतिक्रमित कर सकता है। लंबी कविताएँ भी अंतर्वस्तु और अभिव्यक्ति की प्रकृति के अनुसार प्रगीत की सीमा में आ सकती हैं। इस प्रकार किसी भी एक सुनिश्चित मानदंड के अनुसार अच्छी या महान कविता के बीच फ़र्क़ करना मुश्किल होगा। इलियट ने major poetry और minor poetry के बीच भेद करने की कठिनाई के बारे में भी विचार किया है। इलियट ने कहा है कि वे लंबी कविताएँ लिखते हैं या आकार में छोटी कविताएँ लिखते हैं, इस आधार पर उन कवियों को महत्त्वपूर्ण या साधारण ठहराना कठिन होगा। यह ज़रूर है कि जो महान कवि माने जाते हैं (ज़ाहिर है कि वे संख्या में अधिक न होंगे) अधिकतर अपने को लंबी कविता के ढाँचे में ही व्यक्त कर पाते हैं। इलियट की व्याख्या के तर्क से लंबी कविता में प्रबंध कविता का अर्थ अभिप्राय भी सम्मिलित है। अंततः इलियट ने ऐसे किसी भी निर्णय को पाठक-विशेष की प्रकृति और परिस्थिति

के अधीन बताया है। एक महान कवि का अर्थ किन्हीं दो पाठकों के लिए एक ही जैसा नहीं होगा। चाहे दोनों उसके महत्त्व के बारे में सहमत ही क्यों न हों। इलियट ने पाठक को जल्द ही किसी नतीजे पर पहुँच जाने से रोकना चाहा है और अपने समय के बारे में तो विशेष रूप से अधिक गंभीर परीक्षण उपयोगी बताया है। हम अपने युग को महान काव्य-युग देखना ही चाहते हैं इसलिए किसी भी साधारण अच्छे कवि में महान कवि की छाया देखने लग जाते हैं—इलियट का यह पूर्वानुमान पूर्वग्रह से अधिक महत्त्व नहीं रखता। हमारे यहाँ प्रायः इसका विलोम ही वास्तविक स्थिति है। काव्याभिरुचि संबंधी पूर्वग्रह इतने बद्धमूल होते हैं कि हमारे अपने समकालीनों में महान काव्यत्व होते हुए भी अक्सर वे हमें उपेक्षणीय जान पड़ते हैं। जहाँ तक पाठक-विशेष पर बल देने की बात है वह उचित है और समझ में आने वाली है। अच्छी और महान कविता महत्त्वपूर्ण या साधारण कविता के बारे में निर्णय चाहे जिस युग के संदर्भ में करना हो, इलियट ने पाठक से यह अपेक्षा ज़रूर की है कि वह समकालीन कविता से, अपने समय की कविता से परिचित हो। जिसने समकालीन कविता, अपने समय की कविता पढ़ी ही न हो उसे किसी भी युग के आधार पर ऐसा निर्णय करने की छूट नहीं दी जा सकेगी—और जिसने केवल समकालीन कविता पढ़ी है, निर्णय का अधिकारी वह भी नहीं माना जाएगा।

संवेदनशील और काव्यविवेक-संपन्न पाठक किसी कविता की अनोखी प्राणवत्ता य प्राणशक्ति के आधार पर उसकी विशिष्टता या महानता से आश्वस्त हो सकता है पर क्या है वह प्राणवत्ता या प्राणशक्ति, यह बता पाना या इसे अंतिम परिभाषा में बाँध सकना कठिन होगा। अज्ञेय ने संकेत किया है कि 'नये वातावरण से घबराए हुए पुराने कवि' की अपेक्षा 'पुराने वातावरण से उद्विग्न नये कवि' से अधिक अच्छी कविता की आशा की जा सकती है। पर यहीं यह भी पूछा है कि ऐसा उद्वेग क्या अनिवार्य रूप से अच्छा काव्य उत्पन्न करेगा। उन्हीं का उत्तर है—''नहीं। यदि वह उद्वेग कवि में युयुत्सा जगाता है, उसे वातावरण को छिन्न-भिन्न करके नया और स्वच्छतर वातावरण लाने की प्रेरणा देता है, तभी वह सुकाव्य का कारण बनेगा; यदि उससे अनिश्चय, घबराहट अथवा पलायन की भावनाएँ जागती हैं, तब उससे उत्पन्न काव्य कितना भी मधुर होकर हेय ही है।'' (त्रिशंकु : संस्करण 1973, पृष्ठ 110) 'युयुत्सा' के साथ 'स्वच्छतर' की माँग अज्ञेय की अपनी दुविधा का ही उदाहरण है। अच्छी कविता की अंतिम परिणति उनके लिए क्या स्वच्छतर होने में ही है! यहीं यह कहना ज़रूरी हो जाता है कि कई बार जिन्हें अच्छी कविता के रूप में स्वीकार करना किन्हीं कारणों (जड़ीभूत सौंदर्याभिरुचि या काव्यरुचि की संकीर्णता आदि) से कठिन होगा वे उपयुक्त परिदृश्य पाकर महान कविता की श्रेणी में चली जा सकती हैं। युवा कवि राजेश जोशी ने केदारनाथ

सिंह के संग्रह 'अकाल में सारस' की समीक्षा करते हुए कहा है—"हर वक़्त एक 'अच्छी कविता' बने रहना कविता के गुण के बजाय उसका दुर्गुण है और सीमा भी।" यहाँ उसी 'अच्छी कविता' का अस्वीकार है जिसकी सीमा आभिजात्य और परिष्कृति है।

अंत में विचारणीय प्रश्न जैसा पहले संकेत किया गया, यह है कि क्या अच्छी कविता के प्रतिमान हर हालत में अलग हैं और महान कविता के अलग। या कविता को कविता के रूप में स्वीकार करने के जो आधार या प्रतिमान हैं वही अच्छी और महान कविता के निर्णय के भी आधार या प्रतिमान हैं। अंततः अच्छी कविता की अच्छी कविता के रूप में स्वीकृति भी पाठक-विशेष की काव्याभिरुचि और काव्यसंस्कार पर निर्भर करती है। महान कविता के निर्णय के लिए केवल काव्याभिरुचि को प्रमाण नहीं माना जा सकता। पर यह भ्रम नहीं होना चाहिए कि क्लासिक के जो प्रतिमान सुदूर अतीत में सुनिश्चित कर दिए गए थे वे हर स्थिति में महान कविता के प्रतिमान भी मान लिए जाएँगे। युग सापेक्ष और युग निरपेक्ष, समकालीन और सर्वकालीन के द्वंद्वशील संबंध के विवेक के आधार पर ही किसी समय की महान कविता की पहचान संभव है। इस आधे-अधूरे आलेख में कुछ आरंभिक प्रश्न ही उठाए गए हैं। संभव है कुछ के उत्तर भी उन्हीं प्रश्नों में मौजूद हों।

कविता जहाँ संगीतमय विचार है

पिछले दिनों फ़िराक़ की कविता में निहित '*भारतीयता*' की ओर उनके घनिष्ठ पाठ का दावा करने वाले आलोचकों ने ख़ासतौर पर ध्यान दिया है और घर, मनुष्य, प्रकृति, पुराण, विचार, प्रेम, दुख सबको अलग-अलग लाक्षणिकताओं में देखते हुए इस भारतीयता का एक वांछित मनोनुकूल बिंब गढ़ने की कोशिश की है। इसे फ़िराक़ के समूचे *काव्य संसार* और *विचारधारा* से असंबद्ध करके देखा जाएगा और 'भारतीयता' के अपने पूर्वग्रह के अनुसार फ़िराक़ को इस्तेमाल करने के नज़रिए से अधिगृहीत या अप्रोप्रिएट करने की कोशिश की जाएगी, तो फ़िराक़ को समझना मुश्किल होगा और उनके अन्यथाकरण का ख़तरा भी बना रहेगा। न भूलें कि फ़िराक़ एक बेहद संवेदनशील कवि और ज़िद्दी विचारक थे। इस '*ज़िद*' को चाहें तो उनकी '*प्रतिबद्धता*' कह लें। कई बार उनकी *पसंद* भी उनकी *ज़िद* थी और *ज़िद* उनकी *विचारधारा*। इन सभी स्थितियों में फ़िराक़ का कवि-व्यक्तित्त्व ही प्रमुख होता है और एक संश्लिष्ट सौंदर्यबोध इस व्यक्तित्त्व की ख़ास पहचान। यह *सौंदर्यबोध* एक *सांस्कृतिकबोध*-जैसा ही महत्त्वपूर्ण है। इसका दबाव फ़िराक़ पर इतना गहरा रहा है कि फ़िराक़ किसी को अपने मनमाने पाठ की छूट नहीं देते हैं। इन दिनों जब '*भारतीयता*'-जैसी अवधारणा को संकीर्ण इकहरे अर्थ में '*हिंदू विचार*' तक सीमित करने की कोशिश की जा रही है तो फ़िराक़ के *हिंदू मन* की अलग से पहचान तथा उनके गहरे द्वंद्व की समझ ज़रूरी है।

फ़िराक़ सबसे पहले *सौंदर्यबोध* के कवि हैं। सौंदर्य उनके लिए समूची सघन मांसलता में सजीव है पर उसे अलग अभेद्य *अपारदर्शी* रूप में देखना भी वर्जित नहीं है। फ़िराक़ संतों के बेहद्दी मैदान में जाकर भी सौंदर्य को देखना-समझना चाहते हैं। अजब है, कि जहाँ *देहासक्ति* की चुभन और आँच मौजूद है वहीं सौंदर्य को *सांस्कृतिक* अभिप्राय के रूप में देख पाना भी संभव है। फ़िराक़ ने उर्दू कविता के क्रमशः विकसित रूपों की चर्चा करते हुए काव्यप्रक्रिया पर विचार किया है और माना है — कि "साहित्य महान *कला* है और *कला* की

ख़ासियत यह है कि वह हमारी *चेतना* और *मस्तिष्क* को इस तरह जाग्रत कर दे कि दुनिया की हर *चीज़ सुंदर* लगने लगे। वही हमारे प्रेम का आधार हो और *सौंदर्य* तथा *प्रेम* दोनों हमारे लिए नये होते रहें।" फ़िराक़ के लिए प्रेम जहाँ व्यक्तिगत है, वहाँ भी वही दुनिया से प्रेम करना सिखाता है। इस अर्थ में सौंदर्य की संस्कृति को समझना अधिक सहज है।

(2)

फ़िराक़ अपनी वैचारिक मान्यताओं और काव्यात्मक चिंताओं के लिए कई बार विवाद में रहे हैं। अब जब उनका बहुत कुछ पहली बार खोज-खोजकर प्रकाशित किया जा रहा है, फ़िराक़ को नये सिरे से समझने-जाँचने की चुनौती भी पैदा हुई है और मुश्किलें भी बढ़ी हैं। एक लेखक के न रहने पर उसकी कृति के मनमाने पाठ और भाष्य की विडंबनाएँ भी सामने आती हैं। अपनी ही विवादास्पद मान्यताओं पर फिर से उलझने या ज़िरह करने के लिए फ़िराक़ हमारे बीच नहीं हैं पर उनकी कविता का उनका सर्वोत्तम चुनाव हमारे सामने है जिस पर भरोसा किया जा सकता है। फ़िराक़ को समझने के लिए वही सबसे ज़रूरी प्रमाण है। फ़िराक़ अब से सत्तर साल पहले 1928 में *"महान कविता क्या है"*—पर विचार कर रहे थे और *कार्लाइल* का समर्थन करते हुए कविता को *संगीतमय विचार* बता रहे थे। उस समय *'संगीतमय विचार'* की उनकी एक व्यापक अवधारणा थी, जिसके अनुसार यह पूरी *सृष्टि* ही यथार्थ के स्पंदन के साथ जीवन की संवेदनशील इकाइयों के स्पंदन का सामंजस्य खोजती हुई, एक छंद है अथवा छंद और लय के *मुक्त नियम* के *भीतर* सक्रिय और गतिमान है। पर यहीं देखने की चीज़ यह है कि छंद या काव्यात्मक लय फ़िराक़ के लिए हमेशा *संतुलन* या संगीत का ही पर्याय नहीं है। जब हैमलेट का अनिश्चय नियति की उस विडंबना को प्रत्यक्ष करता है, जहाँ अनिश्चय का अंतर्द्वंद्व जीवन नक्षत्रों को स्पर्श करने वाला जान पड़ता है, वहाँ फ़िराक़ लय और तनाव के बीच एक नया रिश्ता देखते हैं। वह भी काव्यात्मक संभावनाओं का अद्वितीय अनूठा क्षेत्र है। इसके बावजूद फ़िराक़ अपनी कुछ सीमाएँ बनाते हैं और कई बार सौंदर्य की सुघड़ छवि ही सामने लाते हैं। वह *सौंदर्यपूर्णता* उनके लिए *जीवनपूर्णता* के मानिंद होती है और जीवनपूर्णता एक मुकम्मल सांस्कृतिक अभिप्राय अथवा मूल्य जान पड़ती है।

फ़िराक़ *आत्मवक्तव्य* में प्रायः बचपन का जिक्र करते हैं। याद करते हैं कि घर और लोगों और सहपाठियों-साथियों से गहरा लगाव था। मुहल्ले-टोले से भी। घर की हर चीज़ बिस्तर, घड़े, दूसरे सामान—कमरे, बरामदे, खिड़कियाँ, दरवाज़े, खपरैल—सब कलेजे के टुकड़े जान पड़ते थे। मुहल्ले की गलियाँ, घर,

पेड़, चबूतरे सब जैसे खून में समा गए थे, दिल की धड़कन बन चुके थे। फ़िराक़ की दुनिया अनुभवों की एक पूरी दुनिया है। इसलिए उनकी कविता में से चुनकर *गृहिणी माँ सुहागिन लक्ष्मी चौके की लक्ष्मी* आदि पवित्र बिंबों में ही फ़िराक़ की भारतीयता देखना अधूरा देखना होगा और उनकी जटिल भारतीयता को सरलीकृत करके देखना होगा। फ़िराक़ के सौंदर्यबोध को उसकी अपरिभाषेय असीमता में देखना चाहिए। फ़िराक़ जहाँ बड़े कवि थे, वहीं गहरी *जीवनासक्ति* से संपन्न कला-रसिक भी थे जो ज़िंदगी के सौंदर्य को कभी बिखराव और अराजकता के बावजूद एक संपूर्ण संस्कृति के रूप में देख सकते थे। कैसी है फ़िराक़ की दुनिया—जहाँ *'नौ रस गुंचे', पंखुड़ियों* की *'नाज़ुक गिरहें'* खोलते हैं। जहाँ 'शब' में सन्नाटा भी बोलता है। जहाँ अतृप्ति *विद्यापति* की अतृप्ति की याद दिलाती है: 'जनम अवधि हम रूप निहारेल कबहुँ न तिरपित भेल'! जहाँ *'हुस्ने-निगार'* आइना-दर-आइना है!

दयारे-ग़ैर में सोज़े-वतन की आँच न पूछ
ख़ज़ाँ में सुबहे-बहारे चमन की आँच न पूछ

फ़ज़ा है दहकी हुई रक़्स में है शोला-ए-गुल
जहाँ वो शोख़ है उस अंजुमन की आँच न पूछ

लपक रहे हैं वो शोले कि होंठ जलते हैं
न पूछ मौजे-शराबे-कुहन की आँच न पूछ

फ़िराक़ आइना-दर-आइना है हुस्ने-निगार
सबाहते-चमन-अंदर-चमन की आँच न पूछ

यह सौंदर्यबोध कवि को रीतिकाल के रसिक की तरह सिर्फ़ उपभोग के लिए ललचाने वाला नहीं है। कुछ ऐसा है कि एक साथ रूमानी और क्रांतिकारी विद्रोही तेवर भी दिखाता है। यह जीवन-सक्रियता की चमक लिए हुए है। इस अहसास में इंसानियत का अहसास भी शामिल है। आलोचक *रामचंद्र शुक्ल कर्म सौंदर्य,* संघर्ष के सौंदर्य की जो व्यापक अवधारणा बनाते हैं, उससे फ़िराक़ का विरोध नहीं है, हालाँकि शुक्ल जी का नैतिकतावाद या मर्यादावाद फ़िराक़ को रास आने वाला नहीं है। याद करें तो *नेरूदा* का सघन मांसल *सौंदर्यबोध फ़िराक़* के *सौंदर्यबोध* के अधिक क़रीब है। यह ज़रूर है कि जीवन संघर्ष का जटिल प्रसार नेरूदा के सौंदर्यबोध को वृहत्तर आयाम देता है।

(3)

फ़िराक़ अपनी कविता में योजनाबद्ध तरीके से बहुत नये प्रस्थान नहीं बनाते। अत्यंत सीमित उदाहरणों में जनता के संघर्ष की बहुत स्थूल शब्दावली अपनाते हुए भी वे संस्कृति के उस ठेठ भारतीय रूप को पहचानना चाहते हैं जो सम्यक् जीवन-बोध का प्रमाण हो। प्रगतिशील कविता और सौंदर्यबोधात्मक कविता के बीच विभाजन करना आसान है पर दोनों तरह की कविता में निहित भारतीय जीवन और संस्कृति के मर्म को पहचानना मुश्किल है जिसे फ़िराक़ समय-समय पर स्पष्ट करते आए हैं। एक बातचीत में उनका कहना है—"अभी तक हमारे अंदर से *अभिरुचियाँ* और *शक्तियाँ* काम कर रही हैं जो पशु-पक्षियों की ज़िंदगी से होती हुई हम तक पहुँचीं। हमारी सामाजिक व्यवस्था, धार्मिक आस्थाएँ, हमारे सैकड़ों रीति-रिवाज़, प्रतिबंध, सामाजिक जीवन के गहरे संस्कार, वंशानुगत विशेषताएँ, मनोवैज्ञानिक जीवन से उत्पन्न सैकड़ों सरलताएँ और कठिनाइयाँ, कई पीढ़ी पहले के पुरखों के ख़ून का प्रभाव, घरेलू माहौल और अज्ञात शक्तियाँ हमारे व्यावहारिक जीवन को बिगाड़ती और सँवारती रहती हैं। *शायरी* और दूसरी ललित कलाएँ तो सिर्फ़ एक शक्ति हैं जो सैंकड़ों अन्य शक्तियों के साथ मिलकर काम करती हैं।" फ़िराक़ के काव्यसंसार को, उनकी जटिल भारतीयता को इन व्याख्याओं में देखना-समझना ज़रूरी है। '*आधी रात*' '*परछाइयाँ*' '*हिंडोला*' '*धरती की करवट*' आदि कविताओं के वैविध्य में ही फ़िराक़ के भारतीय 'विज़न' को समझा जा सकता है।

फ़िराक़ कई अर्थों में *रात के रहस्यों* के *कवि* हैं। रात उनके लिए नींद भी है कहानी भी। लौकिक भी, आध्यात्मिक भी। रात की रहस्यमयता के बेशुमार अनुभव फ़िराक़ के यहाँ हैं। फ़िराक़ की स्वीकारोक्ति है : "रात को जब सोता था तो नींद ज़रा देर से आती थी। जहाँ मैं सोता था, उस बरामदे के सामने दूर तक मैदान थे, खेत थे, और बड़े-बड़े पुराने पेड़ थे। इन सब पर रात का परदा गिर पड़ता था जो रात की रहस्यमयता में डूब जाता था। रात का अंधकार और उस अंधकार की गहराई तारों की झिलमिलाहट रात के धुँधलके में स्थूल वस्तुओं की अपनी परछाईं—ये दृश्य मुझ पर छा जाते थे और मुझे एक विचित्र दशा में डाल जाते थे।" *नाज़िम हिकमत* के यहाँ *विराट अँधेरा* घिरता रहता है पर दुनिया सुंदर होती जाती है। यह विरोधाभास संस्कृति की जीवनी शक्ति का कई बार प्रमाण होता है। फ़िराक़ की ज़िंदगी और शायरी में रात के अहसास इतने गहरे हैं कि उनकी असलियत पंखड़ी-दर-पंखड़ी खुलती है। फ़िराक़ के लिए—*यौवन* क्या है। '*पिछली रात बजता हुआ सितार*' या 'सजल बदन की बयाँ किस तरह हो कैफ़ियत / सरस्वती के बजाते हुए सितार की गत!' याद करें, 'सरोज स्मृति' कविता में

निराला की स्मृति में उभरता युवा बेटी सरोज का यह सौंदर्य-बिंब। —'*ज्यों मालकोश नव वीणा पर*!' रात फ़िराक़ के यहाँ भीगती है तो ज़माने का अहसास और गहरा होता जाता है।

ऐ राज़े-सिफ़ातो-ज़ात मुझमें आ जा
सोता संसार झिलमिलाते तारे
अब भीग चली है रात मुझमें आ जा

रात के कितने ही रूप हैं :

काटे कटती नहीं ये जुलमात की रात
इक जादू-ए-शबताब है ये रात की रात
भीगी फ़ज़ा में ज़ुल्फ़ों की घटाएँ
आईना-आईना है बरसात की रात.

रग रग में थरथराये रूहे-नग़मात
हर तार में यूँ चलती हुई नब्ज़े-हयात
बेख़ुद होती चली है नमनाक फ़ज़ा
ज़ुल्फ़ों में ढल रही है मयख़ाने की रात

फ़िराक़ जब उर्दू की *पारंपरिक* औसत कविता में अपने लिए एक तरह की *अजनबियत* पाते हैं तो उनकी अपनी काव्यभूमि की प्रकृत भारतीयता समझ में आती है। भारतीय कलाओं (नृत्य संगीत चित्रकला स्थापत्य साहित्य) का उद्देश्य फ़िराक़ की दृष्टि में सौंदर्यविवेक के साथ जीवन और सृष्टि के साथ रागात्मक संबंध बनाना ही है। घर-मुहल्ले, पास-पड़ोस के संचित संस्कारों और स्मृतियों ने फ़िराक़ की मानसिक दुनिया को बहुत गहराई से प्रभावित किया है। सूर्योदय- सूर्यास्त, वर्षा-बसंत और प्रकृति के अनेक रूप प्रभावशाली नाटक की तरह उन्हें प्रभावित करते रहे हैं। सुबहें और शामें अपना राज़ लेकर उनके सामने आती रही हैं। *ऊषा* उनके लिए महज़ प्रकृति नहीं रही है, 'नर्म दमक' या 'मुखड़े की चमक' भी रही है। कभी बच्चे की मुस्कान, कभी सुहागिनी का विलास! और शाम—जैसे सूरज ने '*अग्निरथ* के घोड़े' फेरे हों।

लहराती हुई शफ़क़ में उषा का ये रूप
ये नर्म दमक मुखड़े की सजधज है अनूप
तेरा भी उड़ा-उड़ा सा आँचल ज़रतार
घूँघट से वो छनती हुई रुख़सारों की धूप

लहरों में खिला कँवल नहाये जैसे
दोशीज़ा-ए-सुबह गुनगुनाये जैसे

ये रूप ये लोच ये तरन्नुम ये निखार
बच्चा सोते में मुस्कराये जैसे

आ जा कि खड़ी है शाम परदा घेरे
मुद्दत हुई जब हुए थे दर्शन तेरे
मग़रिब से सुनहरी ग़र्द उट्ठी सू-ए-क़ाफ़
सूरज ने अग्नि-रथ के घोड़े फेरे

(4)

फ़िराक़ अपने सौंदर्यबोध को हर पल नया करते चलते हैं। यह नये की विकलता या तड़प दुनिया के बदलने और नये रूप लेने की अदम्य चाह भी छिपाए हुए है। फ़िराक़ की इस मान्यता का बड़ा अर्थ है—"*वजूद में हर समय बासी* होने का डर रहता है। *शायरी उसे बासी नहीं होने देती*।" फ़िराक़ अगर कहते हैं कि जो भौतिक है, वही दिव्य है तो वे गहनतर भारतीय जीवन-बोध को प्रमाणित करते हैं। सामंती रुझान वाले सौंदर्यबोध से भिन्न फ़िराक़ का सौंदर्यबोध अपनी अलग पहचान बनाता है। घर-आँगन का सौंदर्यबोध साधारण के सौंदर्य की नयी स्वीकृति है। चौके में जगर-मगर करने वाली नायिकाएँ बिहारी के यहाँ भी हैं पर सौंदर्यबोध का विस्तार वहाँ नहीं है जिसे जीवनपूर्णता के अर्थ में स्वीकृति दी जा सके।

चौके की सुहानी आँच मुखड़ा रौशन
है घर की लक्ष्मी पकाती भोजन
देते हैं करछुली के चलने का पता
सीता की रसोई के खनकते बर्तन

सौंदर्य के लिए फ़िराक़ बेचैन हैं। हैरान हैं कि एक रूप तुरंत बदल जाता है। फ़िराक़ देह की सुंदरता के लिए अपनी अविराम आसक्ति छिपाते नहीं हैं। उनकी कल्पना में बार-बार ऐसे चित्र आते हैं जो उनके भीतर की दीवानगी या वहशत का आभास देते हैं। फिर यही चाहत *इस दुनिया उस दुनिया ग़मे जानाँ ग़मे दौराँ* का फ़र्क़ मिटा जाती है। रात वही होती है पर वही नहीं होती।

इक आलमे-शबताब है बलखायी लटों में
~~तों का कोई बन है कि है काकुले-पेचाँ

तू साज़े-गुनह का है कोई परदा-ए-रंगीं
तू सोज़े-गुनह का है कोई, शोला-ए-रक्साँ

ये जिस्म है कि कृश्न की वंसी की कोई टेर
बलखाया हुआ रूप है या शोला-ए-पेचाँ

जीवन के *निरंतर चक्र* के रूपांतर फ़िराक़ के सौंदर्यबोध को किस हद तक प्रभावित करते हैं यह देखने के लिए फ़िराक़ के काव्यसंसार के कम चर्चित पहलुओं की ओर नज़र जानी चाहिए। *'धरती की करवट'* को स्थूल प्रगतिशील कविता मानकर उर्दू कविता में भुला दिया गया है। पर आज यह याद करना ज़रूरी है कि यह भाषा भी फ़िराक़ उर्दू की प्रेम कविता लिखने के साथ-साथ लिख रहे थे। 'सूरज चाँद अँगड़ाई लेंगे / तारे अपनी गत बदलेंगे / पर्वत सागर लहराएँगे / जब ये पृथ्वी करवट लेगी।' दुनिया में हो रहे परिवर्तनों के बारे में, दुनिया में छिड़ी जंग के बारे में फ़िराक़ बेख़बर नहीं हैं। व्यक्तिगत सच और ज़माने के सच को कहने के लिए फ़िराक़ ने जो ढंग चुना है उसमें ग़जल और नज़्म का एकदम स्थूल निर्णायक विभाजन नहीं है। *ज़माने* का *सच* फ़िराक़ ग़ज़ल के दायरे में भी कमोबेश कह सकते हैं। उनका यह कहना जैसे अपने से कहना हो—

शाम से ही गोश-बरआवाज़ है बज़्मे सुख़न
कुछ फ़िराक़ *अपनी* सुनाओ कुछ *ज़माने* की कहो

जब फ़िराक़ ज़माने को देखते हैं तो सीधे *इंक़लाब* ही नहीं दिखता है। आसपास के हादसे भी दिखाई देते हैं। यह भी दिखाई देता है कि कैसे बाज़ार आदमी के वजूद को ख़त्म करता जा रहा है। कैसे संस्कृतियाँ बन ही नहीं रही हैं, लुप्त भी हो रही हैं। कैसे साम्राज्यवाद दुनिया पर वर्चस्व बनाता जा रहा है। कुछ उदाहरण :

उपभोक्ता समय : इंसान को खरीदता इंसान
दुनिया भी दूकान हो गयी है

समयबोध : हर उक़दा-ए-तक़दीरे-जहाँ खोल रही है
हाँ ध्यान से सुनने में सदी बोल रही है

स्मृति/परंपरा : मेरे सीने में है वो रोशनी
कि न उम्र जिसकी बता सकें

फ़िराक़ की दृष्टि में वह *प्रेम* ही क्या, जो ज़माने को या *दुनिया* को बदलने का हौसला न रखता हो—'कुछ तो मुहब्बत करके दिखाती / कुछ तो जमाना बदला होता!' क्रांति या परिवर्तन की चेतना के अभिप्राय फ़िराक़ के यहाँ कम नहीं हैं। 'फ़िराक़ वक़्त के रुख से उलट रही है नक़ाब / ज़मी से ताबफ़लक है इस इंकलाब

की आँच! ...'देख रफ़्तारे-इंक़िलाब फ़िराक़ / कितनी आहिस्ता और कितनी तेज़।' ...'ज़मीन जाग रही है कि इंक़लाब है कल!'

विचारणीय है कि जहाँ *'रूप'* की रुबाइयों में फ़िराक़ का सौंदर्य-बोध अपनी तीखी ऐंद्रियता में बेमिसाल है, वहाँ *'परछाइयों'* में ऐंद्रियता के साथ भाषायी विवेक 'संगीतमय विचार' की ऊँचाइयों को छूने लगता है। यहाँ प्रकृति और मनुष्य का रागात्मक साहचर्य अनुभव के नये क्षितिज उद्‌घाटित करने वाला है। इस दृष्टि से कविता कई बार सरल व्याख्या से या अर्थ से इंकार करती है। 'ये रात नींद में डूबे हुए से हैं दीपक / फ़ज़ा में बुझ गए उड़ उड़ के जुगनुओं के शरार / कुछ और तारों की आँखों का बढ़ चला है ख़ुमार / फ़सुरदा छिटकी हुई चाँदनी का धुँधला ग़ुबार...' फ़िराक़ स्वीकार करते हैं कि "लयात्मक बोध की तरह काव्यात्मक महत्ता का नाप भी अस्थिर है। यथार्थ के स्पंदन के साथ जीवन की संवेदनशील इकाइयों के स्पंदन का सामंजस्य अलग-अलग होता है।" यहीं *'आधीरात'* कविता की अंतर्वस्तु और रचनाविधान दोनों कविता को विश्वदृष्टि के नजदीक लाते हैं। कविता का समय : दूसरा महायुद्ध। हिटलर की सेनाएँ रूस पर कामयाब नहीं हो सकी हैं। यहीं से कविता शुरू होती है और अपना विन्यास अधिक विस्तृत समय में उपलब्ध करती है। ऐतिहासिक समय और काल्पनिक समय के द्वंद्व में यह पूरी कविता गद्य जैसे ढंग में भाषा की नयी तहें खोजती है। आद्यबिंब (archetypal image) और इंद्रियग्राह्य बिंब (phenomenal image) एक दूसरे को कैसे अतिव्याप्त करते हैं, यह तो देखें ही, यह भी देखें कि *सार्वजनिक* महत्त्व के प्रसंग को कैसे कवि *व्यक्तिगत* स्पर्श देना चाहता है। युद्ध संबंधी कविताओं में यह एक बेहद महत्त्वपूर्ण कविता है। इसका ठंडापन भीतर ही भीतर कैसी उत्तेजना छिपाए हुए है।

सियाह पेड़ हैं अब आप अपनी परछाईं
ज़मीं से ता-महो-अंजुम सुकूत के मीनार
जिधर निगाह करें इक *अथाह गुमशुदगी*
इक-एक करके फ़सुर्दा चराग़ों की पलकें...

तमोलियों की दुकानें कहीं-कहीं हैं खुली
कुछ ऊँघती हुई बढ़ती हैं शाहराहों पर

खड़ा है ओस में चुपचाप *हरसिंगार का पेड़*

ये मौजे-नूर ये भरपूर ये खिली हुई रात
कि जैसे *खिलता चला जाए* इक *सफ़ेद कँवल*

सिपाहे रूस हैं अब कितनी दूर *बर्लिन* से

इक आदमी है कि *इतना दुखी* है दुनिया में

क़रीब चाँद के मंडला रही है इक चिड़िया
भँवर में नूर के करवट से जैसे नाव चले

कहाँ से आती है *मदमालती लता* की लपट

लगे हैं कान सितारों के जिसकी आहट पर
इस *इंक़लाब* की कोई ख़बर नहीं आती

दिले नुजूम धड़कते हैं कान बजते हैं
कुछ और जाग उठा *आधीरात* का जादू
ज़माना कितना लड़ाई को रह गया होगा
मेरे ख़्याल में अब *एक बज रहा होगा*

युद्ध की कविता है। डर और दहशत का वातावरण। और यहीं—चुपचाप खड़ा 'हरसिंगार का पेड़'। यहीं आती *'मदमालती लता की लपट'*! सीधी सादी कविता का मुहावरा। एकदम गद्य का-सा विन्यास। कहाँ अंतराल है? कहाँ जगहें छोड़ दी गयी हैं? कहाँ विरोधयुक्त तनाव है? यह सब भी लयहीनता में लय की खोज का संकेत है। यह नहीं कि इस युद्ध में कवि का अपना पक्ष नहीं है। वह अगर तटस्थ दिखता है—पर्यवेक्षक जितना तटस्थ! तो, तटस्थता युक्ति (device) है। युद्ध में अपना व्यक्तिगत पक्ष होते हुए तटस्थता (detachment) दिखाने का अलग अर्थ है। गहरे अर्थों वाली राजनीतिक कविता की पहचान ऐसी ही कविताओं से बनती है।

(5)

फ़िराक़ मानते हैं कि सृष्टि में छिपा जीवन संघर्ष एक बहुत ही तसल्ली देने वाली हकीक़त है। ऐसे संघर्ष की सार्थकता की स्वीकृति में उन्हें ग़ालिब याद आते हैं जिसने सीधे स्वर्ग-सुख और सुविधा की हँसी उड़ाई। फ़िराक़ के लिए कविता जहाँ संगीतमय विचार है, वहीं संस्कृति के बनने, सँवरने, नये सिरे से रचे जाने और गुम हो जाने की कहानी भी है। इस ज़मीन पर फ़िराक़ एक *अच्छी कविता* और *महान कविता* में फ़र्क़ करते हैं। एक *अच्छी कविता* कई बार बस एक *अच्छी* कविता होती है—सुघड़ता और परिष्कार को भाषा का सर्वस्व मानती हुई। जबकि

महान कविता की संभावनाएँ अटपटेपन में, विषमविन्यास में भी छिपी रहती हैं। *मीर* बड़े कवि हैं क्योंकि उनके यहाँ *उत्कृष्टतम* के साथ *निकृष्टतम* भी मौजूद है। मीर की ताक़त है उनकी भाषा, उनकी ज़बान। मीर उसे भी रच रहे थे जिसे साँचे में ढाली हुई *मिट्टी की ईंट* कहते हैं। फ़िराक़ अनुभव करते हैं कि मीर के समय में यह ईंट एकाध ताव खा चुकी थी। परिष्कार की पूर्णता उसका सौंदर्य नहीं है, *ताज़गी, टटकापन, सोंधापन* उसका सौंदर्य है। फ़िराक़ अपने से ही पूछना चाहते हैं, कि मीर आज हमारे समय के इतने करीब क्यों हैं! उनके हजारों शेर पढ़ते हुए क्यों लगता है कि वे अब अभी-अभी कहे गए हैं! याद करें, मीर के समय में हमारे समय की और हमारे समय में मीर के समय की परछाइयाँ कैसे उभरती हैं!

जिन बलाओं को मीर सुनते थे
उनको इक रोज़गार में देखा

दिल की वीरानी का क्या मज़कूर है
यह नगर सौ मरतबः लूटा गया

नज़ीर बड़े कवि हों, न हों, एक *ज़रूरी कवि* हैं। फ़िराक़ उनका महत्त्व इस नज़रिये से आँकते हैं कि उनकी कविता सामंतवाद के विरोध में खड़ी है। *साधारण ज़िंदगी* का यथार्थ नज़ीर के यहाँ ऐसा है जिसे सँभाल पाना या स्वीकार कर पाना सामंती-दरबारी चेतना के वश की चीज़ नहीं। खुले मैदान में एक *नयी गूँज* पैदा करने वाली नज़ीर की कविता इसलिए भी महत्त्वपूर्ण है कि भाषा और कविता के जाने-पहचाने मान्य नियमों को तोड़ती है। ग़ालिब भी बहुत कुछ तोड़ते हैं। क्लासिकी कल्पना में अराजकता का हुनर है उनके यहाँ। दार्शनिक कवि नहीं हैं ग़ालिब। ऐसा कोई दावा उन्हें लेकर किया गया हो, तो बेमानी है। व्यवस्थित चिंतन ग़ालिब की कविता की प्रकृति नहीं है। *फ़िराक़* अपने सारे विश्लेषण में *शब्द* के चुनाव को फिर भी महत्त्व देते हैं। उनके अनुसार काव्यात्मकता के कुछ आंतरिक नियम होते हैं—शास्त्रीय दृष्टि प्रायः जिनकी उपेक्षा करती है। शब्द को फ़िराक़ जिस अर्थ में तवज्जो देते हैं, फिर *नेरुदा* की याद आती है जिनके *शब्द-प्रेम* का स्रोत है *गहरी जीवनासक्ति*। नेरुदा कहते हैं—शब्द को मैं किस तरह प्यार करता हूँ बताना मुश्किल है। कभी एकदम अकल्पनीय तरीक़े से वे आते हैं। कभी ऐसे आते हैं कि मुद्दत से बस उन्हीं का इंतज़ार रहा हो। रंगीन पत्थर की तरह चमकते हुए, उजली मछली-सी उछाल लेते हुए। शब्द में ही सारा जादू या रहस्य छिपा है—फ़िराक़ भी कहते हैं, नेरुदा भी।

फ़िराक़ अगर कविता को *'संगीतमय विचार'* कहते हैं तो उनके ज़ेहन में

संगीत की हदों को छूने वाली कविता की ऊँचाई का अहसास बना रहता है : ''पड़ती है जब आँख तुझ पे ऐ जाने-बहार / *संगीत की सरहदों* को छू लेता हूँ।'' फ़िराक़ का कहना है : ''साहित्य बनता तो शब्दों से है लेकिन ये शब्द जब एक *नीरवता* में लय और लीन हो जाएँ, जब शेर विस्मृत हो जाए और उससे उत्पन्न होने वाली एक *अकथनीय स्थिति* पैदा हो जाए, वही स्थिति साहित्य और कविता के लिए सबसे बड़ी देन है।''

देख आए आज यादों का नगर
हर तरफ़ परछाइयाँ परछाइयाँ

फ़िराक़ ने इस *'अकथनीय स्थिति'* की व्याख्या नहीं की है, पर कविता में कई बार इन स्थितियों को उपयुक्त भाषा दी है। *तनहाई* या *अकेलापन* जहाँ मिलन या वस्ल का समकक्ष है वहाँ *प्रेम* कैसी सघनता पा लेता है :

कहाँ का वस्ल तनहाई ने शायद भेस बदला है
तिरे दम भर के आ जाने को हम भी क्या समझते हैं

फ़िराक़ यह अकथनीय को कहने की कला *कबीर सूर मीरा* से सीखते हैं। कविता की सार्वजनिक अपील के महत्त्व को वे कम करके नहीं आँकते। कविता आखिर समाज के भीतर से ही जन्म लेती है इसलिए संस्कृति चिंता कवि की चिंता है। उसे इसका अहसास है कि— ''तक़दीर तो कौमों की हुआ करती है / इस शख़्स की क़िस्मत कोई तक़दीर नहीं।'' यह चिंता फ़िराक़ की अपनी दुनिया की ज़रूरी चिंता है :

सहरा में ज़मानो-मकाँ के खो जाती हैं
सदियों बेदार रह के सो जाती हैं
अक्सर सोचा किया हूँ ख़लवत में फ़िराक़
तहज़ीबें क्यों गुरूब हो जाती हैं

कविता को संगीतमय विचार कहते हुए फ़िराक़ ने *संस्कृति* के जटिल सवाल भी उठाए हैं। जहाँ अपनी कविता में रचे-बसे *हिंदू-मन* की खासियत वे बयान करते रहे हैं या अपनी कविता में हिंदू रुझान की अभिव्यक्ति : ('दीवाली की शाम घर पुते और सजे / चीनी के खिलौने जगमगाते लावे / वो रूपवती मुखड़े पे इक नर्म दमक / बच्चे के घरौंदे में जलाती है दिए!' —या 'ऐ गंगो-जमन की गुनगुनाती लहरों / देती हैं सुनाई तुममें वेदों की ऋचाएँ!), उन्हें इसका अहसास रहता है कि समाज में ऐसी ताक़तें उभर सकती हैं, जो *सांप्रदायिकता* को सुंदर और *कलात्मक* बनाकर पेश करें। वह कहीं ज़्यादा ख़तरनाक होगा। इसलिए फ़िराक़

का यह दृष्टिकोण उनकी कविता और सांस्कृतिक विचार दोनों को लेकर एक सम्मिलित बयान है—''परिपक्वता एक मंज़िल पर पहुँचकर भी अपनी *विविधता*, अपनी *नवीनता* और अपनी उर्वरता नहीं खोती।'' फ़िराक़ की भारतीयता के अर्थ बहुत बड़े हैं। उसे सीमित लाक्षणिकताओं में प्रमाणित करने की ज़रूरत नहीं है। आज जब इकहरी संकीर्ण-कठोर हिंदू राष्ट्रवाद-जैसी पहचान बनाने पर कुछेक लोगों का बल है और इस विचार को संस्था के रूप में मान्य बनाने का उग्र प्रयत्न दिखाई दे रहा है, फ़िराक़ *सृष्टि* में निहित *छंद* और *संस्कृति* में व्याप्त *लय* की खोज का रास्ता दिखाते हैं। फ़िराक़ के शब्द हैं : ''अब वह ज़माना गुज़र चुका है कि हम उन सीमित और कई दृष्टियों से ख़तरनाक अर्थों में, एक राष्ट्र बनें, जिन अर्थों में अंग्रेज़, फ्रांसीसी, जर्मन, अमेरिकी, जापानी और अन्य देशों के निवासी एक राष्ट्र कहलाते हैं। आज भारत या किसी अन्य देश में वास्तविक और स्वस्थ अर्थों में हम उस समय तक एक राष्ट्र नहीं बन सकते जब तक भूमंडल पर बसी हुई मानवता की अखंड एकता का ज़िंदा अहसास हमें न हो।'' कविता एक संगीतमय विचार है—इस सूत्र को फ़िराक़ के संस्कृति-संबंधी विचार के रूप में देखा जाना चाहिए। फ़िराक़ के भारतीय होने का अर्थ है—विविधताओं की स्वीकृति के साथ उनमें निहित और सक्रिय सांस्कृतिक लय की खोज। फ़िराक़ की अपनी दुनिया की पहचान कुछ ऐसे ही बनती है।

वर्ज़नाओं के वज्रद्वार पर दस्तक

[निराला और समकालीन कविता : आधे-अधूरे नोट्स]

स्वाधीनता प्राप्ति के वाद के पचास वर्ष कई दृष्टियों में विमर्श, विश्लेषण और पुनः पाठ के विषय हैं। हम जब भी निराला का संबंध आगे के कवियों या कविता से जोड़ना चाहेंगे, हमारा ध्यान इस, विडंबना की ओर जाएगा ही, कि ठीक उन्हीं दिनों जब देश *स्वाधीन* हो रहा था और आगे के कई वर्षों तक नये जागरण के जयगान लिखे जा रहे थे (मैथिलीशरण गुप्त, सुमित्रानंदन पंत और कई कवियों के यहाँ!) निराला *विक्षिप्तता* या अर्द्धविक्षिप्तता के *अंधकार* में थे और *अंधकार, त्रास, आत्मदंश* की कविताएँ लिख रहे थे। *'अर्चना'* (1950) की कविताएँ देखकर ही कहा गया है कि वे एक दूसरी विनयपत्रिका लिख रहे थे। फिर भी महत्त्वपूर्ण है कि निराला की बदली रुचि या रुझान का कोई *सीधा सरल ग्राफ़ नहीं* बनता है। जहाँ त्रास का अँधेरा है, वहीं 'फूटे हैं आमों में बौर / भौंर बन वन टूटे हैं / ...आँखें हुई हैं गुलाल / ...गेरु के ढेले टूटे हैं'—जैसे प्रकृति-राग के चित्र भी हैं। इस *राग* में कितना *विराग* छिपा है, कहना कठिन है।

याद करें '50 के आसपास *नागार्जुन, त्रिलोचन* क्या लिख रहे थे! *मुक्तिबोध शमशेर* क्या लिख रहे थे! प्रयोगवाद-स्कूल से निकले नये कवि क्या लिख रहे थे! उन्हीं में *रघुवीर सहाय* क्या लिख रहे थे! आगे-पीछे के और कवि क्या लिख रहे थे! स्वाधीनता मिली थी—एक बहुत बड़ी ट्रैजेडी झेलकर। वर्जनाओं का वज्रद्वार जस का तस! *'वर्जन के जो वज्रद्वार हैं। क्या खुलने के भी किवार हैं?'* देश विभाजन से बड़ी ट्रैजेडी की कल्पना कठिन है। इसी की परिणति थी *गाँधी* की *हत्या*। कैसी थी वह विचारधारा जो इस हत्या को विचार बताने में लगी थी, जिसका सिलसिला आज तक जारी है। '48 में गाँधी की हत्या का कोई उल्लेख निराला की जीवनी या आत्मकथा में नहीं है। आत्मकथा तो निराला की कविताएँ ही हो सकती हैं। पंत के यहाँ इतिहास में घट रही चीज़ों का कविता में लगभग

अनुवाद-जैसा है। और भी कवियों के यहाँ। निराला के यहाँ सब कुछ मन के त्रासद अंधकार में छिपा है।

निविड़ विपिन पथ अराल
भरे हिंस्र जंतु - व्याल

क्या अंधकार की यह भयावहता स्वाधीनता-प्राप्ति की घटना पर टिप्पणी है! आश्चर्य है कि 'अर्चना' (1950) की भूमिका में निराला *स्वाधीनता* की घटना या अपनी मन:स्थिति की कोई झलक नहीं देते। छंद और *व्याकरण* और *संगीत* की चर्चा करते हैं। याद आता है कि भारतभूषण अग्रवाल ने आज़ादी के पच्चीस वर्ष पूरे होने पर साफ़-साफ़ लिखा था कि जयगान वाली कविताओं की तुलना में *निराला, नागार्जुन* जैसे कवियों की *प्रश्न* करने वाली, *संदेह* करने वाली, *जिरह* करने वाली कविताएँ ज़्यादा महत्त्वपूर्ण हैं। वे स्वाधीनता प्राप्ति के ऐतिहासिक दौर का अधिक प्रामाणिक, अधिक वास्तविक चित्र उपस्थित करती हैं। *'अकाल और उसके बाद'* (नागार्जुन) 1952 की कविता है :

दाने आए घर के अंदर कई दिनों के बाद
धुआँ उठा आँगन के ऊपर कई दिनों के बाद
चमक उठीं घर भर की आँखें कई दिनों के बाद
कौए ने खुजलायीं पाँखें कई दिनों के बाद

बहुत आगे चलकर युवा कवि एकांत ने *'अन्न'* जैसी कविता लिखी। *'दाना'* कविता इधर ही लिखी *अरुणकमल* ने।

निराला '50 के आगे-पीछे जो अंधकार या त्रास लिख रहे थे, वह *शमशेर* दसेक साल पहले भी लिख सकते थे। इस कविता का समय है 1937—यह उदाहरण है कि प्रगतिशील आंदोलन के दबाव में आंदोलन से जुड़े सब कवि क्रांतिकारी आग और विस्फोट वाली ही कविताएँ नहीं लिख रहे थे। यह *यथार्थ* कहीं अधिक जटिल था :

स्थिर है शव-सी वात
        लटका है पश्चिम के घर में
आधा चाँद कटोरा काँसे का-सा
        सीसे की-सी नीली रात
...
प्रेम पड़ा है ठंडा मानव-उर का
        निद्रा तम के शून्य शिविर में
अंधा पंगु बँधा है काल।

जब शमशेर ऐसा लिख रहे थे तब भी 'परिमल' (निराला) उनके लिए नास्टेल्जिया का हिस्सा था। 'बैठ लें कुछ देर आओ / एक पथ के पथिक से / तम गहन जीवन घेर...' की उनकी व्याख्या देख सकते हैं।

1950 की ही *मुक्तिबोध* की कविता है—'मुझे याद आते हैं'। शुरू की पंक्तियाँ हैं : '*आँखों के सामने, दूर... / ढँका हुआ कुहरे से / कुहरे में से झाँकता-सा दीखता पहाड़... / स्याह! / अपने मस्तिष्क के पीछे अकेले में / गहरे अकेले में / ज़िंदगी के गंदे न-कह-सके जाने वाले अनुभवों के ढेर का / भयंकर विशालाकार प्रतिरूप!!*' ये उदाहरण इसलिए नहीं दिए जा रहे हैं कि हम कुछ कवियों में विचारात्मक या रूपगत समानताएँ दिखाना चाहते हैं। हमारा ध्यान इस ओर जाना चाहिए कि छायावाद से आगे के कवियों का अकेले निराला से ही एक तरह का सक्रिय सर्जनात्मक संवाद दिखाई देता है। अज्ञेय, जो बहुत पहले निराला को 'एक ख़त्म हो चुका कवि' कह चुके थे, आगे कहने के लिए विवश थे : ''निराला को जब-जब पढ़ता हूँ, नया आविष्कार करता हूँ।'' इसमें संदेह नहीं कि निराला को पसंद करने में अज्ञेय का मिज़ाज काफी हद तक अड़चन पैदा करता होगा। अज्ञेय का बहुत कुछ उनकी अपनी चुनी हुई वर्जनाओं का हिस्सा है। प्रसाद से उनकी निकटता फिर भी समझ में आ सकती है। यह तथ्य चौंकाने वाला है कि मुक्तिबोध कहीं अधिक निराला की परंपरा में दिखाई देते हैं, यद्यपि *निराला* के प्रति अपनी पसंद मुक्तिबोध ने कहीं ज़ाहिर नहीं की है। निबंध लिखा है तो पंत पर और एक पूरी पुस्तक प्रसाद की *'कामायनी'* पर। *'शब्द और मनुष्य'* (1988) में मैंने कहीं संकेत किया है कि शायद *प्रसाद, निराला* दोनों की परंपरा *मुक्तिबोध* में नई अभिव्यक्ति पा रही हो। जब निराला हमारे बीच नहीं हैं, *अरुणकमल, ज्ञानेंद्र पति, आलोकधन्वा, लीलाधर जगूड़ी, राजेश ज़ोशी, वीरेन डंगवाल, ऋतुराज, मंगलेश* की कविताएँ हमारे समय के यथार्थ के सरलीकृत चित्रण के पक्ष में नहीं हैं। वे यथार्थ को *एकाधिक आयामों* में देखने और जीवन मर्म को जटिल समुच्चय में पाने या लिखने के प्रयत्न में हैं और निराला को सच्चे अर्थों में नये ढंग की कविता के विन्यास में सहायक नया प्रस्थान मानते हैं। *रघुवीर सहाय* यथार्थ को एक ही आयाम में एक ही अभ्यस्त मुहावरे में नहीं जानते या चित्रित करते हैं। उनकी बेचैनी यथार्थ को एक जटिल त्रासद अनुभव के रूप में देखती है। *विनोद वृत्ति* का जहाँ-तहाँ सार्थक इस्तेमाल रघुवीर सहाय का अपना ढंग है जिसका निराला में अनोखा काव्यात्मक उपयोग है। यह विनोद त्रासदी से जटिल रिश्ता बनाता हुआ आता है। अकारण नहीं, *निराला* के काव्यफलक की विराटता की तुलना में *मुक्तिबोध, रघुवीर सहाय, धूमिल* के अनुभवों की दुनिया अधिक सीमित है। शायद आगे का कोई दूसरा कवि निराला के काव्यानुभव का-सा बड़ा फलक हासिल नहीं कर सका है। इस अर्थ में *केदारनाथ सिंह, निराला* को हर नये कवि के लिए चुनौती मानते हैं।

'रूपाभ' (1938) में ही निराला की कविता प्रकाशित है : *'सहज सहज पग धर आओ उतर / देखें वे सभी तुम्हें पथ पर / वह जो सिर बोझ लिए आ रहा / वह जो बछड़े को नहला रहा / वह जो इस-उससे बतला रहा / देखूँ, वे तुम्हें देख जाते भी हैं ठहर!'* जिसके लिए वक्रता के दुर्गम पथ ही काव्यानंद के ज़रूरी स्रोत हैं वह इतने सहज सादे जीवन-मर्म को शायद कविता के दायरे में स्वीकार ही न कर सके। निराला के लिए तो यह सहज जीवन-प्रत्यक्ष भी 'और और छवि' की तरह जानने और समझने की चीज़ है। आगे निराला ही लिख रहे थे—

बाहर मैं कर दिया गया हूँ
भीतर, पर, भर दिया गया हूँ

यह देखने की चीज़ है कि शमशेर निराला को एक कविता में याद करते हैं तो इन शब्दों में : 'भूलकर जब राह—जब-जब राह भटका मैं / तुम्हीं झलके, हे महाकवि / *सघनतम की आँख* बन मेरे लिए!' और *कुँवरनारायण* स्वीकार करते हैं कि ''निराला का निजी संसार उनकी कविता का उतना ही आवश्यक हिस्सा है जितना वह समाज जिसमें वे जी रहे हैं। ख़ास बात है निराला की *समझ* और *संवेदना* का *विस्तार*, जो उनकी कविताओं की रीढ़ है और जो इस पर इतना नहीं निर्भर करता, कि कवि अपने चारों ओर की ज़िंदगी का कितना सही-सही चित्रण करता है, बल्कि इस पर कि वह अपने बाहर और भीतर के यथार्थ का कितना संश्लिष्ट रूप हमें दे पाता है और इसके दौरान जो जीवन-दृष्टि हमें देता है, वह कितनी मूल्यवान है।''

'50 में और आगे निराला अपनी जटिल अबूझ मानसिक स्थिति में कितने ही प्रार्थनापरक गीत लिखते चले गये जिनमें त्रास और अंधकार घना था। इनमें व्यक्त स्थितियाँ कई बार सटीक व्याख्या से इंकार करती हैं। पर 'पत्रोत्कंठित जीवन का विष बुझा हुआ है' जिसे निराला की *अंतिम* कविता के रूप में पढ़ा जा रहा है उसमें भक्ति की जगह सघन जीवन-लालसा है। यहाँ पराजय या हताशा के चिह्न नहीं हैं। कविता जैसे हताशा के अनुभवों के बाद, मृत्यु जैसे अनुभव के बाद जीवन में वापस लौटने का-सा अनुभव है।

इधर के कवि अरुणकमल निराला की इस कविता के मर्म की थाह लेते हुए लिखते हैं—''यह कविता दृढ़ता से जीवन के प्रति लालसा और तृष्णा को, ममता को व्यक्त करती है। जो निराला को निरंतर प्रिय रहे, वे विषय—रण और प्रणय—प्रेम प्रणय आकर कंधा देते हैं और वे सारी ऋतुएँ, वे सारे प्रिय बिंब, कवि का अपना कवि-संघर्ष और भारतीय काव्य की संपूर्ण परंपरा सब इस अंत समय में पुतली पर नाच रहे हैं, इस रात्रि जागरण में। पूरी कविता रात में चलती है।

और 'पुनः सवेरा' की टेक पर समाप्त होती है जो वास्तव में जीवन का आरंभ है। एक और फेरा। मोक्ष नहीं। भवबंधनों से मुक्ति नहीं। जगत की उसी गति में फिर से लौटना। फिर वही शरों की कठिन सेज और उत्कंठा से व्यग्र जीवन-वृक्ष के पत्र। और फिर वही अभिसार।'' यह उद्धरण यह देखने के लिए, कि नये, युवा कवि निराला को कितना प्यार करते हैं, किस तरह देखते हैं, कितना सीखते हैं। *'नये इलाके में'* संग्रह तक आते-आते अरुणकमल ने जो सघन जीवन-मर्म कविता में चरितार्थ किया है, उसे निराला का सीधा सहज प्रकृत विकास मान सकते हैं। पर क्योंकि परंपरा का विकास एक ही सीधी दिशा में नहीं होता, इसलिए यह भी देखें कि लीलाधर जगूड़ी, चंद्रकांत देवताले, ज्ञानेंद्रपति जैसे कवि किस तरह निराला की परंपरा से भिन्न प्रकार का संबंध बनाते हैं।

पिछले दिनों एक विश्लेषण में मैंने पाठकों का ध्यान इस ओर आकृष्ट किया था कि छायावाद के दौर में हमारे महत्त्वपूर्ण बड़े आलोचक *रामचंद्र शुक्ल* को निराला में जो चीज़ *खटक* रही थी—*अटपटापन* या *अनगढ़पन,* उस अटपटेपन या अनगढ़पन को इधर की कविता ने प्रतिष्ठा दिलाई है। उसी समय के महत्त्वपूर्ण कवि और निराला के समकालीन पंत ने निराला में जिनका नितांत अभाव देखा था—*आत्म संतुलन, परिष्कार, भाव-उर्वर शांति*—उन्हें कविता की दुनिया में आज *शक* की ही निगाह से देखा जाता है। इसी तरह अज्ञेय ने अपनी एक टिप्पणी में निराला की यह सीमा बताई है कि उनका विद्रोह छंद तोड़कर ही रह गया और उसके बदले कोई दूसरा अनुशासन उन्हें प्राप्त नहीं हुआ। वास्तविकता यह है कि निराला के *विद्रोह* के आयाम छंद और *कला के बाहर* भी हैं। 'नये पत्ते' की कविताओं में राजनीतिक कविता का वह मुहावरा भी है जिस पर आगे चलकर रघुवीर सहाय-जैसे कवि ने अधिकार प्राप्त किया। *'आत्महत्या के विरुद्ध' 'लोग भूल गए हैं'* संग्रहों में उस मुहावरे की एक भंगिमा है। दूसरी भंगिमा *'हँसो हँसो जल्दी हँसो'* में है। विडंबना के ख़ास विवेक के साथ।

अब जब जर्मन कवि बर्तोल्त *ब्रेख़्त* की जन्मशती है और उनके काव्यादर्श की याद अपने समय में लिखी जा रही कविता को देखते हुए स्वाभाविक है, यह भी याद करना ज़रूरी है कि पिछले तीन चार दशकों की कविता कविता के एक *विश्व-मुहावरे* के दबाव में भी लिखी जा रही थी। ब्रेख़्त के शब्द हैं जिन्हें मैं *कठिन समय की कविता* पर एक अर्थपूर्ण टिप्पणी के रूप में याद कर रहा हूँ :

और मैं सोचता था कि बहुत सरल शब्द
पर्याप्त होंगे। जब मैं कहूँ चीज़ें कैसी हैं :
सबके दिल चिथड़े चिथड़े हो उठे हों।
...
जो बुरे हैं तुम्हारे पंजों से डरते हैं

जो भले हैं तुम्हारी सुघड़ता से
ख़ुश होते हैं
यही यही मैं सुनना चाहता हूँ
अपनी कविता के बारे में

निराला के यहाँ ठीक ऐसे ही अनुभव और काव्यादर्श मौजूद होंगे पर कुछ इस तरह कि एक समय का अनुभव काल के वृहत्तर आयाम से जुड़ता हुआ और एक युगव्यापी परिदृश्य की अंतर्ध्वनियों को अपने पाठ में स्वायत्त करता हुआ जान पड़े। अगर *मंगलेश डबराल* को लगता है कि *कविता का कारख़ाना दोहरे-तिहरे स्तरों* पर चलता है तो वह निराला जैसे कवि की तो ख़ास अपनी पहचान है। निराला के यहाँ ही संभव है कि भक्ति और समर्पण के रंग की कविताएँ कवि के भीतर बाहर के द्वंद्व को जीवंत प्रखर भी बनाए हुए हों, कि प्रकृति और प्रेम की कविता राजनीतिक अर्थ व्यंजित करने लगी हो। इधर यह दृष्टि धुँधली हुई है। अधिकतर कवियों का निजी, गोपन और अंतरंग स्थूल या सपाट होता गया है। *द्वंद्वात्मक अनुभवों की जीवन समृद्धि* का काफ़ी कुछ अकाल-सा है। क्या समय की चुनौतियाँ इकहरे जाने-पहचाने क्षणजीवी स्फुरण से, तात्कालिक चुस्त कथन से संतुष्ट हो जाने वाली हैं या कि कविता और कवियों के समाज में यथास्थितिवाद जड़ जमाकर बैठ गया है! क्या हम किसी और *'मगध'* (श्रीकांत वर्मा) का इंतज़ार कर रहे हैं! 'मगध' में एक नया संकट राजनीति से मानवीय नियति के गहरे द्वंद्व के रूप में उपस्थित था जब श्रीकांत वर्मा पूछ रहे थे :

चुप क्यों हो मित्रो
क्या हुआ मगध में
महाराज नहीं रहे?
अथवा महारानी ने पुनः कन्या को जन्म दिया?

क्या फिर हुई, युद्ध की घोषणा?
क्या फिर निषेधाज्ञा जारी हुई?

क्या हुआ?
चुप क्यों हो?

कभी-कभी
मगध को न जाने क्या हो जाता है
सब कुछ सामान्य होने के बावजूद

आज तो 'सबकुछ' सामान्य भी नहीं रहा। नये नये आतंक। भूमंडलीकरण, आर्थिक उदारीकरण, मुक्त बाज़ार, जघन्य हत्याकांड, अश्लील जुगुप्साएँ, विज्ञापन तंत्र, संचार माध्यम। सब क्षेत्रों में मनुष्यता, लोकतंत्र, स्त्रीमुक्ति, स्त्रीपुरुष समानता, समाजवाद के विरुद्ध सुनियोजित चमकीले आतंककारी अनुष्ठान और कर्मकांड। एक ऐसी हिंदू सदी की कल्पना—जिसमें अल्पसंख्यक नहीं होंगे, कमज़ोर या दलित नहीं होंगे, स्त्रियाँ या तो उपभोग वस्तु होकर पुरुष वर्चस्व की बनाई व्यवस्था के अंतर्गत ठिकाने खोज रही होंगी या फिर न होंगी। यह सिर्फ़ मुहावरे भर का कठिन समय तो नहीं है! क्या आलोकधन्वा, राजेश जोशी जैसे कवियों का संबोधन अकेले कंठ की पुकार है। याद आते हैं निराला—और याद आती है विष्णु खरे की कविता—'*जो मार खा रोई नहीं!*'

गुस्सा बढ़ता गया बाप का
पता नहीं क्या हो गया था बच्चियों से
कुत्ता खाना ले गया था
दूध दाल आटा चीनी तेल केरसिन में से क्या ढुल गया था
या कोई एक या दोनों सड़क पर मरते-मरते बची थीं
जो भी हो तीन बेंतें लगीं बड़ी वाली को पीठ पर
और दो पड़ीं छोटी को ऐन मुंडन वाले भूरे माथे पर
बिलबिलाई नहीं बेटियाँ
एकटक तकती रहीं बाप को तब भी
अंदर जाने के लिए धमका कर फिर चला गया जो
झोंपड़ो में लौटने से पहले
बेटियों ने देखा उसे प्यार और करुणा से
दूर जब तक वह मोड़ पर ओझल न हो गया.

विष्णु खरे की कविता का शीर्षक '*जो मार खा रोई नहीं*' निराला की '*तोड़ती पत्थर*' कविता की इन पंक्तियों की याद दिलाता है—"*देखते देखा मुझे तो एक बार / उस भवन की ओर देखा, छिन्नतार; / देखकर कोई नहीं, / देखा मुझे उस दृष्टि से / जो मार खा रोई नहीं!...*" 'जो मार खा रोई नहीं' पंक्ति जैसे कविता से निकलकर स्त्री--जाति की यातना कथा को कई-कई स्तरों पर प्रकट करने लगती है। न यहाँ तुलना प्रयोजनीय है, न प्रभाव साम्य का संकेत। यथार्थ के प्रति एक भावनात्मक प्रतिक्रिया विष्णु खरे के यहाँ अधिक क्रूर दृश्य में बदलती है पर—'बेटियों ने देखा उसे प्यार और करुणा से' पंक्ति तक आकर मामला अधिक जटिल हो जाता है। *आतंक* और *प्यार* की मनोरचना की *गुत्थियाँ* और अधिक उभर आती हैं। *रघुवीर सहाय* इस *जटिल भावचक्र* का *नया यथार्थवाद* अपनी कविताओं में रच रहे थे। निराला की '*महँगू महँगा रहा*' और रघुवीर सहाय की कविता '*विचित्र*

सभा' को तुलना का आग्रह छोड़कर भी एक साथ पढ़ना चाहिए। इससे निराला के यथार्थवाद का मर्म भी समझ में आएगा और हम काव्यात्मक यथार्थवाद की नई संभावनाएँ भी आगे की कविता में देख सकेंगे।

जटिल भावचक्र के नये यथार्थवाद को निराला स्वच्छंदतावाद की काव्यभूमि में भी संभव कर पा रहे थे। एक बड़े कवि के रूप में उनकी दुनिया के *सामाजिक, निजी* और *काव्यात्मक* सरोकार जहाँ एक दूसरे में गुँथे हुए हैं वहाँ *मुक्तिबोध* का यह कहना सार्थक जान पड़ता है कि यथार्थ के सारे रूप एक दूसरे में गुँथे हुए हैं। मुक्तिबोध ने निराला का मूल्यांकन न किया हो, उन पर अलग से अपनी पसंद अंकित न की हो, उनकी कविताओं में है कुछ ऐसा कि वे प्रसाद पंत की जगह निराला की परंपरा की अगली कड़ी जान पड़ते हैं। अपने सर्वथा स्वतंत्र विन्यास में अद्वितीय! ये कुछ मुश्किल सवाल हैं जो निराला का संबंध इधर की समकालीन कविता से जोड़ते समय महत्त्वपूर्ण जान पड़ते हैं। एक पोलिश कवि *चेस्वाव मिवोश* ने बड़े कवि की संभावना उसकी *अस्थिरता* या *बेचैनी* में देखी है जो एक ठिकाने पर टिका नहीं रहता, जो एक ठिकाने पर परेशान होकर दूसरी जगह जाता है, फिर तीसरी जगह! और फिर मान लेता है कि परेशानी ही उसकी अपनी नियति है। यही परेशानी या बेचैनी ग़ालिब की नियति है। यही परेशानी या बेचैनी मुक्तिबोध शमशेर देवताले जगूड़ी विष्णुखरे जैसे किसी भी कवि की नियति है या कवि का अपना चुनाव! देवताले का चुनाव है कि वे निरंतर रास्ता भूलते हैं और नये रास्तों की खोज में निकलते हैं। जिनसे भद्र लोग ज़िंदगी और कविता की नापजोख करते हैं उन फीतों को 'कूड़ेदान' में फेंककर देवताले कह सकते हैं—"मेरी किस्मत में यही अच्छा रहा कि आग और ग़ुस्से ने मेरा साथ कभी नहीं छोड़ा।" देवताले के यहाँ निराला की कविता 'वह तोड़ती पत्थर' का अपना पाठ है। क्रोध और करुणा दोनों का इस बेचैनी से ख़ास रिश्ता है।

क्या बेचैनियाँ इधर की कविता में कम होती जा रही हैं! निराला के अटपटे जटिल काव्य संसार को याद करते हुए शायद यह सवाल पूछना ज़रूरी हो। कहने की ज़रूरत नहीं कि कविता में *जटिल वैविध्य* के बीच अपना *निजीपन* बचाने के लिए *निराला* को कोई *रक्षात्मक* अवरोध विकसित नहीं करना पड़ा। इसी दृष्टि से कहा गया है कि वे अपने चरम वैविध्य में भी विकास का कोई सीधा सरल ग्राफ़ नहीं बनने देते। उनके यहाँ *प्रेम, राजनीति, प्रकृति, मृत्यु* की कविताएँ हमेशा अलग-अलग नहीं हैं। जहाँ वे *जटिल* अंतर्ग्रंथन की प्रक्रिया में हैं वहीं सबसे अधिक ऊँचाई प्राप्त करती हैं।

आग सारी फुँक चुकी है
रागिनी वह रुक चुकी है

स्मरण में है आज जीवन
मृत्यु की है रेख नीली

आज की कविता को निराला से बहुत कुछ सीखना है—शायद। अपने नये माध्यम, नये विन्यास, काव्यात्मकता के नये ढंग खोजने के लिए। जिस काव्यविधान में, बल्कि काव्यविधानों में निराला कविता में जीवनपूर्णता के अपने मर्म-जैसे लक्ष्य तक पहुँच सके, उनमें आज का अधिक जटिल यथार्थ अभिव्यक्त हो सकेगा, यह ग़लतफ़हमी मन में नहीं है। जहाँ तक निराला की ताक़त का सवाल है, 'कुकुरमुत्ता' और 'नये पत्ते' के बाद वे गीत में भी जटिल त्रासद यथार्थ की अभिव्यक्ति की संभावनाएँ खोज सके। आज शायद गद्य के निकट की कविताएँ अपना नया छंद, नया संगीत खोज सकेंगी या विकसित कर सकेंगी। पर इस गद्य में कविता की असीमित संभावनाएँ खोजने के लिए अपने अधिक क्रूर और अमानवीय होते समय के पाठ या प्रत्यक्ष की चुनौतियों से मुठभेड़ उतनी ही ज़रूरी होगी। 'तोड़ो तोड़ो तोड़ो कारा' कहने वाले निराला को पता था कि *'अंधकारा'* कितनी *गहन* है! वर्जनाओं के वज्रद्वार पर दस्तक देने वाली निराला की कविता सपाट अर्थ में सीधी सरल कविता नहीं है।

कोई समझाओ कि हम समझाएँ क्या !

शमशेर के सर्जक व्यक्तित्त्व की एक अलग पहचान रूपाभ-काल (1939) से ही बनने लगी थी। सन् साठ के पहले ही शमशेर को *नयी कविता* के *प्रथम नागरिक* कवि के रूप में संबोधित किया जा रहा था। शमशेर की यह पहचान लगभग आंदोलन के रूप में स्वीकृत *'नयी कविता'* की उस 'निस्सहाय नकारात्मकता' से अलग थी जिसे व्यक्ति की चरम स्वाधीनता और अद्वितीय गरिमा के नाम पर विकसित *'संशयवाद'* और *'क्षणवाद'*—जैसी अवधारणाओं के बल पर कुछ पहले ही प्रतिष्ठित किया गया था। इस ख़ास ढर्रे या प्रविधि वाली कविता का कविता के मौजूदा परिदृश्य में अता-पता नहीं है, जबकि शमशेर कलात्मक अनुभूति की जिस निजी पहचान के साथ *क्लासिकी संगठन* और *स्वच्छंद कल्पना* का अजब मिला-जुला रंग लेकर कविता के क्षेत्र में आए थे, उसके लिए कहीं ज़्यादा आकर्षण संवेदनशील काव्य पाठकों के मन में बचा रह गया है। इकहरेपन, एकरूपता और एक तरह के अनुवादपन की अपनी ही बनाई रूढ़ियों के विरुद्ध संघर्ष करती आज की *कविता* अपनी *मुक्ति* की संभावना के लिए *निराला* के बाद अगर किसी बड़े कवि को नयी उत्सुकता के साथ पढ़ना जाँचना और समझना चाहेगी तो वह शमशेर ही होंगे।

(1)

शमशेर को पढ़ते हुए उनके सजग संवेदनशील पाठक की पहली प्रतिक्रिया यही होती है—शमशेर एक *कठिन* कवि हैं। अपने साथ-साथ पाठक की मुश्किलें बढ़ाने वाले। कठिन और कठोर। कठोर और कोमल। निश्चित और अनिश्चित। भावुकता की काहिली के कारण नहीं। एक तरह की भावुकता को शायद शमशेर भावबोध की बड़ी विफलता ही मानते हैं।

बौद्धिक और नैतिक सजगता के कारण, चीज़ों के मुक्त गहन पाठ और

पर्यवेक्षण के कारण। शमशेर अभिव्यक्ति की अनिवार्यता और पूर्णता के कायल हैं फिर भी मुझे नहीं लगता कि उनकी तमाम गुत्थियाँ कविता की सुगठित संरचना में आकर सुलझ ही गयी हों और कविता का *एक* और अचूक अर्थ व्याख्याताओं के लिए स्थिर कर दिया गया हो। *'ज्ञानोदय'* के सितंबर '60 अंक में शमशेर की कविता *'कत्थई गुलाब दबाए हुए हैं'* कवि-वक्तव्य के साथ छपी है। तीन खंडों की यह कविता शमशेर का अपना चुनाव है। ख़ास तरह की ऐंद्रिकता, कला-मर्म और शिल्पदक्षता लिए हुए। सौंदर्य और प्रेम का एक जटिल पर सुगठित अनुभव-बिंब। एक रूप में संक्रमित दूसरा रूप। एक रंग में समाए दूसरे रंग। एक संरचना में घुलती दूसरी संरचना। छंद 'तन' का, पर 'स्पर्श' से परे। अस्पष्टता के आभास के वावजूद सटीक शब्द चयन पर बल। फिर क्यों वक्तव्य या व्याख्या से पहले शमशेर को याद आते हैं—ग़ालिब!

> पूछते हैं वो कि मतलब क्या हुआ
> कोई समझाओ कि हम समझाएँ क्या!

ग़ालिब को इस रूप में याद करते हुए भी शमशेर कविता की व्याख्या के रूप में कुछ संकेत देते ही हैं। अनुभूति में बिंब। बिंब में विचार। और इन्हें संगठित करने वाली कल्पना—जो ऊपरी दृश्य के गहरे तल में ले जाती है। *'कत्थई गुलाब* / दबाए हुए हैं / *नर्म नर्म* / *केसरिया साँवलापन* मानो / शाम की / अंगूरी रेशम की झलक / कोमल / कोहरिल / बिजलियाँ-सी / लहराए हुए हैं / आकाशीय / गंगा की / झिलमिली ओढ़े / तुम्हारे / *तन का छंद* / *गत स्पर्श* / अति अति नवीन आशाओं भरा / तुम्हारा / *बंद-बंद*।' रंग के साथ कितनी ही चीज़ें पाठक की कल्पना को उत्सुक बनाती हैं—*कोमलता,* नर्मी, *मसृणता, झिलमिलाहट* और ख़ास *साँवलापन।* यहाँ यह ख़ास साँवलापन *शाम* के रंग में खुलता है। अन्यत्र वही सुबह के रंग में कुछ अनोखी छवि लिए हुए—'हर सुनहरी सुबह तुम्हारा बदन है / एक *साँवलेपन* के */ आर-पार* / नाचता'। गति का सौंदर्य—दोनों जगह। दोनों रूपों में। शमशेर पहले व्याख्या से बचते हैं और अपनी ही, समान अनुभव और स्वभाव वाली, कुछ और कविताओं की याद दिलाते हैं। उसी ऐंद्रिक रंग में—मूर्त और अमूर्त, यथार्थ और अयथार्थ को संयोजित करते हुए। 'दिन *किशमिशी रेशमी गोरा', 'गीली मुलायम* लटें / आकाश / साँवलापन रात का *गहरा सलोना*'; 'पूरा आसमान का आसमान है / एक इंद्रधनुषी ताल / *नीला साँवला हलका गुलाबी:*— इन अनेक कविताओं के ख़ास मूड को पकड़ते हुए और स्वीकार करते हुए, कि जैसी इनकी *लय* है, वैसी ही है—यह *सौंदर्य* की *असीमित खोज*। साँवलेपन के सारे रंग प्रकृतिफलक से लिए हुए! लेकिन साथ ही स्मृति में समाए स्त्री के *धुले-साँवले* रूपों को आकाश के रंगों में खोजते-पढ़ते हुए। वक्तव्य के लिए चुनी गयी

कविता के तीसरे खंड में कालिदास की *शकुंतला* और दांते की *बिएत्रिचे* का आना कुछ यों ही नहीं है।

इस ख़ास कविता 'कत्थई गुलाब...' और उस पर आधारित कवि की व्याख्या की याद मैं इसलिए भी दिला रहा हूँ कि इससे शमशेर की काव्य-प्रक्रिया को समझने में शायद मदद मिलेगी। बाद के संकलनों में जहाँ यह कविता 'कत्थई गुलाब' छपी है, दूसरा-तीसरा खंड ग़ायब है। दूसरा खंड है तो किंचित् परिवर्तन के साथ। तीसरे अंतिम खंड के केवल इतने अंश को समेटते हुए— 'ओ प्रेम की / असंभव सरलते / सदैव सदैव!' दूसरा खंड एक समूची दूसरी कविता ही है। वहाँ 'ये लहरें घेर लेती हैं / ये लहरें... / उभरकर अर्द्धद्वितीया / टूट जाता है...' —चित्र उद्धरण-सीमित नहीं है और इस चित्र की पूर्णता एक विचार-बिंब में है—

दूर...उत्तर पूर्व तक
        तीन
                ब्रह्मांड
                        टूटे हुए मिले चले गए हैं

अग्नि व्यथा भर सहसा
        कौन भाव
बिखर गया इन सब पर?

शमशेर की काव्य-प्रक्रिया शायद इसी रूप में अनिवार्य और जटिल है। इस प्रक्रिया में काव्यानुभव के साथ शमशेर का गहरा उलझाव सतर्क पाठ का विषय है। अपनी समूची कोमलता में यह अनुभव *ताप* और *तनाव* से वंचित नहीं है। सत्तर के आसपास शमशेर के सहानुभूतिशील आलोचकों को भी कुछ ऐसा लग रहा था जैसे वे एक ही जगह ठहरे हुए, शांत, प्रकृतिस्थ और तनावहीन कवि हैं। यह शमशेर जैसे अकेले, गहरे और निर्वासित कहे जाने वाले कवि के लिए ही संभव हुआ कि मृत्यु के इतने पास पहुँचकर उन्होंने ताप और तनावयुक्त काव्य ऊर्जा का तीखा प्रमाण दिया—जिसका एक उदाहरण है—'अभाव के व्यंग्य से'। कविता की एकदम शुरू की पंक्तियाँ हैं—

अभाव के व्यंग्य से
जूते चबाता हुआ—सा मानो
        कुत्ता था जब मैं
टकराता बार-बार अपने हवाई दाँत
        नोकीले

तब जनता पूजा में
व्यस्त थी
मरु-मारवाड़ में दूध की
नहरें और
असंख्य शुद्ध आर्य
भारतीय नागरिक
लाखों मन शुद्धतम घृत का
वर्षव्यापी यज्ञ
कर रहे थे

पिछले सालों में बढ़ती हुई धर्मांधता, सांप्रदायिकता और अपसंस्कृति के प्रति शमशेर का यह क्षोभ और आक्रोश उन्हें हमेशा के लिए कलावादी या रीतिवादी ठहरा देने वालों की समझ में मुश्किल से ही आएगा। दो भिन्न ध्रुवांतों वाली कविताओं को जाँचने-परखने का कोई एक काव्यतर्क या काव्य प्रतिमान अगर आलोचना के पास नहीं है तो यह दुर्भाग्य आलोचना का ही है। *'विरुद्धों का सामंजस्य'* अगर महज़ अवधारणा नहीं है, बड़ी कविता की पहचान है, तो *निराला* के बाद शायद *शमशेर* ही उसकी वैधता या सार्थकता की जाँच के लिए सबसे मज़बूत आधार साबित होंगे।

(2)

अजब है कि एक ओर कविता के स्वायत्त-संगठन को यथेष्ट महत्त्व देने वाले प्रखर मार्क्सवाद विरोधी साहित्य चिंतक विजयदेव नारायण साही ने शमशेर को *'शुद्ध सौंदर्य'* का अकेला अद्वितीय कवि माना, दूसरी ओर शीर्षस्थ मार्क्सवादी आलोचक रामविलास शर्मा ने शमशेर की जनपक्षधरता वाली कविताओं को हाशिये की चीज़ मानकर उनके शुद्ध सौंदर्यवाद को ही महत्त्व दिया और उसे रुझान और शिल्प दोनों दृष्टियों से एक तरह का 'रीतिवाद' बताया। दो तरह की कविताओं को लेकर शमशेर की कुछ अपनी उलझन भी थी। जनपक्षधरता वाली कविताएँ शुरू के संकलनों में नहीं दी जा सकीं। फिर भी जो उनमें दी जा सकीं—*'वाम वाम वाम दिशा' 'अमन का राग'*—वे शमशेर के दूसरे रंग को समझने के लिए ज़रूरी आधार बन सकती थीं। यह केवल उपेक्षा या आश्चर्य का विषय नहीं है कि शमशेर की काव्यवस्तु और काव्यरूप-संबंधी विविधता का सम्यक मूल्यांकन आज तक नहीं हो पाया है। शमशेर की कविता के दो ही रंग नहीं हैं—कई रंग हैं। विडंबना यह है कि हिंदी आलोचना, कुछेक अपवादों को छोड़कर दो रंगों, दो रूपों या शैलियों का आंतरिक काव्य-तर्क आज तक नहीं खोज पाई है। यहाँ *निराला* और *शमशेर*,

शमशेर और *मुक्तिबोध* की काव्यगत विशिष्टता के सूक्ष्म तुलनात्मक व्यवच्छेद या विवेक से हम शमशेर के कवि-व्यक्तिगत को बेहतर समझ सकते हैं। मुक्तिबोध की तमाम महत्त्वपूर्ण कविताएँ प्रायः एक ही रूपाकार में हैं—हालाँकि उसे साध लेना ही मुक्तिबोध की काव्य ऊर्जा का यथेष्ट प्रमाण है। शमशेर जिस विशेषता के लिए क्लासिकी कहे जाते हैं उसके भी अनेक रूप प्रकार हैं। स्वच्छंद कल्पना तो अनेक रूपाकारों में प्रकट ही है।

यह सही है कि शमशेर का सौंदर्यबोध और प्रेमानुभव उनके काव्य संस्कार की बहुत निजी विशेषताएँ हैं। उनके काव्यजीवन के बहुत अंतरंग पहलू हैं। उनके पाठकों को पता लग जाता है कि जितना कहा जा रहा है, उससे ज़्यादा नहीं कहा जा रहा है। शमशेर निराला की छोटी कविताओं में जैसा कथातत्त्व देख लेते हैं, खुद अपने यहाँ वैसे कथातत्त्व की गुंजाइश नहीं छोड़ते। शमशेर के लिए *सौंदर्य* की खोज बहुत कुछ *पूर्णता* की खोज है। और *सौंदर्यपूर्णता*! क्या वह महज़ *यूटोपिया* नहीं! स्वप्न—जिसमें कितने ही सपने समाए हैं। जैसे कि दुनिया को बेहतर बनाने का सपना। *'वह सलोना जिस्म'* कविता में सौंदर्य कल्पना की कितनी तहें हैं—'उसकी अधखुली अँगड़ाइयाँ हैं / कमल के लिपटे हुए दल / कसे भीनी गंध में बेहोश भौंरे को / वह सुबह की चोट है हर पंखुड़ी पर!' पर कविता की सारी *सौंदर्य जिज्ञासा* जिस एक उम्मीद पर टिकी है, वह दुनिया की बेहतरी का सपना ही तो है—

> *गुनगुनाता* भी *सजीला* जिस्म वह—
> जागता भी
> मौन सोता भी, न जाने
> एक दुनिया की
> *उम्मीद-सा*
> किस तरह!

क्योंकि आज के कठिन भयानक दौर में दुनिया को बेहतर बनाने के इसी स्वप्न और संघर्ष पर अचानक आक्रामक हो उठी ताक़तें अपने चरम विकृत रूप में सामने आई हैं, इसलिए शमशेर के जाने-पहचाने कोमल स्वर में यह कटु-तिक्त स्वर भी आ मिला है। '*ओ मेरे घर*' कविता में 'तूने युद्ध ही मुझे दिया / प्रेम ही मुझे दिया क्रूरतम /' यह कहने के तुरंत बाद शमशेर को यह कहना ज़रूरी लगता है—'और क्या दिया / मुझे *भगवान* दिए *कई-कई* / मुझसे भी निरीह मुझसे भी निरीह!' क्या बताने की ज़रूरत है कि आज की धर्मांध ताक़तों के घेरे में भगवान की यह निरीहता किस विडंबनापूर्ण त्रासद रूप में प्रकट हुई है। महत्त्वपूर्ण कविताएँ कालांतर में भी अधिक उपयुक्त सटीक अर्थ प्राप्त करती हैं।

इसमें संदेह नहीं कि शमशेर के काव्य वैविध्य को बहुत सतर्क पाठ की

ज़रूरत है। उनकी काव्य-आत्मा के खनिज रंग आसानी से पकड़ में आने वाले नहीं हैं। मसलन शमशेर के लिए प्रेम का अनुभव एक मूल्यवान अनुभव है। *देह-राग,* जो सीधे पकड़ में आता है। *प्रेम* की तन्मयता, जो देर तक अशांत रखती है। 'थरथराता रहा जैसे बेंत / मेरा काय...कितनी देर तक / आपादमस्तक / एक पीपल-पात में थर-थर / काँपती काया शिराओं-भरी / झन-झन / देर तक बजती रही!' या 'मैं और भी अकेला हो गया / तुम्हारे साथ गहरे उतरने के बाद / मैं एक ग़ार से निकला / अकेला, खोया हुआ और गूँगा।' पर ये सारे *सौंदर्यपूर्णता* के स्वप्न के ही अधीन हैं जिन पर दुनिया का *बेहतर भविष्य* टिका है। क्योंकि आक्रमण इसी मूल जीवन-राग पर है अतः शमशेर कविता के दूसरे यथार्थ से भी टकराते हैं और बहुतों को भ्रम है कि वह दूसरा यथार्थ शमशेर की कविता के हाशिये की चीज़ है। 'बाढ़ 1948' जैसी कविताएँ रस्मी कविताएँ नहीं हैं जो बाढ़ या सूखा जैसी सरकारी योजनाएँ किन्हीं टुटपुँजिया 'स्थानीय' कवियों से लिखाती रहती हैं। मनुष्य की यातना का अनुभव उसी कलात्मक अनुभूति का मर्म समझने वाले शमशेर जैसे कवि के मन में कहीं गहरे धँसा हुआ है। इस दूसरे रंग को छोड़कर शमशेर की पहचान हमेशा अधूरी रहेगी। आज के कवि इस *दूसरे रंग* को अपने ज़्यादा करीब पाएँगे।

मैरुंड है मेरा भाई
एक गाँव में, मुरादाबाद जिले में
उसको चना नहीं चाहिए
उसको मेरा सफर चाहिए ट्रेन में वहाँ तक...
उसकी कच्ची छत के नीचे मैं भी क्यों न हुआ?

जनता का अपने हृदय में ध्यान धरने वाला कोई बड़ा कवि ही मनुष्य की इस यातना को इस सीधे और गहरे रूप में समझेगा। काल से होड़ लेने वाले कवि ने अपनी यह पहचान छिपायी नहीं है—'क्रांतियाँ / कम्यून / कम्यूनिस्ट समाज के / नाना कला विज्ञान और दर्शन के / जीवंत वैभव से समन्वित / व्यक्ति मैं।' यह 'व्यक्ति मैं' आधुनिकतावादियों के संकीर्ण और गुप्त मन से क्यों अलग है, विचारणीय यह है।

(3)

शमशेर के काव्यानुभव और शिल्प के जो दूसरे जटिल रूप हैं उन्हें भी कविता के इस दूसरे संसार (अधिक पार्थिव और ठोस) से संबद्ध करके देखने की ज़रूरत है। *परंपरा* जिस तरह शमशेर में व्याप्त है, शायद ही किसी दूसरे समकालीन कवि

में हो। बल्कि *परंपराएँ* और *भाषाएँ* उनके अपने अर्जित काव्य संस्कार में परस्पर गुँथी हुई आती हैं। मैथिलीशरण गुप्त, श्रीधर पाठक, निराला, ग़ालिब, हाली, इक़बाल, कीट्स, ब्राउनिंग, मलार्मे, कालिदास, भवभूति—शमशेर के पास एक बड़ी सूची है परंपरा के ऐसे कवियों की, जिनसे उन्हें लगातार सीखना और पाना था। अनुकरण के लिए नहीं, सर्वथा नये सृजनात्मक अनुभव और शिल्प-रूप के लिए। सुगठित स्वस्थ देह का जो बिंब शमशेर के मन में आता है, कविता का वैसा ही संगठन, कसाव, संरचनात्मक पूर्णता शमशेर ने अर्जित की, *गद्य* के ढाँचे में *काव्यभाषा* को *गति, लय, संगीत* का जो स्पर्श उन्होंने दिया, एकदम *अप्रचलित असंभव* लगते शब्दों को जो सार्थक *ध्वन्यात्मकता* वे दे सके, वह उनके लंबे अभ्यास और खोज का परिणाम है। शमशेर जिस 'आंतरिक फ़ोर्स' को बड़े कवि का गुण मानते हैं उसकी कोई आसान परिभाषा दे पाना कठिन है। भाषा के अनंत प्रकारों की खोज में शमशेर ने समाज के भीतरी मर्म को कितना पहचाना है, यह भी 'आंतरिक फ़ोर्स' की जाँच का ज़रूरी आधार हो सकता है। महत्त्वपूर्ण यह है कि शमशेर बड़े कवि हैं—अनेक अंतर्विरोधों के साथ! जहाँ सुर्रियलिस्ट क़िस्म के असंबद्ध असंगत काव्य-संयोजन के प्रति उनकी स्वच्छंद कल्पना का झुकाव है वहीं उनका क्लासिकी स्वभाव एक तरह का आंतरिक अनुशासन विकसित कर रहा होता है। शमशेर के लिए समाज को वांछित दिशा में बदलने का संघर्ष कल्पना की मुक्ति के संघर्ष का विरोधी नहीं है। फिर क्या यह केवल विडंबना है कि कविता की तमाम परिचित रीतियों को छोड़ने और सामाजिक संबंधों की व्याप्ति में मुक्त 'स्पेस' रचने वाले कवि को रीतिवादी कहा जा रहा है। क्या इस आलोचनात्मक पूर्वग्रह के पीछे, प्रगतिशीलता के रूप में ही सही, स्थिर काव्याभिरुचि का दबाव और शमशेर की मुक्त जीवन शैली और कवि प्रकृति का अस्वीकार नहीं है! 'अमूर्त कला' शीर्षक टिप्पणी में शमशेर के शब्द हैं—''हमारे *सामाजिक संबंधों* की डोरियाँ सिर्फ़ शब्द या स्वर या रंग या ताक़त या वेशभूषा या रीतिरिवाज ही नहीं, बल्कि इन सबके मिले-जुले इतिहास की गति भी है जिसको कि एक चित्र में रखा या एक सिम्फनी में संगीत का रूप दिया जा सकता है।'' शमशेर की कवि-प्रकृति और जीवनशैली को भी इसी ऐतिहासिक बोध और संबंध-विवेक के भीतर देखा जा सकता है।

(4)

शमशेर और *मुक्तिबोध* की कविताओं में समानता न सही, *कहानियों* की *समानता* पर ध्यान ज़रूर जाना चाहिए। *'प्लाट का मोर्चा'* की भूमिका में शमशेर ने लिखा था—''बहुत-सी चीज़ें नींद में होती हैं या खुलती हैं। कुछ कहानियाँ इन्हीं चीज़ों की छाया हैं। कहानियाँ कविता के भाव से भी पैदा हो सकती हैं जहाँ वह भाव

किसी समस्या की उलझन होता है और उसका दर्द केवल एक सुलगता हुआ-सा चित्रपट बनना चाहता है।'' कहानी के प्लाट की खोज को चतुर युक्ति मानकर और भी कहानियाँ लिखी गयी हैं। यह कहानी 'प्लाट का मोर्चा' एक बड़े विश्वयुद्ध-जैसे संदर्भ को लेकर लिखी गयी एक छोटी, बहुत कुछ शमशेर की कविता जैसी-ही, सुगठित कहानी है जिसके केंद्र में एक बच्चे को बचा लेने की समस्या है। कहानी के अंत में (जो महज़ संयोग नहीं है) लेखक (कहानी के उपन्यासकार सैनिक) को दो पत्र मिलते हैं। एक सेंसर किया हुआ और दूसरा लोकल, जिसे शायद कोई आकर अस्पताल के लेटरबाक्स में डाल गया था। सेंसर किए गए पत्र में ख़बर है कि रोलाँ को अंतत: बचाया नहीं जा सका जबकि दूसरे 'लोकल' में सूचना है कि रोलाँ को सुरक्षित स्थान पर पहुँचा दिया गया है और वह स्वस्थ है। सच से महत्त्वपूर्ण है, *सच की विडंबना* या *एक विडंबनापूर्ण सच*। क्या बताने की ज़रूरत है कि शमशेर 'प्लाट का मोर्चा' में कहना क्या चाहते हैं! रोलाँ को बचाने की समस्या दरअसल उस समूचे जीवन मूल्य को बचाने की समस्या है जिसे युद्ध जैसी बर्बरताएँ नष्ट करने पर आमादा हैं। फिर भी कहानी के निहितार्थ को सारांश के रूप में या एक सीमित आशय में घटा पाना कठिन है। और कहानी में कुछ ऐसा भी है कि शमशेर कहानी का सीधा अर्थ या निष्कर्ष जानने की फ़िक्र में लगे पाठकों से वही ग़ालिब जैसा मासूम सवाल पूछ सकें—'कोई समझाओ कि हम समझाएँ क्या!' आख़िर इसी कहानी में शमशेर यह भी तो पूछ रहे हैं—'क्यों-क्यों हम एक सरल महान प्लाट अपने जीवन का नहीं बना सकते? ...विश्वव्यापी घटनाएँ हरेक के जीवन में आ गयी हैं।'

कविता का वृत्तांत

वे कवि अलग पहचाने जाते हैं जिनके मूल संस्कार में प्रगीतात्मकता है। समय के जटिल यथार्थ को अपने ढंग से थोड़ा बहुत वृत्तांत में बदलते हुए भी वे मूलभूत प्रगीतात्मकता को कायम रखते हैं। रघुवीर सहाय उनमें नहीं हैं। रघुवीर सहाय आश्चर्यजनक रूप से ऐसे कवि हैं जिनकी छोटी अटपटी कविताओं में भी वृत्तांत का तत्त्व मौजूद है। गद्य का उसकी सब संभावनाओं के साथ इस्तेमाल करते हुए रघुवीर सहाय ने खड़ी बोली हिंदी भाषा की प्रकृति को अपनी कविता में इस तरह आत्मसात करने की कोशिश की है कि उसमें छोटे-बड़े हर तरह के वृत्तांत संभव हो सकें। 'कुछ पते कुछ चिट्ठियाँ' (1989) के साथ 'एक समय था' (1995) की कविताएँ पढ़ते हुए यह देखने की उत्सुकता हो सकती है कि वृत्तांत की कला हिंदी कविता में जिन कवियों के साथ संभव हुई है उसके मिज़ाज में क्या कोई गहरी समानता है।

इस पर ध्यान दें कि अपने सामने बने संग्रह 'कुछ पते कुछ चिट्ठियाँ' को यह नाम देते हुए रघुवीर सहाय क्या कविता को वृत्तांत के रूप में देखने का कोई प्रस्ताव कर रहे हैं! आज के संकट को महज़ आज का संकट न मानकर वे एक एक पूरी संघर्ष शृंखला की स्मृति सामने लाना चाहते हैं। स्मृति और वृत्तांत का संबंध भी शायद नये सिरे से विचारणीय हो। रघुवीर सहाय मानते हैं कि "वह रचना जो पाठक या श्रोता के मन में पतन का विकल्प जाग्रत नहीं करती, न तो साहित्य की उपलब्धि होती है न समाज की।" यह जोखिम उठाने-जैसा काम है जिसके जवाब में रघुवीर सहाय कुछ पतों पर चिट्ठियाँ लिख रहे हैं जो डाक से नहीं भेजी जा सकतीं क्योंकि पते बदलते रहते हैं। रघुवीर सहाय की ये कविताएँ "न व्यक्तिगत संदेसे हैं न गश्ती परिपत्र। ये हर पाठक के पास पहुँचने और बोली या पढ़ी जाने पर चिट्ठियाँ बनती हैं।" बोलने से या वाचिक से वृत्तांत का संबंध जाना-पहचाना है। वृत्तांत एकालाप नहीं है, वह दूसरों तक पहुँचकर ही वृत्तांत बनता है।

रघुवीर सहाय अपनी कविता और अपने समय की कविता से एक साथ जिरह करते हैं। उन्हें चुस्त-दुरुस्त सधी दक्ष सुगठित कविता बहुत सारे सच को काट-छाँट कर अलग करने वाली भद्र लोक की सौंदर्याभिरुचि को संतुष्ट करने वाली कविता जान पड़ती है। 'आज की कविता' पर कविता लिखते हुए वे अपना संदेह व्यक्त करते हैं—

यह दृष्टि सुंदरापे की कैसे बनी कि हर वह
चीख़ जो ख़बर देती है हो गयी ग़ैर?
क्यों कलाकार को नहीं दिखाई देती अब
गंदगी ग़रीबी और गुलामी से पैदा?

यह सच है कि रघुवीर सहाय अपने समय और समाज-व्यवस्था, सत्ता और जनता आदि को लेकर बहुतेरे कवियों से अधिक कहते हैं इसलिए भी लग सकता है कि वे अक्सर वृत्तांत कहते हैं। जो उनके वृत्तांत की युक्ति को ठीक-ठीक नहीं देखेंगे उन्हें यह अपस्फीति जान पड़ेगी। महत्त्वपूर्ण यह है कि रघुवीर सहय का जो अपना वृत्तांत है वह सरल सपाट नहीं है। वह तुरत-फुरत पाठक के लिए ग्राह्य या सहज आस्वाद्य हो सके, ऐसा भी नहीं है। उसमें अक्सर विचलन, विपर्यय या अंतराल है जिससे उनकी इस मान्यता को कोई क्षति नहीं पहुँचती कि कविता तभी होती है जब विषय से दूर और वस्तु के निकट होती है। संभव है नामवर सिंह को यहाँ रूसी विचारक श्करोव्स्की का 'डिफ़ेमिलियराइज़ेशन' इसीलिए विचारणीय जान पड़ा हो कि रघुवीर सहाय का वृत्तांत विचलन या विपयर्य वाला है।

रघुवीर सहाय की कविता में वृत्तांत एक ही तरह से नहीं आता है। 'मरघट' दयावती का कुनबा' 'पिछवाड़े की गली' लंबी कविताएँ हैं। इनमें भी वृत्तांत युक्ति की भिन्नता देखने की चीज़ है। फिर वृत्तांत इन बहुत छोटी सीधीसादी या थोड़ी अटपटी कविताओं के भी हैं। यहाँ संकेत भर है—पर संकेत ऐसा कि इनमें अनलिखी कथा मौजूद हो और अपने-अपने ढंग से पढ़ी जा सके।

जब उसको गोली मारी गयी
फोटो से जाना क्या पकता था चूल्हे पर
बेटे ने बैठकर अपना मुँह दिखलाया
लाश का ढँका था मुँह

—जब उसको गोली मारी गयी

700 मर गए अख़बार कहता है
खंडहर और लाश दूरदर्शन दिखाता है

बहुत-सी ख़बरें मेरे अंदर से आती हैं
सबको चीर कर हहराती

—ख़बरें

एक चीत्कार की आवाज़
100 चीत्कारों की आवाज़ से कम नहीं
आग की लपटें अगर सौ परिवार को जलाती हैं
तो एक बच्चे के झुलसने का दर्द कम नहीं

—कम नहीं

सामने से
कभी मृदु कभी कठोर दिखते हैं चेहरे
पीछे से देखो तो उनमें
पीड़ा, तनाव और चिंताएँ दिखती हैं

—अंतर

इधर रघुवीर सहाय की कविता को लेकर कई भ्रम प्रचलित हैं। एक तो उनकी कविताओं में सामाजिक आशयों पर इतना अधिक और अतिरिक्त बल है कि निजी व्यक्तित्त्व और आत्मसंघर्ष की झलक नहीं के बराबर है। दूसरे प्रेम प्रकृति आदि को कविता से प्रायः बहिष्कृत करते हुए उन्होंने प्रकट सामाजिकता को ही मुख्य सरोकार प्रकट किया है। तीसरे नैतिक दूरी बनाते हुए वे अपने को सब प्रकार से अभियोग मुक्त मान लेते हैं जबकि मुक्तिबोध जैसे कवि के पास आत्मालोचन आत्माधिक्कार आत्मभर्त्सना के कितने ही अवसर हैं। चौथे अभिधा का पक्ष लेते हुए वे दो अर्थों के बीच दुविधा या संदेह नहीं रहने देते और इसके चलते उनकी कविता में इकहरापन या एकस्वरता है बहुध्वन्यात्मकता (Polyphony) की कोई गुंजाइश नहीं है। कविता में और कविता के बाहर कवि के तमाम वक्तव्यों को जोड़-घटा कर ये भ्रम चलन में हैं। ऐसे भ्रमों को रघुवीर सहाय की घोषित पसंद से भी बढ़ावा मिलता है। याद करें कि मैथिलीशरण गुप्त की यथातथ्यता या इतिवृत्तात्मकता का मूल्य रघुवीर सहाय बहुत बढ़ा-चढ़ाकर आँकते थे। खड़ी बोली के विन्यास में उसका महत्त्व उन्हें छायावादियों से अधिक जान पड़ता था। यहाँ रघुवीर सहाय की कविता में मौजूद वृत्तांत युक्ति के आधार पर ही हम इनमें कई भ्रमों से मुक्त हो सकते हैं और रघुवीर सहाय की काव्य प्रक्रिया को ठीक-ठीक समझ सकते हैं। यह नहीं कि रघुवीर सहाय को और तरह से नहीं देखा जा सकता। पर यहाँ इस एक आधार पर देखने का ख़ास अर्थ है।

प्रसंगवश याद कर लें कि कई साल पहले 'कविता और समाज' पर केंद्रित

एक परिसंवाद (वागर्थ / भोपाल) में जब नामवर सिंह ने उन कविताओं पर बल दिया जो सीधे-सीधे सामाजिक न होकर वैयक्तिकता और आत्मपरकता के कारण लिरिक या प्रगीत की कोटि में आती हैं और तर्क दिया कि वे ही समाजशास्त्रीय या सामाजिक व्याख्या के लिए बड़ी चुनौती हैं तो रघुवीर सहाय ने तीखा प्रतिवाद किया था। क्या उन्हें लगा था कि यह उनकी वृत्तांत युक्ति पर सीधा हमला है। 'मरघट' 'दयावती का कुनबा' और 'पिछवाड़े की गली में' जैसी अपेक्षाकृत लंबी कविताएँ कविता में वृत्तांत के लिए उदाहरण हैं पर सरल इकहरे सपाट वृत्तांत के लिए नहीं, एक अधिक जटिल वृत्तांत के लिए। रसग्राहिता इनका गुण नहीं है। इनके पाठ में ही विपर्यय व्यतिक्रम और विचलन का पता चलता है जिनसे वृत्तांत (नैरेटिव) का टोन बनता है। पहले 'मरघट' कविता में वृत्तांत को देखें—कहा और अनकहा वृत्तांत। कविता दोनों को सँभालती है, दोनों ढंग अपनाती है और लगभग स्तब्ध कर देने वाले अजनबी दुख में ख़त्म होती है। पहले वृत्तांत सीधे शुरू होता है—एक सधी हुई पटरी पर। फिर अंतराल आते हैं, विचलन आता है। शुरूआत इतनी सीधी—

शानदार मौत थी
इसलिए कि कोई न भीड़ थी
न था रोना धोना
हम लोग एक बड़े खाली खेत में गए
गाँव के सिमटने से बचा रह गया था जो
और एक हल्की-सी देह को फूँक आए

अचानक यह सवाल—कहाँ है मरघट! यानी उपर्युक्त सीधी घटना से पहले। घटना हो चुकी है पर वृत्तांत शेष है। कहाँ है मरघट? फिर यह प्रतिक्रिया कि रामजस स्कूल के पीछे। जहाँ कोई एक पढ़ता है, मरघट वहीं पर है। इसी बीच 'सुखमय आश्चर्य' से कोई पूछता है—'मरघट? मरघट? मैं वहीं जा रहा हूँ चलिए'। फिर सारा कर्मकांड। नियमपूर्वक। 'संपुजन' सुंदर। 'शिल्प में रीतिमत'। अचानक कोई हिंदी बोलता है—"यह यहाँ वालों का लोकप्रिय मरघट है।" 'लोकप्रिय' पर हम चौंकते हैं। हिंदी में बोलकर। शायद अपने से। यह है एक बस्ती के निर्जन द्वीप का भूगोल। सूचना है कि प्राय: अवकाश प्राप्त लोग ही यहाँ मरते हैं और जल्दी जल्दी। शेष रहता है—कविता का अंत। वृत्तांत का परिशिष्ट जो 'रक्तचाप' ठीक होने की तसल्ली है। मुख्य वृत्तांत से ज़्यादा अर्थवान है ज़्यादा आघातप्रद है वृत्तांत का परिशिष्ट।

लौटकर नहाया, हलका हुआ,
मानो बड़ा काम कर आया हूँ :

देह में फुर्ती, दिमाग़ में रोशनी—
यह क्या एक मौत का करिश्मा है
मेरे स्वास्थ्य में सुधार?

कमला ने कहा, "नहीं तुम पैदल चले थे
भीतर से विह्वल हुए थे, उदास भी
ठंड हो चली थी तब लाल लाल लपटों को तापा था
कुछ भारी लकड़ियाँ उठाईं थीं
दस लोगों के साथ अनायास नम्र हो अपने जीवन की
निस्सारता जानी थी
तभी लग रहा है कि रक्तचाप ठीक है।"

यहाँ दुहराने की ज़रूरत नहीं कि एक सार्थक महत्त्वपूर्ण कविता सबकुछ नहीं बताती है, क्रम से नहीं बताती है, असंदिग्ध दो-टूक नहीं बताती है। ख़ुद रघुवीर सहाय की कविता। इसलिए 'दो अर्थों का भय' जैसी कविता के आधार पर यह मान लेना कि रघुवीर सहाय की कविता अंतर्ध्वनियों से वंचित है एक ग़लत धारणा बनाना होगा, भले ही कवि का अपना वक्तव्य ही इसके लिए ज़िम्मेदार हो। आलोचना आख़िर कवि के वक्तव्यों पर (चाहे कविता के रूप मे ही दिए गए!) इस हद तक निर्भर नहीं रह सकती कि महत्त्वपूर्ण कविता की अपनी स्वायत्त संरचना ठीक ठीक पढ़ी न जा सके।

'दयावती का कुनबा' अपेक्षाकृत सरल वृत्तांत है। पेंच बहुत नहीं हैं। न कविता की कई तहें हैं। पर वृत्तांत है—मुकम्मल—यद्यपि हड़बड़ी में समेटा हुआ। ब्यौरे जल्दी जल्दी दे दिए गए हैं और जिसे 'यह एक लंबी कविता' कहा जा रहा है उसे आनन-फानन में कह दिया गया है। वृत्तांत शुरू होता है—ज्यादा धैर्य से—धीमे-धीमे। फिर एकदम नाटकीय त्वरा या हड़बड़ी है। वृत्तांत की शुरूआत मंथर है—

अब इस घर में पुरुष कोई नहीं रह गया

यह एक लंबी कहानी है
वहाँ से शुरू करें?
जब इस सदी के आरंभ में
दयावती घर से विदा हुई
हर पुत्री का अपना भाग्य है
मानकर पिता ने वर ले दिया;
बोझ मिटा बाप का
जिसको संसार में कितने ही मोर्चे लड़ने थे—

दयावती को उससे ज़्यादा लड़ने पड़े
तब से शुरू हुई दयावती की कथा...

इसके बाद का ब्यौरा आप साँस रोके बग़ैर पढ़ जा सकते हैं। बेटे-बहुओं की ग़रीबी-बीमारी की सब जानकारी लगभग एक साँस में। फिर अंत में वही ठहराव। वही मंथर लय। इस टिप्पणी के साथ—

यह सब संक्षेप में मैंने बताया है
क्योंकि दयावती की कहानी बहुत लंबी है

इससे भिन्न 'पिछवाड़े की गली में' कविता का वृत्तांत जटिल है, वक्र गति से चलता है। वृत्तांत की सादगी में छिपी है विडंबना। बहुध्वन्यात्मकता। अर्थांतर न होने के बावजूद। व्यतिक्रम। अंतराल। अर्थात् सरल इकहरा इतिवृत्त यह नहीं है। और कविता जहाँ क्षति के अहसास (उजाड़ के से अनुभव) के साथ ख़त्म होती है वहाँ मानो नये सिरे से शुरू हो रही हो। एक और कविता। मुक्तिबोध से शब्द लेकर कहें—'अनलिखा उपन्यास'। आरंभ में ही संदेह संशय अनिश्चय—कि पिछवाड़े की गली में सचमुच यह अपना घर था भी कि नहीं। वृत्तांत में 'किंवदंती' शब्द पर ध्यान दें :

फिर उसी शहर में, जहाँ पैदा हुआ
उनसठ बरस हुए
और उसी घर में किंवदंती के अनुसार जो मेरा घर था :

अब आते हैं घर के ब्यौरे। खंडहरों के अनंत सिलसिले के बीच।

ये मुंडेर कुछ चौड़े हो गए लगते हैं
छत कुछ नीची अधिक
ज़ीना ज़्यादा खड़ा, चौखट अधिक घिसी
और सदर दरवाजा भिड़ते ही खड़ खड़ खड़ करता है।

याद करें ख़्वाजा अहमद अब्बास की फ़िल्म 'गर्म हवा'। एक स्थान और समय में क्षय का, उजाड़ का वृत्तांत। लोग हैं और कुछ उजड़ रहा है। अब कविता में उभरती है एक उदास स्मृति। टटोल टटोल कर। 'यहीं कहीं पिछवाड़े एक गली जाती थी / जिसके सुनसान में मैं भरी दोपहरी में निकल / छाँह छाँह अंत तक जाता था जहाँ गली बड़ी सड़क में जाकर / मिलती थी।' यह विरामहीन वाक्य संरचना अटपटी लगती है—पर जाँच पड़ताल खोज के अनुरूप ही। गली का ठीक-ठीक वृत्तांत। जो साफ़-सुथरी नहीं थी। पर नाले देहरी के सामने बहते थे। ब्यौरे हैं सिलसिलेवार—दूर तक। 'बतखें राह पार करती थीं दौड़कर सीध में / घबराकर

किसी और घर में घुस जाती थीं /' याद आता है कि यहीं पिता की अंत्येष्टि में बचपन के इनाम के पाँच रुपए भी खर्च हुए। दृश्य बदलता है—कि पहले जो घर था, घर का चबूतरा था—"तेरही में पंगत बैठाने को काफी था / अब उस पर बेघर रिक्शा मजूर रहते हैं।" यानी रहा नहीं वह घर। अब जो किंवदंती में था। लोग कहीं चले गए। न जाने कहाँ! ईर्ष्या का विषय यह नहीं कि वहाँ नौदोलतियों के नीले रुपहले शीशे-जड़े घर बन गए। त्रास का विषय यह कि स्मरण और अपनापा काम नहीं आया। शेष रह गया यह हादसा :

इससे भी ज़्यादा बुरा है कि मलबे का
कोई भी ढेर कहीं नज़र नहीं आता है

यही है क्षय या क्षति का अहसास। वृत्तांत ऐसा कि अंत में दुख की हल्की क्षीण रेखा भर छोड़ जाता है।

कहने की ज़रूरत नहीं कि रघुवीर सहाय कविता में और कविता के बाहर अपने प्रकट सरोकारों के कारण एक बेहद ज़रूरी कवि माने गए। एक बहुत कठिन समय के ज़रूरी कवि। चंद्रकांत देवताले ने उनकी इसी छवि को याद करते हुए उन्हें कार्यकर्त्ता (Activist) कवि कहा है। कविता भी उनकी ज़रूरी चिंता थी। और यह सच है कि मुक्तिबोध के बाद वही ऐसे कवि हैं जिनका अपना काव्यशास्त्र सहज ही पाठकों की नज़र में आ जाता है। यह और बात है कि जहाँ मुक्तिबोध का काव्य-शास्त्र सुगठित और व्यवस्थित है, रघुवीर सहाय का काव्यशास्त्र बिखरा-बिखरा-सा है। रघुवीर सहाय जितना ज़िक्र अपने रचनात्मक संकट का करते हैं उतना ही एक पूरे दौर या समय के संकट का भी। कई बार दोनों तरह के संकट एक दूसरे से घुलमिल जाते हैं। 'शुद्ध साहित्य' की अवधारणा से वे असहमत थे। पर सरलता को लेकर भी आश्वस्त न थे। कभी उन्हें लगता कि यह सरलता ही नये कवियों की बाधा बनेगी क्योंकि वह एक तरह की सहमति को जन्म देगी। यह आशंका किसी हद तक सच भी जान पड़ती है। एक तरह के यथार्थवाद को लेकर उनमें संदेह था कि वह एक उथले क़िस्म के रूमान में ले जाएगा। उनके तरह-तरह के डर की झलक एक किसी वक्तव्य में है: "बेहद सरल भाषा है और बेहद अमूर्त अर्थ। सामान्यतया जहाँ से भाषा के स्रोत फूटते हैं, जहाँ से हम उनको आत्मसात करते हैं, फिर उनको बनाकर दे देते हैं उन स्रोतों में लेन-देन की जो यात्रा है, वह इनकी भाषा में बीच के रास्ते से नहीं, गली से एक सरल भाषा घुस आई है।" (अंतर्दृष्टि, जून 1998) इन धारणाओं में रघुवीर सहाय के अंतर्विरोध और पूर्वग्रह भी हो सकते हैं। उन्हें गहरे जाँचने की ज़रूरत हो सकती है।

आधे-अधूरे वृत्तांत जैसे कुछ और उदाहरण ध्यान में आ सकते हैं। जैसे, यह दृश्य। दृश्य में वृत्तांत। वृत्तांत में दृश्य।

कस्बे में दिल ढले
युवती के चेहरे पर
लालटेन की आभा
ऊब और कुहरे में
खोया हुआ आँगन
करती है पार उसे
रोशनी लिए युवती

पहले अभिव्यक्ति की सादगी पर ध्यान जाता है जिससे लिपटी उदासी अपने आप स्मृतियों में ले जाती है—संघर्ष की स्मृतियों में। एक प्रौढ़ परिपक्व व्यक्ति के सामने जैसे अतीत का पन्ना खुलने लगा हो। वर्तमान का पछतावा। पीड़ा। ग्लानि। एक स्थिति की अवश स्थिरता क्या अपने आप में मुकम्मल विचार है। शायद हम चाहते हैं कि ऐसा हो। अब ऊब स्थिरता उदासी का यह रूप-बिंब ('लालटेन की आभा' यानी धुंध नहीं!) अगर अक्सर घटित एकरसता (मोनोटोनी) की याद दिलाता है जो अज्ञेय की कहानी 'ग्रैंग्रीन' में मालती की ऊब थकान में प्रकट है तो यह एक तरह का पाठ है। पर अगर यह अपनी व्यंजना में (जिसकी गुंजाइश शायद नहीं है) 'काले कारनामे' के निराला द्वारा चित्रित उस गाँव के दहशत की याद दिलाने लगे जिसमें 'औरतें मसान-सी जागती हैं' तो यह दूसरा पाठ एक युगीन परिप्रेक्ष्य हासिल कर सकता है। कई बार यह भी देख सकते हैं कि यथार्थ को व्यक्त करने के लिए रघुवीर सहाय जो तथ्य देते हैं, तथ्यों के आसपास जो वातावरण बनाते हैं जो 'स्पेस' रचते हैं वहाँ जितनी वस्तु केंद्रित मूर्तता है उतना ही इच्छित विषयांतर भी है। 'अजीब गंध आती है सीले बरोठे की / फिर इस तस्वीर की चौखट के पार्श्व से टिकी हुई आधी-सी छाया!' संदर्भ नहीं, संकेत। छाया भी आधी-सी। जबकि 'पिछवाड़े की गली में'—जहाँ रघुवीर सहाय ले जाते हैं वहाँ 'घर' के बहाने एक पूरे दौर का बयान या वृत्तांत है। रघुवीर सहाय के वृत्तांत में कभी सिर्फ़ प्रश्न हैं और कहीं उत्तर भी हैं—संदर्भ वही क्षय या क्षति का अहसास!

पूछो, सवाल है लोग कहाँ लोप हो गए हैं?
टेसन से हाँककर उन्हें कहाँ तुमने बंद कर दिया?
जीवन से जूझते फेफड़ों के सबूत
जिनके दिखे थे अभी
यहाँ आते हुए?

(रिजरफ रेल)

महत्त्वपूर्ण यह है कि रघुवीर सहाय की कविताओं में छोटे-बड़े वृत्तांत युक्ति का

वैविध्य भी प्रकट करते हैं। कई बार वे परस्पर मिलकर एक महावृत्तांत भी बनाने लगते हैं। कभी यह भी होता है कि वृत्तांत का ढंग, कहना और न कहना, कहना और आधा अधूरा कहना महज़ झुँझलाहट पैदा करे। कई बार वही कसौटी है कि कविता आधे रास्ते में ही तन्मयता का सूत्र तोड़ देती है। वृत्तांत कहते-कहते रघुवीर सहाय अपने सर्जनात्मक सुख के लिए लगातार व्यवधान पैदा करते हैं। इस तरह एक दुनिया फिर से बनने लगती है। दृश्य और ध्वनियाँ। सूचनाएँ ही सूचनाएँ। पटकथा कोई नहीं। रघुवीर सहाय की कविताओं में स्त्री-वृत्तांत की बहुलता है। बल्कि यह पक्ष डर और करुणा के तमाम पक्षों से अधिक चर्चित रहा है। 'एक समय था' संग्रह की कविताओं में स्त्री के आधे-अधूरे वृत्तांत अधिक हैं। अल्पकथन में छिपे वृत्तांत। संकेत में वृत्तांत संभव हो सकता है यह रघुवीर सहाय के यहाँ बाद की कविताओं में हम अक्सर देख सकते हैं। इनमें सीधे सहज व्यक्तिगत अनुभव के ऐसे चित्र भी हैं जिनसे जीने की आहट मिलती है। जीवन के सुंदर पक्ष के प्रति इतना राग। ऐसा भरोसा। 'चैती'—यह पूरी कविता एक अलग अनुभव है। यह भी जीवन की ही कथा है। देखें कि गद्य की-सी संरचना में, जिसे कवि छोटे-बड़े वृत्तांत के लिए अनुकूल पाता है, प्रगीत का सारतत्त्व यहाँ सघन और अंतर्निहित है।

> चैती गा रही है
> उच्चारण शुद्ध है
> गमक लीन हो गयी है सधी लय में
> माँग में सिंदूर है
> हाथ में सम पर ताल देती है संगतकारी को बताती है
> पर उछाह को बाँधे रहती है
> भले घर की बहू का कठोर अनुशासन

ऐसे चित्र या दृश्य रघुवीर सहाय के यहाँ विरल हैं। अधिकतर स्त्री विषयक कविताएँ जटिल विडंबना के साथ उलझन में भी डालती हैं। करुणा ही करुणा नहीं है। कुछेक कविताओं में क्रूर और सुंदर की परस्पर अतिव्याप्ति भी मुश्किल पैदा करती है। वृत्तांत की बनावट में ही कभी यह अनिश्चय भ्रम पैदा करता है कि कौन किसके पक्ष से बोल रहा है। करुणा को संदेह से देखने-जाँचने का विवेक भी रघुवीर सहाय की कविता को अर्थवान बनाता है। रघुवीर सहाय की वृत्तांत-युक्ति को जिसमें विचलन विपर्यय अंतराल का काफी महत्त्व है, जब हम उनकी कहानियों ('मेरे और नंगी औरत के बीच' 'कहानी की कला' 'सेब') से मिलाकर देखेंगे तो उसका मर्म और भी समझ में आएगा। कविता कहानी दोनों में रघुवीर सहाय वृत्तांत की औसत पहचान तोड़कर नयी पहचान बना रहे थे। रघुवीर सहाय अनुभव कर रहे थे कि जैसा कठिन समय है—जटिल और कई बार न समझ में

आने वाला—उसमें साहित्य की विधाओं के खेमे बनाकर चलना और असहाय करेगा। 'रास्ता इधर से है' संग्रह की भूमिका में उन्होंने स्वीकार किया : ''कहानी लिखना केवल कहानी लिखना ही नहीं है, गद्य लिखना भी है। गद्य को तोड़ने और बनाने का अपना एक अलग ही मज़ा है—मैंने पाया कि वह भी उतना ही तृप्तिकर है, बल्कि कुछ अधिक ही है क्योंकि उसे जितना तोड़ो वह उतना ही सार्वजनिक बनता जाता है।'' कविता में वृत्तांत लिखने के अनेक अनुभव प्रमाण हैं कि रघुवीर सहाय ने कविता की ही मदद, मितव्यय की कला के अर्थ में, कहानी में नहीं ली, कहानी के गद्य की तोड़फोड़ से कविता का वृत्तांत रचने में काफ़ी मदद ली। वृत्तांत की संभवत: यह प्रकृति है कि वह पाठक या श्रोता को प्रश्न करने के लिए उकसाता है। रघुवीर सहाय का वृत्तांत यदि प्रश्नमय है तो आश्चर्य नहीं।

कहीं बड़ा है जीवन

जो बच रहती
एक अलग ताक़त है
दाँतों की ताक़त से
कहीं बड़ा है जीवन!

एक महत्त्वपूर्ण कवि की जाँच की कसौटी काव्यानुभव की *नवीनता* के साथ काव्यानुभव की व्याप्ति भी है। जब हम काव्यमूल्य और जीवन मूल्य को अभिन्न करके देखना चाहेंगे और कविता से एक *नैतिक-काव्यात्मक विज़न* की माँग करेंगे हमारा ध्यान कुँवरनारायण जैसे कवि की ओर जरूर जाएगा जो *संवेदनात्मक भावोत्तेजन* को ही कविता के लिए बहुत कुछ न मानकर *जीवनपूर्णता* की खोज में सक्रिय और आत्मसजग दिखाई देते हैं। कुँवरनारायण अपने नैतिक-दार्शनिक विज़न के साथ समय की जटिल सच्चाइयों को समझने-जाँचने में सक्षम एक ऐसे कवि हैं जिनका क्लासिकी संगठन लोकप्रियता के सब रास्ते छोड़कर *अतिरेक अधैर्य अराजकता* के *विरुद्ध* है और एक तरह के हठीले संकल्प के साथ आज भी पूर्णतर या *वृहत्तर* के *पक्ष* में है। 'चक्रव्यूह' 'परिवेश : हम तुम' 'अपने सामने' के बाद 'कोई दूसरा नहीं' संग्रह कवि की इसी बुनियादी पहचान को नये रूप में सामने लाता है। वे अधिक उद्देश्यपूर्ण ढंग से ज़िंदगी से ठीक उस बिंदु पर जुड़ना चाहते हैं जहाँ वह— 'सबसे अधिक वेध्य हो कविता द्वारा।' प्रतिबद्धता के पक्ष में ढीला ढाला चतुर घुमावदार बयान देने की जगह वे एक *सीधा-सादा दृढ़ बयान* पहली ही कविता में देते हैं। और भ्रम न हो, इसलिए आगे बढ़कर लिखते हैं—

> अबकी अगर लौटा तो
> हताहत नहीं
> सबके हिताहित को सोचता
> *पूर्णतर* लौटूँगा

—अबकी अगर लौटा तो

पोंछो सब : फिर लिखो शुरू से
उन्हीं उपादानों से — मनुष्य
सही समत्व-बिंदु से अभी और
विस्तृत करो जीवन — परिदृश्य

एक सिफ़र — फिर बनता एक सिर
आँख, नाक, कान, मुँह ... चेहरा :
नयी क्षितिज-रेखा पर लिख रहा
कोई बच्चा अ आ ई ऊ सबेरा

—विलक्षण संतुलन में

याद आता है युद्धोत्तर जर्मन कविता में भाषा खोने के बाद नयी खोज से शुरू करता हुआ कोई कवि। शायद गुंटर ग्रास। ककहरा सीखते हुए कविता। वह संयम संतुलन एक गहरे नैतिक विवेक का हिस्सा है। कुँवरनारायण जिसे पाना या साधना चाहते हैं वह है *पूर्णता का एक गहन आत्मिक शिल्प*। खोज में *खिलवाड़, उत्सुकता, कल्पना, विडंबना* से परहेज़ नहीं। पर हड़बड़ी असंयम और अराजकता से सचेत इनकार।

कुँवरनारायण एक तरह से आज के परिदृश्य के अकेले कवि हैं जिनका *नैतिक दार्शनिक विज़न* यथार्थ की जटिल रहस्यमयता को लगभग *बौद्धिक अभिव्यक्ति* में बदलकर एक तरह की आश्वस्ति अनुभव करता है। जिन कारणों से यथार्थवाद के मुहावरे वाली कविता तुरंत ग्राह्य हो उठती है उन सबके प्रति उदासीनता दिखाकर कुँवरनारायण अपने कठोर काव्यानुशासन में स्थित हैं। *एक कठिन समय* का *द्वंद्वपूर्ण अहसास* उनके पास है पर उसे कहने के उनके ढंग में प्रचलित नाटकीयता या बातचीत की लय या रेटॉरिक सबका निषेध है। उनके व्यक्तिगत स्वभाव में वह *कठोर नैतिक परीक्षण* या *आलोचनात्मक जिज्ञासा* शामिल है कि उनका मुहावरा मनुष्य के पूर्णतर होने की संभावना के निकट हमेशा एकाग्र दिखाई दे। कई बार अवधारणाएँ उनका समूचा काव्यबोध या काव्यविन्यास बनाती हैं। कभी-कभी विडंबना या विरोधाभास की झलक देकर या एक अनिश्चित अटपटी स्थिति का बयान कर वे सीधे सरल निष्कर्षात्मक वक्तव्य तक आ जाते हैं। "जब भी मैंने मरना चाहा / ज़िंदगी ने मुझे रोका है"—"जब भी मैंने जीना चाहा / ज़िंदगी ने मुझे निराश किया"—दो स्थितियों में एक *विडंबनापूर्ण* अंतराल है पर कविता अंत में एक *सामान्यीकृत संकल्प है*—"मुझे लगा कि अपने को बड़ा रखने की / छोटी-से-छोटी कोशिश भी / दुनिया को बड़ा रखने की कोशिश है।"

यहीं उनकी वे कविताएँ भी ध्यान में आ सकती हैं जो *व्यंग्य विडंबना का खेल* नज़र आती हैं। वे बीते समय के मुहावरे और छंद में ऐसा व्यंग्य लिख सकते

हैं—काँधे धरी यह पालकी / है किस कन्हैयालाल की। लोकविनोद का यह ढंग कुँवरनारायण के गंभीर काव्यादर्श के बाहर की चीज़ जान पड़ता है—''फिर एक दिन आँधी चली / ऐसी कि पर्दा उड़ गया / अंदर न दुल्हन थी न दूल्हा / एक कौआ उड़ गया...।'' पर कुँवरनारायण में कभी-कभी यह पुराने मुहावरे या छंद को आज़माने की कोशिश भी प्रचलित काव्यरीति का अतिक्रमण है। आख़िर यथार्थवाद का यांत्रिक निर्वाह भी तो रीति ही है। कुँवरनारायण व्यंग्य विडंबना का उपयुक्त छंद पाने की कोशिश में मैथिलीशरण गुप्त से भी पीछे जा सकते हैं। मसलन भारतेंदु के ज़िंदादिली से भरे व्यंग्य तक। भारतेंदु का नाटक 'अंधेर नगरी' याद आता है जब हम 'सफलता की कुंजी' जैसी कविता पढ़ रहे होते हैं—

उस वक्त वहाँ वे *दो* ही थे
लेकिन जब गोलियाँ चलीं
मारा गया एक *तीसरा* जो वहाँ नहीं
        चाय की दुकान पर था...
पकड़ा गया एक *चौथा*
जो चाय की दुकान पर भी नहीं
अपने मकान पर था, उसकी गवाही पर
रगड़ा गया एक *पाँचवाँ* जिसे किसी *छठवें* ने
फँसवा दिया था—*सातवें* की शिनाख़्त पर
मुकदमा जिस *आठवें* पर चला, उसके फलस्वरूप
सज़ा *नवें* को हुई
और जो *दसवाँ* बिल्कुल साफ़ छुटकर
एक *ग्यारहवें* के सामने गिड़गिड़ाने लगा वह
        उसकी मार्फ़त
        एक नयी सफलता तक पहुँचने की कुंजी को
        उंगलियों पर नचाने लगा

पर दोनों का फ़र्क़ पता चल जाता है। वहाँ भी व्यंग्य न्याय सत्ता पर है—जिसके आसपास मूर्खता है—उसके चलते भी अन्याय हो जाता है। यहाँ जिस तंत्र पर व्यंग्य है वह ज़्यादा चतुर चालाक, तकनीक-साधन-संपन्न है। एक स्थिति जो पहले प्रहसन या स्वांग है वह दूसरी बार की त्रासदी भी हो सकती है। विडंबना यहाँ एक एंटीक्लाइमेक्स तक जाती है और एक असमाप्त प्रक्रिया बनी रहती है।

अयोध्या मुद्दे के राजनीतिक दुरुपयोग को लेकर सच्ची तकलीफ़ से कुँवरनारायण 'अयोध्या 1992' जैसी कविता लिखते हैं। समय के साथ बहुत कुछ ख़त्म हो जाने का डर 'अलग-अलग खातों में' बँटे होने का डर भी है।

और एक दिन जब
कुल जमा पूँजी में से
घटाकर देखा पिछला सब रहा सहा
तो ढूँढ़े नहीं मिल रहा था
वह ख़्वाब जो लगा था
ज़िंदगी से भी बड़ा...

शब्द के दुरुपयोग का खेल हर क्षेत्र में जारी है। 'गवाह शब्द' 'महात्मा शब्द' 'व्यापारी शब्द' 'हताश शब्द' के जंजाल से निकलकर कुँवरनारायण कहना चाहते हैं—

आज मैं शब्द नहीं
किसी ऐसे विश्वास की खोज में हूँ
जिसे आदमी में पा सकूँ

इस सादगी या सामान्यीकरण में एक निरंतर सोच है और सब स्थितियों में कवि आश्वस्त ही होता हो, यह ज़रूरी नहीं है। गहरे तल में कहीं उद्विग्नता भी होगी। पर कुँवरनारायण के कवि-स्वभाव में ही यह धैर्य शामिल है कि तात्कालिक से बड़े सच के बारे में सोच-समझ बढ़ती हुई दिखाई दे। जहाँ सब छोटे-छोटे संघर्ष राग-द्वेष जय-पराजय में ऊभचूभ हैं *वृहत्तर जीवन* का पक्ष लेना कविता में और कविता के बाहर वास्तविक जीवन में जोखिम उठाने की तरह है। *दाँत का दर्द* और *क्षय* देखते-देखते समय में संक्रमित हो जाता है। तब कहीं कवि को कहना ज़रूरी जान पड़ता है और वह भी सिंहासन-बतीसी के बहाने—

सावधान हे राजन्!
अपने पर अनुशासन
जब वह हिल जाता है
हिल जाता सिंहासन,
एक बार पृथ्वी भी लगती है हिलती-सी

लेकिन
जो बच रहती
एक अलग ताक़त है
दाँतों की ताक़त से
कहीं बड़ा है जीवन

सत्ता के प्रतीकों प्रतिष्ठानों में न्याय-व्यवस्था शीर्ष पर है। न्याय मिल नहीं सकता—ऐसा नहीं, पर न्याय-व्यवस्था का तंत्र और व्याकरण ही ऐसा है कि फ़ैसले

टलते जाते हैं। मुकद्दमे की तारीख बदलती रहती है जो लगभग रस्म है रीति है पाखंड है चालाकी है। होता यही है कि फ़ैसले तब होते हैं जब लड़ते-लड़ते सब थक चुके होते हैं उनका चूरा ही चूरा फैला होता है। पता यह चलता है कि—''जिन्हें सुनाई गयी / मौत की सज़ा / कब के मर चुके थे!'' —''जिन्हें रिहाई दी गयी / पूरी सज़ा काट चुके थे।'' पर रस्म नहीं बदलती। फ़ैसले होते ऐसे ही हैं। हरिशंकर परसाई की कहानी 'भोलाराम का जीव' को मरने के कई साल बाद तक पेंशन नहीं मिलती। इस फ़िक्र में 'जीव' दूसरी दुनिया में भेजे गए यमदूत को धता बता देता है और पेंशन की फाइल में आकर अपनी जगह बना लेता है। नारद मुनि के आने पर भी वह जाने से इंकार करता है क्योंकि पेंशन का मामला निपटाए बग़ैर वह जा भी कैसे सकता है। यहाँ यथार्थ में फ़ंतासी, फ़ंतासी में यथार्थ संक्रमित होकर जिस जटिल विडंबना को व्यक्त करते हैं वह कुँवरनारायण की कई कविताओं की केंद्रीय अंतर्वस्तु है। जीवनदृष्टि की विकलता इस विडंबना को महज़ कौतुकपूर्ण होने से रोकती है। ये विडंबनापूर्ण चित्र या प्रसंग हमारे आज के समय और समाज का सच हैं। कुँवरनारायण इन्हीं *विडंबनाओं* में बहुत कुछ देख लेते हैं। यदि अप्रिय नहीं घट रहा है तो इसलिए नहीं, कि सब ठीक-ठाक है। अप्रिय जब तक सत्ता के निकट और गिरफ़्त में है, अप्रिय घट भी कैसे सकता है। *बाज़ार* ने जिस तरह आदमी की नियति को दबोच लिया है उसमें सच्चाई यही है—''आज जबकि हर चीज़ का दाम सिर्फ़ बढ़ने की ओर है / आदमी की कीमत में भारी छूट का शोर है।'' विज्ञापन का युग है विज्ञापन पोस्टर रोज़ बदलते हैं—कभी लिरिल साबुन में नहाती सुंदरी, कभी डालडा वनस्पति से पनपते बच्चे...। नहीं बदलता तो वह गुमसुम उदास लड़का जो ठेके पर सरकारी पोस्टर लगाता है—'बाप शराब पिएँगे / और बेटे भूखों मरेंगे।' विडंबना यह कि यह भी विज्ञप्ति है—सब विज्ञापनों के बरक्स एक और विज्ञापन।

उत्कट जिजीविषा और *आस्था* कुँवरनारायण के नैतिक विज़न और दर्शन का ज़रूरी हिस्सा है। देखते हुए कि सब ओर हादसे हैं लूटमार है शोर और हत्या है—कवि को, *उत्कट जिजीविषा* का प्रकृति में *रूपांतरण* महोत्सव लगता है, जिसे संगीत कला की शब्दावली में ही कहा जा सकता है। अनंत जीवनराग अटूट जीवनीशक्ति के पक्ष में होना शोषण दमन लूट-खसोट विध्वंस और हत्याकांड के विरुद्ध होना है। कवि का शिल्प यहाँ एक तरल रचाव लिए हुए है। धीरे-धीरे प्रकृति में रचा जा रहा है यह अनंत जीवन-राग! एक वृक्ष की जीवनी में घटित होता हुआ, बजता हुआ। *अनंत उदासी* भी इस *राग-परिक्रमा* के भीतर है। पतझर का जोगिया तराना भी। क्योंकि अंततः महत्त्वपूर्ण है—

अथक लय विलय में
अंतिम साँस तक जीवन-राग को
किसी तरह न टूटने देने की
　　　　उसकी पागल धुन!

याद करें निराला के वसंतगीत : रूखी री यह डाल वसन वासंती लेगी। या नयनों के डोरे लाल गुलाल भरे खेली होली। और भी कितने ही गीत। याद करते हुए निराला को : फूटे हैं आमों में बौर / भौंर वन वन टूटे हैं / आँखें हुई हैं गुलाल / गाल सेंदुर के देखे / ...गेरू के ढेले कूटे हैं। ...अब कुँवरनारायण के यहाँ इस कोमल अहसास भरे रचाव को देखें :

　　　　वसंत के साथ
विलंबित में खिलती हुई
　　　　किसी लजाती डाल पर
कोपलों की धीमी-सी "अरे सुन..."
और देखते-देखते उसके आसपास
रंगों और सुरभि का द्रुत भराव
　　　　मंद से तीव्रतर होती हुई
　　　　अछोर चहल-पहल इच्छा-तरंगों की बढ़त

कुँवरनारायण की ही एक दूसरी कविता से शब्द लेकर कहें—कि यह अपने स्वतंत्र रचना-विन्यास में *सुंदर* की ही मौलिक सृष्टि है। तमाम हादसों के विरुद्ध *सक्रिय जीवन-नैरंतर्य* के पक्ष में कुँवरनारायण की यहाँ कई कविताएँ हैं—कविता-शृंखला बनाती हुई। एक कविता में दृढ़ जिजीविषा के लिए ही प्रतीक है *मालती लता*—जिसके लिए माली कहता है—"*राकस* होती है *मालती की बेल* मर मर कर जी उठने वाली / ...कैसे ही उसे काटो-छाँटो / कभी नहीं सूखती है जड़ों से मालती।" एक ही रंग की जीवन-धर्मिता में रची-बसी कविताएँ हैं—*'दोनों के बीच' 'हवाओं के झोंकों में' 'वृक्षों के शिखर' 'स्मृतिदीर्घा' 'एक अप्रत्याशित निमंत्रण'*। यहाँ तक कि 'चौर पंचाशिका' का संदर्भ लेकर लिखी गयी कविता '*अद्यापि...*' इसी कविता-शृंखला की कड़ी है। प्रेम कविताएँ एक नये रंग में। घरेलू दांपत्य के-से राग में डूबे जीवन-चित्र। 'कोई दूसरा नहीं' संग्रह की अंतिम कविताओं में जैसा प्रगाढ़ *जीवन-राग* है, कुँवरनारायण में पहले कम ही दिखाई देता है। इस राग को भी गहरे स्तर पर *जीवनमूल्य* की *सकारात्मकता* के अर्थ में देखा जा सकता है।

एक सूर्योदय हो रहा
उसकी कोमल टहनियों से झाँकती धूप

देखते देखते
सुलगती अँगीठी पर

दूध की तरह उफनते
सबेरे की ताज़ी गंध से
भर उठेगा पूरा घर।

—वह जो

कैसा होना चाहिए था
फूल-सी सुनयना की आँखों में
अपने प्रेम में विश्वास का रंग ?

वैसा नहीं मिला मौसम
जिसमें खिलते हैं फूल
अपनी समस्तता में
निश्छल और चंचल एक साथ

—सुनयना

हवा से खेलते उसके केश
एक खुशबू उसे छूते हुए
ठहर गयी है स्मृति में उकेरती हुई
एक इच्छा-मूर्ति।

—नदी बूढ़ी नहीं होती

कुँवरनारायण की काव्य प्रक्रिया के आलोचकों के लिए मुश्किल होगी कि नैतिक दार्शनिक बोध या वैचारिकी की गहन *कठोर संरचना* से छिटककर अलग जा पड़े इन राग-चित्रों की *तरल संरचना* का तालमेल कैसे बिठाएँ। एक संग्रह की तरह-तरह की कविताओं को अलग-अलग कोटियों में बाँटकर देखना आसान है पर बड़े कवि अक्सर जटिल समग्रता का बिंब उपस्थित करते हुए आसान निर्णयों को ध्वस्त कर देते हैं। कुँवरनारायण एक ऐसे ही कवि हैं, जो यह विखंडन, तोड़ने वाला समग्र काव्य-तर्क भी कहीं न कहीं छोड़ जाते हैं। *"अंतिम परिच्छेद में"* कविता को इस रूप में पढ़ें कि *जीवन* ही कविता का सर्वोपरि मूल्य है। जीवन एक ओर से दूसरी ओर तो जाता ही है जैसे जीवन से मृत्यु की ओर, मृत्यु से भी जीवन की ओर लौटता है। कठिनाइयों के अथाह दुर्गम पार कर।

कथानक पीछे लौट रहा
मृत्यु से *जीवन* की ओर
वहाँ पहुँच रहा
जहाँ वे दोनों
एक दूसरे से मिलकर
एक हो जाते हैं

यह अतिरेक अब
उनमें समा नहीं पा रहा

वह एक *खुशी का जन्म* है
एक *असह्य पीड़ा से*

जीवन के पक्ष में होने का ही तकाज़ा है कि सबकुछ नये सिरे से शुरू किया जाए। ''मैं सीखना चाहता हूँ फिर से जीना... / बच्चों की तरह बढ़ना / घुटनों के बल चलना / अपने पैरों पर खड़े होना / और अंतिम बार / लड़खड़ा कर गिरने से पहले / मैं कामयाब होना चाहता हूँ।'' कवि का यह कहना अर्थ रखता है कि ''अगर नाक हूँ / तो वहाँ तक हूँ / जहाँ तक हवा / मिट्टी की महक को / हलकोर कर बाँधतीं / फूलों की सूक्तियों में / और फिर खोल देतीं / सुगंधि के न जाने कितने अर्थों को / हजारों मुक्तियों में/।'' जैसे यह कहना— कि ''अगर आँखें हूँ / तो तिलभर जगह में भी / वह संपूर्ण विस्तार हूँ / जिसमें *जगमगा सकती हैं— असंख्य सृष्टियाँ*।'' कुँवरनारायण अपनी कविता और अपनी जीवन दृष्टि में अंतर्मुखी बहिर्मुखी का विभाजन व्यर्थ मानते हैं। ज़रूरी है कि दोनों संश्लिष्ट रूप में ही कविता और जीवन में प्रकट हों। वे काव्य संरचना में विचार और वस्तु के उसी अंत: संगठन के पक्ष में हैं जिसमें अमूर्तन भी प्रतीक के ठोसपन और ऐंद्रिकता को निर्बाध रूप से संभव बना सके।

कुँवरनारायण की बहुत-सी कविताओं के लिए शायद यही एक शीर्षक उपयुक्त हो—एक यात्रा के दौरान। इस शीर्षक की एक लंबी कविता उदाहरण है कि वे महज़ मूड्स के कवि नहीं हैं। कविता उनके लिए उस यात्रा की तरह है जिसमें यथार्थ और फ़ंतासी वस्तुपरक और रहस्यमय घटनाचक्र और काल्पनिक विडंबना, अवधारणा और अमूर्तन की अक्सर आवाजाही है। यह सफ़र है जिसमें शुरू से ही कुछ फ़र्क़ और कुछ असह्य नज़दीकियाँ घेरने लगती हैं। एक बदहवास भीड़ है। एक गड्डमड्ड भारतीय समाज। और मुक्तिबोध सरीखा द्वंद्व! कि कहाँ जाना है, कहाँ नहीं जाना है! एक आँख हाथ की घड़ी पर और दूसरी संकट की घड़ी पर! कभी विश्वास, कि दुनिया बहुत बड़ी है—इतनी बड़ी और इतना भरोसा देने वाली ''कि अटैची पर हल्की-सी पकड़ भी / ज़िंदगी पर पकड़ मालूम होती है।''

फिर स्वप्न—कि एक ही पट पर जन्म विवरण मृत्यु अमूर्त अछोर आकाश का विस्तार! अचानक फ़ंतासी का-सा एक क्षण—"सुबह हुई तो देखा / कंधों पर ढो रहे थे मुझे / किसी और के पाँव।" बाहर का अँधेरा। भीतर का जगमग। डब्बे में चढ़ते उतरते लोग। कविता में वृत्तांत। कविता में और यात्रा में घटित 'स्पेस'। ऊबड़-खाबड़ पहाड़ियाँ। टेसू बबूल की झाड़ियाँ। काँस और जंगली झाड़-झंखाड़। आशंका और उतावली के किसी असह्य बिंदु पर ट्रेन के रुकने के साथ ठहरा हुआ। इस वृत्तांत में बहुत कुछ है जो कवि के भीतर का गहन आत्मसंवाद है। जिसमें सामाजिक विमर्श भी शामिल हो शायद। याद करें सुभाष मुखोपाध्याय की प्रसिद्ध और चर्चित कविता 'जाता हूँ'। काव्यविडंबना की सामाजिकता को ज़रूर ही वे बड़ी ऊँचाई बड़ा परिप्रेक्ष्य दे सके हैं। कुँवरनारायण का विचार तर्क ही कविता में प्रधान है। विडंबना का मुक्त खेल उनका स्वभाव नहीं।

एक ख़ामोशी-सी तैयारी है मेरे आसपास
जैसे यह मेरा घर था
और अब मैं उसे छोड़कर कहीं और जा रहा हूँ

आश्चर्य वह स्त्री और बच्चा भी
अकेले खड़े हैं उधर

क्या मैं कुछ कर सकता हूँ उनके लिए

देखता हूँ उसकी आँखों में
जो घिर आई थी एक दुश्चिंता-सी
एक सरल कृतज्ञता में बदल जाती

दया और आत्मदया के प्रदर्शन से मुक्त अपनी अंतः जीवित सामाजिकता का एक सहज स्वीकार। कुँवरनारायण के लिए कविता एक विचार है—आदमी की भाषा में जीवित एक विचार। कविता ही है जिसे कई बार 'यक़ीनों की जल्दबाज़ी' से संदेह बचाता है। सरलीकृत आशावाद की तुलना में जैसे हताशा बचाती है कई बार। भय बचाता है और जगूड़ी जैसे कवि के मुहावरे में कहीं अधिक शक्ति देता है। महत्त्वपूर्ण यह है कि भाषा के एक रूप एक-से विन्यास पर टिके रहकर कुँवरनारायण अर्थ बहुल व्यंजनाएँ देते हैं। इलियट ने कभी यह भी कहा था कि बहुत तेज़ी से भाषा या कविता का ढंग बदलना कविता के हित में नहीं है क्योंकि हड़बड़ी में कभी बदलता है सिर्फ़ कविता का मुहावरा या काव्यमुहावरे का चातुर्य! कुँवरनारायण के भाषायी विन्यास की स्थायी विन्यास की स्थिरता को इस नज़रिये से भी देखने की ज़रूरत है। इस स्थिरता में कभी ऊबड़-खावड़ अटपटा-सा भी

है—जैसे शुद्धतावाद से विचलन का सचेत ढंग। यहीं याद आते हैं रिचर्ड्स—जिनका कहना है : "शब्द महत्त्वपूर्ण हैं पर जब हम पूरी संरचना में प्रवेश करते हैं—अर्थ की ख़ास चमक पाने के लिए—शब्द सबसे कम महत्त्व के रह जाते हैं, लय से, टोन से, वाक्य के गठन से, भावयोजना और तर्कसंगठन से। कहने की ज़रूरत नहीं कि कुँवरनारायण के लिए अपने को या अपने समय को लिखना हमेशा मूल्य विवेक और क्लासिकी-दार्शनिक-बौद्धिक दृष्टि से निर्धारित होता है। नैरेटिव का छंद निर्मित करते हुए कुँवरनारायण की कविता का देसीपन और तद्‌भव ठाठ अलग निखरता है। वृत्तांत ऐसे भी आता है कविता में—पारंपरिक की ओर लौटकर, पर नये लहजे, नयी अंतर्वस्तु से जुड़कर। यह छंद की वापसी-भर नहीं है। —छंद यहाँ अनुभूतियों को संयमित करने संक्षिप्त बनाने का एक सचेत ढंग है। वह तुक जुटाने की सुविधा नहीं है। 'बजा जा' का तुक आ-जा भी हो सकता है। यह संकेत है कि छंद यांत्रिकता का निर्वाह नहीं है। शब्द की लय गति की पहचान में सहायक है।

क़स्बे की साँझ, *बुझे खंडों* का धुआँ
बल्बों की फुंसियाँ जल उठीं यहाँ वहाँ

वही तो चौक है वही तो बजाजा है
वैसी ही भीड़भाड़, वैसी ही आ-जा है

ताड़ों पर झूमते पतंग दिन बचपन के
बीत रहे बुआ के विधवा दिन पचपन के

विडंबना यह कि दिल्ली से दिखता है—'सपनों में गाँव' / 'कभी इस पाँव खड़े कभी उस पाँव'। खड़ी बोली कविता किन-किन रास्तों से चलकर आज कहाँ पहुँची है। यह सोचने के लिए यह एक सार्थक उदाहरण है। युगों के अंतराल पहचानती भरती कविता एक स्मृति का पुनर्जीवन या नया रचनांतरण है। भाषा के पर्यावरण में कविता की उपस्थिति का अर्थ अंकित करते हुए कुँवरनारायण का कहना है कि "कविता का उत्स जैविक है जिसके लक्षण हमारे जीवाश्मों में बसे हैं।"

दुनिया को आदर्शीकृत करके देखना कविता के लिए काफ़ी नहीं है, उसे काव्यानुभव में रूपांतरित करके देखना ही कविता को एक से अधिक पाठ के लिए महत्त्वपूर्ण बनाता है। यह विवेक न हो तो नैतिकता और उपयोगिता के विचारसूत्र कविता को सूक्ति विचारकोश बना देंगे। कुँवरनारायण की कविता ही प्रमाण है कि कविता का नैतिक-काव्यात्मक विज़न सरल उपयोगितावाद सोद्देश्यतापूर्ण कथन

को अतिक्रमित करके ही उपलब्ध किया जा सकता है। कुँवरनारायण सघन प्रयत्न से कविता का जो आवयविक संगठन विकसित करते हैं उसमें भाव, विचार संवेदना का पृथक्कीकरण असंभव है। संप्रेषण और तनाव दोनों उनकी कविता के ज़रूरी उपादान हैं ज़रूरी मूल्य हैं। तार्किक अतार्किक के बीच संबंध निर्वाह के आधार पर कुँवरनारायण की अभिव्यक्ति का मूल्य पहचाना जा सकता है।

शब्द पर दस्तक

जड़ें चमक रही हैं
ढेले ख़ुश
घास को पता है
चींटियों के प्रजनन का समय
क़रीब आ रहा है

दिन भर की तपिश के बाद
ताज़ा पिसा हुआ गरम-गरम आटा
एक बूढ़े आदमी के कंधे पर बैठकर
लौट रहा है घर

मटमैलापन अब भी
जूझ रहा है
कि पृथ्वी के विनाश की ख़बरों के ख़िलाफ़
अपने होने की सारी ताक़त के साथ
सटा रहे पृथ्वी से।

— *केदारनाथ सिंह : 'उत्तर कबीर और अन्य कविताएँ' से।*

यह है केदारनाथ सिंह की कविता 'जड़ें', जो किसी और की हो भी नहीं सकती। आश्चर्य नहीं कि छपते-छपते कविता प्रेमियों की ज़बान पर चढ़ चुकी हो। आलोचकों को केदारनाथ सिंह का कविस्वभाव बताने के लिए आसान दिखने लगे। संभव है, पाठ्यक्रम में भी लग जाए! इन सबके पीछे केदार की अपनी लोकप्रियता का अपना रहस्य है जिसे सबसे पहले शमशेर ने पहचाना था। 'जड़ें' कविता कवि की जीवन-संबंधी बुनियादी आस्था को ही रेखांकित नहीं करती, कविता के रूप में एक तरह का जादुई सम्मोहन भी पैदा करती है। 'जड़ें चमक रही हैं / ढेले ख़ुश / घास

को पता है...।' कह लें अलंकार, पर नया, अटपटा! कह लें ध्वनि, पर अपरिभाषेय और नयी! कह लें, कविता के लिए कविता। पर कविता का अपना संपूर्ण जीवन यहाँ जीवन की अनुपस्थिति या निषेध का नाम तो नहीं! यह कहना भी कठिन है कि जीवन को सरलीकृत करके देखा जा रहा है। क्या यह काव्यात्मकता की निरी हिकमत है कि जीवनानुभव केदार के यहाँ इतनी विविधता में प्रकट है!

काव्यात्मकता के अज्ञात नियमों की खोज में केदार अपने से भी संवाद करते हैं और अपने समय से भी। काव्यगति की उनकी धारणा या दृष्टि में एक नियम यह भी है कि *स्थिर* चीज़ों को सतह से उठाकर *विस्मय* से, आश्चर्य से भर दिया जाए। केदार शमशेर के बाद भाषा के प्रति सबसे ज़्यादा सचेत कवि हैं— अलंकृति के लिए या चमत्कार के लिए नहीं, भाषा की सादगी में छिपे *रहस्य* के निरंतर उद्‌घाटन के लिए। एक तरह की तत्पर सजग *क्रीड़ावृत्ति* उनकी भाषा को रूढ़ि होने से बचाती है। बेशक एक तरह की काव्य-लय पर उनका नितांत अधिकार है। एक संग्रह से दूसरे संग्रह तक उस लय का अभ्यास कभी-कभी खटकता भी है पर कविता की पूरी संरचना में केदार उससे भिन्न और नया कुछ आविष्कृत करते हुए अक्सर देखे जा सकते हैं। केदार स्मृतिहीन कवि नहीं हैं। बल्कि उनके यहाँ स्मृतियाँ ही स्मृतियाँ हैं। जीवन से बुनियादी लगाव उनकी कविता का गहन अंतरंग है।

पता लगा लो
दरख़्तों की छाल
और हमारी त्वचा का गोत्र
एक ही है

—*नदियाँ*

केदार के यहाँ स्मृतियाँ हैं पर वे पाठक की सीधे मदद नहीं करतीं क्योंकि कविता में आते-आते वे कितना कुछ नया रूपांतरण-सा प्राप्त कर चुकी होती हैं कि अपना समय ही पाठक की मदद करे तो करे वर्ना उसे कुछ देर उत्सुक पर अवाक् ही रहना है। 'भव्य' और 'त्रासद', 'सुंदर' और 'ख़तरनाक' को एक साथ कल्पना में संभव करते हुए केदार जीवन की साधारणता को भी आश्चर्य के रंग में देख सकते हैं। यह देखना क्या महज़ बैठे ठाले का काम है या वह जीवन के सघन सतर्क पाठ का अनिवार्य हिस्सा है! विचारणीय यह है।

(2)

यह बात बहुतों के ज़ेहन में बैठी हुई है कि केदारनाथ सिंह ने एक 'नवरूमान'

का-सा सम्मोहन युवा कवियों के लिए पैदा किया है और देखते-देखते आरा, गुना और बिलासपुर और ऐसे ही दूसरे जनपदों के कवि आज के यथार्थ की अनदेखी करते हुए इसी 'नव-रूमान' के सम्मोहन में नदी-पहाड़, घर-आँगन, क्वार-कातिक, माँ-पिता के संबंधों के राग-तंतु के सहारे एक कृत्रिम लोकसुलभ संवेदना पर ज़्यादा ही भरोसा करने लगे हैं। जबकि भूमंडलीकरण बहुराष्ट्रीय पूँजी नवऔपनिवेशिक दबाव जैसे ढेरों कारण मौजूद हैं—युग, समय, परिवेश को जटिलतर बनाते जाने के! पूर्वग्रह ऐसे प्रबल हैं जैसे उधर अँधेरे में गड्डमड्ड शोर है, शोषण और अन्याय है, ग़ुस्सा और चीख़ है और इधर, बस, सुरीली बाँसुरी बज रही है। केदारनाथ सिंह की तरह के एक मंज़िल तक पहुँचे कवि के मूल्यांकन के सिलसिले में ऐसे सवालों को ज़रूर ही विचारणीय मानना चाहिए। देखना चाहिए कि ये आरोप किस हद तक सही हैं या निरे काल्पनिक अनुमान और पूर्वग्रह हैं। इस बहाने यह देखने की गुंजाइश भी बनी रहेगी कि हमारे मन में भविष्य की कविता की क्या कल्पना है! क्या हम एक ख़ास तरह की कविता की माँग कर रहे हैं या कविता और यथार्थ का एक ही तरह का रिश्ता कविता में देखना या पाना चाहते हैं!

विडंबना यह है कि सदाशयता की हम जितनी भी दुहाई देते हों, जब जब दो तरह के महत्त्वपूर्ण कवियों के तुलनात्मक मूल्यांकन की कोशिशें हुई हैं, उपर्युक्त पूर्वग्रहों की जाँच मुश्किल होती गयी है। *अज्ञेय-मुक्तिबोध*। *नागार्जुन-शमशेर*। *रघुवीर सहाय- केदारनाथ सिंह*। मुश्किल तब होती है जब आलोचनात्मक व्यवहार में चौखटे तोड़ने वाले ही नये चौखटे बनाने लगते हैं। क्या रघुवीर सहाय का यथार्थ इतना इकहरा है कि बुनियादी राग वहाँ एकदम ग़ायब है! क्या केदारनाथ सिंह की कविता आज के यथार्थ से नितांत अनजान बेख़बर कविता है! क्या हम भीतर ही भीतर यह मानकर चल रहे हैं कि *विनोदकुमार शुक्ल* और *लीलाधर जगूड़ी* को एक ही तरह से जीवन और कविता को देखना चाहिए। शायद मुश्किलें और हैं जिन्हें आसान निरूपण के घपले में नज़रअंदाज किया जा रहा है। न भूलें कि हर कवि के संवेदन तंत्र की कुछ अपनी विशेषताएँ होती हैं। यथार्थ को जानने की प्रक्रिया में कवि का अपना समूचा अंतर्जीवन होता है। भीतर-बाहर का संघर्ष। यथार्थ का अपना पाठ और यथार्थ के बयान का अपना ढंग भी। जटिल यथार्थ को एक ही तरह के वक्तव्य में कहने-समझने की कोशिश कविता की सीमाएँ ही बनाएगी। ज़रूरी नहीं कि साहसपूर्ण कल्पना केवल उग्र तल्ख़ बयान में ही कविता को सार्थकता देती हो।

उत्तर कबीर के इस पाठ के क्रम में इन सवालों को पहले ही रख देने से शायद नयी बाधा खड़ी होती हो कि हम *कविता के पक्ष* से कविता को न देखकर *आलोचना के पक्ष से* कविता को देखने लगें। हालाँकि कविता के पक्ष से देखना इतना अबोध ढंग का आस्वाद-प्रसंग है भी नहीं। रघुवीर सहाय की कविता के

पास-पड़ोस में केदार की कविता पढ़ने में हानि कुछ नहीं है। संयोग है कि भाषा को लेकर रघुवीर सहाय भी निरंतर चिंता करते हैं। भाषा संबधी उक्तियों को लेकर रघुवीर सहाय की काव्य-प्रक्रिया का अध्ययन दिलचस्प हो सकता है। यहाँ तक संभव है कि *भाषा* की चिंता वहीं, वहीं जनता या समाज की चिंता में संक्रमित होती लगे। केदार से अधिक सजग तत्पर क्रीड़ा वृत्ति भाषा के प्रति रघुवीर सहाय के यहाँ है। पर केदार आवेग और संयम का संतुलन बनाए रखते हुए भाषा को हर समय नयी भंगिमा देने के लिए बेचैन हैं। एक तरह की *अबोधता* के साथ उत्सुक और व्यग्र। केदार जब तब भाषा को तात्कालिक वर्तमान से थोड़ा अलग करके उसे काल्पनिक अमूर्तन की दिशा में ले जाना चाहते हैं। रघुवीर सहाय की भाषा चिंता का स्रोत तुरंत का समाज है, जिसे तोड़ना, बनाना, बदलना वहीं, उसी समाज के भीतर, एक ज़रूरी कार्रवाई है। केदार के यहाँ ऐसी चिंता हो भी, तो दबी-दबी सी है। कविता कविता की-सी दिखती है। *दक्ष परिष्कार* का-सा आभास देती हुई। रघुवीर सहाय का व्यंग्य भाषा के बहाने भी सामाजिक हलचल में धँसने लगता है। ख़बरें ख़बरों की तरह केदार की कविता में न हों पर केदार की भाषा में इतनी 'गूँजें' हैं कि वे हमें आज के समय की दुश्चिंताओं का भी आभास देती हैं। 'उत्तर कबीर' की कविताओं को सबसे पहले ऐसी 'गूँजों' के लिए एकाग्र सजग पाठ की ज़रूरत है।

(3)

केदार की कविता का अपना छंद हो, लय हो, संगीत हो पर स्वतः स्फूर्त तो नहीं है वह। नहीं है वह महज़ 'आह से उपजा गान' न सुंदर-सुंदर कोमल-कोमल चमकीली आशा का बखान-भर है। संग्रह की अंतिम लंबी कविता 'उत्तर कबीर' (जिस पर संग्रह का नामकरण किया गया है) के बारे में हम आगे विचार करेंगे, जिसे लिखने की कोशिश वे लंबे समय से करते रहे हैं—'बाघ' सरीखी लंबी और जटिल काव्य विधान वाली कविता के साथ-साथ। पहले कुछ और कविताओं पर ध्यान दें। 'भिखारी ठाकुर' 'कुदाल' 'दवा की तलाश में एक बेचैन आत्मा' 'संतरा' 'पुनर्जन्म की आवाज़'। इससे कोई फ़र्क़ नहीं पड़ता कि देशकाल के बहुत-से सवाल संदर्भ जो समाजशास्त्रियों के काम के हैं ठीक उन्हीं अर्थों में बहुत-से कवियों के काम के भी हैं। इन्हीं सवालों में धँसकर *विष्णु खरे* जैसे कवि की कविता ढीले-ढाले रूपबंध में विलक्षण अर्थ और महत्त्व प्राप्त करती है। इस ढीलेढाले रूपबंध के अपने अंतर्गठन के बारे में विचार करने की गुंजाइश यहाँ नहीं है। यहाँ इतना ही इशारा काफ़ी है कि यह एक ढंग है जीवन या समाज को देखने का। केदार के लिए कुछ बुनियादी ज़रूरी सवालों तक जाना एकदम तात्कालिकता

से दूर हटना भी है। यह दूरी उनके यहाँ काव्यमुक्ति के रूप में विकसित काव्यात्मक अस्पष्टता का हेतु है। काव्यात्मक दूरी का अर्थ यह कि उसे भेदकर ही गहरे *यथार्थ के स्रोत* तक पहुँचा जा सकता है। यहाँ फिर केदार एक तरह का *जादुई असर* पैदा करते हैं। कविता की पूरी संरचना में। यह जादुई असर ज़रूरी नहीं कि हर तरह के पाठकों के लिए एक-सा आनंद अनुभव कराए। पर केदार की कविता का यह आनंद 'आधातरहित' अनुभव नहीं है। 'भिखारी ठाकुर' (प्रसिद्ध भोजपुरी लोककवि तथा 'बिदेसिया' नामक लोकप्रिय नाच के रचयिता) से जिनका परिचय है वे चकित होंगे कि उन्हें आधार बनाकर लिखी कविता कैसे राष्ट्रीय नवजागरण और मुक्तिसंघर्ष की स्मृतियों का ठाठ खड़ा करती है। यहाँ *गांधी* से मिलते-जुलते व्यक्ति का चुपचाप *'नाच'* के दर्शकों की पंक्ति में बैठ जाना एक विलक्षण काव्यात्मक सूझ भर नहीं है। आज के नवऔपनिवेशिक दबाव में जो 'स्वदेशी' की लय पीछे छूट गयी है जो *'यादें'* हाशिए पर छोड़ दी गयी हैं कविता उन्हें अजब ढंग से अपनी 'गूँज' में शामिल कर लेती है। 'और महात्मा गाँधी आकर / लौट गए थे चंपारन से / और चौरी चौरा की आँच पर / खेतों में पकने लगी थीं / जौ-गेहूँ की बालियाँ / पर क्या आप विश्वास करेंगे / एक रात जब किसी खलिहान में चल रहा था / भिखारी ठाकुर का नाच / तो दर्शकों की पाँत में / एक शख़्स ऐसा भी बैठा था / जिसकी शक्ल बेहद मिलती थी / महात्मा गाँधी से'! ...'वह अजब बेचैन-सा चीख भरा नाच / जिसका आजादी की लड़ाई में / कोई जिक्र नहीं / पर मेरा ख्याल है / चर्चिल को सब पता था / शायद यह भी कि रात के तीसरे पहर / जब किसी झुरमुट में / ठनकता था गेहुँअन / तो नाच के किसी अँधेरे कोने से / धीरे-धीरे उठती थी / एक लंबी और अकेली / भिखारी ठाकुर की आवाज़ / ...और अब यह बहस तो चलती ही रहेगी कि नाच का आजादी से / रिश्ता क्या है / और अपने राष्ट्रगान की लय में / वह ऐसा क्या है / जहाँ रात-बिरात जाकर टकराती है / विदेसिया की लय।' यह लंबा उदाहरण इसलिए कि यह कविता महज़ कविता न होकर 'विदेसिया' के रचयिता पर एक पटकथा है, एक वृत्तचित्र है। मुक्ति संघर्ष के एक पूरे दौर पर टिप्पणी है। 'ताल के जल की तरह / हिलने लगती थीं / बोली की सारी / सोई हुई क्रियाएँ' और पहले के कई संकेत-संदर्भ! कविता जैसे किसी आख्यान में, किसी रूपक-कथा में तब्दील होती है, यह केवल हुनर से संभव नहीं होता।

देखें 'उत्तर कबीर' का समर्पण— *'अत्यंतगता पत्नी की स्मृति को'*। और फिर *'दवा की तलाश में बेचैन आत्मा'* कविता की अर्थव्यंजना को। मृत्यु का यह एक *निजी* अनुभव। वास्तविक अनुभव। उस पर कविता असंभव हो शायद। पर आखिर ऐसे ही संदर्भ से कितनी ही महत्त्वपूर्ण कविताएँ संभव हुई हैं। 'सरोजस्मृति'। और भी कई कविताएँ। दुनिया की अनेक भाषाओं में। कविता मृत्यु पर। केवल

संताप संचित करने के लिए नहीं। *मृत्यु* के *प्रतिरोध* के लिए।

मानो उसी को ध्वस्त और निरस्त करती हुई
ज़िंदा रहने की किसी जादुई इच्छा से
वह खुद-ब-खुद बन गयी हो
दवा की एक शीशी
एक जलभरा गिलास
एक छोटा-सा चम्मच...

पाठकगण,
यह मेरा कोरा अनुमान है
जैसे आकाश का सन्नाटा
पृथ्वी का अनुमान है
पर विश्वास करें
यह कोई चमत्कार नहीं था उसके लिए
क्योंकि उसे हर चमत्कार से नफ़रत थी
एक ज़िंदा रहने के
चमत्कार के अलावा

मृत्यु का प्रतिरोध। ऐसे संकेत कई कविताओं में हैं। 'हमारे देश में नदियाँ / जब कुछ नहीं करतीं / तब वे शवों का इंतज़ार करती हैं / अँधेरे को चीरते हुए / आते हैं *शव* / वे आते हैं अपनी चुप्पियों की चोट से / *जीने* की धार को / *तीव्रतर* करते हुए।' (नदियाँ)

कौतुक-विडंबना-विरोध-विपर्यय। केदार की कविता में भाषा की सक्रियता, भाषा की चमक, विदग्धता पर ध्यान बार-बार जाता है। सूक्तियों जैसे चुस्त कथन। 'पृथ्वी के सारे के सारे पुल / एक गहरा षड्यंत्र हैं नदियों के खिलाफ़' (नदियाँ) 'और सपना / चूँकि आँखों का अपना जनपद है' / 'सपना चूँकि पृथ्वी पर अकेला अद्वैत है'. (सपने में पृथ्वी)। विडंबना के असंख्य प्रयोग। 'एक भव्य कब्रिस्तान था / जिसे देखकर / पानी भर आता था / जीवितों के मुँह में'! *(न्यूयार्क में एक कब्रिस्तान को देखकर)*। 'यह पुनर्जन्म की आवाज़ थी / जो कि असल में एक कबाड़ी वाले की आवाज़ थी / जो मेरा ख़्याल है ठीक उसी समय / दुनिया के सारे कबाड़ को सुनाई पड़ रही थी।' *(पुनर्जन्म की आवाज़)*। कविता में जीवन के बहुविध प्रत्यक्ष। कविता में अर्थ की अनेक तहें। केदार का संवेदनतंत्र कहाँ-कहाँ झंकृत है, देखने की चीज़ है। 'पोस्टकार्ड की स्वरलिपि' में, ब्रह्म की तरह अथाह लग रहे बालू के विस्तार में, अपने ही शून्य के आकर्षण पर टँगे पृथ्वी के पुल में, ढाबे की राख से छनकर आती बारिश की खुशबू में, स्मृति-पुराण सरीखे जमीन में धँसे पहिए में, अपने ही वजूद के न होने के ताप से आहिस्ता-आहिस्ता

गल रहे एक अदृश्य और असाध्य हिममानव में, निर्जल कुओं की ठंडी गूँज में, घास की गंध-जैसे समय में, किसी शहर के शोर में एक शाम उतर आई अथाह चुप्पियों की किताब में—ये अनुभव-प्रसंग जहाँ-तहाँ से चुन लिए गए हैं पर संकेत है कि भाषा की स्मृति में गहरे पैठने वाले कवि ने जो रचना चाहा है वह प्रसन्न कौतुक से बड़ी चीज़ है। ज्ञात और अज्ञात के तनाव में, स्वप्न और यथार्थ के द्वंद्व में *'कुदाल'* 'कुदाल' ही नहीं है और उसमें निहित प्रतीकात्मकता भी उसकी वस्तुपरक उपस्थिति को नकार कर संभव नहीं है।

'कुदाल' कविता को कई तरह से पढ़े जाने की छूट है। दरवाजे पर उसका होना आँखों को अटपटा लगता है पर उसकी *'अजब अड़बंग-सी धूल भरी धज'* आकर्षित करती है। सवाल यह है कि घर में कौन-सी जगह हो कुदाल के रखे जाने के लिए। ड्राइंग रूम में रखें तो घर का संतुलन बिगड़ता है। रसोईघर में पवित्रता का आतंक है। पलंग के नीचे उसका होना रहस्यमय है—किंचित बेढंगा भी। कहाँ, कहाँ रखें कुदाल को। एक बेहद ज़रूरी चीज़ पर आख़िर कुदाल ही!

क्योंकि अँधेरा बढ़ता जा रहा था
और अँधेरे में धीरे-धीरे बढ़ता जा रहा था
कुदाल का क़द
और अब उसे दरवाज़े पर छोड़ना
ख़तरनाक था
सड़क पर रख देना असंभव
मेरे घर में कुदाल के लिए जगह नहीं थी।

भाषा की लय यहाँ विचार की लय हो जाती है। क्या याद दिलाने की ज़रूरत है कि वेलरी जैसे कवियों के यहाँ कविता भाषा की त्वचा से छिटककर एक स्वतंत्र भाषा हो जाती थी।

सुदूर में, संभावना में, स्वप्न में, कल्पना में, कई बार मरीचिका में जीवन की चमक देखने के लिए बेचैन केदारनाथ सिंह कई बार अपने अबोध तर्क से आज की सभ्यता-समीक्षा के निकट पहुँचते हैं। यहाँ संक्षिप्तता संकेत विदग्ध कथन से आगे व्याख्या या विश्लेषण में वे नहीं जाते। शायद उनकी कविता ऐसी व्याख्या का बोझ सँभाल नहीं सकती क्योंकि एक शिल्पगत पूर्णता और दक्ष परिष्कार उनकी कविता की सीमा या सहज प्रकृति है पर जितनी छेड़छाड़, जितना संकेत कथन वे करते हैं उसके लिए भी पाठक का अधिक उत्सुक या चौकन्ना होना ज़रूरी है। *'घर का विचार'* कविता में कौतुक भी एक तर्कसंगत आधुनिक विचार है—

एक भयावह श्वेत चमक से भरा
वह बालू का विस्तार

उसे ब्रह्म की तरह लगा
और उतना ही *अथाह*

और अपने-आप में
लगभग उतना ही *व्यर्थ*

ब्रह्म के *विरुद्ध*
लोहे के विचार ने
उसे थोड़ी-सी *टेक* दी

फिर उसने गला साफ़ किया
सूरज की ओर देखा
जैसे देर हो रही हो
और हवा में कहा—थू...

अब इस पर बहस से
कोई फ़ायदा नहीं
कि उसने जो हवा में कहा—थू...
उसके दायरे में
सिर्फ़ कुंडी आती थी
या पूरा घर

यहाँ एक आधुनिक कवि का नज़रिया आधुनिक विचार या तर्क का निषेध नहीं करता। पर 'विकास-कथा' जैसी कविताएँ नास्टेल्जिया के ढंग की भावुकता जगाती हैं। 'कुएँ' में एक और तरह का आंचलिक विषाद। आने वाली पीढ़ी के लिए यह उस विगत जीवन का पाठ है जो बुजुर्गों की सँजो कर रखी गयी चिट्ठी चपाती में हो तो हो, उसका अपना कोई सरोकार नहीं।

(4)

एक सुई खो गयी है
पृथ्वी के दिल में
और दर्ज़ी सुई की नोक में
खो गया है

एक मिट्टी के ढेले में
गुम गया है कुम्हार

और बढ़ई लोप हो गया है
चिरती हुई लकड़ी की गंध में

कवि अपने शब्दों की फाँक में
लापता है

ये पंक्तियाँ संग्रह की अंतिम लंबी कविता 'उत्तर कबीर' के बीच में कहीं आती हैं। 'उत्तर कबीर' में कबीर हैं और कबीर नहीं हैं। कबीर हैं तो अपने समय की स्मृति से अधिक हमारे अपने समय के त्रास और दंश में। कविता बहुध्वनि-बहुअर्थमय। याद आता है कि रूसी कवयित्री अन्ना अख़्मातोवा की कविता *'पोएम विदाउट ए हीरो'* के लिए कहा गया था— 'Polyphonic'! कवि की टिप्पणी की याद ज़रूरी है— "दिसंबर सन् 1989 की एक सुबह जब मेरी ट्रेन मगहर के पास से गुज़र रही थी तो मेरी दृष्टि अचानक एक बड़ी-सी इमारत पर पड़ी, जिसके आगे कबीरदास का नाम टँगा था। पूछने पर पता चला, वह उनके नाम पर सरकार द्वारा स्थापित और लगभग बंद पड़ी एक कताई मिल है—ताकि उस बुनकर-बहुल क्षेत्र में करघों को सूत की आपूर्ति होती रहे। सुनकर सोचा—कबीरदास को कैसा लगता यह उत्तर, जो वहाँ से बस थोड़ी ही दूर, आमी के तट पर अपनी गहरी समाधि में सदियों से सोये हैं!" (टिप्पणी है इसलिए संदर्भ के रूप में उस पर ध्यान जाना स्वाभाविक है वर्ना कविता अपने आप में किसी टिप्पणी की ज़रूरत नहीं रखती।) संदर्भ ज़रूरी हों तो याद कर सकते हैं कि पहले लिखी 'बनारस' कविता में भी केदार कबीर की स्मृति-कथा से टकरा रहे थे। काशी-मगहर की कथा-स्मृति अपनी जगह है। 'उत्तर कबीर' एक उत्तर-समय, उत्तर-आधुनिक समय पर टिप्पणी है—कविता में! कविता के बाहर भी!

ऐसे में एक विराट *महाकाव्य*
लोगों के ललाट
और वक्षस्थल से झरता है
और आराम से अँट जाता है
एक छोटे-से *चुटकुले* में

महाकाव्य जहाँ चुटकुले में अँटना चाहता है वहाँ *अनंत* गठरी के मानिंद हो तो क्या आश्चर्य! 'और अब ब्रह्मांड के धुर उत्तर में / यह आमी का वही तट है / जहाँ अनंत को एक गठरी की तरह / पीठ पर लटकाए हुए / मैं फिर खड़ा हूँ।' यह आज का समय है (कबीर के समय का भी हो तो हो!) कि 'आमी' और 'दुनिया' के बीच पानी और बानी के सब रास्ते बंद हैं। 'आमी' भूगोल का वह वृहत्तर हिस्सा है जो हाशिए पर है जहाँ न सुविधाएँ पहुँचती हैं न मौजूदा समय। यहाँ धूप 'काल पर झुकी-झुकी एक पुरानी पुलिया-सी है' और 'पुलिया

के उस तरफ़ / अमरता के ख़िलाफ़ / एक लंबी चीख़ की तरह / फैला है मगहर!' कबीर नहीं, कबीर कताई मिल। यह है अपने आपमें विडंबनामूलक यथार्थ। यहीं एक पतली-सी काली लपलपाती सड़क सारे अनहद को लाँघती फलाँगती उधर चली गयी है जिधर या तो दिल्ली है या फिर कुछ नहीं। यही है आज का उत्तर समय। जहाँ—'पानी भूल गया है / आग से अपना रिश्ता / आग को याद नहीं / हवा का स्पर्श / ...गंध से टूट गयी है / पृथ्वी की लय / पृथ्वी से बंद है / आकाश की बातचीत।' ज़ाहिर है कि एक वह था कबीर का आध्यात्मिक समय, जो स्थगित है—इस उत्तर समय में। आधा-अधूरा। खंडित। विकलांग।

और यह जो समूचा समय है
उसमें *रोशनी राख सदियाँ तिलचट्टे*
सबकुछ है
सिर्फ़ *समूचापन* झड़ गया है
समूचे समय से

यह है आज की त्रासदी। कबीर के आध्यात्मिक समय का इस कामचलाऊ उत्तर समय में बदलना, कबीर का 'कबीर सूत मिल' में बदल जाना—इसे क्या कहेंगे—शानदार या दयनीय! केदारनाथ सिंह के काव्यविवेक के अनुसार दोनों—'कितना *शानदार* है / और कितना *दयनीय*' *अंतर्विरोध* भी अपनी जगह हैं और अंतर्विरोधों में छिपी संगति, लय राग अपनी जगह। 'मुक्ति' की व्यर्थता बताने के लिए शब्द को ख़ारिज नहीं किया गया है। बस विडंबना का लाभ उठाकर उसे एक नया अर्थ दे दिया गया है। 'बल्कि एक जीता-जागता तीसरा आदमी है / जो नहीं जानता उसकी मुक्ति चमक रही है / शायद उन्नीसवें आदमी की नाक पर / और हो सकता है उन्नीसवाँ / पहले ही भूल चुका हो अपनी मुक्ति को / अड़तीसवें आदमी की जेब में रखकर!' अगली बार यही 'मुक्ति' शब्द अपनी लघुता में अर्थवान लगने लगता है—जब—'हर आदमी की जेब में / धीमे-धीमे बजती है / हर आदमी की मुक्ति की / एक छोटी-सी कुंजी!' कबीर सूत मिल। पुख़्ता हिसाब-किताब। और हर आदमी की मुक्ति। इनमें क्या कोई सचेत अर्थसंगति है। कवि का ढंग यह है कि वह कल्पना को बेहद्दी मैदान में ले जाकर निकट के सच से, तात्कालिक सच से संबद्ध करना चाहता है। याद दिलाना चाहता है कि कबीर सूत मिल का वजूद उत्तर समय का उत्तर यथार्थ है। कवि के संकेत पर ध्यान दें तो 'लगभग बंद पड़ी' कताई मिल है। कहाँ हैं बुनकर! कहाँ है कताई मिल का प्रबंध तंत्र! मिल बंद क्यों पड़ी है! कविता में ब्यौरे नहीं हैं, स्थूल संदर्भ नहीं है। संयोग है कि सूत मिल से कबीर का नाम जुड़ा है और यही स्मृति और वर्तमान के तनाव को नयी दिशा देता है। स्वर्ग पीछे छूट गया है और मुक्ति का

कोई अर्थ है तो यही—'अपने नरक की आँखों में आँखें डालकर अपलक अटूट खड़े रहना!'

केदारनाथ सिंह की कविता में कुछ शब्द बार-बार आते हैं—जैसे स्वरलिपि, बिंब, छंद, संज्ञा, विशेषण, प्रत्यय, उपसर्ग, अक्षर, वर्णमाला, ध्वनि, चुप्पी, लय...। सवाल यह कि ये कवि के लिए भाषा के उपकरण औज़ार है या अभिप्राय(motif) भी हैं? जैसे स्थानवाची शब्द महज़ शब्द हैं या *जीवित यथार्थ* भी हैं? जिल्दाना, अराराट, मंगोलिया, तिब्बत, मकराना, मगहर, पिलखुवा, कांजीवरम, पंढरपुर, रोहतांग, '*यथार्थजीवित*' भी हो सकते हैं पर कई बार महज़ शब्द हैं '*काव्यजीवित*' हैं, *फ़ंतासी* हैं। 'कूड़ा और चिड़िया के बीच फँसी एक प्रेम कविता' लिखते हुए केदार कुछ ऐसा जादुई ढंग ज़रूर अपनाते हैं कि '*चिड़िया*' ही नहीं, 'कूड़ा' भी एक सुंदर अर्थपद लगने लगे। डर है कि जिनके पूर्वग्रह प्रबल हैं उन्हें इस बार भी लगेगा कि '*कुदाल*' भी आख़िर केदार की कविता में सुंदर ही होकर रही। अगर अटपटेपन में ही सौंदर्य है तो उससे इनकार क्यों! '*शब्द पर दस्तक*' कविता यहीं केदार की कवि दृष्टि और कविता में सक्रिय भाषादृष्टि का आभास कराती है। कवि के 'शब्दकोश' के बाहर जो काली चिड़िया है अपनी चोंच से पन्नों पर दस्तक देती हुई वही निरर्थकता में सेंध लगाती है और वहीं से *अर्थ* का *नया अनुसंधान* करती है।

केदार की समूची काव्य-प्रक्रिया अर्थ का निरंतर नया अनुसंधान है। कभी अनजाने अबोध ढंग से, कभी सचेत काव्ययुक्ति के दक्ष इस्तेमाल से। दस्तक से, दस्तक की धमक से झनझनाती हुई शिराएँ—कविताएँ यहाँ पाठक को भी निष्क्रिय नहीं छोड़ जातीं। उसे साथ लेती हैं और नये-नये अनुभव-क्षेत्रों में निकलती हैं। हर बार एक नयी गूँज, एक नयी आवाज़, एक नयी स्वरलिपि। पाठक को पकड़ती हुई। उसकी अपनी पाठ-विधि पर लगभग छा जाती हुई। केदार कल्पना की अगाधता में डूबने वाले कवि हैं। तुलसीदास की याद भी उन्हें सुर्रियलिज़्म तक ले जा सकती है। याद रहे कि स्मृति कल्पना का विलास भी हो सकती है और संवेदनात्मक शिराओं में धँसी हुई कील भी। 'मेरे हाथ मुझी को खोजते हुए / बिस्तर से उठे और मैंने पाया मेरा सिर / मेरे कंधों पर अब भी मौजूद है'। *(बिस्तर)* एक काफ़्काई अंदाज़। कल्पना केदार के लिए प्रश्न और जिज्ञासा का अनंत क्रम है। महत्त्वपूर्ण है पूछना—क्योंकि 'पूछने से भाषाएँ ज़िंदा रहती हैं'।

(5)

जिन बलाओं को मीर, सुनते थे
उनको इस रोज़गार में, देखा

बदले हुए समय का त्रास-दुख-अजनबीपन केदार के अनुभवों में भी दर्ज़ है। बेशक, वह बहुत जगह नहीं घेरता। तथ्यों ब्यौरों की शक्ल में नहीं आता। पर जहाँ अंकित है वहाँ चिंता की काली लकीर दूर तक खिंची हुई दिखती है। 'अब आ तो गया हूँ / पर यह कैसे साबित हो / कि उनकी आँखों में / मैं कोई तौलिया या सूटकेस नहीं / मैं ही हूँ।' *(गाँव आने पर)* 'जब सारा हिसाब हो चुका / कंप्यूटर ख़त्म कर चुके अपना काम / और मेज़ों पर कागज़ समेटे जाने लगे / तो अचानक पता चला पूरे हिसाब में / एक छोटा-सा पैसा कहीं नहीं था / ...सब चुप थे / हैरान / पर सबके हाथ अपनी ही जेब तक / जाने से डरते थे / मानो वह छोटा-सा पैसा / कोई जादुई पैसा हो / जो कहीं नहीं था / और किसी की भी जेब में / हो सकता था'। *(आँकड़ों के धुँधलके में)* केदार आर्थिक उदारीकरण के घपले में आम आदमी की तकलीफ़ को ऐसे ही अबोध व्यंग्यात्मक लहजे में पकड़ते हैं। उनके यहाँ काव्यात्मकता के कितने ही ज्ञात-अज्ञात नियम सक्रिय हैं। *काव्यात्मकता* वहाँ भी, जहाँ अकल्पनीय हो। हल्का-फुल्का व्यंग्य समय को प्रश्नों से घेरता हुआ। 'नहीं, इसमें शर्म की कोई बात नहीं / चाँद सूरज से उधार लेता है / समुद्र नदियों से / भारत विश्वबैंक से / यही नियम है।' *(नियम)* पर कुछ है जो केदार की काव्यप्रक्रिया, काव्याभिरुचि के *अंदरूनी सेंसर्स* की तरह कहीं अवरोध है। एक तरह की रुकावट, जिससे कवि को ही टकराना है। केदार की लोकप्रियता जिन विशेषताओं पर टिकी है, शायद एक दिन उन विशेषताओं के प्रभामंडल को ध्वस्त करके ही वे कविता की मुक्ति के किसी और बड़े लक्ष्य तक पहुँचेंगे।

कविता का भविष्य और भविष्य का समाज

कविता के भविष्य का सवाल निस्संदेह एक बड़ा सवाल है जिसे छोड़कर भविष्य की सामाजिकता या भविष्य के समाज का कोई भी पूर्वानुमान या निरूपण अधूरा होगा। भविष्य का समाज हमारी ज़रूरी चिंता है पर कविता का भविष्य उतनी ही ज़रूरी चिंता है। इनमें प्राथमिकता का सवाल उठाकर शुरू में ही हम एक ग़लत धारणा या पूर्वग्रह के शिकार होंगे। यह तर्क चलने वाला नहीं है कि आज समाज की चिंता कर लें, कल कविता की चिंता भी कर लेंगे। कविता जिनके लिए महज़ वाग्विलास है उनके लिए दोनों प्रकार की चिंता से एक साथ छुटकारा है। जिन्हें समाज की वास्तविक चिंता है वे जानते हैं कि जिन ताक़तों का दबाव समाज पर बढ़ रहा है वे आने वाले दिनों में कविता के साथ क्या सलूक करेंगे। जिन्हें कविता के गतिरोध या आंतरिक संकट की चिंता है वे गतिरोध या संकट के कारणों की जाँच पड़ताल के लिए समाज की कठोर सच्चाई के भीतर अधिक गहरे धँसने की ज़रूरत महसूस करेंगे। साहित्य और समाज—जैसे संदर्भ को पिटा हुआ मानकर जो दरकिनार करना चाहेंगे उन्हें यह तो सोचना ही पड़ेगा कि कला साहित्य संस्कृति का समाज से जो रिश्ता इस शताब्दी के तीसरे चौथे दशक तक बना हुआ था वह आगे कमज़ोर क्यों हुआ है! आज तो यह चिंता शायद पूरी दुनिया की हो कि कविता आने वाले समाज के लिए कितनी ज़रूरी या प्रासंगिक रह जाएगी और समाज से गहरा संबंध बनाते हुए कवि अपने माध्यम को किस हद तक नयी ताक़त और ऊर्जा से संपन्न कर सकेगा। आज हम शायद यह सोचकर एक बार संतुष्ट हो लें कि कविता के क्षेत्र में कोई आंदोलन नहीं है पर जिस तरह के आंदोलन की हम कविता के संदर्भ में कल्पना करते हैं वह कभी केवल साहित्यिक आंदोलन नहीं रहा है। यह भी नहीं कि साहित्यिक आंदोलन हमेशा समाज और राजनीति के दूसरे आंदोलनों की तरह या दूसरे आंदोलनों की अनुकृति या छाया भर हों। जब भी कोई साहित्यिक आंदोलन विशेष सार्थकता पा सका है उसकी एक सामाजिक पृष्ठभूमि और सामाजिक भूमिका ज़रूर रही है।

क्या छायावाद नितांत साहित्यिक आंदोलन था! छायाचित्रों के सामाजिक अर्थों पर क्या यों ही इतने वर्षों तक बहस होती आई है! मुझे छायावाद बहुत गहरे स्तर पर समाज की भीतरी गतिविधियों की अनिवार्य छाया के रूप में सार्थक लगा है। कलाविधि में प्रच्छन्न और परोक्ष के लिए आकर्षण के बावजूद ये गतिविधियाँ सतर्क पाठक का ध्यान आकृष्ट करती हैं। छायावादी कवि अपने समय में हमारे समय के कवियों की तुलना में अधिक पढ़े गए थे। इसे रोमांटिक प्रवृत्ति का कच्चापन मानकर या रोमांटिकता के प्रति सतही आकर्षण मानकर नज़रअंदाज नहीं करना चाहिए। अकेले निराला छायावादी काव्यानुभव की व्याप्ति को समझने के लिए विलक्षण उदाहरण हैं। उदात्त और ललित ही नहीं, उदात्त और क्षुद्र के तनाव या द्वंद्व की गहरी अर्थछायाएँ भी उनके यहाँ मौजूद हैं। यह भी देखें कि साहित्य के बाहर जाकर निराला ने उन अनेक सामाजिक राजनीतिक महत्त्व के विषयों पर टिप्पणियाँ लिखी हैं जिन पर केवल प्रेमचंद लिखने का साहस कर सकते थे। प्रगतिवाद एक व्यापक राजनीतिक सामाजिक आंदोलन से सीधे प्रभाव ग्रहण कर रहा था पर अगर हम मुक्तिबोध शमशेर को नागार्जुन त्रिलोचन के साथ इस आंदोलन के ज़रूरी कवि के रूप में विचारणीय मानते हैं और प्रगतिवाद की साहित्यिक आंदोलन के रूप में अपनी एक मुकम्मल तस्वीर बनाना चाहते हैं तो देखना कठिन नहीं है कि एक साहित्यिक आंदोलन के रूप निर्धारण के लिए इन कवियों को कितना संघर्ष करना पड़ा है। मुक्तिबोध का संघर्ष कविता के बाहर सामाजिक राजनीतिक महत्त्व की टिप्पणियों में भी दर्ज़ है। कला और जीवन, रूप और वस्तु, कला और राजनीति के रिश्तों को लेकर जो बहस उस दौर में हुई है वह, आंशिक रूप से ही सही, न केवल विचारोत्तेजक है बल्कि कविता की अपनी ज़मीन, कविता की अपनी बनावट की जाँच-परख के लिए महत्त्वपूर्ण है।

यह एक कठोर तथ्य है कि हमारे भारतीय समाज में, हमारी अपनी सांस्कृतिक सोच में कुछ नयी दरारें पड़ी हैं। कुछ नयी गुत्थियाँ पैदा हुई हैं। मुझे प्रेमचंद, मुक्तिबोध और रघुवीर सहाय ही हिंदी की धर्मनिरपेक्ष साहित्यिक परंपरा की दृष्टि से महत्त्वपूर्ण नहीं लगते हैं। हिंदी की साहित्यिक परंपरा ही, जिसके निर्माण में अनेक महत्त्वपूर्ण लेखकों की हिस्सेदारी है, मुझे अपनी मूल प्रकृति में धर्मनिरपेक्ष नज़र आती है। असद ज़ैदी अगर यहाँ नामों के चुनाव में सख़्ती बरत रहे हैं और इसे लेकर क्षुब्ध हैं कि समकालीन लेखन में हिंदू पुनरुत्थानवाद और इससे जुड़े राजनीतिक फ़ासीवाद को न सिर्फ़ बर्दाश्त या अनदेखा किया गया है बल्कि कुछ लेखक कवि और आलोचक उसके प्रवक्ता बन गए हैं, तो मैं उनकी पीड़ा और उससे प्रेरित निष्कर्ष को समझने के लिए ज़रूर कोशिश करूँगा। हम अब तक बहुत भरोसा करते आए हैं और यह भरोसा खोना नहीं चाहते कि हिंदी में श्रेष्ठ या महत्त्वपूर्ण लेखकों की जो भी अपनी परंपरा है, वह धर्मनिरपेक्षता की ही परंपरा

है। आख़िर धर्मांध संकीर्णतावादी ताक़तों या प्रतिष्ठानों को कौन से महत्त्वपूर्ण लेखक प्रवक्ता या पक्षधर के रूप में मिले हैं! प्रेमचंद धर्मनिरपेक्षता के प्रतीक हैं तो निराला क्यों नहीं! आज जिस तरह के ढोंग या पाखंड का, जिस तरह के लगभग अश्लील कर्मकांडों का उभार है, उन्हीं पर कभी निराला का ग़ुस्सा इस रूप में प्रकट हुआ था—"सूर्य द्वारा समुद्र के विशाल कुंड से अविरल जल जला-जलाकर जो प्रकृति पानी बरसाती है वह नकलचियों के घृतहवन की अपेक्षा नहीं करती। जहाँ मनों घी बेवकूफी में जलता है वहाँ आर्य निःसंदेह अनार्य हो गए हैं। वह घी और यव गरीबों के पेट के अग्निकुंड में जलकर उनकी नसों में रक्त और जीवनीशक्ति संचित करके ही यज्ञ की सर्वोच्च व्याख्या से सार्थक होगा। जहाँ लाखों टन जले कोयले का धुआँ वायुमंडल में ज़हर भर रहा हो, वहाँ मामूली संख्या के आर्यसमाजी तोले-तोले घी फूँककर वायुमंडल शुद्ध कर देंगे। प्रकृति ने इसे पवित्र करने के लिए पहले से हवा को लगा रखा है। वह वह-बहकर धुएँ का ज़हर जल की धारा की तरह फटकारती साफ करती रहती हैं।" आज जब समाज को अंधविश्वासों की ओर ठेलने का उपक्रम बड़े पैमाने पर जारी है, निराला की याद धर्मनिरपेक्षता के पक्ष में लड़ने वालों को आनी चाहिए। इसके बावजूद निराला अपने वेदांत और यथार्थ-दर्शन के साथ, तुलसीदास और कुकुरमुत्ता के द्वंद्व के साथ ही स्वीकार्य होंगे, किसी सीमित इकहरे अनुभव के आधार पर नहीं।

जब हम कहते हैं कि हिंदी की समूची साहित्यिक परंपरा धर्मनिरपेक्षता की परंपरा है तो भवित साहित्य को स्वीकार करके ही, बहिष्कृत करके नहीं। मुझे भक्ति-साहित्य इसलिए ज़रूरी और प्रासंगिक लगता है कि वह धार्मिक संवेदना और धर्मनिरपेक्ष संवेदना के घनिष्ठ और जटिल संबंध की समझ देने वाला है। जब विजयदेव नारायण साही जायसी के 'पदमावत' के ट्रैजिक विषाद और संगठन से टकरा रहे थे तो धार्मिक संवेदना के साथ धर्मनिरपेक्ष संवेदना के रिश्ते की उन्हें यथेष्ट चिंता थी। आज के धर्मांध समाज में जो बाह्याचार उमड़ रहा है जो नये पुराने कर्मकांड जन्म ले रहे हैं उनकी व्यर्थता पर कबीर ने जो चोट की थी वह हमेशा साहित्य और समाज की जीवंत चेतना के निर्माण में सहायक थी। पर कबीर का पाठ एक ही नहीं है। कबीर की पाठ वस्तु के अनुरूप अनेक व्याख्याएँ हैं। परंपरा में कबीर की निजी अंतरंगता के ही ऐसे पाठ हैं जो गहरी विश्वभावना की झंकृति पैदा करने वाले हैं। 'सब रग तंत रबाब-तन बिरह बजावे नित्त / और न कोई सुनि सकै कै साईं कै चित्त'—सारी नसें ताँत-सी हैं, शरीर है तार वाद्य, विरह ही वादक है। और इससे जो धुन या ध्वनि उठ रही है उसे मैं सुनता हूँ या मेरा प्रिय सुनता है। कोई संकीर्ण विचारधारा इस अद्वितीय काव्यानुभव को अधिगृहीत नहीं कर सकती है। आक्तोवियो पाज़ ने 'परंपरा' की व्याख्या इस रूप में की है—'परंपरा का अर्थ है अलग-अलग अनुशासनों के पाठकों की विविधता एवं समान

रुचियों और मूल्यों को एक साथ समन्वित कर देना। इसका कोई महत्त्व नहीं है कि परंपरा में मतों की भिन्नता या विरोध भी है। अतीत के खो जाने का अपरिहार्य परिणाम है भविष्य का भी खो जाना। हर कवि परंपरा रूपी नदी की एक तरंग है, भाषा एक क्षण है। कभी-कभी कवि परंपरा को नकार देता है पर वह नकार किसी दूसरी परंपरा की खोज है। हम मानते हैं कि भारतीय समाज की जो मूल जीवनीशक्ति है वह इकहरेपन या संकीर्णतावाद के विरुद्ध बहुअर्थमयी सांस्कृतिक जीवन छवियों, बहुरंगी सामाजिकता की स्वीकृति पर ही आधारित है। आज इसी वैविध्य को संकीर्ण इकहरेपन में सीमित करने के प्रयत्न में तमाम संकीर्णतावादी ताक़तें एकजुट हैं।

आज इसी परिदृश्य से उभरकर कई नये सवाल सामने आए हैं। कुछेक संस्कृतिकर्मियों और चिंतकों को लग रहा है कि धर्म की सकारात्मक भूमिका पर बल देते-देते हमने धार्मिक संकीर्णतावादियों को न सिर्फ़ अपने समाज में स्वीकार कर लिया है बल्कि उन्हें गौरव भी देने लगे हैं। एक राजनीतिक सांस्कृतिक संगठन ने पिछले दिनों यह तीखी टिप्पणी की कि धर्म की सकारात्मक प्रगतिशील क्रांतिकारी भूमिका की बातें बहुत हो चुकीं। अब कबीर तुलसी को एक साथ भूलकर धर्म के मौजूदा विध्वंसकारी तेवर को मुख्य रूप से लक्ष्यीभूत मानकर उस पर सीधे प्रहार करना चाहिए। बहुत कुछ इससे मिलते-जुलते स्वर में स्वयंप्रकाश का एक तीखा पत्र इस बीच मुझे पढ़ने का अवसर मिला जो कथाकार मदन मोहन के नाम लिखा गया है। स्वयंप्रकाश के सोच और स्वर की सच्चाई किसी को भी विचलित करने वाली है। पर हमारी मुश्किलें वही हैं। मेरा डर दूसरा है। क्या हम आज की धर्मांध, सत्तालोलुप, व्यवसायी ताक़तों के दबाव में अपनी धर्मनिरपेक्षता की वृहत्तर अवधारणा को ख़त्म कर देंगे और विकल्प की विचारधारा के नाम पर या तो सीधा-साधा सर्वधर्म समभाव करते रहेंगे या धर्म के विरुद्ध भारतीय समाज में नयी जागरूकता पैदा करने के लिए सच्चे मन से कृतसंकल्प होंगे। यह सवाल भी मेरे डर से पैदा हुआ है कि जिस भारतीय समाज से हमें उलझना है या संवाद करना है, वह समाज कैसा है! ख़ासकर आज की परिस्थितियों में उसकी पहचान क्या है! उसे संबोधित करने के लिए हमने क्या तरीके खोजे हैं!

त्रासद स्थिति यह है कि महावीर प्रसाद द्विवेदी के समय में तो अच्छी बुरी कविता के पाठक थे। आज शायद हम अपनी ख़ुशफ़हमी के चलते ही मान लेना चाहते हैं कि कविता के पाठक हैं या कविता पढ़ी जा रही है। किसी कविता पुस्तक के अगर दूसरे संस्करण हो गए तो हम आँकड़ों का साक्ष्य प्राप्त कर और आत्मतुष्ट नज़र आते हैं कि कविता पढ़ी जा रही है। पर इतने बड़े समाज में, समाज की विद्रूप भयानक सच्चाई में और गहरे जाकर निर्भय परीक्षण की ज़रूरत है कि कविता कौन पढ़ता है! क्या हम अपने समय की कविता की एकरसता, एक-सा-पन,

इकहरेपन और एक तरह के उपचार-धर्म पर विचार करते हुए अपने ही समाज से विच्छिन्नता और उसके घातक रूपों को देख पा रहे हैं। छायावाद अगर बड़ा काव्यांदोलन है तो समाज की गतिविधियों से भीतर ही भीतर किसी गहरी संपृक्ति के कारण। छायावाद यदि अपनी उपलब्धियों में आज भी महत्त्वपूर्ण है तो इसलिए कि प्रसाद पंत निराला ने अलग-अलग अपनी कविता की अंतर्वस्तु संगठित की, अलग-अलग अपना मुहावरा बनाया। क्या आज के कवियों की अपनी स्वीकृति कहीं इस पर निर्भर नहीं है कि उन कवियों की संपूर्ण स्वायत्त पहचान समाज में देर तक प्रतिष्ठा का विषय बनी हुई है। यह सवाल भी असुविधाजनक है कि उनकी प्रतिष्ठा में विश्वविद्यालयों के बौद्धिक समाज की क्या भूमिका रही है। विश्वविद्यालय कविता की दुर्गति के लिए बदनाम हैं पर शायद कविता की सद्गति और मुक्ति के लिए भी वहाँ कोई संभावना मौजूद हो। फ़िलहाल समाज की जिन विकृतियों को लेकर हम चिंतित हैं धार्मिक संकीर्णतावाद वग़ैरह—वे विश्वविद्यालयी सभाज में कुछ ज़्यादा ही उभार पर हैं। लेकिन कविता कौन पढ़ता है—जैसे सवाल को लेकर समाज के निकट जाएँगे तो इस समाज की विडंबनाओं से बच नहीं पाएँगे। निराला को अगर हम धर्मनिरपेक्ष साहित्यिक परंपरा में महत्त्वपूर्ण मान रहे हैं तो 'तुलसीदास' जैसी असुविधाजनक कविता को छोड़कर नहीं। वही निराला गाँधी जी के अंतर्विरोधों से घबराकर आक्रामक ढंग से लिख सकते हैं। 'बापू तुम मुर्गी खाते यदि!' यह एक प्रतिक्रिया है—निराला का मूल स्वर नहीं है। गाँधी से निराला ने क्या-क्या ग्रहण किया है यह वे मैथिलीशरण गुप्त या पंत की तरह कविताएँ लिखकर नहीं दिखाते। 'चतुरी चमार' और 'कुल्लीभाट' के निहितार्थ कहीं अधिक गाँधी से निकटता प्रकट करते हैं। भावांध पवित्रतावादियों को कितनी ठेस लगेगी—यह देखकर, कि कैसी अनाप-शनाप भाषा में हिंदी का एक बड़ा कवि लिखता है। कुछ पाठकों को याद ज़रूर होगा कि एक समय युगचेतना (लखनऊ) में प्रकाशित कविता 'हमारी हिंदी' (रघुवीर सहाय) पर पवित्रतावादियों में क्या प्रतिक्रिया हुई थी। उदात्त और क्षुद्र के द्वैत या द्वंद्व से टकराने के लिए निराला जैसी ही बड़ी सर्जनात्मक ऊर्जा चाहिए।

असद ज़ैदी का यह निरूपण समकालीन कविता के पाठकों के लिए विचारणीय है कि अधिकतर कविता शराफ़त शालीनता हुनरमंदी की गिरफ़्त में है और जटिल असुविधाजनक यथार्थ से एक हद तक बचती है। आश्चर्य नहीं कि समकालीन कविता के एक महत्त्वपूर्ण प्रस्थान के रूप में उन्हें धूमिल की याद आई। धूमिल साठोत्तरी कविता के एक महत्त्वपूर्ण प्रस्थान के रूप में एक प्रमुख प्रतिमान मान लिए गए हैं और इसके बावजूद कि उन्हें प्रतिबद्ध काव्यधारा का ही कवि माना जाता है उनमें अक्सर वह विद्रोह वृत्ति भी दिखाई देती है जो अकवितावादियों के निकट है। धूमिल को आक्रामकता पर ज़्यादा भरोसा था। यह आक्रामकता कविता

की संरचना और भाषा को बदलने की छटपटाहट से प्रेरित थी। अभी एक दिन धूमिल के तब के एक समकालीन ने उस 'चरित्र' का ख़ाका उपस्थित कर दिया जिसकी विक्षुब्ध 'बतरस' ने धूमिल को क्रूर आक्रामकता की दीक्षा दी। धूमिल विदग्धता और चमत्कार प्रदर्शन के लिए इस 'बतरस' के मुहावरे का इस्तेमाल करने लगे। बनारस के स्थानीय आक्रामक भदेस मुहावरे का धूमिल ने एक अपना संस्करण तैयार किया। इस तत्त्व को पूरे ज़ेहन में धारण किए हुए धूमिल आक्रामक विद्रोही कविता के प्रतीक बन गए जिसकी प्रतिबद्धता को परिभाषित करने की कोशिश आलोचना ने तब शुरू की जब 'अकविता' उन्हें प्रयोगवाद की ग्रंथियों का नया विस्तार लगने लगी। इस क्रूर सिनिकल आक्रामकता से जगूड़ी और कई अन्य कवि शुरू में प्रभावित थे। इससे मुक्त होने के लिए जगूड़ी जैसे कवि को कितना संघर्ष करना पड़ा होगा इसके उदाहरण एक के बाद एक उनके संग्रहों (बची हुई पृथ्वी, घबराए हुए शब्द, भय भी शक्ति देता है) में मौजूद हैं। आज एक ख़ास तरह की ज़िद्दी कुढ़न को अधिक आलोचनात्मक विवेक से संपन्न, अधिक काव्योपयोगी ठहराने और शेष कविता को परिष्कृत शालीनता तथा चमकीले आशावाद में सीमित मान लेने के पीछे एक तरह की हड़बड़ी दिखाई दे रही है जो कविता के दस बीस वर्षों की गतिविधि को अत्यधिक महत्त्व देने का परिणाम है। कुढ़न और हताशा के एक दौर के काव्यानुभव में समाज के यथार्थ का घातक अन्यथाकरण भी दिखाई देता है। दूसरी ओर सादगी में बहुअर्थमयता का साक्ष्य देने वाली कविता को इसलिए निरस्त करना ग़लत होगा कि वह अंडरटोन में लिखी गयी है। इसमें शक नहीं कि कुछ ही वर्ष पहले कविता की वापसी के नाम पर एक अच्छी-सी लगने वाली फूलपत्ती या चिड़िया वाली कविता की रुमानी वृत्ति को ख़ासा महत्त्व दिया गया था। वह प्रवृत्ति आज हाशिए पर भी नहीं है और यह नितांत ग़लत तथा असावधान निष्कर्ष है कि नवें दशक की युवा कविता जीवनीशक्ति और मानवीय भावों की ऊष्मा के नाम पर उस अच्छी-अच्छी कविता की लीक पीट रही है। सिर्फ़ भाषा की तद्भवता को नये सिरे से काव्य जीवित बनाने के कारण नहीं, अंतर्वस्तु की विशिष्टिता के कारण भी बोधिसत्व, नवल शुक्ल जैसे कवियों को सहानुभूति से पढ़ने की ज़रूरत है। जो ख़तरनाक सीमाएँ नजर आ रही हैं वे कम से कम दो-तीन पीढ़ियों के कवियों की काव्यप्रकृति के किन्हीं बड़े अवरोधों के रूप में पहचानी जाएँगी। इन अवरोधों का शिकार कोई अकेली कवि पीढ़ी नहीं है, एक पूरा काव्य समय और एक पूरा काव्य शास्त्र है। कोई कवि स्थानीय रंग के बल पर एक नयी अनगढ़ संवेदना और भाषा को नयी प्रतिष्ठा दे पाता है, तो उसे एक तरह की स्वीकृति समकालीन पाठकों से ही मिल जाती है। इसके बाद उसकी सार्थकता की जाँच उन्हीं कठोर मानदंडों पर की जाती है जिन पर परंपरा को स्वीकार करने वाले और एक हद तक परंपरा को चुनौती देने वाले बड़े कवि जाँचे

जाते हैं। अब पिछले बीस वर्षों की कविता के दायरे में यह सवाल चिंतित करने वाला है कि कितनी कविताएँ अपने जटिल भयानक समय पर सार्थक टिप्पणी की तरह याद रखने योग्य हैं जिनकी गूँजें, जिनकी अर्थध्वनियाँ व्यापक हों।

कुछ इसी तरह के निर्मम परीक्षण के लिए पिछले दिनों एक बातचीत में दो कविताओं पर विचार किया गया। वह भी काव्यभाषा और नाट्य भाषा के रिश्तों को समझने के लिए। कविताएँ थीं 'जो एक स्त्री को जानता है' (केदारनाथ सिंह), 'हँसो हँसो जल्दी हँसो' (रघुवीर सहाय)! आश्चर्य है कि दोनों कविताओं की अंतर्वस्तु और बनावट पर हिंदी में कोई बहुत सार्थक चर्चा नहीं हुई। अभी इन्हीं दिनों किसी ने यह भी सवाल उठाया कि क्या एक भी अच्छी प्रेम कविता हिंदी में इधर दिखाई दे रही है (रूमान और ऐंद्रिक अनुभव के औसतपन के बाहर) शायद नहीं दिखाई दे रही है। ऐसे ही समय 'जो एक स्त्री को जानता है' कविता की बहुअर्थमयता की पहचान संभव है। मैं नहीं जानता कि इस कविता को प्रेम की अनोखी कविता के रूप में कितने पाठकों ने ग्रहण किया होगा जिसमें प्रेम सीधे व्यक्त नहीं है। प्रेम से अधिक प्रेम की यातना है। जीवन की विकलता है। जीने की तड़प। जो धीरे-धीरे यातना के अनुरूप हमें तैयार करने में सक्षम है। इस प्रेम में दुनिया जहान की तमाम चीज़ें शिरकत करती हैं। पेड़ भी इस प्रेम के बाहर नहीं। वे भीतर-भीतर जड़ें फेंकते हैं। आत्मा में घास सी उग जाती है। 'हँसो हँसो जल्दी हँसो' कविता की अनुभव भूमि तथा भंगिमा कुछ और है। विद्रोह के चरम उभार के बाद का सन्नाटा। इमरजेंसी का अनुभव। रघुवीर सहाय ने एक सर्वथा नयी काव्ययुक्ति (Poetic device) खोजी जिसका यह एक अत्यंत सार्थक उदाहरण है। इसके नाटकीय प्रभाव की व्याख्या के लिए उस दिन ब्रेख़्त के एलीनिएशन इफ़ेक्ट की भी चर्चा हुई। अतिकथन से हटकर एक ख़ास तरह का काव्यसंयम और काव्यविवेक। वाक्य गतियों में जो विलक्षण अनुपात है शब्द और चुप्पी का। बलाघात से विलक्षण अर्थमय प्रभाव।

आज फिर किसी नयी रोमांटिकता में कविता की वापसी की ज़रूरत नहीं है न इस अजब तरह के तनाव भरे समय में संभव ही है। ज़रूरत है एक जटिल अनुभव के अलग-अलग रूपों और शक्लों में फ़र्क़ करने की। संप्रदायवादियों ने इसी क्षमता को ख़त्म करने का एक सुनियोजित अभियान शुरू किया है। जिनकी प्रेम करने की उम्र है वे दिन रात झाँझ करताल लिए या बर्बर धर्मांधता के लिए त्यौरियाँ चढ़ाए बैठे हैं। इसी धर्मांधता ने अपसंस्कृति या लूटमार की संस्कृति से जो रिश्ता बनाया है उससे भी हमारी सहज स्फूर्त जीवन संवेदना के लिए ख़तरा पैदा हुआ है। प्रेम नहीं है पर बलात्कार है। प्रेम नहीं है पर हिंसा है। कविता दृश्य पर नहीं है पर अश्लील और कर्णभेदी—ख़ास तरह का भक्तिसंगीत (जिसे संगीत कहना संगीत का अपमान है) रौरवनाद से वातावरण में नया ज़हर भर रहा है।

ख़तरा धर्म से नहीं, धर्मोन्माद से है। ख़तरा भक्ति से नहीं, भक्ति के नाम पर पाखंडपूर्ण कुत्साप्रधान उन्मादी कर्मकांड के सार्वजनिक प्रदर्शन से है। एक सच्चे अर्थों में आधुनिक सेकुलर कवि ही 'श्रीराधा' जैसी कविता लिख सकता है। रमाकांत रथ धर्मवीर भारती नहीं हैं। 'श्रीराधा' जैसी जटिल बहुअर्थमयी कविता हिंदी कविता की 'कनुप्रिया' नहीं है। क्या हिंदी कविता प्राय: ख़तरनाक क़िस्म की सामान्यता, एकरसता और उपचार धर्म की गिरफ़्त में है। मलयालम कवि के. सच्चिदानंदन की अभी-अभी प्रकाशित कविता 'कहता है कबीर' क्या अपने इसी त्रासद समय से नये उलझाव या मुठभेड़ का प्रमाण नहीं है! हमारे यहाँ जटिलता के लिए अधिक आकर्षण कहीं है, तो रूपवाद के दायरे में है। अंतर्वस्तु की जटिलता से ज्ञानेंद्रपति, ऋतुराज, नरेंद्र जैन और वीरेन डंगवाल जैसे कवि की कविता संभव होती है—सादगी के ढाँचे में बहुअर्थमयी कविता। कहानी में जब-तब उदयप्रकाश ने जो कर दिखाया है वह कविता की भी वैसी ही ज़रूरत है। विडंबना एक स्तर पर निरी भाषायी युक्ति है, दूसरे स्तर पर वह एक प्रकार की उत्तर-विडंबना है जो अंतर्वस्तु की संभावनाओं को नयी चरितार्थता दे सकती है। जिन्हें गहरे अर्थों में भविष्य के समाज की चिंता है वे कविता के भविष्य के लिए भी ज़रूर चिंतित होंगे।

कविता का लोकराग

चारों तरफ प्रकृति और प्रकृति की ध्वनियाँ हैं
यदि मैंने कुछ कहा तो
अपनी भाषा नहीं कहूँगा
मनुष्य ध्वनि कहूँगा

—*मानुष मैं ही हूँ*

विनोदकुमार शुक्ल का दूसरा संग्रह *'सबकुछ होना बचा रहेगा'* पढ़ते हुए इन पंक्तियों की ओर अचानक ध्यान गया जैसे यहीं-कहीं उन जैसे संवेदन-सजग कवि की कविता का बीज-रहस्य छिपा हो। मनुष्य की *आदिम* अनुभूतियों में साँस लेने वाले इस आधुनिक कवि की शायद सबसे सार्थक अभिव्यक्ति 'मानुष मैं ही हूँ' कविता में मौजूद है। यह एक ऐसे सहज पर्युत्सुक कवि की कविता है जो प्रकृति और आसपास की *असंख्य ध्वनियों* को सुनता है और अपने अनुभव को व्यक्त करने के लिए अपनी भाषा से अधिक *'मनुष्य ध्वनि'* पर भरोसा करता है। मानवीय आहट को सुनने की लगातार कोशिश ही विनोदकुमार शुक्ल की कविता को हमारे कठिन समय के लिए, हादसों से भरे कठिन समय के लिए, अधिक सार्थक ज़रूरी और विश्वसनीय बनाती है।

(1)

विनोदकुमार शुक्ल उन कवियों से अलग हैं जो उधार ली हुई पूँजी पर अपनी स्वतंत्रता और अपना जनवाद दोनों पाना चाहते हैं। वे उन कवियों से भिन्न हैं जो यथार्थवाद की एक ही पटरी पर कविता को ले जाना चाहते हैं। वे उन कवियों की परंपरा में हैं जो अपनी *सरलता* में भी *कविता* को ज़रूरी *स्पेस* देना चाहते हैं। क्लासिकी कवि जैसे संयम के बावजूद कविता को मुकम्मल रूप देने का दंभ उनके

यहाँ नहीं है। उनकी विनम्रता को किसी व्याख्या की ज़रूरत नहीं। उनके यहाँ कविता बनते-बनते बिगड़ भी जाती है और बिगड़ते-बिगड़ते बन जाती है। यह न अभ्यास के क्षेत्र में आता है न मौलिक प्रयोग के। यह संभव होता है जीवन के सहज मुक्त साक्षात् की आंतरिक समृद्धि से। 'मंगल ग्रह इस समय पृथ्वी के बहुत पास आ गया है' कविता का यह अंत विनोदकुमार शुक्ल के काव्यविवेक से ही संभव नहीं हुआ है, सामाजिक चिंता से भी संभव हुआ है।

पृथ्वी के बच्चो कूदो
तुम्हारा मंगल हो
वायु, जल, नभ,
धरती, समुद्र तुम्हारा मंगल हो
दूब, पर्वत, वन,
तुम्हारा मंगल हो
मंगलू! तुम्हारा *मंगल* हो
पृथ्वी से दूर अमंगल, मंगल हो

यहाँ कवि जैसे वायु, जैसे जल, जैसे नभ, जैसे समुद्र का मंगल चाहता है, वैसे ही मंगलू का भी! और मंगलाकांक्षा व्यक्त करने के लिए *बोलचाल* की जो अपनी ध्वनि है वही कविता को ज़रूरी *स्पेस* देती है। 'मंगलू! तुम्हारा मंगल हो'—याद आता है कि अपनी कविता को बहुत हद तक क्लासिकी ऊँचाई तक पहुँचाने वाले कवि ओसिप मांदेलस्ताम ने *बोलचाल* के *सजीव शब्दों* को *संस्कृति की रीढ़ कहा है*। शब्दशक्ति के असीमित इस्तेमाल के लिए भी *मानवीय* मुहावरों पर ही टिके रहने का विवेक विनोदकुमार शुक्ल का अपना काव्य-विवेक है।

इस संग्रह के शीर्षक से लेकर संग्रह की अनेक महत्त्वपूर्ण कविताओं तक जो स्वर सबसे स्पष्ट रूप में सुना जा सकता है वह गहरी *जीवनासक्ति, जीवनआस्था,* या जीवन की *निरंतरता* के गहरे बोध का ही है फिर भी यह सरल भावात्मक आशावाद से भिन्न स्वर है क्योंकि इसी में दूसरा स्वर भी छिपा है : अटपटा लगने वाला और कई बार डर पैदा करने वाला एक *दूसरा स्वर*! दोनों स्वरों की सन्निधि और तनाव ही विनोदकुमार शुक्ल की कविता को महत्त्वपूर्ण बनाते हैं। सरल आशावाद का एक दौर खत्म होने को आ गया है जिसे प्रगतिशील कविता का प्रतिनिधि चरित्र मान लिया गया था। जीवन की निरंतरता का सहज बोध निस्संदेह यहाँ साफ़ सुनाई देने वाला पहला स्वर है। 'एक बूँद पानी / जिसकी आयु करोड़ों वर्ष होगी / सबसे बूढ़े आदमी के प्राणों में / धान का एक बीज सुरक्षित है।' *'यह चेतावनी है'* कविता में चेतावनी से अधिक प्रकट स्वर आश्वासन का ही है। विनोदकुमार शुक्ल की कविता में जहाँ-जहाँ मृत्यु है, वहाँ-वहाँ जीवन की आहट भी है। 'लगता है दुनिया को नष्ट करने का धमाका / अभी शायद हो / हो सकता

है ज़िंदगी को नष्ट करने के धमाके के पहले *ज़िंदगी का बड़ा धमाका हो*।' एक कवि का कहना है—'मेरी जीवनानुभूति का इससे ज़्यादा सही बयान नहीं हो सकता—एक *अखंडता*, जो अनवरत *विखंडित* होती रहती है।' विनोदकुमार शुक्ल की काव्यविडंबना का बीज यही अनुभव या बोध है।

(2)

'जो लगातार काम में लगे हैं / मैं फुर्सत से नहीं / उनसे एक ज़रूरी काम की तरह / मिलता रहूँगा।' —यह विनोदकुमार शुक्ल जैसे कवि की ज़िद है। एक तरह का संकल्प। जीवनदर्शन भी और काव्यादर्श भी। उनके यहाँ ऐसा जान पड़ता है कि प्रकृति भी काम में लगी है और वे उससे भी ज़रूरी काम की तरह मिलने के लिए बेचैन हैं। यह केवल प्रकृति-प्रेम के कारण संभव नहीं हुआ है प्रकृति के संघर्ष में मनुष्य की हिस्सेदारी और मनुष्य के संघर्ष में प्रकृति की उपस्थिति, प्रकृति के सहअस्तित्व के कारण संभव हुआ है। प्रकृति को रोमांटिक अलंकरण में ढालना यहाँ कवि का प्रयोजन नहीं। उसे भव्य उदात्त बनाकर प्रस्तुत करने की कोशिश भी नहीं। साधारणता का मर्म ही उसकी वस्तुमयता में प्रकट है। एक समय से दूसरे समय में, एक संसार से दूसरे संसार में जाते हुए कवि इसी *साधारण* के मर्म को खोलना चाहता है जैसे कि वह कोई सर्वथा असाधारण-सी चीज़ या अनुभव-विशेष हो। इसी अर्थ में हिमालय कवि का अपना पास-पड़ोस है—अंतरंग और आत्मीय! और धौलागिरि को देख कवि को अपने पूर्वज याद आते हैं। मनुष्य के इसी मूल जीवन-राग (जिसमें स्मृति और जीवनासक्ति के असंख्य रूप छिपे हैं) के ग़ायब हो जाने का ख़तरा टेक्नालाजी, मीडिया और उपभोक्ता संस्कृति के आत्यंतिक दबाव के कारण कितना बढ़ गया है, बताने की ज़रूरत नहीं।

एक दिन इस बाहर को कोई खटखटाता है
जैसे आकाश धरती को खटखटाता है
हवा को खटखटाता है

दूर तक कोई नहीं
पर कोई इस खुले को खटखटाता है
कौन आना चाहता है?
मैं कहता हूँ?
अंदर आ जाइए
सब खुला है

मैंने देखा मुझे
हिमालय दिख रहा है

—मैं अदना आदमी

बहुत *आत्मीय* अनुभव कवि के यहाँ बहुत अबोध *अनुभव* भी हो सकता है पर यह *अबोधता* जहाँ प्रकृति को अधिक *जानने* में सहायक है, वहीं मनुष्य के संकट को पहचानने में व्यवधान नहीं है। प्रकृति के मुक्त जीवन में, प्रकृति के शाश्वत लगाव में आधुनिक उपभोक्ता समाज और बाज़ार जैसी व्यवस्था के दखल से क्या समस्याएँ जन्म लेती हैं, विनोदकुमार शुक्ल की कविता बग़ैर अतिरंजना या मुखर व्याख्या के हमें यह बताती है—अपने शांत सहज विन्यास में वह वस्तुस्थिति की त्रासदी को छिपाती भी नहीं है। 'एक अकेली आदिवासी लड़की को / घने जंगल जाते हुए डर नहीं लगता / बाघ-शेर से डर नहीं लगता / पर महुवा लेकर गीदम के बाज़ार जाने से / डर लगता है।' आज *मीडिया* ने आदिवासी लड़की के *इस डर* को *मुग्धकारी झूठ* में बदल दिया है जहाँ प्रलोभन और चालाकी तो दिखती है, यह नितांत वास्तविक डर नहीं दिखाई देता। तथ्य को इस सीधे शांत ढंग से कह पाना भी एक तरह का *प्रतिरोध* है क्योंकि उसके पीछे एक नैतिक बल है। विडंबना यह है कि आदिवासी अपनी नग्नता में शाखाओं-पत्तियों-हवाओं का घना स्पर्श पाते हुए अंततः बाज़ार की तरफ़ ही लौटते हैं क्योंकि 'कोसाफल' के बदले 'नमक' की भी उन्हें दरकार है। अपनी नग्नता में वे दयनीय नहीं दिखते क्योंकि अक्सर इकट्ठे होते हैं और इकट्ठे ही बाज़ार जाते हैं। उनकी अबोधता का शोषण करने वाली ताक़तें कहाँ हैं, अपने अल्पकथन या अंडरटोन के बावजूद विनोदकुमार शुक्ल की कविता हमें बताती है। व्याख्या या समाजशास्त्रीय तर्क का सहारा लिए बिना भी। विनोदकुमार शुक्ल के बारे में यह कहना कि वे *समयविद्ध* कवि नहीं हैं, फिर एक भ्रम को बढ़ावा देना होगा। *समयबद्ध* न सही, *समयविद्ध* तो वे हैं ही। उनकी सबसे लंबी कविता *'शरारतन मैंने मुड़कर देखा एक पेड़ को'* उनके समयविद्ध होने का ही प्रमाण है। 'ज़मीन' की तुलना में यहाँ अगर 'पृथ्वी' पर बल है तो 'आकाश' की तुलना में 'ज़मीन' पर यथेष्ट बल भी है। 'शरारतन' कहकर कवि अपनी कौतुकी वृत्ति के लिए जगह बनाए रहता है पर स्थिति के वस्तु प्रत्यक्ष पर पूरी नज़र रखे हुए। यहाँ अनंत के खुले अनुभव के बीच रोज़ी-रोटी, छँटनी का डर, जुल्म, हड़ताल, फेफड़ों की खाँसी और आसन्न मृत्यु जैसे तमाम संदर्भ शामिल हैं। यह सब किसी बाहरी तकाज़े से नहीं—मनुष्य की जीवनीशक्ति में अपने अनिवार्य विश्वास के कारण और उस पर पड़ रहे दबावों को आँकते हुए। कविता में वर्णित तथ्य-संदर्भ को देखें तो मिल का चालू होना और बंद होना स्थूल भौतिक कारण हैं मनुष्य के सुख-दुख के। पर स्थितियों के फ़र्क़ से मनुष्य के

अनुभवलोक में जो फ़र्क़ आता है वह नगण्य नहीं। कहीं—

चिमनी के मुँह पर धीरे से
लग जाता आकर चंद्रमा का गोल ढक्कन
अब नहीं अंदेशा तारों के नीचे गिरने का
आकाश में इस तरह चाँदनी फैली—

—जैसे अनुभव हैं और कहीं मजदूरों की नाभि में चिपके रूई के रेशे—फेफड़ों को घेरती मृत्यु। विनोदकुमार शुक्ल वह भी बताते हैं जिसे 'कविता में बताने की' उन्हें आदत नहीं! 'इसका तो इलाज / खात्मा शोषण का / वहीं वहाँ जिससे पनपा।' विनोदकुमार शुक्ल गहरे अर्थ में प्रतिबद्ध कवि हैं। सादगी और विडंबना के काव्यविवेक के साथ!

(3)

मलयज ने 1976 में विनोदकुमार शुक्ल की कविता के अनुभव और मुहावरे की जाँच-पड़ताल करते हुए लिखा था : ''इतना *सुरक्षित संतोष* काफ़ी नहीं है—कम से कम विनोद जैसे महत्त्वपूर्ण कवि के लिए, कि जब सब लोग फुला-फुलाकर झूठ बोल रहे हैं तो उन्होंने चुपचाप *सच* बोल दिया है और विचलित कर दिया है। एक बड़े कवि को बड़ी चुनौतियों से टकराना होगा। 'विनयपत्रिका' का शुद्ध कवि 'मानस' क्यों लिखता है? 'कुकुरमुत्ता' का कवि 'तुलसीदास' क्यों लिखता है?'' विनोदकुमार शुक्ल के दूसरे संग्रह को पढ़ते हुए इस टिप्पणी की याद अप्रासंगिक नहीं है। क्या यह संग्रह पहले संग्रह के आस-पास ही है या किसी विशेष अर्थ में प्रस्थान भी है! जिन्हें विनोदकुमार शुक्ल के स्वभाव का पता है वे जान सकते हैं कि अपने मुहावरे को बहुत जल्दी बदलने वालों में वे नहीं हैं क्योंकि जो ढंग उन्होंने चुना है वह उनके अनुभव, यत्न और कौशल से विकसित ढंग या पद्धति है। वे उसी रास्ते पर चलकर कुछ नया करना चाहते हैं। इतना तो प्रकट ही है कि उनके अनुभव-संसार में बहुत कुछ नया आ जुड़ा है—प्रकृति, पर्यावरण, परिस्थिति और मानवीय रिश्तों में सभ्यता के बर्बर रूपों का दख़ल, ढलती हुई शताब्दी के इस अत्यंत संवेदनशील कवि से छिपा नहीं है। पर वह अपनी 'कामायनी' लेकर व्याख्या सहित अपने पाठकों के बीच आ खड़ा हो, यह उसका स्वभाव नहीं। इसे उसकी विवशता नहीं, सोची-समझी ज़िद मानना चाहिए। अपने कठिन समय के हादसों का ऐसा बयान भी विनोदकुमार शुक्ल के यहाँ संभव हुआ है कि 'चुप्पी' भी 'चीख़' जैसा असर पैदा करने वाली हो।

कि दरवाजा खुलते ही
स्टेनगन लिए हत्यारे घुस आते हैं
और एक एक को मारकर चले जाते हैं

ऐसा बहुत होने लगता है
फिर भी दरवाजे के खटखटाने पर
कोई भी दौड़ पड़ता है
और दरवाजा खटखटाए जाने पर
दरवाजे बार-बार खोल दिए जाते हैं

यह है अपने कठिन समय के हादसे के बयान का—विनोदकुमार शुक्ल का अपना ढंग। पंजाब पर पढ़ी गयी बीसों कविताओं से अलग। यहाँ जीवन की साधारण गतिविधि ही, जो तमाम हादसों के बाद स्थगित नहीं होती, हादसों के निरंतर क्रम का प्रतिरोध है। मनुष्य की *जीवनीशक्ति* का ही रहस्य है कि खाड़ी युद्ध के दौर में 'एक मनुष्य मनुष्य की प्रजाति की तरह / साइरन की आवाज़ सुनते ही / जान बचाने गड्ढे में कूद जाता है / गड्ढे के किनारे टहलती हुई / एक गर्भवती स्त्री / एक मनुष्य जीव को जन्म देने / सम्हलकर गड्ढे में उतर जाती है/'!

शमशेर से शब्द लेकर कह सकते हैं कि विनोदकुमार शुक्ल की अधिक महत्त्वपूर्ण कविताएं वे हैं जिनका गठन कुछ खुला, [illegible] जैसा है। जैसे 'जो शाश्वत प्रकृति है उसमें पहाड़ है'। यह शाश्वत प्रकृति, जिसमें पहाड़ है, चट्टानें हैं, पत्थर हैं, पत्थरों में पेड़ और वनस्पतियाँ हैं, किसी भी घुमंतू कवि को स्फीति के लिए उकसा सकती हैं पर क्योंकि प्रकृति से उनका नाता, ठीक वही, उसकी जड़ में रहने वाले कवि जैसा है अतः वे कुछ ही शब्दों में एक *वृहत्तर समय* को कविता की वस्तु संवेदना में खींच लाते हैं। 'मैं स्थिर नहीं होऊँगा / घूमूँगा, दौड़ूँगा, हँसूँगा, चिल्लाऊँगा। रोऊँगा / कि इस एकांत में पहाड़ों को / यह याद न आए कि एक समय था / जब पृथ्वी में मनुष्य नहीं थे।' प्रकृति में मनुष्य के अतिरिक्त हस्तक्षेप से जो समस्याएँ उत्पन्न होती हैं उन पर कोई टिप्पणी नहीं की गयी है, पर्यावरण का नाम भी नहीं लिया गया है पर प्रकृति मनुष्य के सहज निसर्ग रिश्ते की गहरी स्वीकृति मूल वस्तु को अधिक अर्थ देने में सक्षम है। लंबी कविताओं में कल्पना को मुक्त प्रसार देने वाले विनोदकुमार शुक्ल छोटी कविताओं में स्फीति और अलंकृति से बचते हैं और *मितव्यय* का अनोखा आदर्श उपस्थित करते हैं। इधर की सबसे लंबी कविता 'शरारतन मैंने मुड़कर देखा एक पेड़ को' भी शब्दों की फ़िज़ूलखर्ची रोकती है और *विडंबना* को भी *वस्तुसत्य के निमंत्रण* में रखती है। कवि का प्रति-रोमांटिक रुझान करुणा के नज़दीक जाने वाले कवि को भी

आत्मदया से बचाता है और उसे भावुकता की आसान शर्तों पर स्वीकार्य नहीं बनाता। एक अत्यंत कठिन त्रासद समय में आसपास हो रही हत्याओं का सिलसिला भी कवि में ऐसा थका-हारापन नहीं पैदा करता कि वह *ज़िंदगी के विरुद्ध* बचाव ढूँढ़ने लगे। उसकी आंतरिक क्षमता का प्रमाण यह है कि वह संकट से बचाव भी *ज़िंदगी में ढूँढ़ता* है। ''पंजाब के किसी भी गाँव में / कोई न कोई आता रहता है / हत्यारे पहले कभी नहीं आए थे / वे भी आ गए / अंततः नहीं आएँगे। मित्र आते रहते हैं / फिर भी मित्र आ सकते हैं / सखा बंधु आते रहते हैं / और आएँगे / यहाँ सड़क है / बस रुकती है / रेलगाड़ी का छोटा स्टेशन भी / यहाँ भीड़भाड़ और आमदरफ़्त / सखा बंधु से हैं।'' सब जानते हैं कि आतंकवाद के विरुद्ध अगर कोई मुनासिब कार्रवाई हुई है, तो वह डर के बावजूद *जीने* की *भरपूर ललक* और अनिवार्यता ही है। विडंबना को महज़ कलायुक्ति न मानकर, एक निर्मम सच का स्वीकार माना जाए—यह है विनोदकुमार शुक्ल की कवि दृष्टि :

> इतने अनिश्चय की स्थिति में
> कि कब कौन आदमी अचानक मारा जाएगा
> लोगों के लिए
> जीवन भरपूर और निश्चित हो गया है—

विनोदकुमार शुक्ल के इस संग्रह को एकदम नया प्रस्थान न भी कहा जा सके; पहले की और बाद की कुछ कविताओं को पास-पास रखकर देखना कवि के विकास की दिशा को समझने में सहायक ज़रूर होगा। संयोग यह कि पहले की लंबी कविता 'लगभग जयहिंद' भी इस नये संग्रह में है। इसे 'शरारतन मैंने मुड़कर देखा एक पेड़ को' शीर्षक लंबी कविता के निकट रखकर देखें, तो यह कहना काफ़ी न होगा कि पहली कविता में *व्यंग्य* पर बल है, दूसरी में *करुणा* पर! ऐसे विभाजन की छूट ये कविताएँ देती भी नहीं हैं। पर इतना स्पष्ट है कि दूसरी कविता में करुणा *जीवन-संघर्ष* के *अनेक रूपों* और *संदर्भों* तक जाकर जो अर्थव्याप्ति हासिल करती है, वह विलक्षण है। एक अर्थ में महाकाव्यात्मक ऊँचाई को छूने वाली! जैसे यह विनोदकुमार शुक्ल जैसे कवि के अब तक के कुल संघर्ष की फलश्रुति हो। 'चूँकि मुझे मालूम है / कि घूमती है पृथ्वी / धुरी पर अपनी / और सूर्य के चारों तरफ़ भी / इसीलिए ज़मीन पर पड़ा / डरा रोता धोबिन का बच्चा / मुझे ज़मीन पर नहीं / पृथ्वी पर लगता है।' ...'उसका बेटा माँ के पुष्ट स्तनों के ऊपर / रिस आए पसीने के स्वाद को / चखता होगा दूध पीने से पहले / दूध पीने का उसका अनुभव निश्चित इसी तरह का'! जीवनसंघर्ष के ठोस तथ्य और विवरण किस परिप्रेक्ष्य में रखे जाने से महाकाव्यात्मक ऊँचाई हासिल करते हैं यह देखने के लिए इस कविता को समग्रता में देखना ज़रूरी है। यद्यपि यह

भी विचारणीय है कि विधा (genre) के रूप में लंबी कविता के अपने आदर्श, अन्विति या संगठन को देखते हुए यह लंबी कविता कई-कई खंडों को मिलाकर और प्रायः उन्हें स्वतंत्र *स्वायत्त* छोड़कर भी अधिक पूर्णतर जीवनबिंब या विचार बनने की जो छूट लेती है उसे कवि की सुविधा माना जाए या विधा की अनिवार्यता। 'अंतर्दृष्टि' के चौथे अंक में कुँवरनारायण ने यह तो स्वीकार किया है कि क्रेंदीयता इस विधा की अनिवार्यता नहीं है पर इसे लेकर उनके मन में संदेह ज़रूर है कि हमारी अब तक की उपलब्धियों के बावजूद इसकी प्रकृति में ऐसा क्या है जो हमसे सध नहीं पा रहा है।

आचार्य रामचंद्र शुक्ल जैसे आलोचक ने *सामाजिक जीवन* की *स्थिति* और *पुष्टि* के लिए जिस करुणा को ज़रूरी बताया है वह साधारण दुख और आत्मदया से भिन्न चीज़ है। एक अर्थ में *सकर्मक ज्ञान है—*यह *करुणा*। इससे जीवन संघर्ष के प्रकट ऊपरी *तथ्य* ही नहीं जाने जाते, जीवन के *अज्ञात रहस्य* भी खुलते हैं। एक तरह की रूपदक्षता और अपने ही हुनर का अहसास कवि की सीमाएँ हो सकती हैं। इस संग्रह की भी कई कविताएँ उन सीमाओं के दबाव में हैं। पर इन सीमाओं का अतिक्रमण भी यहीं, इसी संग्रह में मौजूद है जो अनेक रूढ़ियों में फँसी आज की कविता की मुक्ति का संकेत है। यह नहीं, कि करुणा जैसे अनुभव की रुढ़ियाँ नहीं बनी हैं। रघुवीर सहाय के रास्ते पर चलने वाले कवियों ने भी करुणा की रुढ़ि बनाई है। विनोदकुमार शुक्ल जैसे कवि में अपनी ही बनाई हुई रुढ़ियों को तोड़ने का साहस होना चाहिए। है भी।

(4)

वस्तु और रूप, वैयक्तिक और निर्वैयक्तिक, आत्मपक्ष और वस्तुपक्ष का दो टूक विभाजन करने वाले शास्त्रवाद के विरोध में खड़ी हैं—विनोदकुमार शुक्ल की कविताएँ। शिल्प के निर्व्यक्तिक दिखने का जो क्लासिकी ढंग या अनुशासन वे अपनाते हैं (जिसे कभी कुँवरनारायण जैसे कवि में हमने लक्ष्य किया होगा), ठीक वहीं, उस पर दबाव डाल रही होती है उनकी निजी वैयक्तिक संवेदना। संस्कार और संवेदन, स्मृति और वर्तमान के रिश्तों को ठीक-ठीक समझने के लिए पाठक को उनकी कविताओं के ही निकट जाना है—शास्त्र के निकट नहीं—उस *काव्यशास्त्र के निकट भी नहीं,* जो विनोदकुमार शुक्ल के महत्त्व को स्वीकृति देने के लिए आध्यात्मिक अनंत का सहारा लेना ज़रूरी समझता है। रोज़ का जीवन संघर्ष क्या कम लालसाओं से घिरा अथवा कम रहस्यमय है! इन कविताओं का *लौकिक राग* अध्यात्म को चुनौती देने वाला है।

कुछ दिन पहले गौने में आई जो
वही खड़ी हो गयी बेसब्री से शरमायी
बस उसके पास
अथान आम का
पास पड़े पत्थर के ऊपर
डल्ला नमक उसने ही पीसा
बहुत साँवली वह
कि गोदना दिखता ठुड्ढी का
जब देखो उसको बिल्कुल पास
करकर बँधी चोटी में
लाल हरे फुँदनों का गुच्छा
ज्यादा चूड़ी
पैरों में पैरी।

वह देख रही
कि विशाल लोहे के गेट से
आ रही मजदूरों की भीड़
एक थकी हुई ताकत से भरा बाँध

कहना न होगा कि मनुष्य के निरंतर संघर्ष में भी जीवन-राग स्थगित नहीं हो गया है। यह जीवन की एक कठोर सचाई है। आज कविता में ऐसे जीवन-राग का चित्रण शोषण और दमन के अनेक रूपों को भुलाकर असंभव है। विनोदकुमार शुक्ल जैसे कवि की कविता हमें सतर्क करती है कि इस तरह के द्वंद्व या अंतर्विरोध की स्थिति में भी जीवन-राग की ताक़त को कम करके आँकना वस्तुतः जीवन का ही तिरस्कार है, कविता या कला के साहस का ही नहीं।

रोज़ चीज़ें उलट-पुलट रही हैं

मैं खुद को
हमेशा ही बस्ता लादे हुए देखता हूँ
मैं खुद को हमेशा ही
दौड़ते हुए देखता हूँ

और देखता हूँ कि धरती
एक बस्ते की तरह मेरी पीठ पर लदी हुई है

—*'अनुभव के आकाश में चाँद'* से

जब कविता का रास्ता ज़्यादा आसान समझा जा रहा हो—इस हद तक, कि 'कोई कवि बन जाए सहज संभाव्य है' — उस समय *लीलाधर जगूड़ी* जैसे कवि का अपनी कविता की *बुनियादी दुरूहता* पर टिके रहना कविता के हित में जान पड़ता है। '*भय भी शक्ति देता है*'—जगूड़ी के इस संग्रह की कविताएँ पढ़ते हुए जहाँ दृष्टि अचानक टिकी, वे 'मोड़' कविता की आख़िरी पंक्तियाँ थीं :

मुझे सुंदर लगते हैं मोड़ चाहे सड़क पर हों चाहे वृक्ष में चाहे ज़िंदगी में
इन्हीं में से होते हैं कुछ अच्छे कुछ ख़राब कुछ विचित्र मोड़
जिनके बिना कुछ दूर तक ही भली लगती है सपाट सड़क
फिर आना ही चाहिए कोई नया मोड़
बस आता ही होगा कोई नया मोड़

क्या इन पंक्तियों के सहारे हम जगूड़ी के काव्यादर्श तक पहुँच सकते हैं! क्या 'मोड़' वह *वक्रता* है जिसके समावेश से कविता अर्थ सघनता प्राप्त करती है! क्या 'मोड़ों' के बिना कविता की सड़क जगूड़ी को सपाट लगती है! और अंततः वक्रता के प्रति यह नयी उत्सुकता जिस दुरूहता को संभव तथा सार्थक बनाती है, वह महज़ शिल्प के दायरे की चीज़ है या अपने *समय* की किसी गहरी, *बड़ी चिंता* का परिणाम है! संयोग है कि जगूड़ी के संग्रह 'भय भी शक्ति देता है' के साथ ही इधर क़ी कविता के महत्त्वपूर्ण कवि विनोदकुमार शुक्ल के संग्रह

'सबकुछ होना बचा रहेगा' की कविताएँ पाठकों के बीच पढ़ी जा रही हैं। ऊपर-ऊपर वहाँ इतनी *सरलता* दिखाई देगी कि सरलता का नया सौंदर्य शास्त्र रचने का प्रलोभन समीक्षा के दूसरे मूल्य-मानों पर भारी पड़ने लगे, पर सतर्क पाठ में वह सरलता भी अपने ढंग की दुरूहता का सार्थक उदाहरण जान पड़ेगी। कविता के इतिहास में दुरूहता के आतंक वाले लंबे आधुनिकतावादी दौर के बाद, प्रगतिशील ढर्रे की *सरलता* की लीक भी काफ़ी पीटी जा चुकी है। कहना न होगा कि कविता की *बुनियादी सरलता* के *निहितार्थ* भी कुछ और हैं। जगूड़ी जैसे कवि भी उसकी मूल्यवत्ता से अनभिज्ञ न होंगे, जिनके यहाँ कविता के रूप या शिल्प की चिंता अपेक्षया अधिक दिखाई देती है।

(1)

औसत अच्छी कविता के विरुद्ध जिस काव्यात्मक *दुरूहता* का विकल्प जगूड़ी ने चुना है, वह अपने समय के प्रति कठोर जिज्ञासा का परिणाम है। *'जितना मुझे मालूम था'* कविता में दुहरायी जाने वाली पंक्तियाँ हैं—'क्योंकि जितना मालूम है / उससे कहीं ज़्यादा मालूम होना चाहिए था!' याद आते हैं मुक्तिबोध : ''दंड हमीं को मिला / बाग़ी करार दिए गए / बंद तहखाने में—कुँओं में फेंके गए हमीं लोग / क्योंकि हमें ज्ञान था / ज्ञान अपराध बना।'' (एक भूतपूर्व विद्रोही का आत्मकथन) जगूड़ी के पाठक उलझन में होंगे, यह देखकर कि 'कठोर सच्चाई या हादसे को जान लेने के बाद भी *'ज्ञान'* यहाँ एक तरह की 'पलायन वृत्ति' की ओर ले जाना चाहता है। ''डरा मैं और मरा मेरा पड़ेसी / मेरी वजह से उजड़ा है एक घर / मेरी वजह से कमज़ोर बने हैं कुछ लोग / ठीक जैसे कि कुछ लोग शक्तिशाली / क्योंकि जितना मालूम है / उससे कहीं ज़्यादा मालूम होना चाहिए था मुझे / कुछ दिन मुझे यहाँ से दूर चला जाना चाहिए / जहाँ किसी मौत का लयबद्ध विलाप न हो।'' क्या *भय* का स्वीकार महज़ आत्मदुर्बलता का सूचक है! एक कमज़ोर कागर मध्यवर्गीय मानसिकता पर व्यंग्यप्रेरित टिप्पणी। या उसी में कहीं कोई *नैतिक शक्ति* भी छिपी है! जगूड़ी के संग्रह का शीर्षक ही संकेत है कि आज के जटिल भयानक दौर में 'भय' और 'शक्ति' को एक दूसरे के विरोध में रखकर देख पाना अर्थवान नहीं रह गया है। 'शक्ति' के भी रूप, प्रकार और संस्करण अनेक हैं। 'एक डरी हुई आत्मा' कविता में यह पंक्ति साभिप्राय है : ''क्योंकि जो हैं वे भय के कारण ही साहसी हैं!''

काव्यविडंबना के लिए जगूड़ी का आकर्षण उनके पाठकों से छिपा नहीं है पर अगर उनकी विचारधारा और काव्यतर्क को एक साथ ध्यान में रखें तो हम देख सकेंगे कि काव्य विडंबना भी नैतिक सच के साहसपूर्ण बयान का ही एक

ढंग है। कवि के लिए ऐसा *'सच'* पहले से प्राप्त या प्रदत्त वस्तु है भी नहीं। वह एक कठिन समय के साक्षात् के क्रम में निरंतर *खोज* और परीक्षण का विषय है। और यह सब, कवि की अपनी मुश्किलों-विफलताओं-संघर्षों के बीच ही! कवि को यह सीधा सादा सच या तथ्य छिपाना नहीं है वह एक परिवारवाही व्यक्ति है जिस पर हज़ार आफ़तें लदी हैं। पर यह कहा जा रहा है, बग़ैर कोई शहीदाना अंदाज़ पैदा किए हुए। है तो वह वही मामूली आदमी, जो धंगड़ गाँव जाते हुए अपने को देखना चाहता है—उन जंगलों को देखना चाहता है, जिनकी छाया से गुज़र रहा है। पर उसे अपनी कठिन भयानक शताब्दी के *हादसों* का पता है, अपनी इसी दुनिया के *नरक* का पता है, अपने समय के मायाजाल क़ा भी पता है। वह जानता है और डरता है, डरता है इसलिए और जानना चाहता है। प्रकृति और पर्यावरण से आगे वह युद्ध के बारे में जानना चाहता है। अंतर्राष्ट्रीय बाज़ार के बारे में जानना चाहता है। पूँजी और हिंसा के बल पर ताक़त हासिल करने वाली रहस्यमयी संस्थाओं को जानना चाहता है। जानने के जो भी तरीक़े संभव और सुलभ हैं उन सबका उपयोग करते हुए वह अपने जटिल त्रासद समय को जानना चाहता है। अब उसकी मुश्किल यह है, कि वह चाहे भी तो *तटस्थ* पलायन संभव नहीं है। संभव है '*मध्यांतर*' और '*मंदिर लेन*' जैसी कविताओं में वह 'सिनिकल' जान पड़े पर अंधलोकवाद और भयानक सांप्रदायिकता वाले दौर के प्रति उसका क्षोभ और आक्रोश पाठकों से छिपा न रहेगा।

ईश्वर के कपड़े बचाने का मतलब है अपनी खाल बचाना

ईश्वर के जूते नहीं रह गए हैं। मंजन ख़त्म हो गया है
ईश्वर के चरण उस इलाके में घिसट रहे हैं
जहाँ एक भी आरोग्य पेड़ नहीं रह गया है...

आवागमन भंग है। यातायात ज़ोरों पर
रातें ब्लैकआउट में भटकीं
कोई भक्त उसे दाएँ से बाएँ पहुँचा दे...

अपने अंतर्विरोधों और विसंगतियों से भरे समय और समाज को व्यक्त करने या संबोधित करने का एक ढंग यह है। निषेध मूलक। नकारात्मक। सिनिकल। अगर यही एकमात्र ढंग हो तो कवि के अनुभवों की दुनिया खीझ, चिढ़ और ऊब से भरी जान पड़ेगी। जीवन को स्वीकार करने का, *जीवनासक्ति* को समुचित महत्त्व देने का दूसरा ढंग भी जगूड़ी के काव्यानुभव से पूरी तरह ग़ायब नहीं हो गया है। 'पाठ्यपुस्तक पर झुका हुआ बच्चा सो जाता है / सपने में पत्ती वाली किताब की जगह मिलती है उसे एक फुटबॉल / सारे बस्ते से बनी हुई एक फुटबॉल / ग्लोब की तरह / दूर उड़ती दिखाई देती है एक पत्ती / फिर हजारों-लाखों पत्तियाँ / जिन्हें

सिर उठाये आ रहा है एक अंधड़...।' कल्पना में कई बार ऐसे आवेगमय चित्र उदासी और हताशा के साथ आते हैं। आवेग और उमंग का स्वर धीमा पड़ जाता है। हताशा का स्वर भारी होता जाता है। शब्द पत्थर की तरह सख़्त, भारी, स्थिर। *'भय'* और *'शक्ति'* की तरह जगूड़ी की दृष्टि में 'सुंदर' की भी अपनी पहचान है। ''समस्या न्यायपूर्वक सुदृढ़ सुंदर होने और जीने की है / क्योंकि न्याय ही सुंदर हो सकता है।''

(2)

जगूड़ी ने इस संग्रह को जिन शीर्षकों (बुरे वक़्त की कविता, मंदिर लेन, उन दिनों की कथा, दूसरे शरीर की खोज, अंतर्राष्ट्रीय बाज़ार, हाथी और पहाड़) में विभाजित किया है वे जगूड़ी की काव्यवस्तु और काव्याभिव्यक्ति की विविधता के सूचक हैं। वे जगूड़ी की साहसपूर्ण प्रयोगशीलता की झलक भी देते हैं। सभी कविताओं को मिलाकर देखें तो चुस्त चमकीले काव्यबिंब, मुहावरे, चमत्कारमूलक अतिरंजना, अतवर्य फैलाव, नाटकीयता, शिशु कल्पना, क्लासिकी अनुशासन, लय और आवृत्ति जैसी विशेषताएँ अथवा युक्तियाँ ध्यान आकृष्ट करेंगी। निस्संदेह जगूड़ी का झुकाव अतिकल्पना प्रेरित काव्य चमत्कार की ओर है जो पहले निर्दिष्ट कविता की बुनियादी दुरूहता के निकट है। कविता जगूड़ी के लिए भावात्मक प्रतिक्रिया नहीं, सचेत जिज्ञासा प्रधान बौद्धिक निर्मिति है। कथ्य की माँग के अनुरूप कवि को निस्संदेह इस दिशा में यथेष्ट छूट दी जा सकती है पर एक सीमा के आगे वह कवि के अंत:-बाह्य संसार की विश्वसनीयता का संकट भी जान पड़ती है। साहसपूर्ण प्रयोगशीलता पर अतिरिक्त बल देने वाले कवियों ने कई बार कविता को 'हुनर' और प्रकारांत्तर से निरीह काव्याभ्यास बनते देखा है। जगूड़ी इस संकट से अनजान न होंगे। कृत्रिम प्रयोगवाद के अगले चरण के रूप में 'अकविता' जैसे आंदोलन की व्यर्थता भी उन्होंने देखी है। अभी तो अनुभूत वास्तविकता की पूँजी भी उनके यहाँ यथेष्ट है, कच्चेमाल के रूप में अनुभव-वस्तु का जो वैविध्य उनके यहाँ है, शायद ही उनके समकालीनों में किसी कवि के पास हो, फिर क्या कारण है कि उनकी कविता की प्रभाव क्षमता बहुतों की दृष्टि में कम हुई है। यहाँ सवाल सरल लोकप्रियता का नहीं है—दुरूह दिखते काव्य संगठन के ज़रूरी काव्य संगठन के रूप में सजग पाठकों के बीच स्वीकृति प्राप्त करने का है। अपने माध्यम को बराबर अपर्याप्त मानने वाले और निरंतर जाँचने वाले जगूड़ी जैसे कवि के सामने ये प्रश्न सहज ही रखे जा सकते हैं। कविता की बुनियादी दुरूहता को काव्यगत सरलीकरण के विरुद्ध मूल्यवान मानते हुए अगर ये प्रश्न उठ रहे हैं तो आज के काव्यसंकट को और गहराई से जाँचने की ज़रूरत है।

(3)

अब एक बार फिर हम उस कठिन चुनौती भरे समय को देखें, जिसे कहने के लिए जगूड़ी ने ख़ास तरह की काव्यात्मक तैयारी का प्रमाण दिया है। और, औसत अच्छी कविता के विरुद्ध दुःस्वप्नों को शब्दों में संगठित करने वाली *अशुद्ध ख़राब* कविता का विकल्प चुना है। यह ख़राब कविता भी एक अर्थ में दुरूह कविता है।

अच्छी कविता तुममें कोई झंझट नहीं
जबकि ख़राब कविता और मुझमें कई झगड़े हैं
कई बार हम एक दूसरे को ख़त्म कर देना चाहते हैं

कहते हैं मुक्तिबोध ने महत्त्वपूर्ण लंबी कविताओं के कई-कई पाठ-रूप या ड्राफ़्ट तैयार करते हुए उनसे भिड़ने-टकराने जैसी कोशिश की। इस लंबे संघर्ष की महत्तर सार्थक काव्यात्मक फलश्रुति उनके यहाँ मौजूद है। युग की भयावह विसंगतियों को जिस परिप्रेक्ष्य में उन्होंने मूर्त किया है वह आज के कठिन त्रासद यथार्थ को समझने में भी सहायक है। फैलाव कई बार वहाँ भी है। तर्कातीत स्थितियाँ भी हैं। पर चौकन्नी अंतर्दृष्टि के साथ विश्वदृष्टि मुक्तिबोध की कविता को सार्थक प्रभावशाली और ग्राह्य बनाती है। दुरूहता के बावजूद ग्राह्य और एक विशेष अर्थ में लोकप्रिय। मुक्तिबोध की कविता के लिए 'लोकप्रिय' जैसा विशेषण बहुतों को स्वीकार्य न होगा पर सच्चाई यह है कि एक विशेष प्रकार का पाठक वर्ग लगातर मुक्तिबोध की कविता को समझने के लिए दिमाग़ पर ख़ासा ज़ोर डालने के लिए तैयार है। मुक्तिबोध की कविता का जो जादुई प्रभाव छाया हुआ है वह क्या अकारण है, आकस्मिक है। जगूड़ी को पढ़ते हुए दूसरे कवि रघुवीर सहाय याद आएँगे—हिंसा और भाषा वहाँ भी एक दूसरे के आमने-सामने हैं—भाषा की प्रतिरोधक शक्ति भी वहाँ समझ में आने वाली है। वे भी बहुतों की दृष्टि में एक हुनरमंद कवि हैं। उनका भी मैनरिज़्म है। पर वे एक अर्थ में लोकप्रिय भी हैं। उनके अपने पाठक कम न होंगे। क्या इसका एक कारण यह नहीं है कि जटिल यथार्थ की विडंबनाओं की सब तहें और शक्लें सँभाले हुए वे मूर्त्त संदर्भों के कवि हैं। चमकीले बिंबों की सुघड़ गठन से परे, भाषा को तोड़ते बदलते, वे उस मूर्त वास्तविकता से उलझ रहे होते हैं जिसका नाम जीवन है। जगूड़ी के यहाँ चुस्त चमकीले सुघड़ बिंबों की गठान आकर्षक है पर सब मिलाकर उसकी दिशा काव्यात्मक अमूर्तन है। फ़ंतासी-जैसी युक्ति यहाँ अमूर्तन को ही पुष्ट करती है। जीवन का बहुत गहरा अध्ययन-पर्यवेक्षण कभी महज़ अलंकरण की तरह दिखने लगे तो विचार करना चाहिए कि कविता का संकट कहाँ है! पर जगूड़ी के यहाँ अमूर्तन एक सघनतर युक्ति है। वह जीवन के सकारात्मक पहलुओं को उजागर

करने के लिए है। यह तथ्य अब प्रकाशित एक और नये संग्रह *'अनुभव के आकाश में चाँद'* से अधिक प्रकट होकर एक नये मुहावरे को जन्म देने वाला है। निरे सरलतावाद और सतह पर दिखते आशावाद का प्रत्याख्यान एक सार्थक कोशिश है।

जगूड़ी की कविताएँ संदर्भहीन और जीवन शून्य नहीं हैं। वे वर्ग-विभक्त समाज की चिंताओं को, संघर्ष रूपों को सीधे भी व्यक्त करती हैं— ''वापस आ गए हैं वे जन्मजात देवता / जो नाल कटवाते ही वरदान देने लगते हैं / हमारों को तो टिटनेस हो जाती है / और एक-एक साँस के लिए लड़ना पड़ता है।'' ...''वापस आ गए हैं वे जिनकी स्त्रियों का / प्रसव में मरने का एक भी क़िस्सा नहीं है हमारे पास।'' वे उस समाज-व्यवस्था को सीधे भी कटघरे में ला खड़ा करती हैं जिसने हिंसा को प्रश्रय ही नहीं दिया, उसे सुंदर बनाकर भी पेश किया। हत्यारा उनके यहाँ आता है तो हत्याओं के बारे में तमाम सुंदर मज़बूत विचारों के साथ आता है। ज़ाहिर है विचार-व्यवस्थाएँ भी उसके कब्ज़े में हैं। जो अतार्किक कथन जगूड़ी के यहाँ सनक जैसा जान पड़ता है उसके बारे में उनका अपना तर्क यह है— ''*सनक* ने बनाया हमें *निश्चित धारणाओं वाला* / मुखौटों से पहचानी हमने खोई हुई आकृतियाँ / (जिन पर शक्ति का डर चित्रित था।)'' (अवदान) जहाँ-तहाँ सहज *जीवन प्रत्यक्ष* ही सहज स्फूर्त काव्यानुभव है और संप्रेषण कोई समस्या नहीं है—''जब तुम लंबी उड़ानों से लौटोगी / तो पाओगी कि जंगल के अंदर घुसे हुए खेतों में / फसलें पक रही हैं / तुम्हारे बच्चों के लिए भी धरती ने / बहुत कुछ उगा दिया है / कई लंबे और बेटूट तिनके तुम्हें खुशी से भर देंगे / कोई कीड़ा तुम्हें नीचे बुला लेगा।' (ओ मेरी पुरानी चिड़िया) संभव है यह स्वर जगूड़ी की कविता का मुख्य स्वर न हो। उनकी मुख्य काव्यदृष्टि के बारे में राय बनाने के लिए हमें *'दूसरे शरीर की खोज'* जैसी लंबी कविताओं की बनावट, *यथार्थ* और *फ़ंतासी* के संबंध, *बिंब* और *अमूर्तन* के संबंध-विवेक की जाँच-पड़ताल ज़रूरी जान पड़े। पर आख़िर अनुभव वस्तु और रूप शिल्प की विविधता एक ही कवि के काव्य संघर्ष का फल है। इस पूरे संग्रह की कविताओं को पढ़ते हुए जो सवाल मुख्य रूप से कविता के पाठकों के बीच उठेगा, वह यही, कि क्या सरल संप्रेषण के विरुद्ध अलोकप्रिय होने का ख़तरा उठाकर भी जगूड़ी कविता की *बुनियादी दुरूहता* पर ही अधिक भरोसा करते हैं। इस दुरूहता के रूपों के बारे में दुनिया के तमाम काव्य चिंतकों ने जितना विचार किया है उसका सारतत्त्व यह है कि वह दुहरी मार करती है। कभी वह उस *अतिरंजना* की तरह होती है जो *यथार्थ* को अधिक तीखी मूर्तता दे सके, उसे और अधिक जानने में सहायक हो सके और कभी उस *प्रच्छन्नता* की पोषक कि सही और ग़लत, अच्छे और बुरे में फ़र्क़ करना मुश्किल हो जाए। पहले प्रकार की दुरूहता यथार्थवाद के बाहर

की चीज़ नहीं है। प्रेमचंद और निराला का काम भी अतिरंजना के बिना नहीं चलता और निराला तो काव्यात्मक दुरूहता की हिकमत का इस हद तक इस्तेमाल करते हैं कि उनका पाठ बार-बार ज़रूरी लगने लगे—गुत्थी को खोलने जैसा सतर्क रहस्यमय खेल। इसके सबसे सटीक उदाहरण कविता की यथार्थवादी अंतर्वस्तु और अयथार्थवादी शिल्प का विवेक प्रमाणित करने वाले कवि मुक्तिबोध ही हैं। दूसरे प्रकार की *दुरूहता* वह *कलावाद* है जिसके विरुद्ध हमें सावधान करते हुए मुक्तिबोध का ही कहना है— "चक्करदार गलियों में चलने वाले को चक्कर नहीं आने चाहिए और मकान मिल जाना चाहिए।" उम्मीद की जानी चाहिए कि जो कवि कविता के आसान रास्तों को छोड़ने वाले हों, रुढ़ियों के विरुद्ध हों, वे दुरूहता को भी कविता के ज़रूरी बुनियादी तत्त्व के रूप में ही महत्त्व देंगे, उसे महज़ अलंकरण या कविता पर अनावश्यक बोझ न बनने देंगे।

(4)

जगूड़ी की काव्यात्मक दुरूहता जीवन वास्तव के साक्षात्कार का सोचा-समझा कारगर माध्यम है। यह दुरूहता 'देखे मुख भावे अनदेखे कमलचंद' वाले केशवदास की दुरूहता नहीं है। यह आज के *यथार्थ की* जटिलताओं की सकारात्मक अर्थबहुल पहचान कराने वाले नेरुदा, पाज़, ओसिप मांदेलस्ताम के ढंग की दुरूहता है। जगूड़ी लगातार कविता के अपने ही रूप को तोड़ने बदलने वाले कवि हैं। उनके लिए कविता एक निरंतर संघर्ष है। एक विलक्षण खोज। और अनिवार्य सघन विमर्श। *परंपरा* से और अपने *समय* के यथार्थ से जगूड़ी की मुठभेड़ निरंतर है। जीवनासक्ति सरल आश्वासन नहीं है जीने के असंख्य रूपाकारों से संपर्क और सामना है। *'कई बार' 'इस जीवन में' 'याद की याद'* कविताएँ अलग-अलग भी पढ़ी जाएँ तो एक जीवन-लय बनाती हैं जो जीवन को बहुत तरह से देखने से ही संभव है। जगूड़ी का अपना अनुभव है कि अचानक ख़त्म होने के पहले 'अंजुली भर पानी में / सिकुड़ते आकाश की तड़प की तरह / जीना और समाना पड़ता है कई बार / *रिसना पड़ता है* उड़ जाना पड़ता है / *छीजना पड़ता है* कई बार / मिट्टी के गुण का शिकार / हवा के गुण का शिकार / पानी के गुण का शिकार / जीवन में जीवन का शिकार होना पड़ता है कई बार।' अर्थात् सरल निसर्ग सादा ज़ीवन ही नहीं है जिसे हम विचार मानकर संतुष्ट हो लें। जीवन निर्भर है *क्रयशक्ति* के बढ़ने और घटने से। विज्ञापन उसमें कोई मदद नहीं करता। वह तो एक और ही केलि की दुनिया की ओर उकसाता है—(*काम शक्ति* बढ़ाने का *विज्ञापन* बगल में है)। अनुभवहीनता के अनुभव में निसर्ग को जानने जीने की यादें ही एक तरह से ढाढ़स बँधाती हैं—कि "लाल होता हुआ अँधेरा हरे पत्तों में दिन भर पीला

चमकेगा।" इस उम्मीद भरी याद में : "घने अँधेरे में भी याद आते हैं पके हुए जामुनों के रंग / स्लेट पर चलते हुए बच्चों के साथ... / *लौ* की तरह उजली अंगुलियाँ... /" फिर भी "पंख छिपाए रहते हैं / थोड़ा-सा अपना *अँधेरा* अपनी त्वचा के पास / अँधेरा फुनगियों पर बैठा जड़ तक पैठा रहता है।" द्वंद्वमय जीवन की स्तर बहुलता जगूड़ी की कविता का निरंतर पाठ है। मिथक स्मृति स्वप्न फंतासी एकालाप सब हिकमतें इसी पाठ को विस्तृत परिदृश्य देती हैं। *यथार्थवाद* से *अतियथार्थवाद* (सुर्रियालिज़्म) तक निरंतर सक्रिय चुस्त आवाजाही *अबोधता* से *ज्ञानमीमांसा* तक कविता का एक अंतः संप्रेषण मार्ग बनाती है। यह एक बीहड़ मार्ग है जो एक ओर *सुन्नसिखर* जैसी कबीर की रहस्यमय शब्दावली तक जाती है, दूसरी ओर आक्रामक बाज़ार और उपभोक्तावाद के खेल-कौतुक तक। जगूड़ी में जीवन वैविध्य भरपूर है पर उसमें निहित रहस्यमय जटिलताओं की समझ और स्वीकृति के साथ। *'बाज़ार में'* कविता में ही आत्मा और जीवन के बुनियादी द्वंद्व हैं। आत्मा कभी किसी अठन्नी का नाम है—लिखने वाले कवि के पास आत्मा कोई रागद्वेष शून्य पवित्र अमूर्तन नहीं है। अजर-अमर आत्मा के विरुद्ध देह में फँसी आत्मा ऐसी ही है कि उसकी भी क़ीमत लगाई जा सके। दार्शनिक विमर्श का मुहावरा यहाँ खेल है—आत्मा और मन पर पड़ने वाली अदृश्य लताड़।

यह मृत्युलोक एक बाज़ार है आत्माओं का
बिना देह के आत्माएँ भटकती हैं यहाँ
हर चीज़ उन्हें दिखती है देह में
कुछ आत्माएँ खरीददार आत्माएँ होती हैं
कुछ आत्माएँ आमरण बिकाऊ
आत्माएँ मरणोपरांत भी
जीवित लोगों से अपना काम साध लेती हैं

—*'अनुभव के आकाश में चाँद' से*

जगूड़ी की दुनिया में तेज़ी से चीज़ें उलट-पुलट होती हैं। एक दूसरी में फँसी। अतर्क्य। अस्त-व्यस्त। हादसे लगातार हैं—'इतनी सारी लाशों के बीच वसंत आता है' (वसंत आया), 'मौत में भी दिखाई जाती है असफलता' (ख़बरें), 'जामा मस्जिद के पास चीख़ती है औरत' (सुबह का फोटू), 'कई ऐसी मिठासें हैं जो हमारा सारा नमक खा जाती हैं' (तुम रोबो नहीं हो)। पर जीवन टूट बिखरकर अंकुरित होता हुआ, ज़िद्दीपन के साथ ढंग बदलकर तमाम हादसों के बरक्स खड़ा हो जाता है। जगूड़ी बिना नास्टेल्जिया बिना भावुक सरलीकरण में गए उम्मीद से भर जाते हैं। एक पहाड़ी स्वभाव-संस्कार का ज़िंदगी से निरंतर लगाव एक बड़ी जिजीविषा का दम भरता है। भोपाल की खुशियों को 'ताल' में नहीं 'तेंदू पत्ते'

में देखता हुआ, विराट बंजर में खुशियाँ तलाश करता हुआ यह कवि समय के संस्थान में मौसम को व्यापारी की तरह देखता है। पर अहसास कराना चाहता है कि सूचना तंत्र के चार महानगरों में राष्ट्रीय मौसम बताने के अधिकार को चुनौती दी जा सकती है। मौसम की बाज़ारू व्याख्या बताती है कि "वह फलाँ चीज़ का भूखा है / उसकी भूख के तुम भी भूखे हो जाओ।" पर जीवन भूख प्यास प्यार चाँद के अपने इरादे क़ायम रखता है। अनुभव के आकाश का एक अकेला चाँद यहाँ मार्गदर्शक है।

क्योंकि जो छोटा हो और बड़ा हो जाय
बड़ा हो जाने पर भी छोटा हो जाय
जो होते हुए भी ग़ायब रह सके
और ग़ायब रहकर भी चमक जाय

अनुभव के पाताल के लिए भी
अनुभव के आकाश में
पहले एक चाँद ज़रूरी है

—पहले एक चाँद ज़रूरी है

आज के समय का यह मुखर परिदृश्य है क्रूर बर्बर विलास और अन्याय के उत्तेजनों से भरा हुआ। विकास और प्रगति के नक्शे में अनैतिक विभाजन है—गरीबी में ईमानदारी बनाए रहने का संकल्प—यह भी विज्ञापन है जिस पर शायद किसी की दृष्टि नहीं जाती। समृद्धि और विलासिता में ऊभचूभ दिखने का विज्ञापन जो पूरे क्षितिज पर होर्डिंग की तरह टँगा है। यह है एक उत्तर आधुनिक समय जब मनोबल, समय और रूमाल में चुनाव कठिन है। यह समय है जब ईश्वर लगातार कटघरे में है (जैसे आकाश, जो जूते में घुसा है)—उसका ध्येय ताक़तवर के पक्ष में जाता है। कथाएँ हैं और ईश्वर है। मिथक हैं और ईश्वर है। एक कवि उससे इतने रूपों में जुड़ा है कि सीधे पूछ सकता है—

हे ईश्वर तुम गर्मी हो या जाड़ा
अँधेरा हो या उजाला
अन्न हो कि गोबर हो
ईश्वर तुम आश्चर्य हो कि विस्मय

यह तल्ख़ प्रतिक्रिया नागार्जुन के-से विक्षोभ की याद दिलाती है। हादसे हैं, हत्याएँ, क्रूरताएँ, असह्य दमन। पर जीवन भी—जो ख़त्म नहीं होता और उम्मीद के विरुद्ध के उम्मीद का सकारात्मक दर्शन भी। साहसपूर्ण स्वीकार।

वह शतरूपा स्त्री बदल देती है मुझे एक ही जीवन में अनेक बार
नाभि से जिसकी खिलता है हज़ार पंखुड़ियों वाला कमल

एक सिर एक उदर एक विवर ढाँपे वह रूपांबरा दिखती है
मुझे सृष्टि के अनुरूप मुक्त करती हुई

पलट कर देखती है हर बार वह प्रथम शतरूपा एक नज़र में मुझे सौ बार
और सृष्टि के मूल से बाँध देती है।

—वह शतरूपा

समय बार-बार अपनी क्रूर शक्लों में बेतरतीब विडंबनाओं के साथ जगूड़ी की कविताओं में आता है। इसके बावजूद कि ये कविताएँ अलग-अलग अपनी संरचना अपने अर्थ संदर्भ में मुकम्मल हैं, पर कभी इन्हें पढ़ते हुए एक कविता-शृंखला जैसा अनुभव होता है। कहते हैं वाल्टह्विटमैन एक ही कविता लिख रहे थे एक असमाप्त दृश्यालेख की तरह! या मुक्तिबोध की सब कविताएँ मिलकर एक ही कविता का जटिल संगठन या संगुम्फन बनाती थीं। जगूड़ी का विचार तर्क एक कविता से दूसरी कविता में दूसरी से तीसरी कविता में निरंतर संक्रमित दिखाई देता है। कैसा है यह जीवन जिसमें हम रह रहे हैं—जहाँ जीवन से बड़ा है जीवन का उत्पाद! जहाँ जीवन के घाटे आर्थिक फ़ायदे से आँके जाते हैं! जहाँ शिकार होने में जीवन सार्थक होता जान पड़ता है! कैसा है समय—जिसमें बहुतों की खुशियाँ विराट बंजर में हैं! कैसा है समय का संस्थान—जिसमें 'मौसम एक व्यापारी है / जिसे घर में ढूँढ़ो तो संदूक में चला जाता है / तुलना में ढूँढ़ो तो बंदूक में चला जाता है / इतनी कम बराबरी में मौसम आता है और खर्च बढ़ जाता है / कुछ सामान आकाश में कुछ सामान पाताल में चला जाता है /' कैसा है समय, जिसमें मिठासें सारा नमक खा जाती हैं। यह समय है या समयों का गड्डमड्ड जो एक अनवरत फ़ंतासी है। जगूड़ी की कविता में जहाँ समय-विमर्श ख़ासा जटिल क़िस्म का है और वह महानगरों से लेकर पहाड़ी अंचलों तक के विस्तृत फलक के अध्ययन के आधार पर बना है, वहीं कविता की संरचना या काव्य-प्रक्रिया के भीतर एक प्रश्नोन्मुख क्रीड़ावृत्ति के कारण भी दिलचस्प और उत्तेजक है। इतिहास को विकृत करने, अधिगृहीत करने, कूड़े को इतिहास में, इतिहास को कूड़े में बदलने का जो प्रायोजित व्यापार सत्ताएँ चला रही हैं उस पर एक तीखी आलोचनात्मक दृष्टि जगूड़ी की फ़ंतासी को अर्थमय, कभी-कभार अर्थबहुल बनाती है। क्रीड़ावृत्ति और स्फीति में अगर एक तनावपूर्ण रिश्ता न बने, तो बहुत-सी संरचनाएँ एक संदिग्ध क़िस्म के आनंद की ओर ले जा सकती हैं। आख़िर एक महत्त्वपूर्ण कवि को अपनी मुक्ति अपने दृष्टि संपन्न काव्यानुशासन में ही खोजनी और पानी है। जगूड़ी अपने काव्यमुहावरे को भी थोड़ा तोड़ते बदलते रहते हैं इसलिए माना जा सकता है कि उन्हें इस तनावपूर्ण संभावना की गहरी समझ है।

छोटी-सी दुनिया का अनंत राग

एक ऐसे समय में जब प्रायः सभी महत्त्वपूर्ण या साधारण कवि एक विशेष ढंग की—समय, जीवन, इतिहास की त्रासदी की—कविताएँ लिख रहे हों या लिखना चाह रहे हों, अशोक वाजपेयी ही ऐसे कवि हैं जो व्यक्तिगत या निजी संबंधों की, प्रकृति-राग और देह की आसक्ति की कविताएँ लगातार लिखते जा रहे हैं और ऐसा ही लिखते रहने की उनकी ज़िद का सबसे अधिक प्रमाण समग्र में से उन्हीं द्वारा चुनी गयी अपनी कविताओं का यह संग्रह है—'घास में दुबका आकाश!' संग्रह को नाम यों ही नहीं दिया गया है। नाम ही संकेत है कि देशकाल के हादसों की कविता लिखने की ज़रूरत अलग से उन्हें नहीं है। 'इसी अधबनी कविता से' खंड में *'पेड़ के पीछे आदमी' 'जबरजोत'* सरीखी कविताएँ शायद अपवाद हों, अशोक वाजपेयी की कविता की मुख्य पहचान दूसरे खंडों से ही बनती है—जिनके शीर्षक हैं—*'तोतों से बची पृथ्वी', 'आश्चर्य की तरह खुला है संसार' 'विदा का कोई समय नहीं है' 'यह सिर्फ़ जगह है' 'नहीं की पगवट'*।

पचपन के आसपास पहुँच रहे कवि अशोक वाजपेयी ने पहली बार अपने इस चयन के साथ एक लंबी भूमिका भी दी है जिसका चलन अब नहीं है और जो शायद किसी ज़रूरतमंद शोधकर्ता के लिए उपयोगी होती भी हो, कविता के सच्चे पाठकों के लिए ग़ैरज़रूरी होगी। भूमिका का शीर्षक निराला की कविता की याद दिलाता है—'यही कवि कह गया है'। कवि में जो आसानी से दिख जाता है वही महत्त्वपूर्ण नहीं होता, अक्सर जो अलक्षित रह जाता है, कहीं अधिक महत्त्वपूर्ण होता है। *देह-राग* के कवि के रूप में ख़ासे सिद्ध और सुपरिचित (या कुख्यात) हो चुके अशोक वाजपेयी को डर है कि वह ख़ास ईश्वरहीन आध्यात्मिकता का मर्म उनकी कविता से अलक्षित न रह जाए जिसे वे प्रकृति और काया की अमरता की, मृत्यु और सृष्टि के अभेद्य रहस्य की कविताएँ लिखते हुए बार-बार रेखांकित करते आए हैं। अशोक जैसे कवि के लिए कविता हर बार एक आश्चर्य है यद्यपि कोई असीमित आश्चर्य भी नहीं। कवि की शब्द-सिद्धि के चलते आश्चर्य

की भी रूढ़ियाँ बनने लगें, तो आश्चर्य नहीं। कविता अशोक जैसे कवि के लिए भरोसे की चीज़ भी है और चेतावनी भी। उन्हें देखते रहना है कि 'पवित्र' और 'रहस्यमय' की भी उनकी अपनी *रूढ़ियाँ* उनके अपने तत्पर-सजग काव्य-समय में ही न बनने लगी हों। बेशक, वे दूसरों से अलग हैं इसलिए मुश्किलें भी उनकी अपनी हैं। 'अनंत' के पक्ष में, 'अनंत' के लिए, 'अनंत' की खोज के साथ लिख रहे अशोक की सच्ची छवि परखने के लिए *'घास में दुबका आकाश'* सबसे उपयुक्त संग्रह है। देश-काल की त्रासदी के पाठ के लिए नहीं, देशकाल की त्रासदी के बीच नितांत निजी रिश्तों में अनंत आश्वासन अर्जित करने वाले कवि के अपने स्वभाव को 'सुंदर' 'कोमल' 'ऐंद्रिक' 'रहस्यमय' के प्रति उसके *अक्षय लगाव* को जाँचने-परखने के लिए *'घास में दुबका आकाश'* एक ज़रूरी संग्रह है।

अपने बहुत नज़दीक की कवि-परंपरा के ऋण का जैसा सहज स्पष्ट स्वीकार अशोक वाजपेयी के यहाँ है, शायद ही उनके किसी दूसरे समकालीन के यहाँ हो। अपने ही समय के ऐसे महत्त्वपूर्ण कवि पहचान में आ जाएँगे जिनकी अनुगूँज अशोक के यहाँ है। नाम लेना ज़रूरी नहीं। वे महत्त्वपूर्ण ही न होंगे, उनकी अपनी पसंद के कवि भी होंगे। प्रकट है, कि वे सभी अपने समय की कविता लिखने के लिए, अपने समय की त्रासदी में गहरे धँसने और अपनी उद्विग्नता या तनाव को संचित करने की नयी से नयी हिकमत कविता के भीतर खोजते रहे। इधर प्रकाशित रघुवीर सहाय की अपने ढंग की अलंकारहीन सादी कविताएँ इसी ढंग का उदाहरण हैं। इधर अशोक एकदम नयी कविताओं में भी '*समय*' से परे, '*अनंत की खोज*' के साहस या दुस्साहस से ही अपनी पहचान की स्वीकृति के लिए पाठकों के सामने आ रहे होंगे।

अशोक की कविताओं का चुनाव मुझे कभी करना पड़ा तो मैंने यही कविता पहले चुनी—'इन्हीं दिनों'। माँ की मृत्यु के अनुभव से जुड़ी एक विलक्षण मार्मिक कविता—जो एक कविता श्रृंखला भी बनाती है—*'मौत की ट्रेन'* में *'दिदिया'* जैसी कविताओं से जुड़कर। कभी समकालीन कवियों के यहाँ प्राप्त 'माँ' विषयक कविताओं का कोई विशद विश्लेषण या अध्ययन किया जाएगा तो अनुभव की जड़ों, स्मृति-रूपों, स्मृति और वर्तमान के तनाव की समझ के साथ खुलते भाषा के रहस्यों-सीमाओं की ओर ज़रूर ही ध्यान जाएगा। मृत्यु अपने आपमें कितना सुपरिचित तथ्य है—प्रश्नहीन, संशयहीन! पर साथ ही कैसा अनोखा, अप्रत्याशित, आश्चर्य भी। यही कविताएँ प्रमाण हैं कि उसका स्वीकार जीवन और जीवनासक्ति का भी दृढ़ स्वीकार है।

इन्हीं दिनों
उसने हिम्मत कर
एक बार उठकर

हवा से हवा, आकाश से आकाश, मिट्टी से मिट्टी
अलग कर
अपनी पैतृक हड्डियों को फेंकने का तय किया होगा
उस कुत्ते की ओर
जो ज़िंदगी की तरह उम्मीद से
और मौत की तरह चालाक लालच से
उसकी ओर देखता रहा था
इन्हीं दिनों

इसी स्वीकार के गहरे निहितार्थों की खोज में अशोक संतों के *'अनहद'* के निकट जाते हैं, *कुमारगंधर्व* की व्यग्र बेचैन *आवाज़* के निकट जाते हैं, लोक में लोकोत्तर और *लोकोत्तर* में *लोक* के संधान की चुनौती के निकट जाते हैं—''नहीं होगा उसका घर / विष्णुपदी के पास / याकि हरिचंदन और पारिजात की देवच्छाया में / वहाँ भी ले रखी होगी उसने / किराए से रहने की जगह / वैसे ही भरे-पूरे मुहल्ले और / उसके शोरगुल में।''

सुदूर और निकट के अनेक रूपों, रिश्तों, अनुभवों के बीच अशोक वाजपेयी की कविता विश्वसनीयता प्राप्त करती है इन्हीं 'माँ' या 'पिता'—विषयक कविताओं में, इन्हीं स्मृतियों में, जहाँ *राजापुर गढ़ेवा* का पैतृक घर ढहने-ढहने को है, जहाँ 44 गोपालगंज सागर वाले मकान में कविता शुरू हो रही है, प्रेम शुरू हो रहा है, जहाँ ''हर मकान दूकान में बदलने की होड़ में है...जहाँ...।'' यही तात्कालिक का अर्थबोध, यही सुदूर को भी अर्थवान बनाने की शर्त भी है। सुदूर से सुदूर तक की यात्रा हमेशा थका देने वाली होगी। कविता या कलाओं में व्यक्त ऐसे अनुभव हमेशा बेजान, निर्जीव या निस्तेज होंगे। कविता विश्वसनीयता प्राप्त करती है इसी *तात्कालिक* या *उद्दाम* के निकट जाकर। *तनाव* और *उद्विग्नता* के निकट जाकर। *अशांत* और *अनिश्चित* के निकट जाकर।

अनंत के प्रति एक निरंतर विकलता लिए हुए इस संग्रह की कविताओं में हमारा *अपना समय* अनुपस्थित है। उसकी कोई खरोंच भी (दो एक अपवादों को छोड़कर) दिखाई नहीं देती। इस अर्थ में तनावहीन इन कविताओं में अगर सार्थक विडंबनापूर्ण काव्यात्मक बनावट कहीं है तो उसके स्रोत क्या हैं! सुदूर और तत्काल के रिश्तों को जगानेवाली स्मृतियाँ या देहराग में निहित देहांतर के सुख-स्वप्न से आविष्ट हो उठने की विकलता या पढ़े-देखे-सुने कलात्मक अनुभवों के उत्सुक-सजग पाठ की सघनता। यह सही है कि अशोक ने अपने ढंग की *प्रेम कविताएँ* लिखकर राजनीतिक कविता की तात्कालिक रूढ़ियों से (यों ये रूढ़ियाँ भी अब दृश्य से ग़ायब हैं, अपने ढंग का नॉस्टेल्जिया, अपने ढंग की उदासी और उम्मीद कविताओं में खूब है!) अपने को बचा लिया है पर पाठक यह तो जानना चाहेगा

कि ये कविताएँ अक्सर 'भोग' की, 'केलि' की, 'तृप्ति' की कविताएँ क्यों हैं! प्रेम की *यातना* और *यंत्रणा* का अनुभव यहाँ एक सिरे से *ग़ायब* क्यों है! बेशक, इस यातना की प्रच्छन्न झलक भी कहीं है, तो कविता अलग ढंग से पढ़ी और पहचानी जाएगी। देह-राग कविता के लिए वर्जित विषय नहीं है पर केवल तृप्ति या आनंद का विषय बनकर उसे इकहरा या संकीर्ण ही रहना है। यह संकीर्णता प्रकृति की उन्मुक्तता को भी *कृत्रिम विलास* में बदलती है।

वह दिगंबरा आकाश की शैया पर

उसकी कंचुकी उतारकर
ले गया है चंद्रमा
उसका अधोवस्त्र
हर ले गया सूर्य
उसके अनावृत्त उरोज
दिपते हैं ताराओं से

उसे लेता है
हरी दूब की सौंधी गंध से
महकता अँधेरा

उसे बेधता है
ताजे दूध की तरह घारोष्ण आलोक

वह दिगंबरा आकाश की शैया पर

चिंता का विषय यह नयी संकीर्णता है। चिंता का विषय विलास-वृत्ति में निहित पुरुष प्रभुत्व की छाया है जिसे प्रेम के या काम चेष्टा के खेल में क़ेवल जीतना ही है। स्त्री कवियों के यहाँ यही अभिप्राय यातना या पीड़ा की झलक क्यों देते हैं! यह चिंता का विषय इसलिए है कि उपभोग प्रधान अपसंस्कृति ने उद्दाम और उत्तेजक स्थूल दैहिक अनुभव को विकृति की उस चरमता तक पहुँचा दिया है कि यह कवि का अपना 'पवित्र' और 'रहस्यमय' संदिग्ध ही बना रहेगा। अशोक को ऐसे कई आलोचक मिल गए हैं जो उन्हें *'कामाध्यात्म'* का कवि सिद्ध करने पर आमादा हैं। दूसरों से अलग अशोक को प्रतिष्ठा देने का अगर यही आधार प्रमुख है तो यह अपने आपमें एक तरह का घातक सरलीकरण है और इससे उनकी कविता का अवमूल्यन ही हो सकता है। *देहराग* के सच्चे कवि होने से अशोक की कविता की वह *क्षति* न होगी जो इस दार्शनिक या तांत्रिक क़िस्म के *कामाध्यात्म* के आरोपण से होगी।

'घास में दुबका आकाश' में अशोक वाजपेयी के कवि स्वभाव को दूसरे खंडों में भी देखना ज़रूरी है। पहले ही खंड की कविता 'छोटी सी दुनिया' भले ही दूसरे कवियों से उन्हें बहुत अलग नहीं करती, पर उनके बुनियादी जीवनराग को अधिक सहज ढंग से व्यक्त करती है।

अपने बगल में टुकुर-टुकुर ताकती गिलहरी से
कहा फूल ने
एक बुढ़िया अपनी गुदड़ी से निकालकर
एक तोता खाया फल अपनी नातिन को देते हुए
यही बोली

छोटी-सी है तितलियों और मधुमक्खियों की दुनिया
छोटी है दुनिया तोतों और बगुलों की
आम और अमरूद की, इमलियों और बेरों की

यही जो छोटी-सी दुनिया
हमें मिली है
सच है, सुंदर है

प्रेम, आसक्ति, मोह, *छोटी-सी दुनिया* को अधिक सच और सुंदर बनाते हैं। यह अहसास जहाँ सहज है वहाँ *'वह बूढ़ा मुसलमान'* और *'यही हमारा सत्य है'* जैसी कविताएँ अपने सीधे सहज विन्यास में सामने आती हैं। 1993 की ही कविता है—'यही हमारा समय है' :

यह कर्फ़्यू से झड़ी-पुँछी सड़क पर
दस बरस की लड़की का खड़िया से ख़ाका बनाकर बेख़बर खेलना
बूढ़े का हर सुबह मृत्यु को धूल की तरह बुहार कर
घूरे पर फेंकना
उम्मीद की आख़िरी बस की देर तक प्रतीक्षा
यही हमारा समय है

अशोक के काव्यचयन के अपवाद रूप में ही सही ये चार छः कविताएँ अशोक के बुनियादी कविस्वभाव की पहचान के लिए ज़रूरी लगती हैं जिसकी साधारणता से ऊबकर अशोक अनंत की वह खिड़की खोलते नज़र आते हैं जहाँ देहराग की तन्मयता में आश्चर्य की तरह संसार एक एक पंखुरी की तरह खुलता जाता है। दोनों तरह की कविताओं के अलग-अलग दिखने पर जो इतना अधिक बल है उसके पीछे आश्चर्य नहीं, कवि के पूर्वग्रह भी हों और कविता की आलोचना के पूर्वग्रह भी। इस द्वैत को मिटाती है कुमार गंधर्व के लिए विदा-गीत के रूप

में लिखी अशोक की लंबी कविता *'बहुरि अकेला'*।

देवताओं के पाखंड और ब्रह्म-प्रपंच से
विदा ककहरे से
विदा अक्षरारंभ और अधूरे वाक्य से
हुआ-होगा-होता से
हर सर्वनाम से

और पहले की पंक्तियाँ हैं—

विदा
अपूर्णता से
किसलयों कुचाग्रों केलि से
शब्दार्थ मौन रूपकों से
गान धैर्य अजात पौत्र से
सगुण निराकार से
अँधेरी निर्जन सड़क पर सुबह के आदमी से
मसाला पीसती बार-बार-झार से आँसू पोंछती औरत से

जिन *सद्य:स्नाता* (वह नहाती है), *'वासक सज्जिका'*—ढंग की कविताओं की तत्सम कूट पदावली पर अशोक के कतिपय व्याख्याता (शायद अशोक सहित) मुग्ध हैं, उनकी तुलना में अधिक *ऐंद्रिक,* अधिक *ज़ीवनसमृद्ध* कविता है—*'बहुरि अकेला'।* सवाल केवल कविदृष्टि या काव्यानुशासन का नहीं है, अपने जीवन, अपने समय, अपने समाज से गहरी संपृक्ति और तनाव का भी है। जीवनसमृद्धि के कारकों में समय से मुठभेड़ के साथ ही अली अकबर खाँ के सरोदवादन, स्वामीनाथन की चित्रकल्पना, नृत्य में प्रकट शरीर की लय और लालित्य का पाठ भी शामिल है। सवाल यह है कि यह सारा कलात्मक अनुभव वृहत्तर जीवनसाक्षात् से किस अर्थ में जुड़ता है! कविता में ही सही, प्रेम की वह अदम्य ऊर्जा जो भव्य जीवनोपभोग का उपकरण होकर रह जाए, न कविता के हित में है न जीवनसमृद्धि का लक्षण है। नागार्जुन और शमशेर जैसे कवियों के काव्यानुभव को मिलाकर हमारे मन में जीवन की जिस विविध अंत:समृद्धि का चित्र बनता है—आश्चर्य नहीं कि अब उसे एक पिछड़े दौर की आधुनिकता मानकर ख़ारिज कर दिया जाए—पर अभी हम उसे ही कविता का ज़रूरी सरोकार मान रहे हैं। अशोक निस्संदेह एक नयी काव्यरीति के कवि हैं पर वे मानेंगे कि क़ाव्यरीति बड़ी नहीं है—(न वह जिसके वे विरोध में हैं, न यह जो उनका अपना आविष्कार है!) —बड़ा है जीवन। जीवन समग्र की चुनौतियों का सामना किसी भी तरह के संकीर्णतावाद के मुहावरे में असंभव है। दूसरों से अलग दिखने वाले कवि को इसका अहसास

कहीं ज़्यादा होना चाहिए। यहाँ अशोक वाजपेयी की लंबी भूमिका का यह अंश याद करने योग्य है :

> ''वैचारिक और भौतिक रूप से अपने और अपनी दुनिया के सारे तनावों और विडंबनाओं को जानते हुए भी मैंने उनसे कविता के संसार को आक्रांत नहीं होने दिया। जीवन में अभी भी सुंदरता, कोमलता और ऐंद्रिकता काफी है और उन्हें अपनी रसिकता के चलते नज़रअंदाज करना मुझे न तो ज़रूरी लगा न ही कविजनोजित। *छोटे से छोटे सच* को भी ख़राब नहीं जाना चाहिए। कुछ ऐसे सच इधर की कविता से अक्सर छूट जाते रहे हैं। मुझे लगा कि उन्हें समेटने की चेष्टा मेरी कविता को कुछ अलग रंगत शायद दे सकती है—कुछ अलग औचित्य भी।''

जिस *शुद्धतावाद, सुरक्षाप्रियता* और *नव-छायावादी ऐंद्रिकता* के लिए अज्ञेय कभी अशोक की कठोर तीखी आलोचना के विषय थे, उन्हीं को एक नये तरह का काव्यगुण मानकर वे अपने काव्यतर्क में ज़रूरी जगह देने लगे हैं, साहित्य के पाठकों का ध्यान इस ओर ज़रूर ही जाएगा। दूसरों को अगर अपने को बदलने की छूट है तो अशोक को भी है। देखना यह है कि अशोक इस छूट का अपनी ही कुछ बुनियादी प्रतिज्ञाओं के अनुरूप कैसा सार्थक इस्तेमाल कर पाते हैं। उन्हीं में एक यह प्रतिज्ञा भी है कि ''कविता जीवन से कम की माँग नहीं करती''। कविता में ही इस माँग की झलक देखकर हम अशोक वाजपेयी की कविता से एक तरह की उम्मीद बनाए रख सकते हैं—

> अपने जीवन की धुंध से घिरा
> बचपन के मुबहम होते जाते चेहरों को
> खोने के पहले याद करता हुआ
> रक्त के मौन में कहीं
> दूर से आ रही पुकार सुनता हुआ
> मैं इसी अधबनी कविता से पूछता हूँ
> कितना बजा है?

एक घुमंतू कवि का संसार अर्थात् काव्यसंसार

कविता में जब प्राय: उन्हीं-उन्हीं विषयों पर, उन्हीं-उन्हीं संबंधों, उन्हीं-उन्हीं वनस्पतियों, उन्हीं-उन्हीं हादसों पर लिखने का चलन हो जो एकाधिक बार प्रयोग में आकर कविता की रूढ़ि या अभ्यास बन चुके हों, ज्ञानेंद्रपति एक विरल अपवाद हैं। उनकी कविता विशेष अर्थ में सामाजिक सांस्कृतिक विमर्श की कविता है। अभी-अभी *'बचपन बचाओ आंदोलन'* के *पर्चे* के साथ जिस कवि की *कविता* संदेश के रूप में मिली है—वह ज्ञानेंद्रपति की कविता है। *'फुटबाल को देखो'*—कविता *बालश्रम* को बरकरार रखने वाली क्रूर *व्यवस्था* के लिए —*चेतावनी* है। यह महज़ एक उदाहरण नहीं है। संकेत है कि ज्ञानेंद्रपति कवि और कविता की एक सुरक्षित सुंदर सुघड़ अवधारणा बनाकर संतुष्ट या आत्ममुग्ध कवि नहीं हैं। उनकी कविता हमारे समय की क्रूरता, हिंसा, शोषण, मूल्यक्षय, अंधउपभोक्तावाद, पाखंड, अंधधार्मिकता, विश्वबाज़ार, पर्यावरण, सांप्रदायिकता, परमाणु विस्फोट, इतिहास, मिथक, विज्ञापन, कला, संस्कृति, सृष्टि के ज्ञात-अज्ञात रहस्य आदि अनेक संदर्भों को व्यक्त करने के प्रयास में संबोधन और संवाद का एक निजी मुहावरा विकसित करती है। इनमें अनेक ऐसे संदर्भ या विषय-क्षेत्र हैं जिन्हें ज्ञानेंद्रपति एक कविता-कार्यकर्ता की तरह देखते हैं। कई प्रसंगों में उनका आक्रोश और विक्षोभ ही कविता का 'टोन' निर्धारित करता है। जैसे : *'फुटबाल को देखो'* कविता 'फुटवाल की आकाशी उछाल' में 'रसातल में धँसते शिशु मजूरों का चुप्प आर्तनाद सुनती है और उन्हें सावधान करती है जो स्टेडियम की हर्षध्वनि में विभोर हैं और फुटबाल की संरचना में छिपे उन श्रमिक बच्चों के श्रम को नहीं देख पाते, जो सुआ सँभाले सिर झुकाए सख़्त खाल फुटबाल सीते हैं और अपनी ज़िंदगी रेशा-रेशा उधेड़कर उसमें रख देते हैं। कम कवियों के यहाँ फुटबाल इस रूप में कविता का विषय है। नरेंद्र जैन की कविता 'कलकत्ते में फुटबाल' रोमांच और जुनून में डूबे दर्शकों के अनुभव की कविता है जिसमें उछाल के सौंदर्य का जादू वर्णित है। इससे भिन्न, ज्ञानेंद्रपति के यहाँ तरह-तरह के खेल में डूबी *दुनिया* की *बज्जर-बहिर आत्मा* को उद्वेलित करने-जैसी कोशिश है :

देखो, ध्यान से देखो
उस फुटबाल के पेट में
केवल हवा है
कि उसमें कैद हैं
किन्हीं बच्चों की साँसें ?

नन्हें नाज़ुक हाथों वाले बच्चे
छालों से छलनी हथेलियों वाले
सूआ सँभाले
सिर झुकाए जो सीते हैं सख़्त खाल फुटबाल
उधेड़कर अपनी ज़िंदगी रेशा-रेशा

कविता एक और संदर्भ सामने लाती है। जो फुटबाल खेल रहे हैं वे उसकी संरचना की अंतर्कथा से अनभिज्ञ हैं। क्योंकि वे मामूली घरों से हैं और सत्ताधारियों के नृशंस कुनबे का अंग नहीं हैं इसलिए यदि वे यह सच जान लेंगे, तो फुटबाल को छूने से भी इनकार करेंगे—जो धनमानुषों के लालच का लोलक गोलक है—जिसके भीतर हवा की जगह किन्हीं बच्चों की साँसें क़ैद हैं। ज्ञानेंद्रपति *संक्षिप्तता सटीकपन* का *मर्म* जानकर भी *स्फीति* की *गुणवत्ता* की खोज के कवि हैं। कई बार उन्हें ज़रूरी लगता है कि कविता सिर्फ़ परिदृश्य के बारे में धुँधला धुँधला अमूर्तन करने से बचे और चीज़ों को तफ़सील से बताए। बताए कि शोषक सत्ता या व्यवस्था का चरित्र क्या है! शोषण के औजार क्या हैं! मुक्ति का रास्ता कहाँ है! इस अर्थ में कविता बड़ा स्पेस चाहती है।

आज की कविता का परिदृश्य ज्ञानेंद्रपति को संकटपूर्ण नज़र आता है जब *मुक्त छंद* के पाँव उखड़ रहे हैं—*'जनचित्त'* से उसकी जड़ें उखड़ रही हैं। ज्ञानेंद्रपति अपने से सवाल करते हैं—क्या जन-जन तक कविता को पहुँचाने की कवि-अभीप्सा ही चुक रही है। वे खड़ी बोली हिंदी की ठेठ जातीय प्रकृति के वाक्य विन्यास के लिए निराला को आदर्श मानते हैं। संभवतः *अनुवाद* की प्रक्रिया से ढलकर आई हुई एक *अटपटी विचलन प्रधान वाक्य संरचना* को लेकर उनके मन में *संदेह* है कि शायद ही वह जनचित्त तक जा सके। इसका अलग से अध्ययन किया जाना चाहिए कि *अनुवाद* के रास्ते से चलकर जो *नयी भाषा* भंगिमाएँ इधर के काव्य परिदृश्य पर मौजूद हैं इनके दबाव से हमने क्या पाया है क्या खोया है! प्रसंगवश *'तनाव'* (सं. वंशी माहेश्वरी) के जो साठ से अधिक अंक प्रकाशित हो चुके हैं उनमें तमाम देशों और भाषाओं से बड़े कवियों के अनुवाद प्रकाशित हैं कभी सीधे मूल भाषा से, पर प्रायः अंग्रेजी अनुवाद की सहायता से। इसका लाभ उठाते हुए रघुवीर सहाय, केदारनाथ सिंह, श्रीकांत वर्मा, लीलाधर जगूड़ी, मंगलेश

डबराल, राजेश जोशी, अरुणकमल ने अपनी कविता-भाषा को अपने निजी उद्यम और काव्य विवेक से कितना बदला होगा और कितना सार्थक बनाया होगा, इसकी गहरी जाँच होनी चाहिए। हमारी क्षेत्रीय भाषाओं बोलियों के शब्द मुहावरे भी इस कोशिश में आ मिले होंगे। ज्ञानेंद्रपति अपना एक *ठेठ देसी भाषिक विन्यास* निर्मित और विकसित कर रहे हैं, इसे लेकर विवाद नहीं है। संस्कृत के मूल शब्द भी हैं उनके यहाँ और वे पास-पड़ोस के ठेठ देशज शब्दों के साहचर्य में पुनः रचित भी जान पड़ते हैं। फिर उनका अपना ढंग कि कविता का एक पैराग्राफ एक *संकुल वाक्य* हो—इससे भी उनके संप्रेषण में एक नयी गुणवत्ता संभव है। उल्लेखनीय है कि एक कविता-कार्यकर्ता के नज़रिये से समय और समय के यथार्थ को देखते हुए ज्ञानेंद्रपति कविता के संगठन को लेकर बेपरवाह नहीं है। ठेठ जातीय गद्य-सरीखी काव्यभाषा से उनकी अपेक्षा बड़ी है और उसका शिल्प से अधिक महत्त्व है। इस *'ठेठ' 'देसी' 'जातीय'* में ज्ञानेंद्रपति का अपना *जीवन-विवेक* और *काव्य-दर्शन* छिपा है। उन्हें पता है कि जो उनका चुनाव है वह चलन में नहीं है। यह सप्रयोजन है कि कवि को अपना देवता चुनना हो तो वह निठल्ले मुड़कट्टा बाबा को चुने, जिनकी निकटता दीनहीन मलिन जनता से हो, धन कुबेरों से न हो। *(अपने देवता का चुनाव)* अस्वीकृति का ख़तरा उठाकर वे असुविधाजनक यथार्थ को सामने लाते हैं। *'सीतामढ़ी'* (अक्तूबर 1992) और *'विध्वंस के बाद'* (दिसंबर 1992) कविताएँ इस क्रूर विडंबना को या शर्म को सामने लाती हैं कि जिन कलाकारों ने देवी प्रतिमाएँ बनाईं, उनका शृंगार किया, और वह जादुई प्रभाव पैदा किया कि मिट्टी के पिंड देवी के वास्तविक वक्ष वन गए, उनमें दूध उतर आया, वही प्रतिमा जब जुलूस बनकर निकली और रास्ते को लेकर दो संप्रदायों में विवाद हो गया और दंगे की नौबत आ गयी, उनमें मारा गया वही—अनवर—जो कलाकार था, देवीमूर्ति का प्रणेता! व्यवस्थाएँ सत्ताएँ इन प्रश्नों पर चुप हैं। न कोर्ट कचहरी उनकी चिंता है, न आत्मा का सच!

> किसी कीमियागर ने हमारी करुणा को क्रोध में बदल दिया था
> शहर की सड़क-शिराओं में उन्माद की तरह दौड़ रहा था हमारा ख़ून
> हमारे बैंड बाजे मारू बाजों की तरह बजने लगे थे
> मांत्रिकों के अट्टहास भालों के भाल पर बँधी पताकाओं की तरह फरफराकर
> बस एक दिशा की ओर उँगली उठाते थे : इधर उधर
> उधर ही दौड़े जा रहे थे हम
> अरने भैंसे की तरह हँकड़ते
> महिषासुर हममें ही जो उठा था

एक ऐसे समय में जब संस्कृति धर्म इतिहास पुराण का अनवरत मिथ्याकरण या कुपाठ जारी है, जब वर्चस्वी ताक़तें इतिहास की गति के भरोसे चीज़ों को न

छोड़कर, इतिहास की मति बदलने की तकनीक को मुट्ठी में कर चुकी हैं, जब कहा जा रहा है कि कविता या साहित्य का काम दुनिया को बदलना नहीं है, ज्ञानेंद्रपति को अहसास है कि उनका मुहावरा 'युगानुकूल' नहीं है, व्यवस्था के साथ तालमेल बिठाने वाला नहीं है, इसलिए प्रसंगहीन मानकर भारतीय कविता क्षेत्र से बहिष्कृत कर दिया जा सकता है।

खेसाड़ी दाल की तरह *निंदित*
उखाड़कर *फेंक दिया जाऊँगा*
भारतीय कविता के क्षेत्र से

इस कल्पना या पूर्वानुमान में एक आत्मदर्प भी छिपा है जो कवि को पहले एक काव्यनायक (Poetic Hero) की-सी छवि के प्रति सचेत बनाता है फिर उसके बहिष्कार या निर्वासन को विद्रोही या नॉनकनफ़र्मिस्ट का तेवर प्रदान करता है। ज्ञानेंद्रपति को संस्कृति विभाग के गुपचुप प्रकोष्ठ का पता है जो तय करता है कि क्या उपभोक्ता वस्तुएँ विदेशी पूँजी-निवेश के लिए आमंत्रण बनेंगी और किन्हें देस निकाला दिया जाएगा। 'खो जाऊँगा / जिस तरह / खो गयी है / बटलोई में दाल चुरने की सुगंध / अधिकतर घरों में / और अख़बारों को ख़बर नहीं / अख़बारों के पृष्ठ पर / विज्ञापनों से बची जगह में / वर्ल्ड बैंक के आधिकारिक प्रवक्ता वाला बयान होगा / ख़ुशी और धमकी के ताने-बाने वाला बयान / जिसका मसौदा / किसी अर्थशास्त्री ने नहीं / किसी भाषाशास्त्री ने नहीं / बल्कि सामरिक जासूसों की स्पेशल टीम ने / टास्क फोर्स ने / तैयार किया होगा।' ज्ञानेंद्रपति की कविता को *इतनी जगह* तो चाहिए ही कि वे 'पेंटागन' और 'सी.आई.ए.' के रहस्य साफ़ साफ़ बता सकें। बता सकें कि दुनिया में कौन-सी *ताक़तें* हैं जो हमें एक साथ *'ख़ुशी'* और *'धमकियाँ'* दे रही हैं। यह कौन-सी विश्वमंडी है जिसमें हमारे अर्जित मूल्य कमाए हुए मूल्य नये-नये पैकेज की शक्ल में बिकने को तैयार हैं। *विनोददास* ज्ञानेंद्रपति का ही सवाल जैसे अपने से पूछ रहे हैं—कि किन महाशक्तियों के हिंसक खेल में हमारा *बचपन* अर्थात् हमारा *'मूल'* या *'स्वत्व'* खो गया है। *जयनंदन* की कहानी *'विश्व बाज़ार का ऊँट'* इसी खो जाने की कहानी है। ज्ञानेंद्रपति की कविता को कहानी जितनी जगह तो चाहिए ही। 'शीतयुद्ध की समाप्ति पर' ज्ञानेंद्रपति की कविता है—

अब इस दुनिया में बची है एक ही दुनिया
वही *पहली* है वही *आख़िरी* है
यहाँ से वहाँ तक उसी की है दुनिया
और कि
शीतयुद्ध की समाप्ति पर

धीरे-धीरे गरमाती कंकाल हड्डियाँ
अब कभी भी झोंकी जा सकती हैं
वह जो उनके कारखाने का लहकता हृत्स्थल है
युद्ध को धमनभट्टी में
सूखी चैलियों की तरह

कविता अंत तक जाते-जाते बताती है कि *विश्व बाज़ार* क्या खुला है, एक पूरा आकाश खुला है जिसमें ''मंडराते *उन्हीं* के हैं बमवर्षक / बाज़ार पर टूटती चीज़ों की वर्षा *उन्हीं* की है।'' *मंगलेश* अनुभव करते हैं कि यह बाज़ार विविधता और सांस्कृतिक बहुलता पर प्रत्यक्ष हमला है क्योंकि वह *एकरूपीकरण* का पैरोकार है। और यों ही नहीं है कि इस देश के सांप्रदायिक-राजनीतिक संगठनों का इस भीषण उपभोक्ता बाज़ार से गुपचुप समझौता है। (पहल : 55)

ज्ञानेंद्रपति की कविता : *'गंगा तट'*। इस चमकीले बाज़ार का प्रतिरोध-प्रतीक कवि को गंगापार पेड़ों की छायाभासी पट्टी के पीछे चंद्रोदय के पूर्वाभास जैसे उजाले में दिखता है। वह आत्मीय तारा-जिसका कोई मानवीय नाम नहीं रखा गया। उधर वह जगमगाता मायावी बाज़ार—जिसमें—'नये जूते की नोक पर जो एक तारा दिपता है / वह ध्रुवतारे से बड़ा है और ज़्यादा चमकीला।' वे हमारा ध्यान उस अपने आत्मीय तारे से हटाते हैं और हमारे भीतर बेशुमार *चीज़ों* की *गुलामी* पैदा करते हैं। उन्हें क्या पता कि वह अपना तारा वहाँ न हो, तो मंदाकिनी का अस्तित्त्व संतुलन गड़बड़ा जाए। ज्ञानेंद्रपति की कविता चेतावनी है, संदेश है, आमंत्रण है—

कि तुम अपनी आँखें उठाओ

उसकी ओर
मोड़ो अपना माथा
बाजारू संदेशों से शिथिल अपना माथा
उसके निर्वाक् मौन के लिए

कविता में हमारी सभ्यता-समीक्षा के लिए एक ज़रूरी विचार सूत्र यह है—''हम जिन वस्तुओं के निर्माता हैं / उनके भी अंतरंग को / हम भला कितना जानते हैं!'' सभ्यता-समीक्षा के एक मार्मिक उत्तेजक विमर्श के रूप में याद आती है कविता—*'लुप्त होतीं प्रजातियों के अंतिम वंशधर'*। इस कविता के परिप्रेक्ष्य में *पर्यावरण* का सवाल भी एक *राजनीतिक* सवाल है। महत्त्वपूर्ण है कि हमारे देखते-देखते कौन-सी प्रजातियाँ लुप्त हुईं या हो रही हैं। हम क्यों और कैसे अंतिम वंशधर मान लिए गए। हम शेष प्रजातियों को महज़ मानव-अस्तित्त्व तक पहुँचाती सीढ़ियाँ मान बैठे। यह जैसे भी हुआ और हो रहा है, यह आत्ममंथन ज़रूरी है

कि हमने क्या मूल्यवान खो दिया और क्यों! यह कब से हुआ जब— ''भूल गए हम देखना कि मित्र चिड़िया / बैल के सींगों के बीच / उसकी आँख की कोर की कीचड़ से चोंच भर की दूरी पर / उतरती है / हमारे कंधे पर कभी नहीं / हमारे चश्मे की कमानी पर कभी नहीं / ठूँठ के स्कंध में भी जो पुलक की कोंपल उमगती है / उससे वंचित रह जाते हैं हमारे कंधे / दो खंभे के बीच खिंचे तार में भी जो स्पर्श-विद्युत उमगता है उससे वंचित रह जाती है हमारे चश्मे की कमानी...।'' एक दिन जवाब देना पड़ सकता है कि हम जो अगली प्रजाति बनकर आते, अंतिम क्यों हुए—अंतिम और अंतक। 'संक्रांति वेला में' कविता आगे फिर इसी पीड़ा, प्रजातियों के विलोप की पीड़ा का मार्मिक बयान है। महाकाय वृषभ! ज्ञानेंद्रपति उसे देखते हैं—उनकी चमकती उज्जवल आँखें, भूख-पुँछी उज्ज्वल आँखें--जिन्हें संक्रांति के सूर्य ने घाट-तट पर ला खड़ा किया था—'एक गाढ़ी गेरुई ग्रेनाइट चट्टान : एक जैविक स्थापत्य!' डर है कि एक दिन वे बहिया दिए जाएँगे नगर से—जिस तरह मिट गए डायनासोर! प्रश्न का परिप्रेक्ष्य यह : 'लेकिन क्यों उठ रहे हैं स्काई-स्क्रेपन, ऊँचे और ऊँचे / और मिट चुके हैं डायनासोर!' क्या इसी विलोप के डर से 'नगरों की चतुर गौरैया / छोटी से और छोटी हुई जाती है— / गृहरंध्र भेदिनी।' इस अर्थ में ज्ञानेंद्रपति की कविता एक निरंतर सामाजिक विमर्श है। प्रकृति विज्ञान के आँकड़े बता रहे हैं कि मनुष्य के प्रकृति-विरोध के क्या भयानक परिणाम आसन्न संकट की तरह चेतावनी दे रहे हैं। ज्ञानेंद्रपति के लिए यह ख़ास अर्थ में *राजनीतिक* समय है जिसमें बालश्रमिकों के शोषण का सवाल, प्रकृति-स्रोतों के बर्बर दुरुपयोग या दोहन का सवाल, पर्यावरण-प्रदूषण का सवाल *राजनीतिक सवाल* है और कविता के लिए बाहर का सवाल नहीं है।

ज्ञानेंद्रपति जैसे कवि को लगता है कि यह जगमग चमकीला *बाज़ार* जो संचार माध्यमों की लपट में घरों में, ड्राइंग रूम में, विचार और संवेदना में, रिश्तों में फैलता जा रहा है, वह *पर्यावरण* को अछूता नहीं छोड़ने वाला है। बाज़ार में काम आने वाले तमाम उपकरण पर्यावरण प्रदूषण के मूल हैं और मूल्यवान प्रजातियाँ लुप्त हो रही हैं। बाज़ार जो इस हद तक अनर्थकारी है कि हमारे *संवेदन तंतु* को ही सुखा दे रहा है—ज्ञानेंद्रपति के आक्रोश या गुस्से का उद्दीपक है। एक कवि जो कोमलता और करुणा के अनेक रूपों के लिए जाना जाता है इस *गुस्से* और *धिक्कार* के लिए भी जाना जाएगा।

> ''बेच-खरीद के इस ज़माने में / जब लोग बेच रहे हैं अपना वर्तमान ही नहीं, अपना अतीत-भविष्य / एक बैंक के मुंडाकार वाल्ट में से निकलकर / चली आती हैं आइंस्टाइन की अगाध आँखें / नीलामी पर चढ़ने / उनकी बगल में पिकासो की यशस्वी कूची है / और एल्विस प्रेस्ले का वीर्यस्वी जाँघिया / एक दिन नीलामी की ऊँची टेबुल पर, काठ के हथौड़े के नीचे / कौन जाने जो तुम्हारे बच्चों के अस्फुट

मेधस्वी मस्तिष्क की बगल में हो / वान गॉग का कटा बाँया कान / और ब्रह्मा का छिन्न पाँचवाँ शीश / ठेठ कपाल मोचन से बरामद आयद/
बेचो बेचो बेचो खरीदो खरीदो खरीदो / उनके संदेश के सप्तम स्वर में / डूब गयी हैं सारी पुकारें / क्रय-विक्रयिक उनके समवेत क्रेंकार में।"

संस्कृत मूल के शब्द के थोड़े कौतुकपूर्ण इस्तेमाल से शायद ज्ञानेंद्रपति कविता-भाषा पर एक निजी छाप या पहचान अंकित करना चाहते हैं। यह कभी अटपटा और कृत्रिम भी जान पड़ता है। भाषायी व्यवहार में यह एक कूट शैली रचने के चातुर्य की तरह है जिसका जादू कभी ख़त्म भी हो सकता है। हालाँकि मुक्तिबोध के यहाँ संस्कृत शब्द हिंदी शब्दविन्यास में काफी रचे-बसे हैं और उनका जादू बरकरार है। फिर भी, भाषा की जैसी *स्फटिकता* पर ज्ञानेंद्रपति का बल है वह भाषा की स्फटिकता भी एक समय उबाने लगती है। ज्ञानेंद्रपति की ताक़त भाषा में उतनी नहीं है, जितनी कविता-विषयक इस अवधारणा में है कि संसार में कविता के बाहर कुछ नहीं है। *कविता* एक *पूरा संसार* है। *'काव्य संसार'* कहने में ही यह धारणा निहित है। ज्ञानेंद्रपति को अपनी ख़ास बनाई भाषा का लाभ यह ज़रूर है कि उसका अनुकरण कोई नहीं करेगा। अपनी स्फटिकता में भी वह अकेली अननुकरणीय है। यदि यहाँ वहाँ से चुनकर पढ़ी जा रही कविताओं का तिथिक्रम (फिलहाल नये संग्रह के अभाव में) ज्ञात हो तो शायद हम देखेंगे कि भाषा के मामले में *कूटपदत्व* का आकर्षण ज्ञानेंद्रपति में कम हुआ है और भाषा की मूल ताक़त *बोलचाल* के शब्दों या वाक्यों के विधान में उन्होंने स्वीकार की है। कभी अचूक अर्थव्यंजना या मूर्तिविधान के लिए भी ज्ञानेंद्रपति संस्कृतमूल के शब्द पर भरोसा करते हैं। वे निराला के साथ ही मुक्तिबोध की परंपरा के कवि हैं जिनका कहना है—"उन प्रश्नलोकों में सभी भाषा-विभाषा-बोलियाँ / तुमको बुलाती हैं / कि उनको ध्यान से सुन लो।" ज्ञानेंद्रपति उनमें हैं जो ध्यान से सुन रहे हैं भाषा ध्वनि में रची-बसी अनंत गूँजें।

एक वक्तव्य में ज्ञानेंद्रपति ने स्वीकार किया है कि उनका बल सबसे अधिक दृष्टि की *वस्तुनिष्ठता* पर है। उनके शब्द हैं—"मुझे मेरी कविताएँ घूम भटककर मिलती हैं। लोगों के बीच। ...जीवन के तमाम स्थावर-जंगम रूपों के साथ एकात्म होकर जिस 'ब्रह्मानंद सहोदर' का अहसास होता है, मेरी नास्तिक बुद्धि का वह पुनः पुनः काम्य है। ...ब्रह्मांड के कैलिडियोस्कोप की प्रतिपल बदलती हर संरचना अनन्य और मर्मपूर्ण है, आँख उठाकर उसे देखने भर की ज़रूरत है और तब, भीतर, कविता आँख खोलती है; वह सर्वथा नयी आँख होती है।" ज्ञानेंद्रपति की कविताएँ *'एक खजुही कुतिया'* से *'खजुराहो'* तक एक वृहत्तर अनुभव-क्षेत्र की कविताएँ हैं। महान डायनासोर की वंशजा *'एक नयी बिस्तुइया'* पर लिखते हुए ज्ञानेंद्रपति उसे प्रकृति के रहस्यों के विलक्षण बोध में सहायक पाते हैं। कठिनाई यह है कि

ज्ञानेंद्रपति की कविता अक्सर इतना साजो-सामान लेकर इतने ब्यौरों बिंबों में निकलती है कि पाठक को एकाग्र होने में वक्त लगता है या फिर असफलता या ऊब ही हासिल होती है।

कि जव जवाती ठंड की धूप में बाल्कनी में
गमलों के पास
        पथराई पड़ी-सी सेंकती हुई शरीर दिखीं वे
मैंने जाना
हेमंत का भी यह अंत है

और सुना तभी
शीतनिद्रित छत्ते से निकलकर आई
पहली मधुमक्खी का गुंजार

ओह! पहचानता हूँ मैं
उतर फर्श पर मक्खियों का शिकार करती
नवतुरिया बिस्तुइया का दुख
जो खुद उसका भी अनजाना

कि बरसात में इस बरस
आए नहीं है दल के दल आने वाले कीट पतंगे
सँझवाती से ढंक देने वाले अपने जीवनोत्सर्ग से
छिपकलियों को
देर रात तक जगाने वाले
...

काव्यात्मक और *काव्येतर* का फ़र्क़ मिटाते हुए ज्ञानेंद्रपति ने सृष्टि के अज्ञात रहस्यों से लेकर ज्ञात मलिन सामाजिकता तक लगातार प्रश्न पूछने का विकल्प कविता के पास बचा रखा है। वे कभी भी पूछ सकते हैं—यह कैसी श्रमजीवी एक्सप्रेस है जिसमें श्रमजीवियों के लिए जगह नहीं। पटाखों के पेट में बारूद के साथ बच्चों की ज़िंदगियों का बुरादा भरने के लिए कौन लोग ज़िम्मेदार हैं! कम उम्र लड़कियाँ इस देश में लगातार कुपोषण का शिकार क्यों हैं! पृथ्वी पर एकाधिकार क्या उनका ही है जो परमाणु परीक्षण के फ़ैसलों पर दुनिया उजाड़ने पर आमादा हैं! *चींटियाँ* हमारे एजेंडे पर क्यों नहीं हैं! जो मसें फूटने की उम्र के आसपास हैं उनके अधखुले होठों पर *'सिगरेट'* रख तिल्ली से तेल और जेब से रूपल्ली निकालने वाली *कंपनियाँ खेल के मैदान* को अपने विज्ञापनों से भरकर उसे *वधस्थल* में बदलने के लिए ज़िम्मेदार क्यों नहीं ठहराई जातीं! सवालों का यह दायरा बहुत

बड़ा है, वैसे ही जैसे ज्ञानेंद्रपति का काव्यफलक बड़ा है। जैसे चट्टानों में शेष हैं असंख्य स्मृतियाँ, उनमें छिपा है प्रकृति की न जाने कितनी हलचलों का इतिहास, वैसे ही ज्ञानेंद्रपति के काव्य संसार में हमारी जिज्ञासाएँ, हमारे सवाल, हमारे देश, हमारी यात्राएँ, हमारी चीख़ें और हमारा विलाप छिपा है।

कभी कभी उसकी कसमसाहट या घुटन कोई
दरका देता है उसे भीतर तक
और तभी देख पाते हैं हम
उसके अंदर का अंधकार

—चट्टान : एक

कविता में वृत्तांत को अधिक जटिल और विस्तृत बनाते हुए

नागार्जुन मुक्तिबोध और रघुवीर सहाय के बाद विष्णु खरे और लीलाधर जगूड़ी वृत्तांत को अधिक जटिल अधिक विस्तृत परिप्रेक्ष्य देने वाले कवि हैं। यहीं चंद्रकांत देवताले भी याद आ सकते हैं। विष्णु खरे में एक निर्मम आत्म-परीक्षण करने वाली आलोचनात्मक जिज्ञासा है जो औपचारिक लिहाज़ या शील को कोई छूट नहीं देती और आज के समय में संवेदना के क्षरण को राजनीतिक समाजशास्त्रीय संदर्भों तक ले जाती है। जिन्हें कविता में संगठन परिष्कार मितव्यय लयात्मकता का मोह घेरे हो उन्हें निराश करती हुई विष्णु खरे की कविताएँ एक नये मूल्यांकन-विवेक की माँग करती हैं। असुविधाजनक सच से मुठभेड़ करती इन क़विताओं में बहुत कुछ जाना पहचाना है—जैसे पिता की व्यथा, बेटी का शोषण या अपमान, भाई का दर्द, अपनों की शर्म—पर उसे कविता में कहने का चलन नहीं रहा है। नागार्जुन ऐसा साहस दिखा सकते थे—मादा सुअर, लालू साहू, हरिजनगाथा जैसी कविताएँ लिखकर। विष्णु खरे का दुस्साहस और भी असह्य और भयावह सच्चाइयों को कहने में और पाठक को उद्विग्न या बेचैन करने में अधिक़ जोखिम उठाने वाला है। समय और समस्याओं की अँधेरी जड़ों में धँसकर सुघड़ता के विरुद्ध औपचारिकता के विरुद्ध कृत्रिम सौंदर्यात्मक परिष्कार के विरुद्ध विष्णु खरे काव्यचिंतन के एकदम नये ढाँचे या आलोचनात्मक मुहावरे की ज़रूरत का अहसास कराने वाले कवि हैं।

> गोश को होश के टुक खोल के सुन शोर-ए-जहाँ
> सबकी आवाज़ के पर्दे में सुख़नसाज है एक
>
> —*मीर*

मीर से प्रेरणा लेकर अगर विष्णु खरे अपने संग्रह का नामकरण करते हैं तो यह

भी याद रखिए कि मीर के लिए कविता में दुनिया की शक्ल भी शामिल है। दुनिया का बयान। या वृत्तांत। जहाँ कविताएँ एक विशेष अर्थ में स्त्री-विमर्श हैं वहाँ भी परिवार और समाज की बड़ी सच्चाइयाँ अपनी भयावहता में प्रकट होती हैं। *'लड़कियों के बाप'*, *'हमारी पत्नियाँ'*, *'सोनी'*, *'साम्बवती'*, *'बेटी'* स्त्री यातना के अनेक रूप प्रकट करती हैं। बेटियों के इम्तहान में बैठने के साथ, उन्हें और उनके टाइपराइटरों को लाते-ले जाते, उन्हें अपमान और फब्तियों से बचाते हुए पिता की यातनाएँ निम्न-मध्यवर्गीय घरों का एक सच है। दूसरा सच है *'आग'* में लड़की का बहू का उसके निकम्मे पति, आवारा देवर, लोलुप ससुर द्वारा जला दिया जाना। जैसे हम एक भयानक फ़िल्म देख रहे हैं—जब—'उसका मुँह बाँध दिया गया होगा / और वह एक जानवर की तरह गुँगिया और छटपटा रही होगी / ...चार बोतल मिट्टी का तेल डाल दिया गया होगा उस पर / सलाई उसके काँपते हुए / पहली बार उत्तेजित पति ने ही दिखाई होगी / जिसकी इज़्ज़त वह लेती रही थी...' एक यातना-कथा पत्नियों की—जिनसे—'हम अपेक्षा नहीं करते / कि उन्हें याद आए अपने अतीत की / पत्नियों और उनकी सहेलियों का कैशोर्य / हमें सिर्फ़ उनकी कुछ संभावित स्त्रियोचित अंदरूनी बातें जानने के लिए / दिलचस्प लगता है।' पर जिनमें एक सीमा के बाद हम झाँकना नहीं चाहते। क्योंकि जब पुराने स्मरण उनमें एक खुदमुख़्तार शख़्सियत भरने लगते हैं हमें डर लगता है। कविता पुरुषों का यह मनोविज्ञान साफ़-साफ़ बताती है कि वे पत्नियों को सुरक्षा तो देना चाहते हैं पर उन्हें संपूर्ण और जटिल बनाने से डरते हैं। *'दिल्ली में अपना फ्लैट बनवा लेने के बाद एक आदमी सोचता है'*—जैसी कविता-कथा रघुवीर सहाय ही लिख सकते थे। यह एक ऐसा वृत्तांत है जिसे कठिन मानकर कवि नहीं लिखते और आसान मानकर कहानीकार नहीं लिखते। साधारणताएँ भी अपनी चरमता में कवि-कथाकार को मुश्किल में डालती हैं। परिवार-संरचना के जटिल रूपों से हमारा परिचय और सरोकार जब उत्तरोत्तर कम होता जा रहा है, विष्णु खरे इसी साधारण सच में घुसते हैं। इस कविता की ताक़त है काल्पनिक विडंबना। चरित्र जो हैं नहीं, पर हो सकते थे। कविता में उनके स्मरण क्या कहते हैं और क्या नहीं कहते। यह महत्त्वपूर्ण है—वास्तविक और विडंबनापूर्ण की ठीक-ठीक समझ के लिए।

विष्णु खरे करुणा और घृणा का जो जटिल संश्लिष्ट ढंग अपनाते हैं उसमें यातना-कथा के रूप बदलते रहते हैं। महाभारत की मिथकीयता में उनका व्यंग्यपूर्ण बौद्धिक तार्किक कौतुकी हस्तक्षेप विलक्षण है। *'द्रौपदी के विषय में कृष्ण'*, *'अज्ञातवास'*, *'लापता'*—पुराण कथा में कठिन कल्पना का दख़ल प्रकट करने वाली कविताएँ हैं।

किंतु किसे विश्वास होगा कि तुम्हारे मुख पर सदैव ऐसा कुछ था
कि प्रासाद में अकेले छोड़ दिए गए हम

परस्पर अर्थों को अंतिम सीमाओं तक समझते हुए
एक दूसरे के स्पर्श तक की इच्छा नहीं करते थे

तब शरीर से अलग होकर तुम कहोगी कृष्ण और पाओगी
कि मैं पहले ही की दूरी पर तुम्हारे समीप हूँ
हम चलेंगे साथ-साथ तुम्हारे पतियों को एक एक कर गिरता देखते हुए
सुनते हुए तुम्हारे सबसे बड़े पति के सदा की तरह धर्मप्राण वाक्य
तुम उन सबकी इस अंतिम पावन अहम्मन्यता पर मेरी ओर देखती हुई
और मैं मुस्कराता हुआ किंतु तुम्हें नहीं मालूम होगा और मुझे भी नहीं
कि जाने क्यों वर्षों से विस्मृत बाँसुरी और उस पर आती राधा का
अचानक स्मरण करता हुआ—

—द्रौपदी के विषय में कृष्ण

लेकिन इतिहास में दर्ज़ होने के लिए
आपका जीवित या मृत पाया जाना अनिवार्य-सा है
जो लापता हैं उनका कोई उल्लेख नहीं होता
संजय के अधिकृत स्वीकृत और सुविधाजनक
आँखों देखे वृत्तांत पर
यदि मिल जाए तो इन 24165 में से केवल एक का
मात्र एक श्लोक प्रश्नचिह्न लगा सकता है
किसे मालूम हममें से कोई उन्हीं की संतानें हों

— लापता

पाठ की आज़ादी लेकर पुराकथा के छिद्रों का पता लगाने वाली कल्पना एक तरह का असमाप्त खेल है। विष्णु खरे विज्ञान इतिहास यथार्थ कल्पना राज्य संस्कृति के जटिल पाठ में संलग्न एक ऐसे कवि हैं जिन्हें आज की यातना में भी मिथकीय शाप के-से चिह्न मिल जाते हैं। 'साम्बवती' में हरियाणा, राजस्थान या कच्छ सौराष्ट्र से आई श्रमजीवी महिलाएँ बेकारी के दिनों में एक खेल यह खेलती हैं कि किसी स्त्री को गर्भवती स्त्री का विकट अभिनय करते दिखाती हैं। कभी-कभी कोई युवती बरस-बरस भर गर्भवती बनी रहती है। यह संभ्रांत जनों के लिए एक असहनीय खेल है। डर है एक दिन कोई उन्हें शाप दे देगा—कि—'इस अक्षतयोना गर्भवती की कोख से पैदा होगा एक मूसल / जिसे अगर पीसकर भी लहरों में फेंका जाएगा / तो वह लौट आएगा बनकर किनारे की संहारक घास / घर-घर दौड़ेगी अट्टहास करती मृत्यु / समुद्र बढ़कर राजधानियों को निगल लेगा / नष्ट हो जाएँगे मदांध और उच्छृंखल राजवंश के राजवंश।' शाप शाप है या व्यवस्था का पुनः कल्प! कहना कठिन है। सोनी जैसी उद्दंड वेश्या का सच भद्रताओं की धज्जियाँ उड़ाता

है। मुँहफट उद्दंड सोनी न्याय-अन्याय में फ़र्क़ करना जानती है। जब भद्रताएँ याद नहीं आतीं अपने विद्रूप में भी वह याद आती है। भद्रसमाज को आत्मव्यंग्य का नज़रिया भी वह देती है।

रंडियों से हमें तब भी नफ़रत करना ही सिखाया गया था
सो हम करते थे
लेकिन अश्लीलताओं का क्या किया जाए
वे तो मन में आती ही थीं—

'सिर पर मैला ढोने की प्रथा' जैसी कविता हमारे सामाजिक विकास की पूरी प्रक्रिया पर एक तीखी असुविधाजनक ट्प्पिणी है। राजनीति में राममनोहर लोहिया ऐसा विषय सार्वजनिक विमर्श के लिए उठा सकते थे। *'रागदरबारी'* में *श्रीलाल शुक्ल* ने कुछ-कुछ ऐसा असुविधाजनक सच बयान किया था। वह व्यंग्य का ही विषय न था, करुणा और आत्मभर्त्सना का भी विषय था। विकास और प्रगति के बेशुमार आँकड़ों में ये सब वर्ज्य विषय माने जाते हैं। स्थिति को उत्तरोत्तर असहनीय बनाने वाली व्याख्या-कथा में से निष्कर्ष यह—कि—'कोई माई का लाल कह नहीं सकता / कि बापू के सपनों के भारत के लिए राष्ट्रीय संकल्प के तहत / शीर्षस्थ स्तर पर ख़त्म नहीं कर दी हमने / सिर पर मैला ढोने की अमानवीय प्रथा।' पर विष्णु खरे की यह कविता अपनी *स्फीति* या विस्तार में कुछ *असुविधाजनक* सवालों से कवि को भी घेरती है। यह अनजाने भी हो सकता है कि विदग्ध जानकारी और तफ़सील देने के दंभ से कवि की नैतिक संवेदना भी कहीं क्षतिग्रस्त होती हो। आश्चर्यजनक है यह तथ्य कि विष्णु खरे का ध्यान इस निर्मम व्यंग्य की ओर नहीं गया कि मैला ढोने वालों के समाज में भी स्त्री-पुरुष के कार्यभार का स्पष्ट विभाजन है। स्त्रियाँ ही सिर पर मैला ढोने की प्रथा निभाती रही हैं पुरुष झाड़ू-बुहारू जैसे कामों में लगे रहे हैं। ज्ञानमंडल कोश इसे न बताएँ तो क्या और त्रासद स्थितियाँ यह नहीं बता रही हैं!

राजनीति की दुनिया में इधर प्रेम-प्रसंगों बल्कि सेक्स कांडों की ख़ासी चर्चा है। विष्णु खरे की कविताएँ—'खामख़याल' और 'तब्दील'—राष्ट्रीय सफलता चाहने वाली महत्त्वाकांक्षी स्त्रियों की दुनियाँ में ले जाती हैं। नैतिकता शब्द काफ़ी नहीं है यह तय करने के लिए कि वे फ़ाहिशा थीं या नहीं या सिर्फ़ यही था उनका सच—कि वे 'अपने मक़सद के आड़े कुछ भी नहीं आने देंगी।' गृहस्थ कायरता यदि नैतिक होने की गारंटी नहीं है तो 'फ़ाहिशा' दिखने की रहस्यमय लुभावनी विवशता भी अनैतिक क्यों हो! करुणा घृणा के जटिल अंतर्गुम्फन में बहुत कुछ है जो वृत्तांत-सरीखी कविताओं में भी अनकहा है। विष्णु खरे कहीं स्फीति को आत्यंतिक की सीमा तक ले जाते हैं और अपनी ही कल्पना और नैतिक संवेदना

से जिरह करने लगते हैं। घुमावदार चक्करदार दिखती कविताओं में भी विष्णु खरे विचारों की सफ़ाई की झलक देना चाहते हैं पर कई बार विचारों की सफ़ाई की जगह तार्किक ऊहापोह भटकाव पैदा करता है। स्त्री-पुरुष-संबंधों के चित्रण में सबकी नैतिकताएँ मुश्किल पैदा करती हैं। दूसरे पक्ष पर ही अनैतिक महत्त्वाकांक्षा की मुहर लगाना और शोषण को विलास के नज़रिये से देखना मुश्किल में डाल सकता है।

'मिट्टी' कविता की ज़मीन और है। यह कविता में *आत्मकथा* है। आत्मगौरव के लिए नहीं, आत्मधिक्कार के लिए भी जिसमें सामाजिक आलोचना भी छिपी है। एक ओर आज़ादी का जश्न है। विकास की असीमित संभावनाएँ। आँकड़े। सर्वेक्षण। समितियाँ। मुक्त बाज़ार। चमकीले उद्योग। और छिंदवाड़ा का यह मामूली सच भी।

ये धंधा अब पहले जैसा रहा नहीं
कवेलू के मकान अब कोई बनाता नहीं
कौन पीता है चिलम कौन रखता है सुराही-घड़े
बस नये बंगलों-कोठियों में कुछ गमलों की गाहकी रहती है
वो भी ऐसी नहीं कि हमारे दस-पंधरा घरों में चूल्हा जलता रहे

कैसी है 'खुशी'—जो 'शो रूम में ऊपर / जूतों के दो डिब्बों में से किसी में बंद थी'। कैसे हैं दस बरस की उम्र में देखे 'सपने' जो ज़िंदगी भर दिखते रहते हैं। कैसी है 'सूखी साँवली लड़कियाँ'—सुबह-सुबह काम पर निकलती हैं अपमानित उम्मीद लिए! कैसा है 'चौथे भाई के बारे में' यह सवाल—मुश्किल में डालने वाला—

क्या तुम इतने कड़ियल और ज़िद्दी थे कि लौट आए छोटे भाई में
या फिर मेरे बेटे में लौटे हो तुम—
उसमें तो पिता भी लौट सकते हैं—

लेकिन यह कहाँ लिखा है कि पुरुष वापस आएँगे सिर्फ़ पुरुषों में
स्त्रियाँ स्त्रियों में

तो तुम हम तीन भाइयों की जो छः बेटियाँ हैं
उनमें क्यों नहीं लौटे होगे

जिस समय अल्ट्रासाउंड जैसी तकनीक के ज़रिए जन्म के पहले लड़का—या—लड़की जानकर तय किया जाता है कि भ्रूण जीवन बचाया जाए या नहीं, उसमें यह कविता कहाँ हस्तक्षेप करती है, यह दिखाना ही कवि का मक़सद है। एक

पूरी जीवन-श्रृंखला में कथाचक्र बनाकर।

'लालटेन जलाना' एक महत्त्वपूर्ण कविता है जो कवि के धीरज, जीवन विवेक, स्मृति संचय का साक्ष्य देती है। सभ्यता के इतिहास में जाकर लिखी गयी एक ऐसी कविता जिसमें अनायास प्रतीकात्मकता या रूपक जैसा आशय संक्रमित होने लगता है। एक मामूली काम करिश्मा लगने लगता है। कविता लालटेन जलाने की सतर्क धीरजयुक्त कला के बहाने जैसे रचना-प्रक्रिया की बनावट बताना चाह रही है। 'आह कितना ऐंद्रिक है लालटेन के शीशे को धीरे-धीरे निखारना / फिर चाहो तो उसे किसी पुरानी साड़ी के टुकड़े से और चमका दो / तब तो उस पर साँस की नमी या उँगलियों की छाप भी / अखरने लगती है।' लालटेन जलाने की पूरी प्रक्रिया जैसे बताई जा रही है वह कुछ-कुछ प्रेम करने की प्रक्रिया सरीखा अनुभव है—

या उसे एकदम हल्की नीली लौ तक नीचे ले जाते हैं
जिसका एक तरह का सौंदर्य निर्विवाद है
लेकिन लालटेन के हिलने से या हवा के हल्के से झोंके से भी
उसके बुझने का जोखिम है
लिहाज़ा अच्छे जलाने वाले
लालटेन को अपनी पहुँच के पास लेकिन वहाँ रखते हैं
जहाँ वह किसी से गिर या बुझ न जाए
और बाती को वहीं तक नीची करते हैं
जब तक उसकी लौ सुबह उगते सूरज की तरह
लाल और सुखद न दिखने लगे

वस्तु और रूप का बहुस्तरीय संबंध विष्णु खरे की काव्य-संरचना में बहुत महत्त्व रखता है। प्रधान है वस्तु ही। पर कहने का ढंग हमेशा अपने लिए एक बड़ा स्पेस खोजता है। गद्य की सपाटता जिरह के लिए एक निरंतर क्रमहीन क्रम की खोज है। ख़बरें और टिप्पणियाँ जैसे गद्य में आती हैं कविता में भी आती हैं। पर एक विचारक का-सा ऐतिहासिक विज़न ही कविता को नयी मुक्ति देता है। असहमति इस विचार या दर्शन का मूल है। असहमति से ही शुरू होती है कई बार कवि की प्रतिज्ञा। यह असहमति औरों से ही नहीं, अपने से भी। विष्णु खरे कविता में वृत्तांत को अधिक जटिल और विस्तृत बनाने वाले कवि हैं—ऐतिहासिक कल्पना और विज़न उनकी ताक़त है।

जो छूट जाता है

जब *'चीज़ें अपने सबसे बुरे दौर से गुज़र रही हैं'* *मंगलेश* शमशेर की तरह *चुपचाप कविता* का एक अर्थसघन मुहावरा विकसित करने में लगे हैं। चुपचाप कविता को यथार्थ से या यथार्थ की चुनौतियों से दूर की कविता मान लेने के बड़े ख़तरे हैं। हम सतर्क न हों तो कविता की दुनिया में प्रचलित हिकमत तकनीक स्मार्ट मुहावरे अतिनाटकीयता दुरूह फ़ंतासी के इतने प्रलोभनकारी ढंग हैं कि हम संदिग्ध को ही सच मान लेंगे और अतिकथन को काव्यात्मक साहस। मंगलेश अपने स्वभाव के अनुरूप ही चुपचुप यथार्थ की जटिलता में भी घुसते हैं पर अभिव्यक्ति उनके लिए वहीं संभव होती है जब एक स्थिति कम से कम शब्दों में सब मुखौटे छोड़कर *प्रगीत* जैसी निश्छलता या सादगी में पारदर्शी हो उठे। जहाँ मंगलेश गद्य में कविता लिखकर एक अभ्यास को या एक रूढ़ि को तोड़ना चाहते हैं वहाँ भी कविता में अबोध निश्छल प्रगीत तत्त्व ग़ायब नहीं हो जाता है। वह निस्संदेह कथा में वक्तव्य में विडंबनापूर्ण ढंग से रचनांतरित होता रहता है। मंगलेश की *चुप्पी* के *निहितार्थ संक्षिप्तता* में हैं जो *व्याप्ति* की झलक देते हैं—एक मूड में एक कथानक जैसी संभावना की ओर इशारा करते हैं। *'पहाड़ पर लालटेन'* और *'घर का रास्ता'* के बाद मंगलेश अपनी *मूल पहचान* बनाए हुए हैं। जैसे-जैसे समय अधिक जटिल होता जाता है उनके अपने संकोच भी अधिक प्रकट होते हैं और असमंजस के बावजूद एक लंबी यात्रा का-सा धैर्य जुटाते हैं।

एकालाप या स्वयमालाप या आत्मसंवाद मंगलेश की कविता का बुनियादी स्वभाव है। *समय* उनके यहाँ ऐसे भी आता है कि 'दस साल' या 'बीस साल' कहना ज़रूरी न लगे। वे बता रहे हों अपने बारे में और आप ज़माने के बारे में उनका वक्तव्य अलग स्मृति में दर्ज़ करने लग जाएँ, यह असंभव नहीं है। जब वे कहते हैं 'अथाह रात'—तो 'रात' एक लंबा समय है—रात के चंद घंटों के बाहर और परे।

अथाह रात थी
जिसकी कई परतें हमने पार कीं
हम एक बाढ़ में डूबने

एक आँधी में उड़ने से बचे
हमने एक बहुत पुरानी चीख़ सुनी

यह कैसा समय है जब एक चीज़ से छूटती है दूसरी चीज़ की गंध। यह कैसी जगह है जहाँ कोने तो कई हैं पर जहाँ कोई कभी गया नहीं! यह कैसा चेहरा है—जो महज़ एक ख़ालीपन है। यह खोई चीज़ें कौन-सी हैं जिनका अपना जीवन मिठास से भरा है। यह *भाषा* कैसी है जहाँ *ज़रा-सी अटकी रहती है—कविता*! जैसे रात के कोने में नींद। यह मंगलेश की कविता की एक दुनिया है जिसमें कवि स्पर्श, संवाद, एक सीधा सरल वाक्य, एक निराशा, एक उम्मीद, एक शब्द—उन्हें बचाकर रखने के लिए आत्मसजग है। 'मैं चाहता हूँ कि *स्पर्श* बचा रहे / वह नहीं जो कंधे छीलता हुआ / आतयायी की तरह गुज़रता है / बल्कि वह जो एक अनजानी यात्रा के बाद / धरती के किसी छोर पर पहुँचने जैसा होता है।' इसी दुनिया में मंगलेश की 'पुनर्रचनाएँ' हैं जो लोक कविताओं की स्मृति या पुनर्जीवन जैसी हैं—प्रेम से यह एक नयी पहचान है! चाहे आदिम स्मृति से छनकर ही क्यों न आ रही हो! जिस आक्रामक स्पर्द्धा प्रतियोगिता होड़ उद्दाम कामुकता की दुनिया से हमारी मुठभेड़ हर क्षण हो रही है उसके लिए यह प्रेम तो एक अविश्वसनीय शब्द है। झूठ है। भावुकता या आत्मसम्मोहन है। प्रलाप है। पर कुछ है जो मंगलेश को नास्टेल्जिया की तरह आज भी घेर लेता है आविष्ट कर लेता है। कवि बचाना चाहता है—इसी *प्रेम* को जो 'प्रेमपत्र' ही नहीं, एक संपूर्ण जीवनमूल्य भी है।

प्रेम होगा तो हम कहेंगे कुछ मत कहो
प्रेम होगा तो हम कुछ नहीं कहेंगे
प्रेम होगा तो चुप होंगे हम
प्रेम होगा तो हम शब्दों को छोड़ आएँगे

अचानक *निराला* याद आते हैं मंगलेश की इस कल्पना से—'तुम्हारी देह में उड़ती दो चिड़ियाँ / सो जाती हैं चुपचाप।' 'आँखों से चिड़ियाँ उड़ती थीं / उनसे कुलपिड़ियाँ जुड़ती थीं / ...पहने साड़ी सफ़ेद / भावों से गया भेद / लोगों ने रूप पी लिया गले-गले!' पहाड़ की स्मृतियाँ हैं। 'आधा पहाड़ दौड़ता है / आधा दौड़ाता है हमारा बोझ / आधा प्रेम दौड़ाता है / आधा दौड़ाता है सपना / ...बाहर एक बाँसुरी सुनाई देती है / एक और बाँसुरी है / जो तुम्हारे भीतर बजती है / और सुनाई नहीं देती!' 'एक दिन वह चुप हो जाती है / तब सुनाई देता है उसका विलाप / उसके छेदों से गिरती है राख।' अचानक यहाँ आकर पता लगता है कि यहाँ राग, जिससे हम सम्मोहित थे, अब शेष नहीं है। इसका होना या न होना बहुत सारी चीज़ों पर निर्भर है। एक बदला हुआ भूमंडलीकृत समय जिस अराजक उलट-पुलट के साथ, कभी सलीक़े के ध्वंस के साथ प्रायोजित बाज़ार विज्ञापन

और विलास के साथ आ गया है उसमें पहाड़ कहाँ होंगे और प्रेम कहाँ होगा! जो नयी क्रूरताएँ चमकदार दृश्यछवि में उतर आई हैं उनके लिए मंगलेश का ढंग क्या होगा! यों ही नहीं, कि *'प्रायोजित व्यापार'* कविता जो इस भयानक सच की विडंबना को प्रकट करती है रघुवीर सहाय की स्मृति को समर्पित है। देखें कि छंद-विन्यास और काव्यतर्क भी ठीक-ठीक वही। वैसा ही।

पर जो हम सबका दुश्मन था वह कहाँ गया
जिसने इतनी हिंसा की दहशत फैलायी
हम मूरख सोच रहे थे शायद अन्यायी का
कोई चेहरा देगा हमें दिखायी

मंगलेश की कविता में *'स्मृति'* में बंद समय के साथ ही यह *दूसरा* समय भी आता है जिसमें शत्रु दिखाई नहीं देता और लोग ख़त्म कर दिए जाते हैं। दिखाई देता है चरम उपभोक्तावाद का ऐश्वर्य जो अमेरिका का ही चरित्र लक्षण नहीं, देखते-देखते अपना भी हो चला है। हम भी आगे बढ़ रहे हैं। हम भी सोचना बंद कर रहे हैं। हम भी ऊब रहे हैं। *'प्रक्रिया'* में एकालाप नहीं—संवाद है—कहा और बताया जा रहा है शेष समाज को—खाते-पीते लोगों का स्वर्ग है यह—जिसमें :

कब के मर चुके लोग
फूल मालाएँ पहने दिखते हैं
विजय के इस जुलूस में
मृतकों की एक भीड़
जयकार करती लपकती है
किताबों में दफ़न कोई राजपुरुष
दिखता है
मरी हुई सेनाओं को
एक अज्ञात युद्धस्थल की ओर
कूच करने का आदेश देता हुआ

'पैसे' कविता इसी सर्वग्रासी उपभोक्तावाद से इंकार है। *लीलाधर जगूड़ी* जब कह रहे थे आत्मा किसी 'अठन्नी' का ही नाम है तो उनका आशय कुछ और था। जब *मंगलेश* कहते हैं—'मेरी जेब के बचे-खुचे पैसो / बाहर निकलो / कोई रास्ता खोजो जाने का / पसीने के छेदों से / या मेरी आत्मा में से बाहर निकलो / तुम्हें मैंने काफ़ी मेहनत से कमाया था / जाओ ख़र्च हो जाओ / मेरी मेहनत भी इसी तरह / होती रही है ख़र्च!' तो वे प्रेमचंद की सी धन से दुश्मनी और श्रम का मूल्य घटने की चिंता की भी याद दिला रहे होते हैं। एक चौकन्नी *आंतरिक गतिमयता* प्रश्नशीलता में है। एक स्थिति का बयान करते-करते वे एक और बड़े

सच को उद्घाटित करने लगते हैं। मंगलेश के पाठक को यह डायनामिक्स आकृष्ट करता है। चुप-चुप कविता में जो उद्वेलन पैदा होता है वह इसी आंतरिक डायनामिक्स के चलते। कवि के सौंदर्यबोध में और सामाजिक चिंता में—यह डायनामिक्स फ़र्क़ लाता है। प्रगीत में कथा। कथा में स्मृति और इतिहास। कल्पना में भविष्य। यह सब इसी आंतरिक डायनामिक्स के चलते संभव है। मंगलेश के कवि से पाठक की यह एक नयी पहचान है : "जब जीवन ठीक चल रहा होगा / मैं कुर्सी पर बैठने से इंकार कर दूँगा / किसी जंगल में जाकर कहूँगा लो सुनो मेरी आप-बीती / मैं लोगों, बातों और चीज़ों का भंडार हो जाऊँगा / मुझे चीख़ना नहीं पड़ेगा / क्रोध नहीं आएगा / थकूँगा नहीं मिन्नतें नहीं करूँगा / मुझे मुझे अपना भविष्य साफ़ नहीं दिखेगा / मैं नहीं कहूँगा बस बहुत हो गया बहुत।" यह एक जटिल विमर्श चुनने-जैसी चुनौती है। *'चुप्पी'* में छा रही एक नयी *अशांति*! एक नया भावोत्तेजन जिसमें बौद्धिक समझ का दख़ल है। मंगलेश अपनी ऐसी ही तस्वीर देखते हैं—अपने सामने—जिसमें *'चेहरे की शांति'*—*'बेचैनी* का ही *मुखौटा'* है। यहाँ *करुणा* और *क्रूरता* घुले-मिले हैं। यहाँ स्वीकार है कि प्रेम—जिस पर सारी चीज़ें टिकी हैं—कम होता जा रहा है। जीवन एक युद्धस्थल है—जैसा निरूपण अब महज़ सरलीकरण लगता है। अब तो यह दुनिया एक लंबी सुरंग जैसी *रात* है और *जीवन* एक *'उछलती गेंद'* भी। एक साथ। असफलताएँ विवशताएँ हैं चुप करती हुई। और यथार्थ दंतकथाओं से निकले सम्राट की तरह है जिसको दुनिया को बार-बार बेचने खरीदने की ज़िद है। जैसे सम्राट के छद्म में बेचैन उपभोक्ता है। दंतकथाओं में कभी एक राक्षस आ जाता है, कभी घर से भागा कोई लड़का। कभी सख़्त चट्टानें। कभी काँच के टुकड़े।

मंगलेश केंद्र से आतंकित नहीं हैं जिसमें चीज़ों की विपुलता है। ठेलमठेल। कवि के रूप में अपने लिए वे एक *हाशिया* खोजते हैं। यहाँ हवा है, रोशनी है, शब्द हैं, सूखते हुए कपड़े, कुछ नैतिक सोच के चिह्न, स्मृतियाँ। कविता को लेकर मंगलेश की जो अपेक्षाएँ हैं कवि-कर्म की उनकी जो अपनी धारणा है उस संदर्भ में यह कविता (हाशिए की कविता) एक बीज अभिप्राय है। *'कालातीत कवि'* का व्यंग्य बहुत दूर तक जाता है जैसे *'नृत्य में खाँसी'* कविता संस्कृति और सत्ता के रिश्तों पर व्यंग्य से अधिक अर्थवान है। कभी-कभार ही सही व्यंग्य मंगलेश को अपने कठिन समय में एक ज़रूरी युक्ति की तरह 'जटिल भेद' खोलने का अवसर देता है। यह कैसा समय है जब बहुतों को वीरता की बीमारी है, एक सफल आदमी सफलता के गुप्तरोग का शिकार है, एक प्रसिद्ध अत्याचारी विश्व पुस्तक मेले में हँसता हुआ घूम रहा है। यह समय है जब कवि दुनिया में इस तरह *निमग्न* हैं कि अपनी दुनिया से *निर्लिप्त* हैं।

मंगलेश की दुनिया में *वेदना, क्रोध, घृणा* सब एक *अंडरटोन* में हैं। एक

ज़रूरी वेदना के साथ बचपन का घर याद आ रहा है। कुछ देर के लिए कवि विरोध की स्थिति में है—सोचता हुआ कि उन शब्दों में नहीं लिखूंगा जो आततायियों के शब्द हैं जिनसे खून जैसा टपकता है। एक क्षण के लिए छोटे से गड्ढे में गिरने जैसा प्रसंग है जिसे मानवीय पतन कहा जा रहा है, क्रूरता उसके अभ्यास में नहीं है पर *क्रूरताओं* के लिए *घृणा* बची हुई है। बाज़ार सर्वग्रासी है। पूरा देश डिब्बा बंद वस्तु (कमोडिटी) हुआ जा रहा है। पता चलता है कि *हत्यारा* भी इसी दृश्य में है—*एक मासूम के कपड़े पहनकर*! यह समय है जब 'चीज़ें अपने सबसे बुरे दौर से गुज़र रही हैं। मंगलेश की कविता खुद अपनी विश्वसनीयता की जाँच के लिए गुंजाइश बनाए रखना चाहती है। स्मृतियाँ हैं—वहीं-वहीं टिकी हुई। स्थिर दृश्यों में। *'बच्चों के लिए चिट्ठी'* का अर्थ इच्छापूर्ति (wishful thinking) की तरह कुछ है। मंगलेश हड़बड़ी की कविताई के कवि नहीं हैं। फुर्सत में हैं और एक साथ अपने को और ज़माने को देख रहे हैं। बेचैन होकर भाग भी नहीं रहे हैं। बहुत-सी स्मृतियों में घूम टहल आने के लिए अपना देशकाल, घर देख रहे हैं और लोगों पर नज़र टिकाए हुए हैं। जिन चिंताओं को लेकर कइयों की कविताओं में *हाहाकार* है, वहाँ उन्हीं को लेकर एक *हल्की दबी-सी* चीख़। यह एक कवि के काव्य संयम से अधिक उसके अहसासों की सघनता आंतरिकता की पहचान है। काव्य संयम की ओर पाठक का ध्यान न जाए, यह मंगलेश को पढ़ते हुए असंभव है। गद्य के सीधे सरल विन्यास में उनका एक भी शब्द *अतिरंजना* और *स्फीति* के लिए *नहीं* है। न *अलंकरण* के लिए। उसके ठीक जगह पर होने से ही गद्य-विन्यास की भी लय बनती है। शब्द की उपयुक्तता सार्थकता *अचूक* ध्वनि के बारे में यह सतर्कता शमशेर और केदारनाथ सिंह जैसी है। *एकालाप* मंगलेश का स्वभाव है। वह उनके लहजे को अस्त-व्यस्त अनियंत्रित नहीं होने देता। इस सादगी में सपाटपन नहीं है सघन अर्थमयता है पर संयम ऐसा कि *'अंडरटोन'* और *'एकालाप'* में एक विलक्षण रिश्ता दिखने लगे—

अथाह रात थी
जिसकी कई परतें हमने पार कीं
हम एक *बाढ़* में डूबने
एक *आँधी* में उड़ने से बचे
हमने एक बहुत *पुरानी चीख़* सुनी
बंदूकें देखीं जो हमेशा
तैयार रहती हैं
किसी ने हमें जगह-जगह रोका
चेतावनी देते हुए
हमने देखे आधे पागल और भिखारी
तारों की ओर टकटकी बाँधे हुए

मैंने कहा दोस्त मुझे थामो
बचाओ गिरने से
तेज़ी से ले चलो
लोहे और *ख़ून* की नदी के पार

सादगी में भी *अस्पष्टता* क्यों है! चीख़ *'पुरानी'* होकर क्या कोई कथानक छिपाती है! *'लोहे'* और *'ख़ून' की नदी* का *वाच्यार्थ अपर्याप्त* है! कारण-तर्क से बचकर यह कविता का कोई ऐसा अंतर्लोक है जिसमें शब्द और अर्थ का एक और दो वाला रिश्ता मान्य नहीं है। जो इस विन्यास को महज़ रीति के लिए अपना रहे होंगे उनके यहाँ *स्वतःस्फूर्तता* आलस्य और काहिली के चलते भी संभव है। *लोर्का* ने यदि *स्वतःस्फूर्तता विरोध* को अपने *कवि-कर्म* का ज़रूरी *मुद्दा* बनाया तो इसके नतीजे स्पष्ट हैं। एक ओर सुर्रियलिएट कवियों जैसी बिंब योजना और दूसरी ओर कारण-तर्क से अनुशासन, लयात्मक संगठन। *अचूकपन स्वतःस्फूर्तता* से *भिन्न* हिकमत है यह अहसास मंगलेश को पढ़ते हुए संभव है। *ऐंद्रिकता* भी इस *अचूकपन* की कसौटी है। 'त्वचा आवाज़ों को सुनती है / ख़ामोशी की अपनी एक देह है / पैरों में भी निवास करती हैं संवेदनाएँ / पीठ की अपनी ही एक कहानी है / अभी-अभी दबी हथेली का / धीरे-धीरे उभरना / कुछ कहता है देर तक।' मंगलेश की कविता *'हारमोनियम'* इस दृष्टि से एक बहुत महत्त्वपूर्ण कविता है। अंतर्वस्तु और उसमें निहित विषाद पर कवि की पकड़ अचूक है। एक कठिन संगीतहीन संसार में उसका बजना जैसे लोगों के बैठने की जगह बनाता है। फिर उसका बजना सिर्फ़ एक 'उसाँस' जैसा होता है। वे देखते हैं उसका पुश्तैनी बक्से में छुपना। *'संगतकार'* कविता भी मंगलेश के कवि-स्वभाव के अनुरूप एक मार्मिक अनुभव है। *चीज़ों* की एक *आदिम निजता* को स्वायत्त करने में कवि जैसे कलाओं के मर्म की दुनिया में जाता है। कविता के संगीतहीन संसार में मंगलेश की कविता का एक अपना *संगीत* है। एक *सिम्फनी।* एक विशेष अर्थ में *सौंदर्यबोध* ही *नैतिकता* को संभव बनाता है। यह *नैतिक-काव्यात्मक* अनुभव एक अर्थ में मंगलेश के लिए एक नयी *खोज* है। 'अमेरिका में कविता' और 'प्रायोजित व्यापार' में समय के दंश के साथ उपभोक्तावाद का व्यंग्य भी है और कुछ ऐसा भी जिससे मंगलेश में दबी-छिपी *विनोदवृत्ति* या *क्रीड़ावृत्ति* की झलक मिल सकती है। यह वृत्ति मंगलेश में अत्यंत क्षीण है। और इससे उनकी कुछ सीमाएँ भी बनती हैं। ख़तरे लेने या जोखिम उठाने में मंगलेश कोई ख़ास उत्साह नहीं दिखाते। आनन-फानन तो वे कुछ बदल ही नहीं सकते। अपनी कुछ बुनियादी विशेषताओं के प्रति मंगलेश की एकाग्रता और निष्ठा एक मूल्यरहित व्यवस्था में *मूल्यपरक हस्तक्षेप* की तरह है। कभी-कभी *असंलग्नता* में ही मंगलेश की *मूलभूत संलग्नता* की पहचान बनती है। अचूक और यथेष्ट कहने के बाद भी *जो छूट जाता है,* मंगलेश का कम महत्त्वपूर्ण सरोकार नहीं।

मैं बोलना चाहता हूँ

जब इधर लिखी जा रही कविता के बारे में यह आरोप बार-बार दुहराया जा रहा है कि यह स्मृतिहीन और अंतर्ध्वनियों या गूँजों से वंचित कविता है तो राजेश जोशी जैसे एक लंबे समय के काव्यानुभव वाले कवि का अपने बहुत निकट के समकालीन सवालों और चुनौतियों से जूझते-टकराते रहना ही उनकी कविता की वास्तविक क्षमता की पहचान बनता है। जैसा हमारा समय है उसमें जो चीज़ कविता या कला को सबसे अधिक क्षतिग्रस्त करने वाली है उसे हम ज्ञान या सूचनाओं-ज्ञानकारियों का अतिरेक या ज्ञान का आतंक कहेंगे। कवि भी इससे मुक्त न होंगे। दुनिया की क्रूर मनुष्य विरोधी ताक़तों को नाम से पुकारना इसलिए आसान है कि उनके बारे में अखबार और दूसरे माध्यम लगातार विस्मृत विमर्श छापते या प्रचारित करते ही रहते हैं। पूँजीवाद उपभोक्तावाद मुक्तबाज़ार अपसंस्कृति उत्तर-औपनिवेशिक यथार्थ तकनीक का प्रभुत्व—इन्हें लेकर तफ़सील से पत्र-पत्रिकाएँ बता रही हैं और जहाँ एक ओर इनका सामना करने के लिए तैयार कर रही हैं वहीं दूसरी ओर जिज्ञासा, मौलिक कल्पना, विडंबना, स्वप्न, विस्मय, स्मृति का निषेध भी कर रही हैं। राजेश जोशी जो इस समय के संकट का सामना करने वाले और उसका बयान करने वाले संवेदनशील कवि हैं, अनुभव करते हैं कि कविता के लिए संकट—चीज़ों के इतने अप्रत्याशित ढंग से घटने और उनके बहुत अधिक प्रकटीकरण से पैदा हुआ है—जिसने 'फ़ंतासी' और 'सपाटबयानी' दोनों को निरर्थक बना दिया है। राजेश जोशी अपनी बुनियादी हिकमत को इसी सपाटबयानी और काव्य-विडंबना या फ़ंतासी के द्वंद्वपूर्ण संतुलन या तनाव पर केंद्रित करते हैं। उनकी अपनी क्षमता यहीं पहचानी जा सकती है।

'मैं बोलना चाहता हूँ'—राजेश जोशी की कविता का विन्यास इसी इच्छा-तर्क से निर्धारित है। इस बोलने में बहुत कुछ निहित है—कभी पक्षधरता, कभी प्रतिवाद, कभी अन्याय का विरोध, कमज़ोर के पक्ष में साहसपूर्ण संघर्ष, क्रूर अमानवीय ताक़तों के विरुद्ध एक लंबी लड़ाई की तैयारी। पर *'मेरा डर'* कविता

की इस पंक्ति के ठीक बाद का दूसरा वाक्य जैसे अपने भीतर के ही दूसरे संशय या अवरोध का संकेत है। यह द्वंद्व कुछ दूर तक चलता है—वह कहीं बाहर नहीं, भीतर ही है :

मैं बोलना चाहता हूँ
वो मेरी ज़बान पकड़ लेता है : इस तरह मत बोलो।
मैं उँगली दिखाता हूँ कि उधर देखो
उधर ग़लत हो रहा है
वह रोकता है कि उँगली मत दिखाओ
यह ख़तरनाक है

कहता है : वक़्त बदल गया है
दुनिया में वहुत अँधेरा है, बत्ती गुल हो गयी है

भीतर का डर जो बताना चाहता है वह यह—कि 'उम्मीद कोई ऐसी चीज़ नहीं जिसे मोमबत्ती या कंदील की तरह जलाया जा सके' / 'बोलने की अहमियत ख़त्म हो चुकी है / और हत्यारे सड़कों पर घूम रहे हैं खुलेआम' / —'अन्यायी के पास बहुत अधिक सत्ता है / और अत्याचारी के पास ही बची है ताक़त।' कहने की ज़रूरत नहीं कि ऐसे लक्ष्यीभूत 'हत्यारे' 'अन्यायी' 'अत्याचारी' एक ही क्रूर सत्ता में अभिन्न हैं। सबकी शक्लें एक दूसरे से अभिन्न होकर कुछ-कुछ अपराधी ताक़तवर का एक ठोस बिंब बना रही हैं। यह चेतावनी भी मिली हुई है—"धर्म की ध्वजाएँ उठाकर जो नहीं जाएँगे जुलूस में / गोलियाँ भून डालेंगी उन्हें / काफ़िर क़रार दिए जाएँगे।" विडंबना यह कि अपने भीतर का ही डर कवि का मुख्य चेहरा हो जाता है, वह वस्तुतः जैसा है वह डर का मुखौटा जान पड़ता है। मंगलेश अपने समय में हत्यारे की स्थिति को इस तरह देख रहे हैं कि वह 'एक मासूम के कपड़े पहनकर आ गया है'। संकेतार्थ यह कि वह अपराधी, हत्यारा, आततायी कितने ही रूपों में आ सकता है। वह इतना दबंग क्रूर असलहों तकनीकों के साथ चुस्त-दुरुस्त है कि 'खिसियानी हँसी' कविता का यह बयान, कि किस तरह दुर्बलों ने अपने कौशल से उन्हें (आततायियों को) जीत लिया, उनकी कमज़ोरी और आदत बन गए, कि उनका ग़ुस्सा निरीह लगने लगा, काल्पनिक सरलीकरण या इच्छित स्वप्न जान पड़ता है। दृश्य पर क्रूरताएँ अधिक दक्ष होकर प्रकट हैं और प्रतिरोध विरल होता जाता है। राजेश जोशी जब आत्मविमर्श में अनुभव करते हैं कि आख़िर *'नेलकटर'* जैसी मामूली इस्तेमाल की चीज़ ने दिमाग़ को इस तरह निरीह प्रतिरोध विमुख बना दिया कि *'नहीं'* या *'इनकार'* असंभव हो गया। राजेश स्थितियों को व्यंग्य विडंबना से भी प्रकट करते हैं और यहीं उनकी कविता धीमी-धीमी *अंतर्ध्वनियों* गूँजों से भर उठती है।

यह नेलकटर बरसों से हमारे घर में है।
अब मैं इसी से अपने नाखून काटता हूँ।
फ़ाइल पर घिस कर गोल करता हूँ बची-खुची नोकें।
मुझे याद नहीं कितने बरसों से मैंने किसी से
'नहीं' नहीं कहा

'बरसों' से हमारे घर में है'—इससे अपने आप ही स्मृतियाँ कविता में आती हैं—पूर्वजों की—मध्यवर्गीय भद्रता निरीहता की परंपरा याद आती है। यह स्वीकार न केवल विश्वसनीय है बल्कि आत्ममंथन के रूप में अपने को इस सावधानी सुविधा से बचाने और उसके प्रति आत्मालोचनात्मक रुख़ अपनाने की प्रेरणा भी है। कविता में जो कहा नहीं जाता, वह भी महत्त्वपूर्ण है, नोटिस लेने योग्य है।

सांप्रदायिकता और धर्मनिरपेक्षता के साहचर्य और द्वंद्व ने हमारी संस्कृति और हमारे इतिहास में, हमारी राजनीति और जीवन पद्धति में कई गुत्थियाँ पैदा की हैं। पहले राष्ट्रवाद की एक अवधारणा हिंदू राष्ट्रवाद जैसी संकीर्ण अवधारणा के विरुद्ध थी। अब हिंदू राष्ट्रवाद को ही वास्तविक राष्ट्रवाद ठहराने का तर्क एक ख़ास विचारधारा वाले संगठनों की रणनीति है। छः दिसंबर की घटना के पहले और बाद धर्मनिरपेक्षता छद्म धर्मनिरपेक्षता कही जाने लगी। सत्ता के इर्द-गिर्द ऐसा विचारधारात्मक कवच तैयार होने लगा कि सांप्रदायिकता और धार्मिकता में (बल्कि धर्मांधता में) फ़र्क़ करना कठिन हो। ताक़तवर सत्ता के पास अब विकसित इलैक्ट्रानिक मीडिया है नरसंहार को वैध ठहराने की तार्किक युक्तियाँ हैं। दंगे प्रायोजित होते हैं और एक क्षण में बहुत बड़े हिस्से को प्रभावित कर सकते हैं। जो ताक़तें अफ़वाहों के बल पर गणेश जी के दुग्धपान को विराट धर्मोन्माद में बदल सकती हैं वे दंगों को एक साथ पूरे देश में फैला सकती हैं। राजेश जोशी अनुभव करते हैं कि यह नयी बर्बरता पहले से ज़्यादा भयानक है। पहले बर्बरता की कोई तकनीक नहीं थी, कोई भाषायी छल नहीं था। आज की नयी बर्बरता उसे पीछे छोड़ आई है। अब स्थिति यह है कि जब तक एक अपील लिखी जाती है, सारे शहर में दंगों की आग फैल चुकी होती है।

जब तक मैं एक अपील लिखता हूँ
आग लग चुकी होती है सारे शहर में

हिज्जे ठीक करता हूँ जब तक अपील के
कर्फ़्यू का ऐलान करती घूमती लगती है गाड़ी

अपील छपने जाती है जब तक प्रेस में
दुकानें जल चुकी होती हैं
मारे जा चुके होते हैं लोग

यह सीधी कविता यह सपाट कथन हादसे को हादसा कहने तक सीमित है। अर्थात् कोई निवेदन कोई संदेश नहीं है। पर वस्तुस्थिति ही जितने कम शब्दों में बतायी जा रही है वह शब्द में व्यक्त हादसे को लगभग दृश्य में बदलती है। संदेश ऐसे भी दिया जाता है। समय के बारे में इस तरह अल्प शब्दों में भी बताया जाता है। ध्यान दें 'जब तक' पद का क्रमशः दुहराया जाना। यह हादसे के बयान में एक तीव्रता लाने में सहायक है। जो होने जा रहा है तुरंत होने जा रहा है। आग तुरंत फैलती है। दुकानें तुरंत जलती हैं। लोग तुरंत मारे जा चुके होते हैं। जब हिंसक उन्माद में कहा जा रहा हो—गर्व से कहो कि हम हिंदू हैं।—राजेश जोशी का यह कहना महत्त्वपूर्ण है—'मैं हिंदू हूँ और शर्मिंदा हूँ'। जहाँ 'अंतिम इच्छा' कविता ग्लानि या शर्म का तकलीफ़देह बयान भर है और बहुत देर तक मन पर टिकी नहीं रहती, 'झींगुर' जैसी कविता अंतर्विरोध और विडंबना की युक्ति से देर तक अपनी गूँज बनाए रहती है। एक ओर 'कभी भी ख़त्म हो सकती है यह दुनिया / ख़त्म हो सकता है किसी भी पल / सारा जीवन!' —अर्थात् दुनिया के ख़त्म होने की सूचना! कि सब कुछ ख़त्म हो जाएगा! पृथ्वी पर बचेगा नहीं—कुछ भी। जीवन चिह्न भी शेष न रहेगा! वहीं 'झींगुर' के-से नगण्य जीव में जीवन के अटूट निरंतर बने रहने का यक़ीन! अंतर्विरोध का भी अपना तर्क अनदेखा न जाएगा। 'सन्नाटे में बोलेंगे झींगुर / तो कितना डरावना लगेगा सारा दृश्य!' और फिर—डर का इस रूप में प्रत्याख्यान—

> पर कोई नहीं डरेगा तब
> तब किसी चीज़ का डर नहीं बचेगा
> बचेंगे सिर्फ़ झींगुर
> जो अगली दुनिया बसने तक
> तोड़ते रहेंगे सन्नाटा दिन रात।

'झींगुर' कविता की गूँज देर तक पाठक के मन पर छायी रहती है। *'झूठ के बारे में एक कविता'* भी विडंबनायुक्त काव्य विवेक के लिए देर तक स्मृति में ठहरने वाली कविता है। विडंबना यह कि 'झूठ एक बाजे की तरह था / ज़रा-सी फूँक मारो तो बहुत जोर से बजता था।' विडंबना यह कि वह आसानी से पकड़ में नहीं आता था पर सच की तुलना में विश्वसनीय लगता था। अधिक लोगों के काम आता था। विनम्र था और आटे में नमक की तरह रह सकता था। जहाँ वह शासक या तानाशाह की मुश्किल बन जाता है वहीं कविता अपना मुख्यार्थ प्राप्त करती है। यह उदाहरण है कि कविता में शब्द की उपयुक्तता या अर्थव्यंजकता को कहाँ सीधे इकहरेपन में न पहचानें।

> शासक जबकि उपयोग करना चाहते थे उसका
> उल्टे अनुपात में और तानाशाह सोचते थे

कि उसे बार-बार दोहराने से
वह सच की तरह लग सकता है
यह बात एकदम ग़लत थी

उसमें अच्छी बात यह थी कि
अपने को छुपाता नहीं था
अपनी सारी चालाकी के बाद भी देर सबेर
पहचान में आ जाता था

यही बात उसमें सबसे अलहदा थी

कैसा था यह झूठ! जो देर सबेर पहचान लिया जाता था, जो फूँक मारते ही ज़ोर से बजने लगता था, जिससे सच की भी प्रतिष्ठा थी! और कैसा था इस युग का सच! जिसे देर सबेर भी पहचानना कठिन था, जिसकी विश्वसनीयता संदिग्ध थी।

'घृणा के बारे में कुछ सवाल' राजेश जोशी की एक महत्त्वपूर्ण कविता है। करुणा का महत्त्व बखानने वाले आलोचक रामचंद्र शुक्ल ने *घृणा* के महत्त्व से इंकार नहीं किया था। न प्रेमचंद ने। न निराला ने। यहाँ *घृणा* कहाँ सकारात्मक मूल्य है, इसकी विभिन्न स्थितियों के बीच पहचान की जानी चाहिए। पहले यह एक सामान्य निरूपण है कि '*घृणा* यूँ कोई बहुत अच्छी चीज़ नहीं है।' कारण, कि वह 'बहुत खून पी जाती है और खा जाती है / फेफड़ों की बहुत सारी शक्ति!' इसलिए घृणा से बचने का उपदेश बहुप्रचारित है। घृणा न करें यानी संयमित हों, संयमित हों तो इस हद तक हों कि मुहल्ले के गुंडों के बारे में बात करने से बचें! बचें तो उदासीन हो जाएँ और उदासीनता हमारा राष्ट्रीय चरित्र बन जाए! संयम से रहें और हत्यारे इस हद तक छुट्टा घूमते फिरें कि किसी को भी मार कर चले जाएँ। घृणा अगर हमें उदासीन होने से रोकती है तो महत्त्वपूर्ण है। क्या विडंबना है कि जो अन्याय सहते हैं अत्याचार सहते हैं, वे जा बसते हैं—जीवन की तलछट में। वे तो अत्याचारी का गुणगान करने लगते हैं और घृणा की कूबत नहीं जानते। इस स्थिति में घृणा बहुत अच्छी चीज़ न होकर कोई बुरी चीज़ भी नहीं रह जाती और कवि की काव्यप्रक्रिया में एक ज़रूरी तत्त्व या प्रस्थान जान पड़ती है। राजेश अन्य कविताओं में भी उदासीनता को आत्मघाती बताते हैं। उसकी तुलना में 'घृणा' मूल्यवान क्यों न हो! 'घृणा' और 'घृणा' में अंतर करना फिर भी कवि को अपने आशय की पुष्टि के लिए ज़रूरी जान पड़ता है।

व्यंग्य विडंबना के लिए ही राजेश जोशी की कविता *'मैं जा रहा हूँ'* महत्त्वपूर्ण अर्थवान कविता है। बीसवीं सदी का नरक झेलते-झेलते ही एक दिन इक्कीसवीं सदी में जाना प्रगति के लिए मुहावरा बन गया। आज इक्कीसवीं सदी

के नज़दीक आकर लगता है कि जिस हास्यास्पद हेकड़ी के साथ पंद्रह साल पहले इक्कीसवीं सदी का प्रलोभन यथार्थ पर पर्दा डालने का ज़रिया बन गया, वह एक तरह का झूठ था। आज अँधेरा पहले से ज़्यादा है। आर्थिक ग़ुलामी उत्तरोत्तर बढ़ रही है। जड़मूल से विच्छिन्न करने वाली आयातित टेकनोलॉजी का प्रसार चिंतित करने वाला है। राजेश जोशी का यह व्यंग्यात्मक आत्मालाप सदी के अवसान से पहले अगली सदी में छलाँग की महत्त्वाकांक्षा पर एक तीखी टिप्पणी है।

जिसे रहना हो पड़ा रहे
बीसवीं शताब्दी के कबाड़ में
मैं तो इक्कीसवीं शताब्दी में जा रहा हूँ
...
जानता हूँ जानता हूँ
वहाँ बहुत ज़्यादा नहीं होगी आदमियों की ज़रूरत
वहाँ जगह ही कहाँ होगी हमारे हिलने-डुलने को
आयातित टेकनोलॉजी घेर चुकी होगी
सारी जगह
लेकिन मैं रुकूँगा नहीं
...
मेरी उंगलियाँ तो बेचैन हैं अब
बटन दबाने को

तो नमस्ते
मैं चला!

जिन विषयों पर लिखना पहले इकहरेपन का ख़तरा उठाकर ही संभव था, उनमें भी हमारे क्रूर विडंबनापूर्ण समय ने नयी जटिलताएँ भर दी हैं। निराला की 'भिक्षुक' कविता एक अर्थ में सीधी कविता थी। राजेश जोशी की कविता 'भीख माँगने वाले बच्चे' हमारी करुणा या सहानुभूति को भी संदिग्ध दिखाती—कम से कम उनकी नज़र में, जिन्हें हम यह सहानुभूति दे रहे होते। रघुवीर सहाय की कहानियों कविताओं में ऐसी सहानुभूति की मूल्यवत्ता पर कई बार शक़ पैदा किया गया है। यह अभी हुआ है कि भीख माँगने वाले बच्चे हमारी क्रूरता और दयालुता दोनों को स्वाँग का विषय बना रहे हैं। हमारे समय ने उन्हें किस जटिल परिदृश्य में फेंक दिया है कि वे हमारे सहानुभूतिपूर्ण दान को भी हास्यास्पद ठहरा रहे हैं। कविता जटिलताओं में जाकर उन्हें नहीं, हमें ही सवालों से घेर रही है। 'कैसी भयावह उदासीनता में फेंक दिया है हमने उन्हें / कितना तिक्त है उनका अहसास हमारे समाज के लिए / जिसमें उनका भी एक कोना है, इसी की / परिधि के आसपास / कभी कभी वे एक स्वप्न भी देखते हैं / जिसे हमारे समय की रंगीन

अपराधिक फ़िल्मों ने / रचा है उनके दिमाग़ में / जिस पर उनका भरोसा है कि उस तरह एक दिन / बदल जाएगा उनका भी जीवन!' स्वाँग करते हुए बच्चे करुणा सहानुभूति की हँसी उड़ा रहे हैं और दूसरी दुनिया में जाने का स्वप्न देख रहे हैं। स्वप्न यदि राजेश जोशी के मुहावरे में झूठ है तो देखें कि फूँक मारने भर से ज़ोर से बज उठा है।

एक और कविता *'चप्पलें'*। अलग रंग में। जैसे स्टिल पेंटिंग की तरह देवीलाल पाटीदार की 'चप्पलों' को देखा और पढ़ा जा रहा है। सच झूठ से परे वे किस दिक् और समय में रखी हैं। —''यह कहना मुश्किल है / ये किसी अनंत आकाश के बीच रखी हो सकती हैं / और जा सकती हैं समय की किसी भी सीमा से बाहर! चप्पल आख़िर कितनी ही स्थिर क्यों न हो / होगा उसमें यात्रा का कोई न कोई स्वप्न ज़रूर।'' हाशिए पर रह रहे आदिवासियों की ज़िंदगी से छनकर आती है 'बित्ता भर रोशनी'—जो राजेश जोशी की एक और ध्यान देने योग्य कविता है। वे थोड़ा-सा नमक, थोड़ा-सा अन्न और बित्ता भर रोशनी माँग रहे हैं, पर यह टिप्पणी कविता की सार-वस्तु या प्रश्नमूल में रूप में छोड़ जाने के लिए—

> पर एक कटोरा धान के लिए एक मछली के लिए
> चिमटी भर नमक और बित्ता भर रोशनी के लिए
> कितनी मारामारी है बाबू इस दुनिया में

असीमित समृद्धि और असह्य ग़रीबी की दूरी जिस समय में बढ़ती जा रही है, वह समय अब अपने आँकड़े बनाता है और एक बड़ा झूठ इतनी बार कहता है कि सच लगने लगे। राजेश जोशी की अपनी कल्पना अपने काव्य-तर्क का प्रतिवाद करने वाला जो दूसरा अर्थात् उन्हीं का अपना व्यक्तित्त्व, अपनी सोच, अपना विज़न, अपना स्वप्न है, उनमें सहमति कठिन होती जा रही है। इसलिए प्रश्न पूछने तक ही उनकी कविता का महत्त्व है। इसे और कोई न जानता या कहता हो, राजेश जोशी जानते भी हैं और कहते भी हैं।

अंत में, राजेश जोशी, ज्ञानेंद्र पति और रघुवीर सहाय की कविता को यदि हम राजनीतिक कविता की ख़ास पहचान के लिए अलग करना चाहें—क्योंकि एक विशेष अर्थ में इनकी भूमिका कवि-कार्यकर्त्ता या कविता-कार्यकर्त्ता (Poet-Activist) जैसी भी बताई जाती है, तो ईलियट की यह चेतावनी ज़रूर ध्यान में रखें कि कविता और राजनीतिक कविता में कोई अत्यधिक भेद नहीं है—क्योंकि राजनीतिक कविता का भी मुख्य सरोकार मनुष्य ही है, जिसकी दुनिया में स्वप्न हैं, कल्पनाएँ हैं, ज्ञात अज्ञात का निरंतर अनुसंधान है। इसकी भी कम संभावना नहीं है कि राजनीतिक लगावों के चलते कवि का उलझाव समाज के साथ कहीं ज़्यादा जटिल और गहरा हो और वह मनुष्य की नियति को बेहतर समझ सके।

गीत के ढाँचे का अतिक्रमण करते हुए

मुझे याद नहीं कि इससे पहले कभी मैंने देवेंद्र कुमार के गीतों पर अलग से विचार किया हो। यह नहीं, कि उनके गीतों का मेरे लिए आकर्षण कम था। जब भी वे फुर्सत से मिलते, उनसे अवसर गीत ही सुने जाते। एक खास तरह का सम्मोहक जादुई असर उनके गीतों का था। उनसे पूछने की इच्छा होती कि आख़िर ये गीत आते कहाँ से हैं! किस कारख़ाने से निकलते हैं! एक बेहद सादे दिखने वाले स्वभाव के भीतर छिपे इतने प्रगाढ़ रंग! इतना गहरा जीवन-राग! वे मुस्कराते (कवि केदारनाथ सिंह का कहना है कि ऐसी मुस्कान सिर्फ़ गाँधी जी की थी)—जैसे कि गीतों की दुनिया का कोई ख़ास भेद वे जानते हैं पर बताना नहीं चाहते। तुकों के उनके अप्रत्याशित इस्तेमाल, कल्पना प्रेरित खिलवाड़ पर हम चकित थे। देवेंद्र कुमार की सादगी, अबोधता उनके गीतों में एक अटपटी, पर सधी हुई लय को जन्म देती थी। शब्द और अंतराल, शब्द और मौन का जो विवेक उनके यहाँ था, कम गीतकारों के यहाँ दिखाई देता है। एक समर्थ कवि ही *'भेड़िया'* से *'अंतरिक्ष यात्रा'* तक की बीहड़ काव्ययात्रा संपन्न करते हुए *गीत* की *प्रकृत संवेदना* को इतना सँभालकर सुरक्षित रख सकता है। जैसा देवेंद्र कुमार के यहाँ संभव था। देवेंद्र कुमार के गीतों को कविताओं से अलग करके कभी मैंने देखा भी नहीं, हालाँकि इन विधाओं की प्रकृति के भेद से गीतों में व्यक्त होने वाले अंतरंग अनुभव और लंबी कविताओं में प्रकट यथार्थ के कठोर रूपों का तीखा साक्षात्—दो दुनिया के-से अनुभव हैं।

देवेंद्र कुमार गीत को कविता की कोमलतम विधा मानते थे। उन्हीं के शब्द हैं—''एक तरह से वह कवि का अंतरंग है और गवाह भी—जहाँ वह खुलकर अपने से बात करता है—जिसमें मन की गहराई से उठने वाली संवेदना उभरकर सामने आती है। यही वजह है कि उसमें एक ख़ास लय होती है।'' गीत-विधा के अपने अनुशासन के बारे में वे निरंतर सजग थे। उनके गीतों की मुक्ति या स्वच्छंदता इसी अनुशासन के भीतर संभव थी। इधर गीतों में व्यापक यथार्थ को

अभिव्यक्त करने के नाम पर जो हड़बड़ी या अराजकता दिखाई देती है, उससे वे क्षुब्ध थे। बातचीत में वे अक्सर निराला को ही अपना आदर्श बताते जहाँ *ऊबड़-खाबड़* ज़मीन पर भी रचे गए गीतों में *खिलवाड़* एक सृजनात्मक *संभावना* है। देवेंद्र कुमार के यहाँ यह क्षमता दिखाई देती है कि कल्पना सीमित शब्दों में भी उपयुक्त 'स्पेस' रच सके। एक तरह से देखें तो *शमशेर* ने जिसे '*सच्ची सरल लिरिक क्वालिटी*' कहा है, उस खास गुण के प्रति देवेंद्र कुमार अधिक सजग और संवेदनशील दिखाई देते हैं।

देवेंद्र कुमार हिंदी की गीत-परंपरा से सर्वथा नया संबंध बनाने वाले कवि थे। इसका उल्लेख इस दृष्टि से ज़रूरी है कि बहुतों के लिए परंपरा को जानना निर्जीव यांत्रिक अनुकरण-भर है। देवेंद्र कुमार के लिए इस परंपरा को जानने या उससे नया संबंध बनाने का अर्थ था—भाषा में निहित छवियों-व्यंजनाओं के भीतर समाज-रचना की गतिविधियों का सतर्क पाठ। क्योंकि उन्हें ऐसे विषयों पर आलोचना की शास्त्रीय शब्दावली में सोचने का अभ्यास न था, वे सहज ढंग से पहले के कवियों की प्रगीतात्मक क्षमता और संभावना पर विचार करने और अपनी समझ या मान्यता के समर्थन के लिए हमारी ओर देखते। नरेंद्र शर्मा और बच्चन के शुरू के गीतों में जो सादगी है, बोलचाल की भाषा और लय के अनोखे प्रयोग हैं, उन्हें वे बहुत तन्मयता से पढ़ना और समझना चाहते। आगे के दौर में 'वंशी और मादल' (ठाकुर प्रसाद सिंह) के प्रकाशन को इधर के गीत-संसार की एक बड़ी घटना बताते हुए लय की विभिन्नताओं पर मुग्ध थे। आदिम जीवन-राग को पकड़ने वाली यह लय ही अनुभूति और संवेदना को प्रत्यक्ष करने में सबसे अधिक सहायक है, यह देवेंद्र कुमार का स्पष्ट मत था। 'नवगीत' के हल्ले में गीत के नाम पर ख़राब कविता को बढ़ावा देने के पक्ष में वे न थे। सवाल की मुद्रा में वे अपने समकालीनों-समानधर्माओं से पूछते भी : निराला में ही नया गीत क्या सबसे पहले संभव न हुआ!

आंचलिक संवेदना देवेंद्र कुमार के गीतों की सहजता का ख़ास आकर्षण है। वही उनके गीतों की अक्षय ताज़गी या टटकेपन का स्रोत भी है। शहर की ज़िंदगी का तनाव और संघर्ष, अपनी व्यक्तिगत ज़िंदगी का भयानक त्रासद अनुभव (जिसमें युवा बेटे की दुर्घटना में मृत्यु भी शामिल है) संभव है इस सीधे-सरल स्वभाव वाले कवि की गीत-संवेदना को कभी धुँधला या मद्धिम छोड़ गया हो, पर उसे पूरी तरह ख़त्म नहीं कर पाया। प्रकृति के ताज़े संवेदन-सजग चित्र देवेंद्र कुमार की कल्पना में जिस तरह आते हैं, देखने की चीज़ है—

यह अगहन की शाम
सुबह-सुबह का सूर्य सिन्होरा
सोना ईंगुर घाम

एक मूठ धरती का रंग
आसमानी
गोहुवन-सा ठनक रहा
सरिता का पानी

यह एक रंग है—देवेंद्र कुमार के गीतों का! ऐंद्रिक संवेदन का गहरा लयात्मक रचाव! रंग-ध्वनि। जीवन के प्रति उत्सुक राग या ललक भी। देवेंद्र कुमार के स्वभाव की अपनी कोमलता शब्दों के रख-रखाव में सहायक थी। देवेंद्र कुमार का दूसरा रंग है—संघर्ष, चुनौती, मुठभेड़ की मन:स्थिति का प्रकृति-व्यापार में नया तीखा प्रत्यक्ष। देवेंद्र कुमार के गीतों का इस्तेमाल किसी क्रांतिकारी संगठन ने किया हो, इसकी मुझे कोई जानकारी नहीं है। शायद नहीं किया। क्योंकि, इनकी अंतर्वस्तु और बनावट में वह मुखर तेवर नहीं है जो सीधे किसी जन-आंदोलन के काम आता है। आज ख़ासतौर से यह बात ज़ेहन में आती है कि बहुतों ने यह जाना ही नहीं कि वे दलित वर्ग या श्रेणी से संबद्ध कवि थे। उनके भीतर का ज्वालामुखी भी एक शांत सौंदर्यात्मक चमक के रूप में ही प्रकट था। बेशक, जनता के संघर्ष से देवेंद्र कुमार का भावात्मक जुड़ाव रहा है। जन-संगठनों द्वारा वे सम्मानित होते रहे हैं। और यह दूसरा रंग भी उनकी प्रकृति को समझने में सहायक है।

धूप में तनकर खड़े हैं पेड़
अँधेरे में खासकर जो बन गए थे
ऊँट-घोड़ा, गाय, बकरी, भेड़!

पत्तियों का मुरैठा बाँधे
शाख है
या हल कोई काँधे

ये चुनौती
सामना
मुठभेड़

शाह का एलान
या आँधी
फिर हवा की डुगडुगी बाजी

खेत पर
कब्जा किए हैं
मेड़

याद आते हैं इसी रंग में लिखे गए कवि केदारनाथ अग्रवाल के गीत। कहने की ज़रूरत नहीं कि केदारनाथ अग्रवाल के लिए भी निराला ही आदर्श रहे हैं। आलोचक-मित्र रामविलास शर्मा को लिखे पत्र में वे निराला के गीतों की बारीकियाँ बताते हैं—"बड़े गंभीर मौन के साथ निराला की कला गीतों में गहरी हुई है। पहले तो वह, शुरू में कला को दिखाते थे भाव के साथ। बाद में तो वह भाव को भी और कला को भी छिपाते थे। वह जहाँ तक आए थे वहाँ तक पक गए थे। डाल में लगे बेल की तरह उनके गीत हैं।" (मित्र संवाद, पृष्ठ 267) गीतों में गहराई की यही कला देवेंद्र कुमार की ख़ासियत है। गीतों के साथ गंभीर खिलवाड़ या कौतुक संयोजन में रुचि लेने वाले देवेंद्र कुमार ने गहराई की इस कला को पहचाना और सहज ही अपना बना लिया।

देवेंद्र कुमार की ज़िद्दी कल्पना ने अटपटे प्रयोगों से गीतों के ढाँचे में भी यथेष्ट काम लिया। 'एक-एक दो / फिर उसके बाद क्या / टूट गया / मिट्टी पानी का रिश्ता!' 'हम न हुए / वरना क्या होते टेसू / ...रात गए / आँखों में चलती है लू / जलता है गाँव घर नगर / धूऽऽ धूऽऽ धूऽऽ!' अटपटा विन्यास भी बताता है कि क्या कुछ घटता रहा है इस बीच कवि की दुनिया में! ज़रूर ही वे अधिक विकसित अनुभव-बिंब-माला या शृंखला लंबी कविताओं में ही जुटा सके, पर गीतों में भी इसकी झलक मौजूद है—संक्षिप्तता और कसाव में।

जब जब शाम ढले
एक उदासी भीतर-बाहर
मोम-गाछ पिघले
        दिन की छत
        रातों के मलबे
        टूट रहे हैं
                रवे दर रवे

वाक्य-विन्यास का अटपटापन, जो सधे तुकों के निर्वाह के बावजूद, संपूर्ण पाठ में मौजूद है, वही देवेंद्र कुमार के गीतों का नयापन है। उनकी अपनी पहचान। अभी-अभी प्रकाशित (क्या विडंबना, कि देवेंद्र कुमार के न होने पर!) पहले गीत-संग्रह 'एक पेड़ चाँदनी' के कई गीत इस बहुअर्थमय नयेपन का सार्थक प्रमाण हैं। कल्पना और सघन ऐंद्रिक अनुभव के बग़ैर यह नयापन संभव नहीं। इसका महत्त्व तब और समझ में आता है जब नयेपन की आतुरता या हड़बड़ी में 'नवगीत' नाम से प्रचारित आंदोलन खोखले शब्दाडंबर, कृत्रिम अलंकरण और ख़राब गद्य-लय तक सीमित है। उसे आज तक कविता की मुख्यधारा में शामिल न हो पाने का दुख है। सच्चाई यह है कि कुल काव्यात्मकता की पूँजी वहाँ इतनी अल्प है कि बार-बार एक ही तरह के दुहराव में पहले ही पाठ में प्रभावहीन नज़र आती

है। देवेंद्र कुमार के गीतों को हर बार पढ़ना एक नया अनुभव बनता है। जिस तरह निराला के गीतों को हम कविता से अभिन्न मानकर पढ़ते हैं उसी तरह देवेंद्र कुमार के गीतों को अलग से किसी छूट या रियायत की आकांक्षा नहीं है। कविता की वापसी के नाम पर 'माँ' पर बहुत कविताएँ लिखी गयी हैं। एक यह देवेंद्र कुमार की 'माँ' है :

आँगन घर ओरी है माई
काठ की तिजोरी है माई
...
सूई में धागे जैसी
काली, नगोरी है माई

जनपदीय जीवन में गहरा लगाव देवेंद्र कुमार के गीतों की ताक़त है। यह गहरा लोकरंग जितना बाहर दिखता है, उससे अधिक कहीं बहुत गहरे स्तर पर मौजूद है। गाँव या जनपद का यथार्थ भी कई रूपों में आता है। उस अर्थतंत्र की समझ के साथ—जो संक्रमण या परिवर्तन के दबाव में है—

हम ठहरे गाँव के
बोझ हुए रिश्ते सब
कंधों के पाँव के

सीना गोड़ी टाँगें
माँगें तो क्या माँगें
बकरी के मोल बिके
बच्चे उमराव के

यह बदलाव आकस्मिक नहीं है। कुछ बदलाव अंधड़ की-सी तेज़ी के साथ आया तो दिखाई पड़ता है पर जो धीरे-धीरे ख़त्म हो रहा है, दिखाई नहीं देता। यह गहरा अवसाद सिर्फ़ एक रोमांटिक आभास नहीं है, यथार्थ की तीखी चुभन भी है—

रात हुई गूँगी दिन बहरे
हम तुम कहाँ आकर ठहरे
    नीचे ऊपर होती साँसें
    कुएँ में लटक रही घासें
    पानी पर नावों के पहरे
    खोल दिए नदियों ने जूड़े
    दाँतों को

खा गए मसूड़े
किस्से कुछ नए
कुछ पुराने

एक ख़ास तरह का विस्मयबोध यथार्थ के रंग को और गहरा करता है। कवि की कल्पना में—अँधेरा है, कि बाग़ में टहलता है, चाँद है, कि अँधेरे का सौदागर; जूते हैं जो पैरों को चाट गए हैं! 'जहाँ नदी गहरी है / वहाँ नाव ठहरी है / पत्थर के सीने / हथौड़ों के दिन!' यह है वर्तमान का तीखा दंश! और विगत की स्मृति—'बौरों के दिन / दादी-माँ के हाथों / कौरों के दिन!'

देवेंद्र कुमार के कवि-स्वभाव की सरलता यथार्थ के दंश को भी सहज अनायास व्यक्त करती है। यह सरलता अपने में क्या कुछ विलक्षण छिपाए हुए है, कहीं भी उत्सुक लगाव के साथ पढ़ने के लिए आमंत्रित करती हुई।

यह अँधेरा
उठ रहा है   शाम का तंबू तनाव
पड़ाव घेरा

मेघ आए निकट कानों के
फूल काले खिले धानों के
रंग की चर्चा
तितलियों में
मेह भीगी शाम बिल्ली-सी
नदी की पहुँच
गलियों में
खिड़कियों का
इस तरह गिरना
गीत क्यों उठते
पियानो के

तुक देवेंद्र कुमार के गीतों का नियामक तत्त्व नहीं है। देवेंद्र कुमार बेपरवाह तुकों से भी बड़ा काम लेते हैं। जब आचार्य रामचंद्र शुक्ल ने निराला के गीतों को ध्यान में रखते हुए कहा था कि कविता को संगीत के और संगीत को कविता के निकट लाने का काम सबसे अधिक निराला ने किया तो वे इससे अनभिज्ञ न रहे होंगे कि संगीत की राग-रागिनियों से यथेष्ट परिचय के बावजूद गेयता की कोई आसान रूढ़ि निराला ने अपने गीतों में न बनने दी। उनके यहाँ कविता का संगीतात्मक पाठ-विन्यास अपने आप में, पाठ और प्रभाव में कितनी नयी संभावनाएँ प्रकट करता है! इसी के लिए अज्ञेय को कहना पड़ा—'जब-जब पढ़ता हूँ नया

आविष्कार करता हूँ।' यह गेयता की वह आसान शर्त नहीं है जिसमें तुक और अन्त्यानुप्रास तात्कालिक श्रवण-सुख में सहायक होते हैं। देवेंद्र कुमार का गेयता के प्रति यही ख़ास रुख़ है जो औसत गीतकारों से उन्हें अलग करता है। कभी 'ध्वनि-सिद्धांत' पर विचार करने के बहाने गिरिजाकुमार माथुर ने कविता की पाठ-लय की इन्हीं संभावनाओं की ओर इशारा किया था।

देवेंद्र कुमार ने लोकप्रियता हासिल की अपने गीतों के सीधे-सहज पर अनोखे विलक्षण रचाव से और साठ के बाद की हिंदी कविता के महत्त्वपूर्ण कवियों के बीच प्रतिष्ठा प्राप्त की—अपने समय के तनाव और विक्षोभ को प्रत्यक्ष करने वाली अपेक्षाकृत लंबी कविताओं के लिए। कविताओं के दो संग्रह 'कैफ़ियत' और 'बहस ज़रूरी है' इधर के पाठकों द्वारा खोज-खोजकर पढ़े गए हैं। अजब है कि जिन गीतों के लिए उनकी पहली पहचान बनी और जिन्हें अंत तक अपनी काव्य-ऊर्जा से वे संपन्नतर बनाते रहे, उनका पहला संग्रह अब उनके निधन के बाद ही छपकर आया है—'एक पेड़ चाँदनी'! देवेंद्र कुमार की कवि-प्रतिभा का मूल्यांकन उनके गीतों को छोड़कर असंभव है, यद्यपि महज़ गीतों के आधार पर उनके कवि-व्यक्तित्त्व का समग्र बिंब पाठकों के सामने नहीं आता। अपने कठिन समय को संबोधित करने का साहस देवेंद्र कुमार गीतों में भी करते हैं--कभी चीख़ते हुए सवाल की मुद्रा में भी—

हड्डियों का पुल
शिराओं की नदी है
इस सदी से अलग भी
कोई सदी है

पर जहाँ देवेंद्र कुमार सब कवियों से अलग और अद्वितीय हैं वह है—विरल लयात्मकता! गीत की प्रचलित अवधारणा के विरुद्ध!

सहज हूँ कठिन अति

(1)

इधर की युवा कविता पर एक अधूरी टिप्पणी

धावक
आलोचक, कीमियागर,
सहज हूँ कठिन अति

आओ, पहचानो

कहाँ हूँ
कहाँ को जाता हूँ

—बोधिसत्व

आलोचना की कीमियागिरी जहाँ अपने को एक हद तक असहाय पाती है, वहाँ आज की युवा कविता अपनी अनन्य साधारणता में ख़ास पहचान बनाती है। यों तो आधुनिक कविता के इतिहास में कितनी ही बार परिचित काव्यात्मकता को छोड़कर कविता के कविता बने रहने का दावा किया गया है पर इस बार दृश्य कुछ और ही है। बहुत दिन नहीं हुए, जब 'अकविता' ने यह दावा किया था, यद्यपि वह बिंब, प्रतीक, मिथक, दिवास्वप्न, फ़ंतासी के तामझाम से ख़ासी अलंकृत बोझिल थी। जटिल उलझाव भरी अकविता के मूल्यांकन में आलोचकों को ख़ास असुविधा नहीं हुई। उसकी कृत्रिम हिंस्र बौखलाहट एक ही ढर्रे के नग्नतावाद पर इतनी एकाग्र थी कि एक तरह का नैतिक समीक्षाशास्त्र ही उस पर फ़ैसला देने में सक्षम था। अकविता के नाम पर कविता को चरम कृत्रिमता के हवाले करने वाली

एक समय की युवा पीढ़ी ही थी जिसे आज याद करना ज़रूरी नहीं रह गया है। तुलनात्मक निरूपण के लिए भी शायद उसकी याद बहुतों को अटपटी लगेगी। उससे बिल्कुल भिन्न आज की युवा कविता है जो गहरी मानवीयता, सहज रागात्मकता, सीधी सहज अभिव्यक्ति को लेकर परंपरागत आलोचना के लिए चुनौती बनी हुई है। अकविता उस दौर में युवा पीढ़ी द्वारा लिखी जाकर भी कहने भर के लिए युवा कविता थी। ताज़गी ताप से वंचित! थी वह, प्रौढ़ विकृत कुंठित अराजक खामख़याली की कविता। काव्यत्व के विरोध में वह समय के विरुद्ध, मानवीय मूल्यों के विरुद्ध, यथार्थ के विरुद्ध, बल्कि अपने विरुद्ध थी। फटा हुआ ग़ुस्सा। चीत्कार। बड़बड़ाहट और प्रलाप। एक तरह के व्यर्थताबोध के लिए। जीवनमात्र के प्रति इनकार का रुख़। कुंठित दर्प का विस्फोट। उसी दौर की अधिक सार्थक प्रतिबद्ध युवा कविता के विरुद्ध एक पतनशील राजनीतिक (अ-राजनीतिक) उद्देश्य से बड़ी, व्यावसायिक घरानों की पत्रिकाएँ उसे हवा दे रही थीं। वह भी एक विशेष अर्थ में संकट का दौर था—एक कठिन समय—मूल्यों का भयानक क्षय। प्रतिबद्ध युवा कविता ने अपने समय की चुनौती स्वीकार की थी और कुछ ही समय बाद उस बीमार कविता को इतिहास ने ख़ारिज कर दिया था। आज उसका कोई नामलेवा नहीं है।

आज भी *कविता* के लिए *कठिन समय* है। 'यह ऐसा समय है'—महज़ मुहावरे के लिए नहीं कहा जा रहा है। क्योंकि एकदम नज़दीक की युवा कविता (अर्थात् उदयप्रकाश, असद ज़ैदी मंगलेश डबराल, राजेश जोशी, अरुण कमल के बाद की युवा कविता) पर इस विश्लेषण को यदि एकाग्र करने का आग्रह है, तो हम पहले ही स्पष्ट कर लें कि नवें दशक की युवा कविता और नवें दशक के बाद की युवा कविता में कई कारणों से फ़र्क़ कर पाना कठिन है। दोनों के लिए एक ही कठिन समय है। दोनों की सक्रियता बेचैनी दृश्य पर एक जैसी है। एकदम इधर की युवा कविता सरलता के सौंदर्यशास्त्र के लिए नयी अप्रत्याशित चुनौती हो, ऐसा नहीं है। पहले की युवा कविता भी थी। यह भी ग़ौर करने की चीज़ है कि एक ही तरह के युवा कवि दृश्य पर रचनारत नहीं है न एक ही तरह से रचनारत है। देवीप्रसाद मिश्र, बोधिसत्व, बद्रीनारायण, कुमार अंबुज, एकांत श्रीवास्तव, निलय उपाध्याय और कई दूसरे युवा कवियों से भिन्न रंग है—विमल कुमार, संजय चतुर्वेदी जैसे युवा कवियों का! अनुभव स्रोत, कल्पना, यथार्थ को देखने का ढंग एक-सा नहीं है। यह तो ज़ाहिर है कि एकदम नये हस्ताक्षर के रूप में पहली पहचान दर्ज़ कराने वाले कई युवा कवि दृश्य पर हैं। उग्रता या अराजकता एक दौर में युवा कविता की ख़ास चारित्रिक पहचान थी। आज नहीं है। अराजनीतिक दिखने की ज़िद भी एक समय की युवा कविता में थी। आज नहीं है। मार्क्सवाद के लिए आग्रह हो, न हो, कठिन समय की राजनीतिक-सामाजिक-सांस्कृतिक जटिलताओं को समझने की बेचैनी इधर की युवा कविता में दिखाई देती है।

विनम्रता और *साहस, करुणा* और *क्षोभ* की ख़ास झलक देने वाली आज की युवा कविता हमारे जीवन के *मूल राग* या *प्रेम* के प्रति विरक्त या उदासीन नहीं है। ऐसी युवा कविता के बहुत थोड़े समय के अवदान का आज और अभी मूल्यांकन करना हो तो शायद बहुतों की दृष्टि में जल्दबाज़ी होगी। अभी पहले की युवा कविता का भी मूल्यांकन इस अर्थ में नहीं हो पाया है। विष्णु खरे और राजेश जोशी के नये संग्रह अभी-अभी प्रकाशित हुए हैं। उन्हें साथ-साथ रखकर देखें तो कविता की मुश्किलें समझ में आएँगी। अपने समय की चुनौतियों को *नैतिक पक्षधरता* के अनुरूप स्वीकार करना और समय के कठिनतर अनुभवों को एक *नैतिक-काव्यात्मक विज़न* में बदल पाना एक साथ कवि-कर्म के रूप में संभव हो, ऐसे अधिक उदाहरण दृश्य पर नहीं हैं। इधर की युवा कविता की ख़ास चारित्रिक विशिष्टता को समझने के लिए कुछ नये संग्रहों को आधार बना सकते हैं। कवि-कर्म की कठिनाइयों को समझने के लिए भी। जैसे 'किवाड़' (कुमार अंबुज), 'सच सुने कई दिन हुए' (बद्रीनारायण); 'अन्न हैं मेरे शब्द' (एकांत श्रीवास्तव), 'अकेला घर हुसैन का' (निलय उपाध्याय)। इनसे पहले देवीप्रसाद मिश्र के संग्रह 'प्रार्थना के शिल्प में नहीं' को ध्यान से देखें जो परंपरा और स्मृति से नया रिश्ता बनाने वाली कविताओं का एक उल्लेखनीय संग्रह है। आगे हम यह भी देख सकते हैं कि देवीप्रसाद मिश्र की कविता ने और क्या नये ढंग नयी हिकमतें विकसित की हैं जो समय की जटिल सच्चाइयों को एक सम्यक परिप्रेक्ष्य दे पाती हैं।

जीवन के पक्ष में कविता :
परंपरा से संबंध का एक नया पाठ

एकदम नये कवि अपनी सृजनात्मक यात्रा में स्पष्ट प्रस्थान चुनकर सृजन में प्रवृत्त हों, ऐसा बहुत कम होता है। ऐसे कवि से यह अपेक्षा की भी नहीं जाती है। एकदम नया कवि अक्सर पूर्व प्रचलित या स्वीकृत किसी एक या अनेक काव्य-शैलियों के आकर्षण में ही यात्रा शुरू करता है। जब किसी ऐसे कवि में शुरू में ही कोई स्पष्ट प्रस्थान दिखाई देने लगे, तो उससे अपेक्षाएँ भी बढ़ने लगती हैं और ख़तरे भी बढ़ने लगते हैं। देवीप्रसाद से शब्द लेकर कहें, कविता को ख़तरनाक ऊँचाइयों पर साध पाना मुश्किल होने लगता है। रसूल गम्ज़ातोव के लिए लिखी गयी और पहले संग्रह 'प्रार्थना के शिल्प में नहीं' में संकलित 'नाता' कविता में देवीप्रसाद मिश्र का काव्यादर्श चाहे जितना सरल दिखे, वे हैं एक आत्मसजग तथा परंपरा-सजग कवि! —जो परंपरा से नया संबंध बनाने के लिए उत्सुक है और समकालीन जीवन के हादसों से भी परिचित है। 'नाता' की आखिरी पंक्तियाँ इस तरह हैं—

अनगढ़, पर हाथ थाम लेने वाली!
जैसे अन्न उगता ही है
जैसे सच प्रकट ही होता है
जैसे समय अगली सदी में बेहतर आदमी के उद्भव के
लिए बीतता है
जैसे संकट में आदमी साथी का हाथ थाम लेता है
ऐसा ही मेरा और कविता का नाता

क्या सचमुच देवीप्रसाद मिश्र का काव्यादर्श इतना सरल है! या उनका आकर्षण उतना ही अधिक नयी मौलिक और जटिल काव्यविधियों के प्रति भी बना हुआ है जो पाश जैसे जोखिम उठाने वाले कवि की दृष्टि में भी कविता की ताक़त बढ़ाने वाली चीज़ है।

देवीप्रसाद मिश्र जिस हद तक आत्मसजग कवि हैं उसी हद तक परंपरा-सजग या परंपरा से नया संबंध बनाने के लिए उत्सुक कवि भी। आदिमता और समकालीनता के बीच एक तरह का तनाव भरा रिश्ता खोजते हुए उसके अनुरूप वे बहुत दूर तक अपनी विचारधारा और काव्यात्मक कल्पना को रूप या आकार दे पाते हैं। कभी-कभी स्मृति की एक कौंध, पीड़ा या संघर्ष की एक झलक ही कविता को कविता बनाने के लिए काफ़ी होती है। कभी वे परंपरा-पाठ को सचमुच पाठ का रूप देते हैं जिसमें हम तथ्य-विशेष से परिचित होते हैं, सीखते हैं और विडंबनापूर्ण ढंग से भूल जाते हैं। ग़लतियाँ करते हैं, और सीखते हैं। भटकते हैं और पहुँचते हैं। ज़ाहिर है फिर भटकते हैं। ऐसा न होता तो परंपरा का पाठ कविता के लिए बोझ होता। ऐसा है, इसीलिए परंपरा में रहकर और परंपरा से बाहर जाकर अपने समय को पहचानने, उसकी त्रासदी से परिचित होने की विकलता बढ़ती जाती है।

'प्रार्थना के शिल्प में नहीं' कविता में मिथकों को अस्वीकार किया गया है और बेचैन हस्तक्षेप या प्रतिरोध का या एक अर्थ में, नये विकल्प का मिथक गढ़ा गया है—अपने समय के लिए अस्वीकृति या विद्रोह का एक नया मिथक :

इंद्र, आप यहाँ से जाएँ
तो पानी बरसे
मरुत, आप यहाँ से कूच करें
तो हवा चले
वृहस्पति, आप यहाँ से हटें
तो बुद्धि कुछ काम करना शुरू करे
रुद्र, आप यहाँ से दफ़ा हों
तो कुछ क्रोध आना शुरू हो
देवियों देवताओं, हम आपसे

जो कुछ कह रहे हैं
प्रार्थना के शिल्प में नहीं

'प्रार्थना के शिल्प में नहीं' के कवि देवीप्रसाद मिश्र शिल्प के प्रति जागरूक कवि हैं। रूप या शिल्प उनका ज़रूरी सरोकार है। रूप कवि के स्वभाव या अस्तित्व का व्यंजक हो सकता है। अंतर्वस्तु को ठीक-ठीक जानने और व्यक्त करने का साधन भी हो सकता है। रूप सीधी सादी कविता का भी होता है और कविता में प्रकट वक्रता या विडंबना का भी। देवी प्रसाद मिश्र की कविता में कथात्मक विडंबना की झलक है, साथ ही नाटकीय विडंबना के लिए आकर्षण कम नहीं है। मुख्य बात यह कि आकर्षण विडंबना (Irony) के लिए है।

कविता के पाठकों का ध्यान इधर के नये काव्य परिदृश्य में दो तरह के कवियों की ओर, दो तरह की कविता की ओर गया है। उदाहरण ही देना हो, तो अरुण कमल और असद ज़ैदी दो भिन्न प्रकार के कवि हैं। दोनों वामपंथी विचारधारा से संबद्ध। दोनों ख़ास अर्थ में गंभीर। उत्तरदायी। खतरा उठाने को तैयार। अरुण कमल के यहाँ कविता सादगी का मॉडल बनकर आती है। असद के यहाँ काव्य-विडंबना या वक्रता का उदाहरण बनकर। एकरसता या दुहराव के ख़तरों और अधिसंख्य उदाहरणों के बावजूद आज के काव्य परिदृश्य में कभी-कभी एक ही अनुभव को कहने के लिए एक से अधिक प्रकार का काव्यशिल्प एक दूसरे के साथ समानांतर मौजूद होता है। यह भेद या विविधता कविता के हित में है और मूल्यवान है। यह एक अच्छा लक्षण है कि दो कवि एक दूसरे से भिन्न ढंग से चीज़ों को देख रहे हैं। ज़रूर वे बौद्धिक काहिली से मुक्त होकर नयी काव्यविधियों को विवेकपूर्वक जानकर ही ऐसा कर पा रहे होंगे। देखने की उत्सुकता बनी रह सकती है कि इनमें बड़ी कविता की संभावना कहाँ है या नहीं है ! इस ढंग से विचार करते हुए कभी ख़तरनाक आशंकाएँ भी दिखाई देती हैं। 'कामायनी' (असफलताओं के बावजूद), 'राम की शक्ति पूजा', 'अँधेरे में'—जैसी कविताओं में बड़ी कविता की संभावना जिस रूप में दिखाई देती है, उस रूप में क्या आज का समूचा काव्य-परिदृश्य बड़ी कविता की संभावना को हमारे अनुभव-प्रत्यक्ष में चरितार्थ कर सका है! इस प्रश्न को चुनौती के रूप में लेना चाहिए। सीधी-सादी कविता का एक काव्यशास्त्र हम आलोचनात्मक तैयारी के बल पर बना लें और दुरूहता, अस्पष्टता का विधिवत् काव्यशास्त्र तो पश्चिमी नयी समीक्षा के बल पर मौजूद ही है। विचारणीय है कि जो कविताएँ आज मुद्रित पृष्ठों पर दिखाई देती हैं क्यों उनमें से बहुत कम नया प्रस्थान बन पाती हैं और या तो वे महानता से इंकार करती हैं या महान कविता के लिए अपेक्षित विवेक और सर्जनात्मक साहस का प्रमाण नहीं दे पातीं। फँसे हुए कवियों में महत्त्वपूर्ण कवि भी हो सकते हैं—जैसा रघुवीर सहाय अपने को बताते हैं—नये कवियों के साथ!

कविता की मुक्ति के लिए साहस दिखाने वालों में रघुवीर सहाय महत्त्वपूर्ण कवि है। वे अपने उद्देश्य में सफल भी हैं पर कुछ ऐसा लग रहा है कि जो उनके ढंग पर मुक्ति की खोज में निकलेगा उसका भटकना सुनिश्चित है। इसके विपरीत केदारनाथ सिंह के खोजे हुए रास्ते पर चल निकलना अपेक्षाकृत आसान है। उनकी कठिनाइयाँ कम नहीं हैं पर प्रस्थान की चिंता जब भी जिस रूप में भी वे करते हैं, परंपरा में रहकर परंपरा को विकसित करती हुई कविता की मुक्ति सहज जान पड़ने लगती है। आज लिख रहे अनेक कवियों के लिए वे आदर्श हो गए हैं। सरल प्रकृत जीवन-तथ्य, वस्तु-संदर्भ और काव्य-व्यापार उन्हें खींचता है। देवीप्रसाद मिश्र की शक्ति भी यही हो सकती है, जो कि कठिनाई भी है, कि वे दो तरह की कविता, दो तरह के शिल्प के आकर्षण में हैं। शिल्प रूपों के प्रति असीमित आकर्षण हो, क्या फ़र्क़ पड़ता है ! पर तब कवि की अपनी आंतरिक ऊर्जा, अनुभव संपन्नता और मुक्तिबोध के शब्दों में कहें 'ज्ञानात्मक संवेदन' या 'संवेदनात्मक ज्ञान' का सवाल भी ज़रूर पैदा होता है। देवीप्रसाद मिश्र कभी नागार्जुन का सा सीधा सरल व्यंग्य अपनाते हैं, कहीं रघुवीर सहाय की वक्रता या विडंबना, कभी केदारनाथ सिंह का-सा सहज जीवन-बोध (जो कुछ अधिक प्रकट है), कभी-कभी श्रीकांत वर्मा का-सा तेवर भी। यह अनिश्चितता अनुकरण के तर्क से नहीं, हर समय नया दिखने की महत्त्वाकांक्षा से जन्म लेती है। ख़तरनाक नवीनता का मोह छोड़कर अपने संघर्ष की सुदृढ़ परंपरा से, प्रत्यक्ष जीवन के सजीव पर्यवेक्षण से, गहरी जीवनासक्ति से ही वे बड़ी काव्योपलब्धि प्रमाणित कर सकते हैं। तब शायद उन्हें 'परंपरा-पाठ' और 'यह समय' जैसे खानों में कविताओं को विभक्त कर देखने-दिखाने की ज़रूरत न होगी। वही कविताएँ जो परंपरा के अहसास का प्रमाण होंगी, अपने समय की जटिलताओं में प्रवेश करने की क्षमता से संपन्न भी होंगी।

देवीप्रसाद मिश्र ने अपने पहले संग्रह में ही अपनी दृष्टि, विचारधारा, सर्जनात्मक क्षमता का प्रमाण दिया है। इसीलिए उनके संग्रह को एक पूरे ऐतिहासिक परिदृश्य में रखकर देखने की इच्छा होती है। उनकी कविता 'लौह युग' पढ़कर पाश की 'लौह कथा' याद आई। फ़र्क़ यह है कि पाश ने लोहा खाया है, यहाँ लोहे की बात की जा रही है जो एक अर्थ में मानवीय जिजीविषा का सूत्रबद्ध बयान है :

आदमी अपने रास्ते के
पहाड़ तोड़ रहा है
देह पसीने से लथपथ है
हथेली से खून चू रहा है
रिसाव रोकने के लिए और

जख्मों को गर्म राहत देने के लिए वह
हथेली से टपकते खून को
जीभ से चाटता हूँ
आदमी अपने भीतर का
लोहा महसूस करता है

परंपरा के प्रति उत्सुकता, जिज्ञासा, रागात्मक लगाव, काव्यात्मक चिंता देवीप्रसाद मिश्र के ख़ास विषय सूत्र हैं जो अनुभव-यात्रा में दुहराए जाते हैं। 'लिपि', 'जाओ', 'सरस्वती' इस दृष्टि से पठनीय कविताएँ हैं। 'बहुत सीखा हुआ मरा', के अनुभव से 'बहुत सीखे हुए जीने' तक का अनुभव उनके परंपरा-पाठ का ज़रूरी हिस्सा है। परंपरा का स्वीकार ही नहीं, अस्वीकार भी और दोनों स्थितियों के अंतर्संबंध का दृष्टांत निर्मित विवेक भी उनकी कविता का ज़रूरी पहलू है।

सूखी लकड़ियाँ बीनने काटने की
दौड़-धूप से बचने के लिए
अबाहु हरे पेड़ की
डालें काट लाया
आश्रम पहुँचा तो गुरू
धरती पर पड़े थे
छात्र घेरे थे
आश्रम में सन्नाटा था
गुरू की बाँह पर किसी ने
कुल्हाड़ियाँ चलाई थीं
रक्त धरती में सीझ रहा था

पर्यावरण की चिंता को जीवन-संघर्ष की स्थितियों और समस्याओं से जोड़कर देखा जाएगा तो यही संदर्भ जो काव्याभास जान पड़ते हैं, बड़ी कविता का उपयुक्त फलक बन सकेंगे। 'मोक्ष के विरुद्ध' कविता जीवन के पक्ष में लिखी गयी कविता है जो सीधी चोट करती है। सपाटपन से बचकर की गयी यह सीधी चोट देवीप्रसाद मिश्र की कविता का अपना ख़ास ढंग है।

तुम तो मुझसे प्रसन्न हो उठे हो
अरे देवताओ! क्रुद्ध हो जाओ
मोक्ष पाकर इतना अक्षम
मैं नहीं होना चाहता

एक किसान की दृष्टि से देखा गया जीवन देवीप्रसाद मिश्र की कविता में

आता है—उसके सुख-दुख, उसका संघर्ष, उसकी छोटी-पीड़ा, साधारण आत्मतोष—सब कुछ। पर अलग-अलग परिस्थितियों में। एक ओर अमरता का यह सहज आत्मतोष है : 'जीवन नश्वर है / यह कहते हुए दार्शनिक / एक नगर से दूसरे नगर में / घूम रहा था / यह सुना तो / बीज बोते हुए कृषक पत्नी ने कहा / हाँ जीवन नश्वर है सचमुच तुम्हारा / और देखो! मैं अमर हो रही हूँ'—दूसरी ओर भूमिहीन किसान की यह त्रासद नियति, जो विदग्धता के लिए नहीं, वस्तु स्थिति के क्रूर आभास के लिए इस रूप में अंकित है—

भूमिहीन किसान जब
मकबरे में घुसा तो
अंदाजने लगा यह
कितने रकबे में है

देवीप्रसाद मिश्र की रुचि व्यंग्य में है। वे मध्यवर्गीय काठ के घोड़ों का अभियोग गीत लिख पाते हैं। 'पवित्र व्याधि' का व्यंग्य ज़्यादा काव्यात्मक सघनता लिए हुए है जिसका अर्थगत स्पष्टता से विरोध नहीं—'वे महान थे सिद्ध और अपौरुषेय / वे जहाँ बैठते स्थल पवित्र हो जाता / जहाँ ठहरते स्थान तीर्थ हो जाता / जो कुछ बोलते आप्त-वाक्य हो जाता / बड़े-बड़े डग भरते पूरे गणतंत्र में / वे घूम रहे थे और पवित्रता / पूरे गणतंत्र में व्याधि की तरह फैल रही थी।' स्त्री की पीड़ा, स्त्री के मुक्ति-संघर्ष, स्त्री की यातना और शोषण के बारे में कई कविताएँ संग्रह में हैं। स्त्री की दयनीय स्थिति का बयान—हमेशा आत्मदया के लहजे में नहीं, प्रतिरोध के स्वर में भी। औरतें जो नहीं दिखतीं—आटे में पिस गयी होंगी—या चटनी में पुदीने की तरह महक रही होंगी—तेल की तरह खौल रही होंगी—जब घर की सबसे ज़रूरी सब्ज़ी पक रही हो। स्त्री की यातना के भयानक अहसास अलग-अलग छाया लेकर प्रकट होते हैं। कविता में उभरते नैतिक बोध के अपने प्रलोभन, अपने खतरे हैं। मूल्य-क्षय की कविता जब अचानक सकारात्मक बिंदु पर आती है, सपाट हो जाती है क्योंकि नाटकीय तनाव ख़त्म हो चुका होता है। 'नगर की एक माँ भी हो / यह किसी ने नहीं सोचा।' किसी भी कविता का ऐसा सपाट अंत प्रभावहीन ही होगा। 'दिशा' कविता पढ़कर केदारनाथ सिंह की कविता 'दिशा' याद आई जबकि दोनों के निहितार्थ भिन्न हैं। पाठक अनुभव करेंगे कि देवीप्रसाद मिश्र एक ओर जीवन को हर दिन, हर पल नये सिरे से खोजने वाले कवि हैं दूसरी ओर अत्यंत परिचित यथार्थ की मामूली जान पड़ने वाली विकट त्रासदी का बयान करने वाले कवि। उनके वैयक्तिक अनुभवों में सामाजिक अनुभव भी निहित हैं और सामाजिक अनुभवों के एकदम व्यक्तिगत अभिप्राय भी।

'यह समय' खंड में 'मैं' की उपस्थिति महत्त्वपूर्ण है—छायावादी कवियों के निजत्व से भिन्न इस 'मैं' में संघर्ष करती एक पूरी पीढ़ी मौजूद है। 'मैं कमीज़ पहनता हूँ तो जैसे कवच पहनता हूँ। मैं घर से निकलता हूँ तो जैसे युद्ध के लिए।' छोटे-छोटे दुख भी बड़ी त्रासदियों के संकेत हैं। बेरोज़गारी। अपरिचय का दंश। माँ तक से अबूझ अलगाव। फिर स्त्रियों की यातना के भिन्न रूपात्मक अनुभव। भेंट-अँकवार लेती सखियों की सारी सीखों में एक जो अनुपस्थित थी—कि कम से कम एक बार निश्चिंतता से प्यार कर लेना। अजब है कि जो बहुत परिचित प्रसंग है वही गहरी छाप भी छोड़ता है। 'मगर तुमने यह क्या किया। लड़की को जना!' एक पंक्ति पूरे इतिहास की त्रासदी का बयान है। अचानक ध्यान आकृष्ट करती हैं ये पंक्तियाँ (जो कवि और कविता के स्वभाव पर टिप्पणी सरीखी हैं!)—

> अंतत: मैं ठीक-ठीक यह भी नहीं जान पाया
> कि मैं अपने लिए रो रहा था
> या बहुतों के लिए

'मैं' के सिकुड़ने का भ्रम न हो इसलिए कवि 'मैं' के व्यक्ति को दार्शनिक लहजे में इस तरह व्यक्त करता है—'नमक की तरह मैं अविनाशी हूँ। ...मैं सभ्यता का वह बनजारा हूँ। जो आप्रवास के लिए आतुर रहता है। ...मेरी एक सिरा में गंगा दूसरी में बेतवा...!' याद आते हैं ग्राम्शी! जिनकी दृष्टि में सहजबोध और उच्चतम दार्शनिकबोध के तनाव को एक उपयुक्त राजनीतिक विचार दृष्टि या विचारधारा ही दिशा दे सकती है। ऐसा न हो तो बहुत से विचार सिर्फ़ मूल्यवान विचार हैं—विचारधारा, न कविता। संघर्ष की विचारधारा देवीप्रसाद मिश्र जैसे कवि की ताक़त है पर वह बड़ी कविता बने, इसके लिए निराला मुक्तिबोध और पाश जैसे कवियों की सी बड़ी और असंदिग्ध जीवन-निष्ठा चाहिए।

'प्रार्थना के शिल्प में नहीं', संग्रह को सकारात्मक जनवादी विकल्प की प्रस्तावना कहा गया है। कहने की ज़रूरत नहीं कि देवीप्रसाद मिश्र अपनी कविता से की जा रही अपेक्षाओं के बारे में सतर्क हैं। परंपरा, इतिहास, संस्कृति, मिथक में उनकी दिलचस्पी उनके व्यापक मानवीय लगाव का हिस्सा है। केवल काव्यात्मकता के आकर्षण वे नए-नए विषय-क्षेत्रों की ओर जाना चाहते हैं, ऐसा अनुभव उनके प्रति अन्याय होगा। यह एक सृजनशील कवि की स्वभाविक कोशिश है। रूप और वस्तु की अन्विति के प्रति देवी प्रसाद मिश्र सजग हैं। यह अन्विति ही उनकी कविता का रहस्य क़ायम रखती है। जहाँ फाँक है वहाँ संदेश होकर भी कविता उपयुक्त या वांछित असर नहीं डालती। कभी आड़े आता है, वही काव्य-विडंबना का अतिरिक्त प्रलोभन—जो आधुनिकतावाद के निकट की चीज़ है। यह काव्य-विडंबना कविता के लिए अचूक उपयोगी हो सकती है जब उसे दृष्टि या परिप्रेक्ष्य

का आधार प्राप्त हो। ज़रूरी है कि परिप्रेक्ष्य कलात्मक निर्मिति में ही सहायक न हो, काव्य को निर्धारित करने में भी सक्रिय हो। एडोर्नो की यह बात हर समय की बड़ी कला के लिए सच है कि कला का वास्तविक रहस्य—रहस्य के उद्घाटन में है।

ऐसी युवा कविता अगर हमारे कठिन समय में हस्तक्षेप करती है तो किन विशेषताओं के साथ! उसके अवरोध हैं तो कहाँ! उसकी जाने-अनजाने रूढ़ि बन रही है तो क्यों! सबसे पहले इधर की युवा कविता का *लोक-राग* ध्यान आकृष्ट करता है। लोग-राग के कवि तो पहले के महत्त्वपूर्ण कवि *विनोदकुमार शुक्ल* भी हैं पर उनकी कविता अर्थ प्राप्त करती है, अपनी गहरी संवेदनीयता और शिल्पदक्षता के लिए भी। *सरलता* उनके यहाँ भी है पर उसकी कई तहें हैं। देखना चाहिए कि *स्थानीयता* के रंग में रची-बसी यह युवा कविता लोक-राग की कैसी अंत: समृद्धि सूचित करती है। उसमें सब कुछ सुंदर, सुघड़, उल्लासमय ही है या उसमें अपने समय के दुख और संघर्ष, क्षोभ और उद्वेग, प्रतिरोध और इनकार की छवियाँ भी हैं। *सरल* आशावाद यहाँ सदाशय मन की प्रतिक्रिया भर है या *जीवन* की *स्वीकृति* का सकर्मक साक्ष्य भी! *मानवीय रागात्मकता* यहाँ आंचलिक रूमानियत भर है या जीवन में जो सुंदर सार्थक मूल्यवान है, उसे बचाने की चिंता और कोशिश का ही दूसरा नाम है! ऐसे बहुत-से सवाल इधर की युवा कविता के बारे में उठेंगे। चीज़ों को *बचाना* जैसे एक सक्रिय सार्थक हस्तक्षेप है—'और मुझे अपनी सभ्यता को / टीलों में तब्दील होने से बचाना था।' (कुमार अंबुज) रेत के / किस खोलक में छुप / बचा लूँ यह जीवन तरबूज सा।' (निलय उपाध्याय) 'बचाना' यह महत्त्वपूर्ण पद इतनी बार दुहराया गया है कि कभी-कभी उसके अबोध काव्यात्मक मुहावरे तक सीमित हो जाने का डर है। इसके बावजूद 'बचाना' महत्त्वपूर्ण सार्थक पद है। माना कि अनुभव और संवेदना का बदलाव सबसे पहले *भाषा* के स्तर पर ही पहचाना जाता है और ठेठ देसी ठाठ की लोकभाषा के लगभग अप्रत्याशित ढंग के सरलतम उपयोग से ही इन कवियों ने अपनी ख़ास पहचान बनाई है, पर क्या भाषा के अनोखे उपयोग की काव्यात्मक फलश्रुति सबके यहाँ एक-सी है! ऐंद्रिकता। लय की बनावट। पर्यवेक्षण। वस्तु-प्रत्यक्ष। यह सब भाषा में है पर भाषा तक सीमित नहीं है। एकांत और निलय की भाषा में फ़र्क़ है। बद्रीनारायण कुमार अंबुज में भी। यह फ़र्क़ कहाँ है! इस विवेक से ही इन कवियों की निजता निर्धारित की जा सकती है। इनके बीच की समानताएँ युवा कविता का जो समग्र बिंब बनाती हैं, उस पर भी अलग विचार किया जाना चाहिए।

''मैं चाहता हूँ *कविता चकित न करे* और *महान भी न हो*''...शब्द हैं कुमार अंबुज के। महानता मिथ है इसलिए महानता के विरुद्ध कोई युवा कवि टिप्पणी करे तो बात समझ में आती है पर 'कविता चकित न करे'—इस प्रतिज्ञा में कई

पेंच हैं। क्या एक तरह का *विस्मय, आश्चर्य, कल्पना, काव्यात्मक विडंबना* कविता को अधिक अर्थव्याप्ति देने में सहायक नहीं है! कुमार अंबुज की कविता में इनका खासा उपयोग है, इसलिए यह औरों का पूर्वग्रह न बने, ऐसी चेतावनी ज़रूरी है। कुमार अंबुज का विरोध उक्ति वैचित्र्य से हो सकता है, काव्यात्मक विडंबना से नहीं। उन्हीं की पंक्तियाँ हैं—''भूख का सपना / नींद के चमकदार सूप में झर रहा है / और दानों के फटके जाने की आवाज़ / पूरे ब्रह्मांड में गूँज रही है।'' *वाल्टर बेंजामिन* ने भाषा की जिस ज़रूरी *अस्पष्टता* (opaqueness) पर बल दिया था, वह *विस्मय तत्त्व* का ही दूसरा नाम है। हम सरल कविता के पक्ष में हैं कविता की सामान्यता स्पष्टता के पक्ष में नहीं। जहाँ आपत्ति है कि अनेक कवि एक दूसरे को महज़ दुहरा रहे हैं, वहाँ *सपाटता* ही प्रलोभन है, सरल अर्थमयता चुनौती नहीं है। देखें कि *देवीप्रसाद मिश्र* जैसा युवा कवि कविता की दुनिया में आता है तो इतिहास, परंपरा, स्मृति की अपनी अनुभव संपदा या पूँजी लेकर, जबकि *निलय* जैसा कवि एक अर्थ में ख़ाली हाथ आता है। प्रत्यक्ष है कि देवीप्रसाद मिश्र के यहाँ सरलता कोई काव्यरीति नहीं है। सरलता है और जटिलता के साथ है। निलय कविता की दुनिया में ऐसे आते हैं कि कविता दूर तक *अनगढ़ कच्चा* अनुभव या पर्यवेक्षण है—जैसे सार्थक अभिव्यक्ति बनने से पहले ही उसे कविता मान लिया गया हो। इस हद तक सरल कविता में भी चकित करने वाली कल्पना या विडंबना का अनादर नहीं है। कच्चाई या कमज़ोरी दिखाई दे रही है। कवि उस युक्ति या सलीक़े से इंकार करता है, जिससे वह ढँकी जाती है। पर सरलता में निहित कविता की ताक़त समझ में आती है। कच्चे या अनगढ़ को नयी प्रतिष्ठा देने में इधर की युवा कविता को बेशक सफलता मिली है। फिर उसकी मुश्किलें कहाँ हैं!

एकांत श्रीवास्तव ने *मानवीय रागात्मकता* की कुल पूँजी को लगभग निचोड़ लिया है। कोमल मानवीय रागात्मकता के ज्ञात स्रोतों का अत्यंत मार्मिक इस्तेमाल है—एकांत के यहाँ। अकृत्रिम निश्छल *सादगी* का *काव्यमर्म* एकांत की कविता का सारतत्त्व (Essence) है। इसी मानवीय रागात्मकता का भावुकतापूर्ण इस्तेमाल दुहराने वालों के यहाँ, अनुकरण करने वालों के यहाँ, महज़ अलंकरण है—काव्य रीति है। वह मानवीय रागात्मकता एकांत के यहाँ क्रूर अमानवीय ताक़तों के विरुद्ध सार्थक कार्रवाई भी है। एक क्षण के लिए एकांत के संग्रह का यह विभाजन—*धानगंध* (पूर्व खंड) और नागरिक व्यथा (उत्तर खंड)—उलझन पैदा करने वाला लगा। ऐसे विभाजन की ज़रूरत क्यों होनी चाहिए! अगर एकांत की गहरी रागात्मकता महज़ रूमानियत नहीं है (जो कि नहीं है) अगर एकांत का आशावाद सरलीकृत निर्विकार परिष्कृत स्वायत्त नहीं है (जो कि नहीं है) तो 'धानगंध' में ही 'नागरिक व्यथा' भी दर्ज होनी चाहिए। अपने कठिन समय के हादसे भी प्रेम और ममत्व के अनुभवों में कोई नया आयाम जोड़ सकते हैं। सार्थकता तो वहाँ है, जहाँ कोई

कविता प्रेम पर हो और *राजनीतिक मानवीय त्रासदी* को कहीं गहरे व्यक्त करे और *मानवीय त्रासदी* के अनुभव को व्यक्त करने वाली कविता में *प्रेम* या *राग* के कोमल मर्म क्षणों का निर्वासन न हो। जहाँ गाँव घर, जनपद, प्रकृति कोमल रागात्मकता में रचे-बसे हैं, वहाँ भी सूखा और अकाल के कठिन अनुभव ग़ायब तो नहीं है। *'सिला बीनती लड़कियाँ'* जैसी कविता में अभाव के कठिन पल भी दिखते हैं और सक्रिय जिजीविषा भी दिखती है।

दूबराज़ हो
विष्णुभोग या नागकेसर
वे रंग और खुशबू से
उन्हें पहचान लेती हैं

जब झुकने लगते हैं दिन के कंधे
और उन्हें लगता है कि इतनी
बालियों से हो जाएगा तैयार
एक जून के लिए बटकी भर भात
वे लौट जाती हैं घर

कहाँ तो मुक्त बाज़ार में असीमित समृद्धि, अकूत धन और शक्ति का अतर्क्य मायाजाल फैला है, विश्वबाज़ार की होड़ में, आर्थिक साम्राज्यवाद के फैलाव में हिंस्र इच्छाएँ लकदक नज़र आती हैं, वहाँ 'एक जून के लिए बटकी भर भात' जुटाकर संतुष्ट रहने वाला नैतिक बल भी निरर्थक नहीं है। यह ज़रूर है कि आज के ही कवि को क्रूरताओं को महिमा मंडित करने वाली ताक़तों का भी पता चलना चाहिए। प्लेग की मार सिर्फ़ सूरत पर नहीं है—पूरे समय में प्लेग के कितने ही रूप फैले हैं। देवीप्रसाद मिश्र की कविता 'प्लेग' उदाहरण है कि सब कुछ सुंदर और मांगलिक ही नहीं है। दुनिया में हर दिन कोई न कोई जघन्य हिंसा कांड है। 'प्लेग' भी हिंसा है—जिस तरह जिन कारणों से उसके सामने मनुष्य को निरीह प्रमाणित किया जाता है। 'बहरहाल जो लोग प्लेग से या जो प्लेग नहीं था / से मरे उन्हें इस तरह की दुविधा का भी समय / नहीं मिला। उन्हें केवल मरना पड़ा / प्लेग से / या जो प्लेग नहीं था उससे / भारतीय नागरिक की संदिग्ध मृत्यु भारतीय राज्य और / समाज की संरचना में शामिल है...।'

बद्रीनारायण की कविता 'प्रेमपत्र' पर बहुत चर्चा हुई। उसका निहितार्थ पाठकों से छिपा नहीं है। उच्च तकनीकी सभ्यता के शक्ति-संपन्न दौर में क्या ग़ायब हो रहा है, क्या ख़त्म हो रहा है, किन मूल्यों की क्षति हो रही है बद्रीनारायण की कविता इनके बारे में सवाल उठाती है। इस 'डर' को बद्रीनारायण ने जिस सादे व्यंग्य से व्यक्त किया है वह देखने की चीज़ है। कैसी और किससे 'क्षमा प्रार्थना' है यह!

दिल छोड़ा दिल्ली
दिमाग़ बंबई
कुछ भूल-चूक हो तो

क्षमा करना
न मक्के में हो मिठास
न आम में मिठास
तो क्षमा करना

वर्गीय चेतना बद्रीनारायण की कविता में ही यह समझ देती है—'हाय मलमल! / तुझे वे नहीं पहनेंगे / जिन्हें रोज सपने में / कलीम भाई चाहते हैं पहनाना!' यह *चेतावनी* है कि मनुष्य का अपने ही 'उत्पादन' पर नियंत्रण नहीं रह जाने वाला है। सब कुछ किसी बड़े उद्योग तंत्र के अधीन होने को है—अमूर्त, अनियंत्रित। शब्द तब रचे नहीं जा रहे होंगे। किसी अमूर्त उद्योगतंत्र में ढल रहे होंगे। कविता तक प्रायोजित उद्योग होने को है। समाचार उद्योग हो चले हैं। समूचा मीडिया उद्योग है—वैकल्पिक मीडिया भी। आर्थिक साम्राज्यवाद का दबाव। मल्टीनेशनल का दबाव। तकनीकी क्रांति का दबाव। समृद्धि की तकनीक का दबाव। चीज़ों का हमला। विज्ञापनों का हमला। बाज़ार की युक्ति। जहाँ काफी बड़े हिस्से में आज भी साक्षरता का न्यूनतम उद्देश्य पूरा कर पाना कठिन है, वहीं तकनीकी दक्षता के शिखर पर पहुँचने का दावा है। घनघोर पुनरुत्थानवाद या धर्मांधता ने अपसंस्कृति से जो घनिष्ठ तालमेल बिठाया है, वह हमारी सहज मानवीय रागात्मकता के लिए बड़ा ख़तरा है। इन स्थितियों में 'चाँदी के कटोरे में भरा दूध' और 'धुल रहा बताशा' मात्र भला किस काम आएगा। संकट तो यहाँ तक आ पहुँचा है कि सरसों के तेल में मिलावट की अंतर्राष्ट्रीय राष्ट्रीय साज़िश आतंकित किए हुए है। लोग सरसों का तेल खाना छोड़ रहे हैं। सरसों देखकर डर रहे हैं और सरकार रहस्य को अधिक रहस्यमय बताकर चुप है। इस संकट से युवा कवि अनभिज्ञ तो न होंगे। उन्हें पता है कि उनका ही शहर 'लाखों लाख कंठों में रुकी हुई रुलाई है' (एकांत), 'धूप तेज़ और सीधी गिरेगी / मगर दानों में दूध नहीं बनेगा / *गाय के रँभाने में* / आवाज़ आना ख़त्म हो जाएगी / हवा हवा नहीं रहेगी' (कुमार अंबुज)। 'अकेला घर हुसैन का' (निलय) कविता में यह त्रासद छाया और गहरी होती जाती है—'कुएँ के मुँह पर / जाले का परदा बुनती है मकड़ी / यहाँ छुपे रहना हुसैन भाई' / ...'कुनबे में अकेला घर है हुसैन का!' इधर डंकेल प्रस्ताव पर सत्ता की स्वीकृति की जैसी मुहर लग चुकी है, उसके सामने इस कोमल मानवीय इच्छा का क्या अर्थ रह जाएगा—'अन्न / हमेशा हमेशा रहेंगे / प्रलय से पहले / प्रलय के बाद'। पर इस *इच्छा* का *अर्थ* बचा रहे, इसके लिए निरंतर संघर्ष ज़रूरी है। ज़रूरी है कि जटिल यथार्थ रूपों को सरलीकृत करने

के रूमानी प्रलोभनों से बचें। जैसे, ज़रूरी है कि स्त्री की निरीहता पर नितांत कोमल लगाव वाली अच्छी-सी कविता लिखकर हम उसकी असहायता को स्वीकार या पुष्ट न करें। *समय* स्त्री के लिए और भी *कठिन* आने वाला है। सूरत के दंगे स्त्री की नियति का जो ख़ौफनाक बयान कर रहे हैं, वह कविता के बाहर का विषय नहीं है। युवा कवियों के सामने आज का कठिन समय इसी अर्थ में चुनौती है कि कितनी ही जटिल सच्चाइयाँ काव्य बाह्य संदर्भ मान लेने की रूढ़ि के कारण ही कविता में व्यापक अभिव्यक्ति नहीं पा रही हैं—कविता के फलक को विस्तृत करके कविता के तंत्र में शायद तोड़फोड़ करके ही वे ऐसा कर पाएँगे।

अभी-अभी किसी शंकराचार्य ने जब स्त्रियों को वेदपाठ के अधिकार से वर्जित किया है तो घृणास्पद ढंग से उनकी समूची सामाजिक भूमिका को यह कहकर चुनौती भी दी है कि क्योंकि प्रकृति ने ही उनकी शुचिता को असंभव बना दिया है अत: वे अकेले अंधकार में रहें तो रहें, उन्हें बाहर की दुनिया में हस्तक्षेप करने की ज़रूरत नहीं है। कहना न होगा कि यह आधुनिकता के नाम पर अर्जित हमारी समस्त प्रगतिशीलता, बोध और कर्म की स्वतंत्रता और प्रतिबद्धता का खुला अपमान है। याद आ सकती है युवा कवि *वीरेन डंगवाल* की *पी.टी. ऊषा* पर लिखी कविता जो ऐसे कितने ही धर्माचार्यों को चेतावनी है। सीधे-सादे बयान के रूप में निलय की कविता *'रामकली'* इस दृष्टि से रेखांकित करने योग्य है। कुमार अंबुज के यहाँ 'शहनाज़' प्रेमकथा से निकलकर कालकथा बन जाती है।

इधर की युवा कविता की ताक़त और सीमा का परीक्षण शायद कुछ अधिक समय की माँग करेगा, पर यह तो स्पष्ट ही है कि कविता बहुत दिनों तक अच्छी-अच्छी कोमल प्रगीतात्मकता तक सीमित नहीं रह सकती। शायद वह है भी नहीं। पर एक बार और *अभिव्यक्ति* के लिए *बड़ा ख़तरा* उठाने के उद्देश्य से जल्द ही उसे *कहानी, उपन्यास, नाटक* और *फ़िल्म* जैसे *अभिव्यक्ति रूपों* से *उलझना* पड़े, तो आश्चर्य नहीं होना चाहिए। इसके लिए पिछले संघर्ष से प्राप्त सरलता के बुनियादी काव्यमर्म को छोड़ना ज़रूरी नहीं है पर उसे अधिक *व्यापक 'स्पेस'* देना अधिक बदले हुए जटिल समय की अनिवार्यता हो सकती है। सहज दिखने वाली कविता की कठिनाइयों को आज की युवा कविता के संदर्भ में कहीं अधिक समझने की ज़रूरत है। आलोचना की कीमियागिरी के लिए मुश्किल *'सहजता'* में निहित *'कठिनाइयाँ'* भी हैं। कहने की ज़रूरत नहीं कि आने वाले दिनों में जब बेशुमार माध्यमों का हमारे अनुभव, संवेदन, कल्पना और भाषा पर लगभग नियंत्रण हो चुका होगा, कविता की इसी निजी सरलता या सहजता की पहचान मुश्किल होगी, जिसकी तहें होती हैं।

(2)

एक और अधूरी टिप्पणी :
कविता : नये पुराने रीतिवाद के विरुद्ध

चिंतित करने वाला तथ्य यह है कि कविता के परिदृश्य पर हर दस साल या उससे भी कम समय के अंतराल पर नये और युवा कवि आते हैं और यह देखने की इच्छा हो सकती है कि वे अपने साथ क्या-क्या लाते हैं क्योंकि समय बदलने की गति तो उत्तरोत्तर तेज़ होती जा रही है। हिंसा और बलात्कार तक के ढंग और रूप बदलते जाते हैं। शोषण तो एक निरंतर प्रच्छन्न ढंग है जो अमूर्त होता जाता है। शत्रु कई बार दृश्य पर दिखाई नहीं देता। पर कई बार वह एकदम सामने है और कोई उस पर बोलने वाला नहीं है। बालश्रम के उदाहरण एक जटिल सामाजिक तथ्य की तरह हैं। बिहार में दलितों पर सामूहिक हिंसक हमले आम हैं। वह बस ख़बर है और उस पर कोई राष्ट्रीय विमर्श नहीं है। स्त्री यातना के अत्यंत चौंकाने वाले दहशत से भर देने वाले प्रसंग हैं और महत्त्वाकांक्षाएँ स्त्री-देह को एक झीने चमकीले आवरण में विज्ञापन और बाज़ार बना रही है। परिवार एक क्रूर संरचना की तरह अलगाव और निस्संगता के निर्भय उदाहरणों का समुच्चय है। उदय प्रकाश और अखिलेश की कहानियों में बदलाव के ये प्रसंग जटिल संरचना बनकर आते हैं। इससे भिन्न कविता के दृश्य पर आ रहे नये से नये कवियों के यहाँ कविताओं से कविताएँ बनाने की कला ही महत्त्वाकांक्षा को संतुष्टि देने में सफल है। ध्यान से देखें तो न ही सरलता और सादगी उनकी अपनी है न जटिलता या दुरूहता! इसलिए ज़रूरी है कि नये के मूल्यांकन में हम समय को एक पूर्वापर क्रम में देखने के साथ ही अपने काव्यास्वाद की अपनी काव्याभिरूचि की भी जाँच करते चलें। यह क्यों है कि जिन युवा कवियों की एक समय की ताज़गी उत्साह से भर देने वाली जान पड़ती थी वहाँ काफी कुछ 'सूखा' नज़र आता है। या तो लिखा नहीं जा रहा है या दुहराना भी ऐसा है कि उन पर ध्यान नहीं जाता। अपवाद हैं कुमार अंबुज जिनके दूसरे तीसरे संग्रहों का आना ही महत्त्वपूर्ण नहीं है उनके यहाँ विकास का ग्राफ़ ध्यान आकृष्ट करता है। वे वहाँ जाते हैं जहाँ लीलाधर जगूड़ी, ऋतुराज, विष्णु खरे, अरुण कमल भी जाना चाहते हों।

विचारणीय है समकालीन कविता में एक-सा-पन के पीछे दुनिया की अनेक भाषाओं की समकालीन आधुनिक कविता का पाठ। कुछ युक्तियाँ लोर्का ब्रेख़्त ताद्युश रोज़ेविच में ऐसी हैं कि ज्यों की त्यों हिंदी कविता में स्वीकार कर ली गयी हैं। याद करें, केदारनाथ सिंह की कविता 'दो मिनट का मौन'। उसकी

आवृत्ति से क्या विन्यास बनता है! कितने ही कवियों के यहाँ इन युक्तियों का दुहराव है। अनेक युवा कवि ऐसी वाक्य रचना लय लहजा एक ही सहजता और आकर्षण से अपनाते हैं। अभी प्रभाती नौटियाल ने लोर्का की एक कविता का अनुवाद प्रकाशित किया है। अनुवाद में यह कविता हिंदी के अपने मुहावरे में चल पड़ी कविता जैसी ही जान पड़ती है—कविता है—'साँड़ से युद्ध और मौत'।

शाम के पाँच बजे
बज रहे थे शाम के ठीक पाँच
एक बच्चा एक सफेद चादर लाया
शाम के पाँच बजे
एक झोला चूना पहले से तैयार
शाम के पाँच बजे
बाकी सब मौत थी और सिर्फ़ मौत
शाम के पाँच बजे

संभव है कि एक से विन्यास की रूढ़ियाँ यही संकेत दें कि कहीं कविताएँ ही कविताओं की प्रेरणा हैं। एक अनुभव का पुनर्रचित रूप। धीरे-धीरे समकालीन कविता अपने को भी दुहराने वालों का अभ्यास बनती दिखाई देती है। कवि दुनिया में लिखी जा रही कविता के संपर्क में हैं इससे कोई हानि नहीं है। हानि वहाँ है जब अपना मुहावरा कविता के लिए एक ज़रूरी खोज न हो। कम कवि हैं जो अनुवाद जैसे स्थिर बन चुके काव्यविन्यास या मुहावरे से बचते हैं। इस दृष्टि से एक दुर्लभ कवि हैं—अष्टभुजा शुक्ल। प्रगतिशील रंग में लोकमुहावरे में उन्हें देखकर संदेह हो सकता है कि वे नागार्जुन, केदारनाथ अग्रवाल, त्रिलोचन के मुहावरे में अपने को स्थापित करने की कोशिश में लगे हैं। जबकि अष्टभुजा में एकदम नया ढंग खोज पाने की वह विकलता है जो उन्हें पढ़ते हुए बहुतों को शुरू-शुरू दे; धूमिल जैसी खोज लगे। जहाँ उनके पद-कुपद कबीर और तुकाराम की याद दिला रहे हैं वहीं उनकी अनेक कविताएँ गहरे राजनीतिक विमर्श और मानवीय समझ संवेदना की कविताएँ हैं। अष्टभुजा में एक अनोखी चीज़ है—वे भाषा के स्रोत तक जाने वाले और संवेदना के गहरे तल में धँसने वाले कवि हैं। वे इस समय की त्रासदी को रूपक बनाना चाहते हैं। स्त्री के लिए लिखी कविता पृथ्वी के लिए लिखी कविता हो सकती है और पृथ्वी के लिए लिखी कविता स्त्री के लिए लिखी कविता हो सकती है। घोड़ा ऊँट ज़रूरी नहीं कि पशु-चरित्र पशु-स्वभाव के दृश्यालेख में अंकित हों वे अंतस की रहस्यमयता का भेद खोलने वाले काव्यचरित्र भी हो सकते हैं। पेड़-पौधे वनस्पतियाँ पक्षी और किसान और स्त्रियाँ और प्रेम और दुख एक ढंग की कविताओं की अर्थव्यंजना में धनत्व के साथ विलक्षण वैविध्य अष्टभुजा की ताक़त है। आगे हम अधिक विस्तार से देखेंगे कि

ठेठ देशज मुहावरे में कवित्व की ताक़त कहाँ है!

(3)

कविता में समय ऐसे भी आता है :

यहाँ एकांत श्रीवास्तव और निलय जैसे कवियों को पढ़ते हुए पहले से लिख रहे ऋतुराज, वीरेन डंगवाल, स्वप्निल, विनोददास जैसे कवि याद आते हैं। फिर यह भी लगेगा कि इन कवियों ने पहली बार जो नयी हिकमतें दिखाईं, समय की पहचान के लिए जिन कठिन रास्तों का चुनाव किया, वह सारा संघर्ष इधर के युवा कवियों के काम आ रहा है। और थोड़ा और आगे इधर के युवतर कवियों के जल्दी-जल्दी छप रहे संग्रह देखें—जैसे कृष्णमोहन झा, पंकज चतुर्वेदी, नीलेश रघुवंशी के संग्रह तो लगेगा कि वही पहले का अर्जित इन कवियों के मुहावरे को भी कई बार एक ही ढंग से कंडीशंड रिफ़्लेक्सेज़ में सीमित कर देने वाला है। कुमार अंबुज अपवाद हैं। उनके यहाँ ज़रूर एक तरह की नयी कोशिश है और उस पर अलग से विचार ज़रूरी हो सकता है। पर पहले हम *वीरेन डंगवाल* जैसे कवि को देखें जिनके एक ही प्रकाशित संग्रह *'इसी दुनिया में'* में एक लंबे काव्य समय का संघर्ष और विकास दिखाई देता है। एक निश्चित समय और स्थान को अपनी संवेदना में स्वायत्त करने वाले कम कवियों की हिकमतें *स्मृति* और *कल्पना* का भरपूर फ़ायदा उठाती है पर यहाँ कल्पना एक ऐतिहासिक विज़न का-सा कुछ ख़ास रचना चाहती है जिसे अत्यंत साधारणता या सहजता में ठीक-ठीक पहचानना मुश्किल हो। वीरेन डंगवाल जैसे कवि उन आलोचकों के लिए भी चुनौती हैं जिनका काम सहजता दुरूहता नवरोमान और बीहड़ प्रतिबद्धता यथार्थबोध और भाववादी अमूर्तन में *द्वैत* कल्पित किए बिना नहीं चलता। वे एक ही कवि की जटिल कल्पना और सामाजिक चिंता को तो अपने 'मॉडल' के अनुसार सराह लेते हैं और शेष को सब कवियों में प्राप्त सब समय का भावोच्छ्वास बताकर अपनी मौलिक समझ का आतंक खड़ा करते हैं! फिर निराला जैसे कवि को किस तरह पढ़ेंगे जिनके यहाँ असमान ऊँचाइयाँ नीचाइयाँ हैं!

कविता में समय ऐसे भी आता है कि *सहज-दुरूह* के न्याय से *कवि-कर्म* का मूल्यांकन *असंभव* हो जाए। जिसने भी एक विशेष संदर्भ में *परस्परस्पर्द्धी चारुता* का सवाल उठाया था उसके लिए *'चारुता'* का आधार कोई इकहरा फ़ैशनेबुल प्रत्यय न था। प्रेम और सौंदर्य भी विलक्षण रूप से नयी अर्थोद्‌भावना में सक्रिय प्रेरक होते हैं। यदि इस तरह के *'विरुद्धों के सामंजस्य'* से हमारा काव्यास्वाद निर्मित नहीं हुआ है तो समझिए कि एक नये दौर का 'कम्ज़्यूमरिज़्म' ही इसमें

बाधक है। नीलाभ वीरेन डंगवाल को इसी 'कन्ज़्यूमरिज़्म' के विरुद्ध बताते हैं। इसका संबंध वीरेन डंगवाल के जीवन-व्यवहार से भी है और कवि-दृष्टि से भी। यही वह ज़मीन है जहाँ वीरेन डंगवाल की कविता गहरे राजनीतिक अर्थ प्राप्त कर लेती है। 'समय' को ऐसे भी देख सकते हैं—

खोया है बहुत कुछ
भसलन पिछले ही महीने दस रुपए का नोट
कष्ट देता है उसे याद करना
जो खोया
पाया होगा क्या उसी को
किसी चपल चौकन्नेपन ने?

सावधान हो जाएँ वे सब
जिन्होंने नहीं पाया कुछ भी कई दिनों से
उनका समय ख़राब चल रहा है

यही *समय* बताने के लिए *स्वप्निल 'बाज़ार'* जैसी लंबी कविता लिखते हैं। यही खोया हुआ दस रुपए का 'नोट' जिसे खल रहा है वह बाज़ार में सब्जी खरीदने निकलता है तो ऐसा लगता है कि वह किसी दूसरे समय और स्थान में है क्योंकि आलू प्याज़ की इन बढ़ती कीमतों की तो उसने कभी कल्पना न की थी। इसी तनाव में *स्वप्निल* को यहाँ *'बाज़ार'* के रूप में एक भयावह परिदृश्य दिखाई देता है। यहाँ बच्चे भी बेचे जाते हैं और मानव-अंग भी। यहाँ हत्यारे-दलाल-बहुराष्ट्रीय कंपनियाँ-विज्ञापन सुंदरियाँ-उदारीकरण-होड़-हिंसा-धर्म-ईश्वर का क्रय-विक्रय-बिचौलियों की बंदूकें-वित्तमंत्री का बजट भाषण-बहुत कुछ गड्डमड्ड है। यह वह दुनिया है जहाँ—

बाज़ार में आते ही ग्राहक का
लग जाता है मोल
वह नहीं ख़रीदेगा तो मारा जाएगा

—*स्वप्निल*

अष्टभुजा शुक्ल के लिए यह एक *दुर्दांत काल* है जिसमें अपना मूल अपना गाँव बचाना एक कठिन चुनौती है। दृश्य यह है— "श्वेत अँधेरे में सब नंगे / रात बनी है भोर — / अपना रोवाँ भी लगता अब मानों आदमखोर! हर घर 'दुकान' है— और दुनिया 'पण्यशाला' है!" यही समय है जो *विनोददास* के लिए *'बाज़ार की आग'* कविता में कुछ और तरह से आता है। "बाज़ार में आग लगी है / यह मात्र *सूचना न थी* / घर-चक्की में पिस रही औरत का / एक ऐसे समय में *राजनीतिक*

वक्तव्य था / जब छोटे परदे में पहुँचा दिया था / घर में बाज़ार / संवाददाता ने / इसे नहीं बताया / सभासद ने / सभा में नहीं उठाया / मंत्री ने कहा / मुझे पता है / कि आग लगी है / लेकिन यह मंत्रालय है / बेहतर होगा / आप 101 टेलीफोन नंबर डायल करें / ...यह अप्रत्याशित था / फ़ायर स्टेशन / उनका हृदय था / और उस वक्त सार्वजनिक टेलीफोन बूथ से / मैं बार-बार 101 नंबर डायल कर रहा था / पर वहाँ *अंतरात्मा की घंटी नहीं बज रही थी* / शायद / किसी ने / उसके तार काट दिए थे।" यह कविता में समय और समाज का 'क्रिटीक' है। इसे कितने भी कौशल से साधिए, समय एक भयावह परिदृश्य के रूप में हमारा पीछा करता रहता है।

वीरेन डंगवाल 'रामसिंह' 'इलाहाबाद 1970' लिखकर तो अपने समय का क्रूर सच बताते ही हैं, 'वन्या' *'हम औरतें'* जैसी कविताएँ लिखकर भी यही क्रूर सच बताते हैं। ज़रूरी नहीं कि कविता में हर जगह पूरा कथानक बताया जाए। 'वन्या' में क्षीण नगण्य है कथानक—पर अपने सादे अबोध डर के बयान में 'ठेकेदार' और 'तंबू' जैसे शब्द नेपथ्य के प्रसंग को मुख्य दृश्य में खींच लाते हैं जो चीड़ के पेड़ों का विलाप ही नहीं एक आहत लड़की की कराह भी है। क्या खटकता है हमारे आलोचक को! क्या 'दिदी' 'भुली' जैसे संबोधन! या एक सपाट शब्द कराह! याद करें शिवमूर्ति की कहानी 'तिरियाचरित्तर' में विमली का विलाप! या विष्णु खरे के यहाँ जलाई जा रही लड़की का 'गुँगियाना' 'छटपटाना'। समय जितना कहा जा रहा है उससे अधिक अनकहा छूट जाता है।

ठेकेदार के आदमी गए
चली गयी जंगलात के अफ़सरों की गुर्राती हुई जीपें
अब कोई ख़तरा नहीं है दिदी
चलती हो घास लाने वण की तरफ़

कभी *सर्वेश्वर* और *केदारनाथ सिंह* की 'बिटिया' के लिए लिखी कविताएँ देखें और *वीरेन डंगवाल* की कविता 'समय' के कथ्य या संदेश पर ध्यान दें तो पता चलेगा कि पचीस तीस साल के अंतराल पर समय में क्या और कितना कुछ बदल गया है—जब पिता 'बेटी' से कहने के लिए एक नयी अंलकारहीन सीधी भाषा खोजता है और उसे बदलते समय की पहचान के साथ इस रूप में कह पाता है—

एक दिन बड़ी होना
सब जगह घूमना तू
हमारी इच्छाओं को मजबूत जूतों की तरह पहने
प्रेम करना निर्बाध

नीचे झाँककर सूर्य को उगते हुए देखना
हम नहीं होंगे
लेकिन ऐसे ही तो
अनुपस्थित लोग
जा पहुँचते हैं भविष्य तक

घरों के भीतर एकदम अभी-अभी नयी पीढ़ी का मनोविज्ञान इस तरह बदल रहा है कि वह बहुतेरे अभिभावकों की समझ से परे है। पीढ़ियों के अंतराल पर जो कामचलाऊ बहस बीस-पचीस वर्षों से चली आ रही थी वह अपने चरम उत्तेजक या विस्फोटक दौर में है। वयस्कता की उम्र की अवधारणा बदल गयी है। अर्थ बदल गया है। आज़ादी की माँग का चरित्र या रूप बदल गया है। कविता के लिए यह नयी परिघटना चुनौती है। एक पूरे काव्य समय के लिए। भावुकता मूल्य आदर्श लगाव के अर्थ और संदर्भ बदल गए हैं। वीरेन डंगवाल जैसे कवि की नज़र इस बदलाव पर है। वे साहसपूर्वक यह अपेक्षा कर सकते हैं—

ऐसे ही लपकते हुए बड़े हो रहे हैं
हमारे बेटे-बेटियाँ
उन्होंने जाननी हैं अभी बहुत-सी बातें
निकम्मे माँ-बाप उन्हें कुछ नहीं बताएँगे
अच्छे माँ-बाप उन्हें समझाएँगे हर चीज़ साफ़-साफ़

भगवत रावत की कविता *'उत्तर पटकथा 1997'* में समय और बाज़ार इतने जटिल हैं कि सयानों के पास अब जल्दी-जल्दी चरम उपयोग का ही रास्ता है। हत्याएँ इस तरह मानवीय हुई हैं कि व्यापार हो गयी हैं। पर जहाँ भगवत रावत कठिन समय का निरूपण सामान्यीकरण के स्तर पर करते हैं वहाँ जगूड़ी जैसे कवि उसकी जटिलताओं में जाते हैं। मानबहादुर सिंह की सादगी भी कविता के मुहावरे पर भारी पड़ती है। 'दुर्घटना' कविता लिखी उन्होंने हत्या का वह दृश्य बताने के लिए—कि अड़सठ करोड़ लोगों के बीच लाश पड़ी रह सकती है—दुर्घटना के बारह घंटे बाद तक और शिनाख़्त न हो पाएगी। यह ख़बर बहुत कुछ कहने वाली है कि मानबहादुर की दिनदहाड़े हत्या हुई जब हजार लोग तमाशबीन की तरह स्तब्ध खड़े रह गए। *देवीप्रसाद मिश्र* की कविता बताती है कि वे फ़िल्म की तरह यथार्थ की क्रूरता देख रहे थे और हस्तक्षेप नहीं कर रहे थे। जैसे कि फ़िल्म देखने वाले हस्तक्षेप नहीं करते। *वीरेन डंगवाल* की कविताएँ कालांकित होतीं तो देखना आसान होता कि समय कहाँ से कहाँ जाता या बदलता है। एक समय सफलता पर शक करना कवि के लिए ज़रूरी है। पर पी.टी. ऊषा की कविता लिख सकता है और सफलताओं से बचकर अलंकरण से बचकर सम्मान या बाज़ार-प्रलोभन

से बचकर अपना स्वभाव या मूल चरित्र ठेठ देशज सामान्य बनाए रखने का साहस मूल्यवान बता सकता है—एक नितांत आत्मीय लापरवाह लहजे में कह सकता है—

खाते हुए मुँह से चपचप की आवाज़ होती है
कोई ग़म नहीं
वे जो मानते हैं बेआवाज़ जबड़े को सभ्यता
दुनिया के सबसे ख़तरनाक खाऊ लोग हैं

पर आज जब उपभोक्तावाद सर्वग्रासी है—खिलाड़ी खिलाड़ी नहीं, असीमित लाभ के शिकारी हैं, जिनका अर्जित तुरंत ही बाज़ार व्यवस्था में पहुँचकर चमकीला उत्पाद है, बिक्री के लिए प्रदर्शन के लिए वस्तु (कमोडिटी) है—इस भाषा में सोचना एक निरीह क़िस्म की भावुकता मान लिया जाएगा। अभी हम चाहे इस ताक़त को उपभोग्य सुंदरता का प्रतिरोध मान रहे हों, कल वे किसी को भी सुंदर घोषित कर रहे होंगे। हिंसा को सुंदर हत्या को कलात्मक बता रहे होंगे। फिर वे 'पर्जंन्य' 'इंद्र' 'वरुण' को किस उपभोक्तावाद का सुरक्षा-तर्क बना लेंगे, कहना कठिन है। आख़िर वीरेन डंगवाल की ही कविता में बाढ़ की विनाशलीला की 'नदी' का उद्वेग कैसा है—कैसा है कमीनापन और छिनालपन!

वह कहती है कमीनेपन से
लो, मैं छोड़ जाती हूँ
तुम्हारी मिट्टी में उपजाऊपन
तुम्हारे फटे हुए छाते, टूटी हुई खाटें
गली हुई बेसिक रीडर
पटके हुए ख़ाली कनस्तर और मरगिल्ली गाय के बदले...

जहाँ 'ऊँट' 'पपीता' 'समोसे' जैसे विषयों पर कविता लिखना वीरेन के एक तरह के काव्यात्मक साहस का प्रमाण है वहीं 'इतने भले नहीं बन जाना साथी' कविता चतुर भद्रतावाद सौंदर्यवाद मर्यादावाद के छल को तोड़कर नैतिक साहस का भी उदाहरण है। वीरेन डंगवाल बहुत पहले देख रहे थे कि संस्कृति के दर्पण में बहुत सी नयी लुब्धकारी आक्रामकताएँ उभरने लगी थीं—कलावाद रूपवाद स्वायत्ततावाद के नाम पर आतंक पैदा करती हुई! कवि के रूप में वीरेन स्वीकार कर रहे थे कि 'सही' बने रहने की कोशिश भर की जा सकती है, वह दीपाविश्वास तक पहुँचने वाले हत्यारों के हाथों को रोक नहीं सकती। हत्याएँ एक जटिल शिल्प और तकनीक की तरह घटित हो रही हैं। हत्यारे निर्द्वंद्व घूम रहे हैं। मीडिया उन्हें फ़िल्म में ढाल रहा है और नायकत्व दे रहा है। क्रूरताएँ 'सुंदर' के उदाहरणों के तौर पर प्रदर्शित हैं। समय यह है।

कविता में *समय* ऐसे भी आता है—''वह औरत पर्स से खुदरा नोट निकालकर

कंडक्टर से अपने घर / जाने का टिकट ले रही है / उसके साथ अभी ज़रा देर पहले बलात्कार हुआ है / उसी बस में एक दूसरी औरत अपनी जैसी ही लाचार उम्र की दो-तीन औरतों के साथ / प्रोमोशन और मँहगाई भत्ते के बारे में बातें कर रही है / उसके दफ़्तर में आज उसके अधिकारी ने फिर मीमो भेजा है।'' *'औरतें'* शीर्षक लंबी कविता में *उदयप्रकाश* स्त्री यातना के जो ब्यौरे दे रहे हैं वे यथार्थ की क्रूर चरमता सूचित करने वाले हैं। उदय प्रकाश कविता में इतने साफ़ स्पष्ट शब्दों में ब्यौरे दे सकते हैं जबकि कहानी में अक्सर फ़ंतासी का ढंग अपनाते हैं— यह बहुतों को अचरज भरा तथ्य लगेगा। शायद इसी पद्धति से वे विधा— विशेष के भीतर एक नया तनाव पैदा करते हों। कविता में यातना के सब रूप मिलकर अंततः समूचे ब्रह्मांड में गूँजता हाहाकार बनते हैं और फिर जैसे कुछ अधिक जानने के लिए न शेष रह गया हो—उदयप्रकाश लिखते हैं—

हज़ारों लाखों छुपती हैं गर्भ के अँधेरे में
इस दुनिया में जन्म लेने से इंकार करती हुई
वहाँ भी खोज लेती हैं उन्हें भेदिया ध्वनि तरंगें
और वहाँ भी, भ्रूण के अँधेरे में उतरती है हत्यारी कटार

उदय प्रकाश के यहाँ कई बार कविता कथा है, कथा कविता। *स्वप्निल* की *'मेरठ'* सीरीज़ की कविताओं में 'मेरठ' स्थान भी है समय भी।

अब मेरठ पहुँचना आसान नहीं
क्योंकि वहाँ नहीं है मेरठ
जहाँ मेरठ को होना चाहिए

बुलबुल का कारुणिक विलाप—समय है। चिथड़े-चिथड़े हो चुके बच्चे समय हैं। अभी-अभी प्रकाशित संग्रह 'समय को चीरकर' में एक युवतर कवि कृष्णमोहन झा महानताओं से लदफद समय की भयावह विडंबना को इस रूप में प्रकट करते हैं—''महानताओं से लदफद एक ऐसे युग में / जब अंतरिक्ष को शव की तरह / परखा जा रहा हो प्रयोगशालाओं में / किसी प्रापर्टी डीलर के जूते की हुमच जब दूसरे ग्रह के जीवों की टोह रही हो नींद / यह कितना बचकाना और हास्यास्पद है / कि मैं / इसी युग का आदमी / एक नन्हें सुख में खनक उठता हूँ / एक छोटे दुख में रो पड़ता हूँ।'' इससे भिन्न *संजय चतुर्वेदी* जैसे दृष्टि संपन्न कवि को तनिक भी वक्रता असहज लग सकती है और हत्यारे की ठीक ठीक पहचान में दुविधा पैदा कर सकती है। इसलिए उनकी कविता 'लुटेरे बनकर इतिहास' में सीधे-सीधे कहा जा रहा है—'पुल अस्पताल सड़कें और इमारतें / किसी न किसी हत्यारे के नाम पर मिली हैं इस शहर को / हर चीज़ पर लगे हैं पत्थर उनके नाम के / उनके आमाल का साया है बच्चों पर / उनकी तरह रक्खे

गए हैं नाम कई नस्ल के / वक्रता रस रीति ध्वनि अलंकार सब व्यर्थ हैं इस समय को कहने के लिए जो उत्तरोत्तर इतना भयावह क्रूर बर्बर दिखता है। *ज्ञानेंद्रपति* इस समय को सीधे घटनात्मक बयान या इतिवृत्त में बताते या निर्दिष्ट करते हैं। 'एक मंदिर की उन्नति-कथा' धार्मिक क़िस्म की तानाशाही बर्बरता का बयान है। आस्था के हिंस्र होने की ओर इशारा है। पाठ में हास्यास्पद, पर प्रभाव में त्रासद। 'हिंदू भाल पर तिलक कितना सोहता है / जब से छोटी हो गयी है बग़ल की मस्जिद की अज़ानबुर्ज।'

(4)

यही हमारे इंतज़ार की चाप है

'किवाड़' और 'क्रूरता' संग्रहों के बाद 'अनंतिम' की कविताएँ *कुमार अंबुज* को एक जटिल समय के सजग और दृष्टिसंपन्न कवि के रूप में सामने लाती हैं। कुमार अंबुज की कविताओं में समय बार-बार आता है—अपनी मुश्किलों और चुनौतियों के साथ! यह समय है जब करोड़ों लोग ग़रीबी के नरक में हैं, करोड़ों बच्चे फैक्ट्रियों में झुलस रहे हैं, करोड़ों स्त्रियाँ जर्जर शोकमय शरीरों में मुस्करा रही हैं—जो भी मुश्किलें हैं, करोड़ों की गिनती में हैं। यह समय है जहाँ स्पर्श की कामना और उत्तेजना चिंता के समुद्र में डूब रही है, जहाँ झर रहा है पराग, जहाँ इच्छाओं की पंखुड़ियाँ टूट रही हैं, जहाँ शब्दों से उनके अर्थ छीने जा रहे हैं। यह समय है जब 'जीवन का छंद' टूट रहा है। और फेफड़ों में आकांक्षाओं की धूल भरती जा रही है। वे सार्वजनिक चीज़ें खंडहर होती जा रही हैं जिन पर सबका हक़ बताया जा रहा था। यह समय है जब संबंधों की हिंसा इस तरह फैल रही है कि ''जिन्हें करते हैं सबसे ज़्यादा *प्रेम* / सबसे ज़्यादा *ख़तरा* है उन्हीं के ऊपर।'' ''जिन्हें देखना चाहते रहे हम बार-बार / वे *आखिरी बार* दिखाई दिए किसी को / जाते हुए सुनसान पहाड़ी की तरफ।'' याद आएँगे *रघुवीर सहाय*— ''पूछो, सवाल है *लोग कहाँ लोप हो गए हैं!*'' कुमार अंबुज के लिए यह *समय* है—जब अपना समाज एक मनुष्य को खड़े होने की जगह भी दे नहीं सकता। संबंधों का मनोविज्ञान और समाजशास्त्र इतना जटिल उलझा हुआ और गड्डमड्ड है कि *विनम्रता* से *दर्प* प्रकट होता है जैसे *निरीहता* से *तानाशाही* प्रकट होती है। बहुत पहले केदारनाथ सिंह को कैसा लगा होगा यह कहते हुए कि मेज़ को मेज़ कहना कठिन है। या प्रसिद्ध जर्मन कवि *ब्रेख्त* को कि पेड़ों के बारे में बात करना जुर्म में शामिल है। संचार माध्यमों की भूमिका कुछ ऐसी हो गयी है कि कुछ भी एक बहुत बड़े भू-भाग में एक ही समय प्रसारित किया जा सकता है। हिंसा को इतना

गौरवान्वित किया जा सकता है कि राष्ट्रीय संदेश बन जाए। यह समय बहुत निकट का है और कभी दूर का भी—पर जिस तरह का समाज बन रहा है उसमें कई समयों का एक साथ उपस्थित होना भी फ़ंतासी नहीं सच है।

कुमार अंबुज आवेग संपन्न कवि हैं कभी आवेगों को संगठित करने में सतर्क या सजग, कभी उन्हें बेपरवाही से बेझिझक महज़ बयान करते हुए। संग्रह की पहली ही कविता 'एक राजनीतिक प्रलाप' एक हादसों से भरे समय का वृत्तांत है। यहाँ बर्बरता एक वैधानिक कार्यवाही है—"जिसके ज़रिये निबटा जा रहा है *फालतू जनता* से।" *इस पार* और *उस पार* में *बँटा* है समाज! "उस पार करोड़ों लोग हैं जिनके जीवन से इधर कोई सरोकार नहीं।" "निर्दोष मारे गए उस गली में जहाँ हुए वे अल्पसंख्यक।" *'प्रधानमंत्री और शिल्पी'* कविता पढ़कर उदयप्रकाश की कहानी याद आ सकती है—'और अंत में प्रार्थना'! संदर्भ यह कि प्रधानमंत्री जिन शिल्पियों को पुरस्कृत करना चाहते हैं वे उन क़स्बों से आए हैं जिन्हें देश के नक्शे में आज़ादी के पचास साल बाद भी खोज़ा या पहचाना नहीं जा सकता। वे दुर्लभ हैं पर साधनहीन हैं। जब तक वे अपनी बात कहते, फोटोग्राफरों का दल आ पहुँचता है और प्रधानमंत्री—मुस्कराने के अभ्यास में लग जाते हैं। कविता का 'अर्थात्' यहाँ संकेत-सूचना तक सीमित है। उदयप्रकाश की कहानी में उसे कितना बड़ा 'स्पेस' प्राप्त है, कहने की आवश्यकता नहीं। प्यार, क्रोध, स्मृति, दुख सब जैसे एक सापेक्षता में ढले ढलाए। कवि इसको अतिक्रमित कर कैसे बड़ा स्पेस प्राप्त करे, चुनौती तो यही है। अधिकतर विडंबनापूर्ण उक्तियों से समय की जटिलता व्यक्त होती है जो आधा सच कहती हैं और शेष पाठक के अनुमान पर छोड़ देती हैं। *कविता के ढाँचे* की यह बुनियादी *सीमा* और *विशिष्टता* है। *'वे लताएँ नहीं'* में कुमार अंबुज आगे जाते हैं। वे एक कविता में एक पूरी *सभ्यता-समीक्षा* की झलक देते हैं। जब उनके कई समकालीन स्थिति-चित्रों से आगे नहीं बढ़ सके हैं और संतुष्ट हैं, कुमार अंबुज *इतिहास* में *गाथा* में *समय-मीमांसा* में प्रवेश करते हैं। 'वे लताएँ नहीं' कविता में एक पूरी तैयारी है—परंपरा संचित अवरोधों-ग्रंथियों के साथ कविता आने वाले समय की सूचना भी देती है। आवेगों की तीव्रता में उम्मीद की झलक भी मिलती है जब कवि का पर्यवेक्षण प्रकृति में जनपद में लोक में एक धुँली छाया से भी शक्ति या रोमाँच अनुभव करता है। बाहर-भीतर उम्मीद की छायाएँ हैं इसलिए कवि *राग, प्रेम, स्मृति, स्वप्न, संभावना* बचाकर रखना चाहता है। *'रात'* कविता पढ़कर याद करें अरुण कमल की कविता 'रात का ढाबा'। यहाँ—

स्मृतियाँ बाहर आ रही हैं अपने घोंसलों से
चीज़ों में रात का रंग समा गया है
सब चीज़ों की पहचान घुल गयी है रात की पहचान में

पूरा संसार एक कुआँ जहाँ स्थिर है साँवला जल
जिसमें अकस्मात् गिरते हैं आवाज़ों के पत्थर

और भी—

बसंत रात में लौटता है सोई हुई वनस्पतियों की नींद में

रात में अदृश्य-सा घटता रहता है कुछ
जिसके निशान थोड़े-बहुत दिखते हैं सुबह की लालिमा में
और बहुत सारे अदेखे की साक्षी होती है *रात*
जो एक जैसी गिरती है फुटपाथ पर सोये बेघर लोगों की कतार पर

इस कविता का अंत और अधिक याद दिलाएगा अरुण कमल की कविता 'रात का ढाबा' के वातावरण का—"कुछ जगहों पर जाग है / और रोशनी की गर्माहट / रात में असीम जगह है जो चीज़ों के / एक तरफ सिकुड़ने से बनी है / चीज़ें जो ग़ायब नहीं हुई हैं और साँस ले रही हैं / यह रात है जिसमें स्पर्श ही सबसे बड़ा विश्वास है।" यह स्पर्श 'रात का ढाबा' में *जीवन-द्रव्य* के लिए *छटपटाहट* का विकल संकेत है—"जब सारे फूल मूँदते हैं अपना शरीर / ठीक तब *खुलते* हैं (ध्यान दें कि *खुलते* हैं, *खिलते* नहीं हैं!) फूल कुछ रात में / बिलों से निकलती है मर्म की मिट्टी / प्रगट होता है छुपा हुआ जल पत्ती की नोक पर / जब ठंडे हो रहे होते हैं सारे चूल्हे / तब पूरे *ताव* पर होता है रात का ढाबा।" यहाँ तुलना उद्देश्य नहीं है। यह देखना महत्त्वपूर्ण है कि लगभग एक ही समय के समानधर्मा कवियों के उन्हीं-उन्हीं विषयों पर लिखने से काव्यानुभव की जो समानता या भिन्नता प्रकट होती है, वह क्या संकेत देती है! पर्यवेक्षण की सूक्ष्मता। या पाठ का धैर्य। या पाठ्यवस्तु की संभावना पर कवि की पकड़। एक स्थिति कहाँ केवल स्थिति है कहाँ वृत्तांत! कथा! आख्यान! कविता में कथा इतनी भी हो सकती है कि इतने इतने लाखों लोग बेघर हैं—फुटपाथों पर बिता रहे हैं रात। जैसे फ़िल्म एक दृश्य दिखा रही हो—एक 'विज़ुअल'!

कुमार अंबुज की कविता *'हारमोनियम की दुकान'* से पढ़ते हुए *मंगलेश* की कविता *'हारमोनियम'* ज़रूर याद आएगी। क्योंकि *हारमोनियम* का कविता में आना एक *समय* का आना है—एक *विगत* समय का *वर्तमान* में आना है—दबे पाँव। अहसासों के स्तर पर ही ये कविताएँ अपना वांछित संगठन प्राप्त करती हैं। अंबुज की कविता में हारमोनियम दुकान में है—पुरानी-सी दुकान में—जहाँ कोई ग्राहक न था—"बस एक बूढ़ा आदमी चुपचाप झुका हुआ एक हारमोनियम पर / इतना तन्मय और बाकी चीज़ों से इतना बेख़बर / कि जैसे वह उस हारमोनियम का एक हिस्सा।" वह एक मद्धिम सुर को साधने में लगा है। हारमोनियम के बजने के

साथ स्मृतियाँ जुड़ी हैं—जैसे ताऊ के बजाने की—जिससे पूर्णमासी का चाँद रुक जाता है। फिर अचानक बज उठता है "एक अकेला निश्शोक सुर—जिसे लेकर लौटना भी एक अनुभव है।" यहाँ एक कोशिश है सुर सधने की। एक कथानक है। ताऊ की याद है। और तसल्ली भी एक सधे सुर के साथ लौटने की। मंगलेश की कविता एक वस्तु-कविता की तरह संक्षिप्त है पर कुछ चीज़ों के क्षय के अहसास को बहुत तीव्रता से व्यक्त करती है। यहाँ वह बस पड़ा है—"बाक़ी सामान के बीच / उसे बजाने पर अब राग दुर्गा या पहाड़ी के स्वर नहीं आते / सिर्फ़ एक उसाँस सुनाई देती है / कभी-कभी वह छिप जाता है एक पुश्तैनी बक्से में / मिज़ाजपुर्सी के लिए आए लोगों से / बचने की कोशिश करता हुआ।" संक्षिप्त संगठन में कविता एक विषादपूर्ण अनुभव है। एक सघन पाठ। जो शताब्दी के अवसान पर एक टिप्पणी भी है।

काव्यविषयों की विविधता कुमार अंबुज के अनुभवलोक का विस्तार सूचित करती है। दो चिकित्सा पद्धतियों 'होमियोपैथी' 'आयुर्वेद' पर लिखते हुए दो तरह की सच्चाइयाँ अभिव्यक्ति पाती हैं। होमियोपैथी प्रदूषित होते संसार में एक नाज़ुक-सी विधा है—सदय मनुष्यता का पर्याय—जो नक्कालों विक्रेताओं के जाल में फँसी है। उधर आयुर्वेद पर बहुराष्ट्रीय कंपनियों की नज़र है। वे देशी प्रकृति-संपदा को मँहगे दामों पर ख़रीद रही हैं, आयुर्वेद का सत्व लेकर उच्चतर चिकित्सा विज्ञान को लाभकर व्यापार बना रही हैं। कविता विदेशी पूँजी के प्रभुत्वशाली हस्तक्षेप, भूमंडलीकरण, मुक्त बाज़ार जैसे विषयों पर एक चिंतापूर्ण प्रतिक्रिया है। अधैर्य का पोखर और पूँजी का गर्त। व्यंग्य यह कि—'चार रुपए का आँवला बिक रहा है सौ रुपए में / (और) चरक घूम रहे हैं बौखलाए हुए पठारों पर / पूछते हुए नीम का पता।' यह है क्रमशः बढ़ती गुलामी का देश जो व्यंग्य से त्रासदी तक की झलक देता है।

आत्मव्यंग्य आत्मविडंबना के चित्र अनेक हैं। कवि सूक्ष्मताओं में जाकर शब्द अर्थ ध्वनि में विवेक करता हुआ सुनी जा रही आवाज़ों को धैर्य से अलगाता है। आवाज़ों के रेशे। आवाज़ों की धूल। शब्द। अक्षर। अबोल स्वर। आवाज़ों के धागे। फाहे आवाज़ों के।

> कितने अदृश्य कीड़े हैं जो कुतर रहे हैं ख़ामोशी का पर्दा
> एक आवाज़ के साथ रात में से खाली हो रही है नीरवता
>
> सब तरफ उड़ रहे हैं आवाज़ों के रेशे
> उड़ रही है आवाज़ों की धूल
> जो बैठ गयी है मेरे कंठ में
> उसी से रुँधा जा रहा है मेरा गला।

शब्द और संवेदना के घनिष्ठ रिश्ते को कुमार अंबुज की कविताएँ प्रमाणित करती हैं। इस दृष्टि से 'माइग्रेन' एक विलक्षण कविता है—एक अकेले व्यक्ति से एक युग तक अपनी व्याप्ति का पता देने वाली 'माइग्रेन' जैसी बीमारी कविता में अर्थ दूर तक फेंकती है। कविता हमें बीमारी के अंतर्बाह्य—प्रसार में अनुभव योग्य बनाती है—वह बीमारी की जानकारी पर कोई स्थूल वक्तव्य नहीं है। इस अनुभव को 'काव्यानुभव' के रूप में देखें और याद करें कि रिचर्ड्स जब कह रहे थे कि रोज़ के वास्तविक अनुभव और काव्यानुभव के बीच केवल अनुपात या मात्रा का ही भेद होता है तो 'वास्तविक' और 'रचनात्मक' के बीच का संबंध ही बता रहे थे।

मैं डूब रहा हूँ एक अथाह गँदले पानी की झील में
आकाश से गिरता हुआ एक पंख के पक्षी की तरह
फटी जा रही हैं नसें बह रहा है पीला-सा रक्त
लुढ़क रहा हूँ पवित्र टेकरी की ढलान से
बीत रहा है मेरा जीवन एक दुखते हुए सिर में
धड़-धड़धड़-धड़धड़-धड़...धड़-धड़

व्यक्ति के *अकेलेपन* से *राजनीतिक समय* तक अंबुज की कविताएँ अपने एकदम इधर के राजनेताओं के चरित्र पर व्यंग्य करती हैं। पोखरन परीक्षण ने जिस तरह का संदेह पैदा किया जिस तरह के नीतिगत अंतर्विरोध की झलक दी उस पर केंद्रित है—कविता : *'शांति सम्मेलन में महाशक्ति का भाषण'*। मौजूदा राजनीतिक चरित्र का यह अंतर्विरोध अपने चरम पर है। बड़बोले शब्दों के बीच का खोखलापन रोज़ प्रकट करता है और शक्ति-पुंज को दयनीय बनाता जाता है।

शांति की शाश्वत कामना में
मैं आपको हथियार छोड़ने की सलाह देता हूँ
और मिसाइलों के जिस सिंहासन पर बैठा हूँ मैं
ज़ाहिर है वहाँ से क्षमा नहीं माँगी जा सकती

मित्रो! मैं एक शक्तिशाली उदार राष्ट्र
मैं यहाँ क्षमा माँगने के लिए नहीं आया हूँ

दृश्य यह है कि वे एक दिन सत्ता में आते हैं पाठ्यक्रम बदल देते हैं। पुरातत्त्व पर उनकी नज़र रहती है। ज्ञान और विचार की मीनारें गिराकर वे धीरे-धीरे समृद्धि की राह पकड़ते हैं। यहाँ हताशा डर के तमाम अनुभवों के बीच यकीन और चमक के अनुभव भी हैं। *'एक स्त्री पर कीजिए विश्वास'* स्त्री के लिए एक भावविह्वल बयान नहीं है—*संघर्ष* में प्रखरता प्राप्त करने वाली एक *स्त्री* के प्रति

सम्मान प्रकट है—*उम्मीद* के लिए—उस सबसे *नयी कोंपल* के लिए—जो धूल चट्टानों के बीच दबी हुई एक 'जीवाश्म' की परछाईं की तरह है—इसे एक नवरोमान से अधिक मानकर पढ़ना चाहिए। हालाँकि नवरोमान से वर्णन की प्रकृति भिन्न नहीं है। 'अभी सब कुछ गुज़र नहीं गया है / यह जो अमृत है यह जो अथाह है / यह जो अलभ्य दीखता है / उसे पा सकने के लिए एक *स्त्री की उपस्थिति* / उसकी हँसी उसकी गंध और उसके उफान पर कीजिए विश्वास।' यही भरोसा यही आश्वासन '*चमक*' कविता में है। *चमक*—जो "अँट नहीं पाती किसी भी रंग में / वह नमक जो आत्मा नहीं है / *उम्मीद तो कतई नहीं* / कभी-कभी जो दिखती है साधारण-सी चीज़ों में / अमूमन लगता है वही है जो विकल कर रही है हमें / फिर कभी अचानक आता है याद / *उसी ने थाम रखा है यह जीवन*।" याद करें *राजेश जोशी* की अत्यंत महत्त्वपूर्ण कविता 'झींगुर' जो 'उम्मीद' को एक सरल शब्द भर नहीं बताती :

"कभी भी ख़त्म हो सकती है यह दुनिया
ख़त्म हो सकता है किसी भी पल
सारा जीवन!

ख़त्म हो जाएगा जब सारा जीवन
तब भी बचे रहेंगे झींगुर
उन पर कोई असर नहीं होगा किसी बम का

ख़त्म हो जाएगा जब सारा जीवन
तो ख़त्म हो जाएगा सारा शोर

दुनिया में होगा सिर्फ़ भयानक सन्नाटा
सन्नाटे में बोलेंगे झींगुर
तो कितना डरावना लगेगा सारा दृश्य!

पर कोई नहीं डरेगा तब
तब किसी चीज़ का डर नहीं बचेगा
बचेंगे सिर्फ़ झींगुर
जो अगली दुनिया बसने तक
तोड़ते रहेंगे सन्नाटा दिन रात।"

'डर' और 'डर' के विरुद्ध उम्मीद एक साथ एक कठिन तनाव भरा अर्थमय विकल्प रचते हैं। समय ऐसे भी आता है कविता में।

उम्मीद ही महत्त्वपूर्ण नहीं है, महत्त्वपूर्ण है वह विनम्रता भी जो कवि को

नये अनुभवों के प्रति उत्सुक बनाती है। उत्सुक है कुमार अंबुज— *चमक* के प्रति ही नहीं, *धुंध* के प्रति भी, जो सूक्तियों में होकर प्रार्थनाओं में उतर आती है, जो ज्ञान के असीम प्रकाश की रेखा में खिंच रही है जो घुल रही है आने वाले दिनों की आकांक्षा में। यह कविता जैसे कवि के लिए *रचनाप्रक्रिया* का रहस्य जानने की कोशिश हो— "वह धुंध जिसमें से एक धुन निकल आती है तीर की तरह / रोज़ उसी के पार जाता हूँ मैं!" संकेत और भी हैं अन्य कविताओं में इसी रचनाप्रक्रिया के—दृश्य श्रव्य संवेदनाएँ अनाम संवेदनाओं में घुलमिल जाती हैं। यह वहीं हो रहा है जहाँ दृश्य पर आक्रामक हिंसा है, हड़बड़ी है, उपभोग के लिए लूट के लिए। वहीं है जीवन के प्रति विस्मय का-सा भाव—बचा हुआ! जैसे बचा हुआ जीवन! नीला साँवला जख़्म। उजास की विरलता में काँपता स्वर। 'सुनसान का रिसीवर अपनी वेवलेंग्थ पर आवाज़ों को पकड़ रहा है / मद्धिम चीख़ों और भाषा के अनजान द्वीपों के किनारे / जमा हो रही है कई वर्षों की किश्तियाँ'! जहाँ संवेदनाओं को परिष्कृत करने सूक्ष्मतर बनाने में कवि हुनर और हिकमत से लगा है वहाँ कभी संदेह होता है कि कविता का स्रोत कहाँ है—वास्तविक जीवन या अपने आपमें कविता का काम! कविता की कला! कल्पना भी एक तरह का प्रतिरोध या हस्तक्षेप हो सकती है पर तभी जब आवेगों को नियंत्रित करने वाली एक समझ संवेदना से आगे विचारों की परिपक्वता और सफ़ाई तक जाती हो।

क्या *'इंतज़ार'* और *'उम्मीद'* अंबुज की कविता की दुनिया के ऐसे शब्द हैं जिनसे समय की जटिलताओं का भी पता चलता है और संघर्ष की दिशा का भी। उम्मीद कोई सीधा सरल आश्वासन नहीं है। बहुत कुछ ऐसा है जिसे *'उम्मीद के विरुद्ध उम्मीद'* कहना सार्थक जान पड़े। *मुक्तिबोध* जैसे कवि के लिए जिसका इंतज़ार है वह और कोई नहीं, कवि का खोया हुआ रूखा-सूखा व्यक्तित्त्व है :

चाहिए मुझे मैं
चाहिए मुझे मेरा खोया हुआ रूखा-सूखा व्यक्तित्त्व
चाहिए मुझे मेरा पाषाण
चाहिए मुझे मेरा असंग बबूलपन
कौन हो कि कहीं की अजीब तुम
बीसवीं सदी की एक नालायक ट्रैजेडी
जाने की दुखांत मूर्खता
फ़ाँसी मनोहर...

हमारे समय के नये कवि इन अँधेरी जगहों में नहीं घुसेंगे तो ऊपर-ऊपर जीवन का एक भावुकतापूर्ण मार्मिक प्रत्यक्ष करके आत्मतुष्ट हो लेंगे।

(5)

ठेठ देशज मुहावरे में कविता :

कम कवि अपने समय की सच्चाइयों को पहचानने के लिए ठेठ देशज मुहावरे की खोज में लगे हैं। कइयों के लिए वह भी एक लीक पर चलने जैसा काम है। अष्टभुजा शुक्ल उन कवियों में हैं जिन्होंने अपनी ठेठ बोली या लहजे के स्पर्श से जीवित अपने काव्य मुहावरे में आसपास के जीवन और समय को, अपने भीतर-बाहर की दुनिया में देखने और प्रकट करने का नया साहस दिखाया है। साहस इस अर्थ में, कि जब कविता प्रायः एक सर्वथा सपाट गद्य में नवआधुनिक यथार्थ को व्यक्त करने का अभ्यास बन चुकी हो और कलात्मक रुचि के आग्रही आलोचकों द्वारा उसे ही स्वीकृति दी जा रही हो, अष्टभुजा का ढंग थोड़ा पुराना और शहरी चतुराई से अलग ठेठ देशज ज़मीन पर ही मजबूती से टिका हुआ है। अष्टभुजा शुक्ल लोकसंवेदना और लोकभाषा में जैसी गहरी संपृक्ति या पैठ दिखाते हैं, वह कविता का एक अपना नया मुहावरा विकसित करने में सबसे अधिक सहायक है। वे बैठे ठाले उक्ति वैचित्र्य सरीखी काव्यविडंबना में आत्मतुष्टि अनुभव करने वाले कवि नहीं हैं। उनकी कविता का ढंग व्यंग्य और करुणा के संगठन या तनाव में कहीं फक्कड़ संतों का बेलौसपन लिए हुए है, कहीं नागार्जुन का-सा तीखा वस्तु-पर्यवेक्षण। व्यंग्य का भी उनका अपना छंद है। छंद उनके समूचे काव्य मुहावरे का अभिन्न तत्त्व है।

अष्टभुजा शुक्ल प्रत्यक्षानुभूति को काव्यानुभूति का दर्जा देने वाले एक ऐसे कवि हैं जिनकी अंतर्वस्तु और संरचना में भाव विचार और संवेदना का घनिष्ठ साहचर्य है। वे प्रकृति में जीवन और जीवन में प्रकृति के अनुभव को बहुत अस्पष्ट या विडंबनापूर्ण बनाकर प्रस्तुत करने की चालाकी नहीं दिखाते। बहुत कुछ वे सीधे-सीधे कहते हैं। पर यह सीधा ढंग भी ठंडे काव्यचमत्कार से कहीं अधिक अर्थवान है। दरअसल जीवन वैविध्य ही उसे अर्थवान बनाता है। अष्टभुजा शुक्ल के काव्य मुहावरे में जो ताक़त है वह सीधे ठेठ गँवई ढंग की अचूक बेधक उक्तियों के लिए एक नयी संभावना खोजने का परिणाम है। जब इधर केकाव्यविन्यास में अंतराल या मौन अर्थात् छूटी-छूटी सी जगह जैसी युक्ति रूढ़ हो चुकी हो, स्पष्ट कथन से बचाव का ढंग आम हो, सपाट दिखने वाले गद्य के से विन्यास में भी स्पष्टता वर्जित हो, अष्टभुजा अपने अनुभव को बहुत साफ़ढंग से कहते हैं। त्रिलोचन की तरह। कभी इतने साफ़ ढंग से कि पहले के ठेठ इतिवृत्तधर्मी कवि याद आने लगें—याद करें छायावाद से पहले के कवि, जिन्हें यथातथ्यता

(matter of fact) का कवि कहा जाता था! आज कौन दूसरा कवि इस मुहावरे में लिखना चाहेगा! शायद कोई नहीं। या अपवाद सरीखे एक दो कवि। दोहे और पद तो औरों ने भी लिखे हैं पर इतनी गहन अंतर्वेदना या जीवन-मर्म और राजनीतिक समीक्षात्मक विवेक के साथ नहीं। अष्टभुजा का दुख कबीर का-सा दुख है भीतर-बाहर बिंधा हुआ। तीखा। देर तक झंकृत होने वाला दुख। गृहस्थ जीवन के राग में भी यह अनजाना दुख रचा-बसा है। राग-विराग में अनूठा संगठन अष्टभुजा की हिकमत है।

लोक का अनुभव या काव्य मुहावरा यहाँ न रीति या दुहराव है न प्रगीतात्मक अलंकरण। वह यथार्थ में धँसकर अक्सर एक नयी खोज या नया आविष्कार है। अष्टभुजा की शब्द-संपदा का पता उनकी ठेठ बोली से ही चलता है। 'माँ' के लिए अक्सर कितनी की कविताएँ ज़ेहन में आती हैं पर एक इस कविता में माँ—

चलता फिरता गोरसहा घर थी माँ
कोई तनिक सा जोरन डाल दे
तो दही की तरह जम जाती
कोई संबोधन से छकरा दे
तो मक्खन की तरह उपरा जाती
किसी को घुमरी आ जाए
तो छाछ की तरह गुड़छार हो जाती

यह लोक-राग का रोमान नहीं है। दुनिया को बेहतर बनाने-देखने के स्वप्न का हिस्सा है। यह दुनिया के जटिल सवालों पर आवरण डालने वाला नॉस्टेल्जिया नहीं है। यह अपनी ज़मीन पर टिका वह यथार्थानुभव है जो अब विरल होकर भी महत्त्वहीन नहीं है। अष्टभुजा के यहाँ जीवन राग का स्वीकार तो है, पर वह एक किसान का-सा निसर्ग सहज राग है।

कुश होते धान
फिर भी जी गए
मुँह में जूठ लगने का
बँधा आगम

दोनों परानी में
बोलचाल हो गयी

गहरे में कहीं दुख त्रास दैन्य ही है कि बोलचाल बंद हो जाती है। जैसे पति-पत्नी एक दूसरे को सह न पा रहे हों वहीं प्रकृति से थोड़ी भी उम्मीद मिलती है तो जैसे वह भीतर बँधा राग एकदम हिलकोरने लग जाता है। यह भी तो प्रकृति

का ही व्यंग्य है जो 'चैत के बादल' कविता का कथ्य है :

बिदबिदाएँगे
या पाथर छरछराकर
छिनगाएँगे पल्लव
बालियों से अन्न झारेंगे
या करेंगे कुदिन
पशु-परानी के लिए पितकोप
रोग फैलाएँगे
बौर लसियाएँगे
लगने नहीं देंगे टिकोरे
उखमजी व्यवहार से

यहाँ प्रकृति क्रूर है, निष्ठुर। पर प्रकृति में ही उसकी काट है। प्रबल प्रत्याख्यान। विपत्ति आती है और टल जाती है। प्रकृति का रूप-रंग बदल जाता है। दुनिया कुछ की कुछ हो जाती है। यह उम्मीद न हो तो खेती-किसानी घर-बार में खटे कौन!

द्वादशी का चाँद
चाँदी की नयी 'सेई' बना
रख उठा आकाश के खलिहान में
और तारे मटर के दातों सरीखे
छितरा गए खलिहान में
कट गए
ये चैत के बादल

एकांत श्रीवास्तव 'अन्न' का मर्म ऐसे ही पहचानते हैं। अन्न—जो 'धरती की ऊष्मा में पकते हैं / और कटने से बहुत पहले / पहुँच जाते हैं चुपके से / किसान की नींद में / कि देखो हम आ गए / तुम्हारी तिथि और स्वागत की / तैयारियों को ग़लत साबित करते।' अकाव्यात्मक विषयों पर लगातार लिखने की धुन अष्टभुजा को नागार्जुन के-से प्रखर जनकवि की संवेदना के निकट लाती है। देखें *किलनों* का रहस्य! भेद! —'बड़े आगमजानी होते हैं / ये *किलनें* / मरणासन्न प्राणी की मौत से / हफ्तों पहले / उसकी गंधाती देह / और बिखौधे रक्त को छोड़कर / अपने आप हो जाते हैं अलग / ...।' देखें कि *किलनें* कविता का विषय है। ज़िनकी निगाह वहाँ तक नहीं पहुँची है वे मुश्किल से ही जान पाएँगे कि वे क्या हैं! अष्टभुजा अपने समय के बाज़ार, बाज़ार के भूमंडलीकरण पर ज़ोर देते हैं। इससे फ़र्क़ नहीं पड़ता कि वे गाँव में हैं। और देसीपन में संतुष्ट हैं। वे दिखाते

हैं कि निर्जीव कपड़ा भी एक दिन अपनी आज़ादी की जगह पा लेता है और फिर बिकने से इनकार करता है। कैसे हैं वे लोग जो आज बाज़ार के प्रभुत्व वाले समय में दिन-रात बिकने को तैयार बैठे हैं! चोट ऐसे भी की जाती है। दृष्टांत ऐसे भी दिए जाते हैं। रूपक प्रतीक बग़ैर गूढ़तर अभिप्राय अपनाए भी आते हैं।

कहाँ कहाँ से कटा होगा कपड़ा
सोचो, कहाँ कहाँ से कटा होगा, वह
तुम्हारी बाँहों को घेरने की इच्छा लिए हुए
तुम्हारे पसीने में भीगने की कामना सँजोए
तुम्हारे दिल की धड़कन सुनने की अभिलाषा पाले
और अब कितना निश्चिंत लग रहा है कपड़ा
मानो उसे मिल गया है उसका गन्तव्य
अब उसे नहीं बिकना है किसी भी दाम पर
किन्हीं भी हाथों में
उसे फट जाना है अब इसी शरीर पर

पद-कुपद ढंग-कुढंग में बसता है अष्टभुजा का कवि। वह साधारण को साधारणता में अर्थात् उसकी जीवित सत्ता में पकड़ता है। कविता में माँ पिता ही नहीं आते, 'ननदें' भी आती हैं ठोस चरित्र बनकर...कि आप उनकी कद-काठी तर्जनी तेवर समझने को मजबूर हों। यह आश्वस्ति है कि...ननदों का / आगा नहीं रोका जा सकता अब / तर्जनी दिखाकर। पर यह डर भी और यह सवाल भी—कि ननदें / कब तक बेहन बनी रहेंगी / जो बीज से पौध बनें / किसी खेत में / और उखाड़ कर रोपी जाएँ / किसी खेत में! स्त्री उत्पीड़न के असंख्य कथानक समय-परिदृश्य बनाते हैं। तमाम ताक़तें उसे उसकी हैसियत बताने पर आमादा हैं। स्त्री अंततः स्त्री ही होकर रहती है। वह सभ्य सुसंस्कृत घरों में भी पिटती है और खाते-पीते घरों में भी जला दी जाती है। एक 'ललकू बहू' जो 'पकी मिर्च' ही थी—बिकी नहीं आज तक किसी बाज़ार में। ललकू बहू स्त्री उत्पीड़न का प्रत्याख्यान है। प्रतिरोध है। मानबहादुर सिंह की कविता 'आम के टिकोरे और लड़की' इसी ठेठ देशज मुहावरे में स्त्री मुक्ति के विरुद्ध सामाजिक क्रूरता का बयान है। यह क्रूरता पारिवारिक प्रेम के दिखावे में घटित होती है और ज़्यादा बड़ी हिंसा है। 'अभी जिस डाल पर झूल रही हो / झूलो / आँधी वगैरह से अपने को बचाओ / वैसे गृहस्तिनें जोह रही हैं तुम्हें / कूट पीस अमचुर बनाने को।'

अष्टभुजा की कविता में पक्षी *'घोषित दिवालिए'* हैं। वे ही प्यार कर सकते हैं—नदियों से आकाश से। अनंत में गा सकते हैं लड़ सकते हैं और कहीं भी उड़कर जा सकते हैं। जो पाई-पाई जोड़कर बनाते हैं अपना साम्राज्य, वे कोठरी में ही बंद रह सकते हैं, तहख़ानों में, तिजोरी में। पक्षी ऐसे नहीं हो सकते।

अष्टभुजा मणि की खोज में नहीं हैं। अन्न की खोज में हैं—उस 'अन्न' की खोज में जिसे 'चाहते हैं क्षुधातुर जन / ढोकर ले जाती हैं चींटियाँ / ''—उस 'सुख' की खोज में हैं जिसे'' घोड़े पाते हैं / ज़मीन पर लोटकर / गर्भवतियाँ माटी खाकर / मोर बादल देखकर / पान पानी पीकर।'' संकल्प सरीखा अंत है कविता का—

खोजता है
उस अन्न को
उस नींद को
उस सुख को
हिरन के
कस्तूरी की तरह

'तुम्हारे लिए' जैसी कविता एक पूरी जीवनकथा है। मार्मिक वृत्तांत। सारे संघर्ष सारे राग धीरे-धीरे क्षीण होने लगते हैं। कठिन होता है बच पाना—जिसे चुप-चुप बीतता समय धीरे-धीरे तोड़ता रहता है। एक दिन आता है कि वे (दंपति) किसी सिनेमाघर में नहीं घुसते। उत्तेजनाएँ थम जाती हैं। केश पक जाते हैं! वे अपने अपने बसंत काल के निगेटिव से हो जाते हैं—यद्यपि उज्जर यूरिया में छिपी हरियाली की तरह पड़े रहते हैं एक दूसरे के भीतर। भावुकता का सचेत बहिष्कार न करते हुए भी अष्टभुजा अपने को, अपने स्वजनों को, अपने संसार को और अधिक चाहत से देखने लगते हैं। इस देखने में दुनिया को आर-पार देखना भी शामिल है। 'पद कुपद' में यही संदर्भ और ढंग से आया है—'हूँ अपनी हिरनी का हिरना।' यह जो *साँस साँस में महकती* कस्तूरी है—कविता का नवरोमान भर नहीं है। जिन्होंने अपनी जड़ें काटी हैं जो परजीवीपन के शिकार हैं जिन्हें दूर का आकर्षण घेरे रहा है जो सारे जीवन-स्रोत काटकर उपकरण (नाव) बनाते रहे हैं—उन्हें पता नहीं, कि आगे क्या करेंगे। वे उनमें हैं जो नाव तो बना चुके हैं पर नदी की खोज में हैं। *'अब हम बना चुके हैं नाव' 'बाएँ हाथ का खेल'* उपभोक्ता समय का क्रूर रहस्य खोलती हैं। वे हमें अपने समय की वास्तविकता और जटिल विडंबना के नज़दीक लाती हैं। एक अनगढ़ दिखने वाले कवि का अंतः परिष्कार कैसा होता है—यह भी दिखता है पाठकों को अष्टभुजा की कविताओं में। भ्रम न हो कि इस उत्तर आधुनिक समय की जटिलताओं में अष्टभुजा नहीं जाते। जैसे विष्णु खरे और संजय चतुर्वेदी उस जटिल समय की भयावहता तक जाते हैं अष्टभुजा भी जाते हैं—ख़ासकर 'पद कुपद' में अपने फक्कड़पन बेलौसपन औघड़पन के साथ! अष्टभुजा के अस्त-व्यस्त अड़बंग ने कविता के लिए नयी चुनौती पैदा की है। वे एक वृहत्तर 'अर्थात्' के कवि हैं। क्रूर कठिन समय के गाथाकार कवि की संभावनाएँ यहीं हैं।

(6)

कविता में स्त्री

इधर की कविता का जो भी परिदृश्य है उसमें युवा कवयित्रियाँ भी लिख रही हैं पर अजब है कि कविता का जो भी महत्त्वपूर्ण मूल्यांकन विश्लेषण ध्यान देने योग्य है उसमें वे अनुपस्थित हैं। यह तब और भी खटकने वाला है, जब कहानी उपन्यास में ठीक यही स्थिति नहीं है। अभी-अभी मैत्रेयी पुष्पा गीतांजलि श्री अलका सरावगी के जो उपन्यास चर्चा में हैं उन्हें छोड़कर कोई आलोचक मुख्यधारा की कल्पना नहीं कर सकता। इस स्थिति को समझने के लिए अनामिका और गगन गिल की कविताओं और कविता संबंधी-उनके विश्लेषण पर विचार करना ज़रूरी है। क्या मुख्यधारा में न होना उनका अपना चुनाव है! या स्त्री की सर्जक रूप में उपस्थिति कविता के मुहावरे में जो अलग ढंग से रचती है, उस पर विचार करने की उपयुक्त शब्दावली आलोचना के पास है ही नहीं। बैठे ढाले मनोभाव से लिखने वाली कवयित्रियाँ दृश्य पर पहले भी रही हैं पर एक निरीह रिक्त स्थान की औपचारिक पूर्ति बनकर। क्या अनामिका और गगनगिल की दुनिया में कुछ ऐसा है जो हमें इस समूचे संदर्भ पर पुनर्विचार के लिए बाध्य करे! पहले गगनगिल का यह स्वीकार : ''बल्कि हममें से अधिकांश तो स्वयं को, स्वयं की दुनिया को, एक मानक पुरुष दृष्टि से देखने की इतनी सहज अभ्यस्त हैं कि किसी भी दूसरी तरह से स्वयं को देख पाना हमारे लिए मुश्किल होगा। विडंबना तो यह है कि हमारे यहाँ का अधिकांश स्त्री-लेखन स्वयं को इसी पुरुष-दृष्टि से परखने का लेखन है। इसीलिए वह कमतर है। जहाँ जहाँ स्त्री ने स्वयं की दृष्टि से देखा है, वह अपने वर्ण-वर्ग से परे चली आई है अपनी जाति से मुक्त हो गयी है।'' गगन गिल के पास अपनी मुक्ति के लिए जो ज़मीन दिखाई देती है वह उनकी इस मान्यता में निहित है—''एक स्त्री के शब्द ही वह प्रति-संसार हैं जिसमें वह स्वयं को प्रतिष्ठित कर सकती है। एक स्त्री के प्रश्न और संशय ही वह थोड़ी-सी ज़मीन है, जहाँ वह स्वतंत्र है।'' क्या गगन गिल की कविता इस प्रश्न संशय में निहित स्वतंत्रता की झलक देती है :

> चींटियाँ अपने घर का रास्ता भूल गयी थीं।
> हमारी नींद और हमारी देह के बीच में वे कतार बनाती चलतीं। उनकी स्मृति में बिखरा रहता उनका अदृश्य आटा, जो किसी दूसरे देशकाल ने बिखेरा था। उसे ढूँढ़ती वे चलती जातीं पृथ्वी के एक सिरे से दूसरे की ओर। वे अपने दाँत गड़ातीं। हर जीवित व मृत वस्तु में। उनके चलने से पृथ्वी के दुख इतने हल्के होने लगते कि दिशाएँ घूमने लगतीं, भ्रमित हो। ध्रुव बदलने लगते अपनी जगह। चींटियों का

दुख लेकिन कोई न जानता था।
बहुत पहले शायद कभी वे स्त्रियाँ रही हों!

गगन गिल की एक कविता *'मर्सिया'*। आलोचना एक बार असहाय अनुभव करेगी—इस हद तक सच्ची ट्रैजेडी बयान करने वाली कविता को लेकर। 'सरोजस्मृति' महत्त्वपूर्ण कालजयी कविता है। उसके मूल्यांकन के अनेक ढंग अनेक विधियाँ आलोचकों को ज्ञात हैं। क्या पुरुष-दृष्टि से लिखी गयी कविता की आलोचना एक तरह की सुविधा है। या गनन की कविता में असह्य एकस्वरता या एकायामीपन है जो मुश्किल पैदा करता है!

बस, नींद मत कुरेदना माँ की अभी
इसमें उसके सपने की मिट्टी फँसी होगी
बर्फ़ायी घास का तिनका भी

जीवकोष अभी तुम्हारे
पिता के शरीर में ही हैं गुच्छा-गुच्छा
नींद में चलती माँ
पहुँचे तो कैसे तुम्हारे पास
सारी दुनिया की किताबें जब पढ़ चुकेंगे तुम्हारे पापा
लौट ही आएँगे आख़िर

तब तक बेटे, तुम यहीं रहना, यूँ ही
बाँझ, कुँआरी माताओं की प्रेत इच्छाओं में
जैसे रहते हैं बच्चे
अच्छे बच्चों की तरह

परंपरामूलक समाज के प्रभुत्व से डरी-डरी यह कविता किस ट्रैजिक विडंबना का संकेत है। उधर *वीरेन डंगवाल* जैसे कवि की कविता *'मेरा बच्चा'* में प्रसवपूर्व माँ के गर्भ में पल रहे बच्चे को लेकर यह निडर खिलंदड़ापन है—'वहाँ भीतर। तुम फुदक रहे हो / किसी नन्हें खरगोश की तरह / हरदम / किसी रंगीन गुब्बारे की तरह फूलते-पचकते / फूट रहे हो किसी छिपी हुई खुशी की / कोंप की तरह / ऊँघ रहे हो उस गुनगुनेपन में / कोई नया शरारत-भरा करतब सोचते हुए / तुम बहुत शैतान हो मेरे बच्चे / मैं तुम्हें बहुत पीटूँगा / अच्छा, यह बताओ / क्या तुम मेरी फैली हुई हथेली की गर्मी / महसूस कर सकते हो?' ऋतुराज की कविता 'गर्भवती कवयित्री' भी अंततः इसी पुरुष के प्रभुत्वशाली मनोविज्ञान की रीति से मुक्त नहीं है कि गर्भधारण करने की प्रक्रिया से ही कवयित्री जानेगी अमूर्त से मुक्त होने की कला!

जीवन की एक दृढ़ गाँठ खोलने को
कविता छोड़कर वह चली गयी है
द्रव्य की रसपूर्ण गहराई में

वह मुस्कराती लजीली कवयित्री
पहली बार इन सृजनशील वर्षों में
रचना क्या होती है समझ गयी है

कवयित्री के शब्दों का यह प्रस्थान बिंदु
जीवन में साहसिक हस्तक्षेप है
अब वह समर्पित कर सकेगी अपनी लिखी कविताएँ
जीवन को जिसमें शब्द नहीं होंगे
नन्हीं उँगलियाँ और आँखें होंगी

ऋतुराज यह भी जानते हैं कि भारतीय समाज में सभी गर्भ-शिशु सम्यक पूर्ण आकार नहीं पाते। आँकड़े भयानक हैं गर्भ की विफलताओं के। मृत्यु के। यह है पुरुष-दृष्टि और स्त्री-दृष्टि से लिखी कविताओं का फ़र्क़। 'व्यक्ति' और 'परसोना' को एक मानकर कविता का सरल अर्थ आलोचक निकालेंगे और आत्मतुष्ट हो जाएँगे! या स्त्री-दुख स्त्री-यातना के सामाजिक कारणों में भी जाएँगे!

श्रीकांत वर्मा 1985 में 'पेरिस में स्त्रियाँ' लिखते हुए उपभोग्य स्त्रियों और पुरुष का आहार करने वाली स्त्रियों में फ़र्क़ नहीं कर रहे थे। पर संजय चतुर्वेदी जब 'एक राजकुमारी थी' कविता में राजकुमारी डायना के बहाने बाज़ार के स्त्री-मिथक का विखंडन करना चाहेंगे तो उनका प्रस्थान उनकी चिंता उनका विमर्श ज़्यादा जटिल होगा और उपभोक्तावाद की सनसनी को ध्वस्त करता हुआ दिखाई देगा।

> ''उसने महलों से हिसाब करने में प्रेस का / और प्रेस से हिसाब करने में महलों का इस्तेमाल किया / ...वह ग्लैमर के मार्फ़त प्रेस पर और प्रेस के मार्फ़त लोगों पर सवार हुई / उसने समझ लिया था कि ग्लैमर और चैरिटी उस एक ही सिक्के के दो पहलू हैं / जो आज के बाज़ार की सबसे कामयाब मुद्रा है / यह संसार महान दयालुओं से भरा पड़ा था / हालाँकि इस संसार में दया की नहीं, बराबर की ज़रूरत थी / दो करोड़ पाउंड के सौदे पर उसने राजघराने से तलाक लिया / लेकिन उसने महलों को कभी नहीं छोड़ा / वह हर माह कोई चार हजार पाउंड अपने बालों की रंगाई पर ख़र्च करती.../
> महलों से निकलकर / यह महत्त्वाकांक्षा और वासना की सुरंग में घुसी / और एक दिन ताबड़तोड़ / जब वह उस सुरंग से टकराकर मरी / वह कोई महान काम नहीं कर रही थी।''

स्त्री-पुरुष संबंध जिस तरह गड्डमड्ड हो रहे हैं—एक बार फिर मीडिया की सनसनी में मोनिका लेविंस्की के नीले परिधान में विश्व फ़ैशन मॉडल की अनोखी छवि के दुनिया में छा जाने का इंतज़ार है—इस गड्डमड्ड अनहोने यथार्थ जैसे विस्फोट को कवि और कवयित्रियाँ किस नज़रिये से देखेंगे और चित्रित करेंगे, कह पाना कठिन है! क्या गंभीर नैतिक काव्यात्मक विज़न उनकी कोई मदद कर सकेगा, यह भी कह पाना उतना ही कठिन है। ब्राड्स्की ने आज के ही समय को देखते हुए कहा है कि आज रचनात्मकता या 'सृजनात्मकता' पर कोई भी विमर्श 'बाज़ार' पर विमर्श होने के लिए बाध्य है। यह हताशा का क्षण है या एक नयी चुनौती का स्वीकार—यह इस पर निर्भर करता है कि हम सृजनात्मकता को वास्तविक समय से अलग कोई अमूर्त-सी चीज़ मानते हैं या इसी दुनिया में बनती-बिगड़ती एक चीज़। एक और दुनिया। आज अगर किसी रसज्ञ पाठक अथवा आलोचक को यह भ्रम हो कि यहाँ कविता गल्प होने से इनकार कर रही है और मीडिया का पिछलग्गू हो जाना चाहती है तो यह एक तरह का अति-पाठ या कुपाठ ही होगा। वास्तविकता यह है कि मीडिया का अपना एक सर्वग्रासी गल्प वास्तविकता की जगह एक झूठा विमर्श बना रहा है। एक झूठी छवि बना रहा है। यहाँ कवि मीडिया के साथ नहीं, मीडिया के विरुद्ध है। वह तात्कालिक ख़बरनुमा फ़ंतासी में किन्हीं ख़ास अंतर्ध्वनियों के लिए स्पेस बना रहा है।

अनामिका की कविता 'इच्छाएँ' क्या स्त्री-मुक्ति का संदेश है या संदेश में अर्थवक्रता के न्याय से कोई प्रच्छन्न डर—उड़ान भरने और बीच राह कहीं अटक जाने का! डर त्रास दुख यातना के अनुभव अनामिका के यहाँ बहुत हैं। उसी अनुपात में शायद जीवट भी। क्या कभी-कभार की मुक्ति भी इतनी अनंत उड़ान होती है!

इच्छाओं की लय भी होती है अलग-अलग

कुछ सितार के झाले-सी
        सीधा उठती हैं अठगुन में ही
कुछ विलंबित में उठती हैं
        अचानक किसी सुर से
        (सृष्टि के पहले आलाप की तरह)—

और रास्ते में पड़े जंगलों के
एक-एक पेड़ से पता पूछती-सी
सीधा पहुँचती हैं ऊँचे दिगंत में
        यों ही उड़े जाते पंछी-दल के
        किसी एक पंछी के
        सिहरे हुए एक रोंये तक।

अनामिका के यहाँ विषाद और यातना का ख़ासा प्रगाढ़ रंग होने पर भी विनोदशक्ति बची हुई है—आत्मविनोद या आत्मव्यंग्य का रूप बचा हुआ है—इस दृष्टि से 'एक औरत का पहला राजकीय प्रवास' एक मार्मिक कविता है : ''डनलप पर लेटी / चटाई चुभी घर की / अंदर कहीं रीढ़ के भीतर / तो क्या एक राजकुमारी ही होती है हर औरत / सात गलीचों के भीतर भी / उसको चुभ जाता है / कोई मटरदाना आदिम स्मृतियों का।''

क्या पुरुष प्रभुत्व द्वारा निर्धारित काव्याभिरुचि की सीमाएँ आज के ऐसे समय में आगे भी बनी रहेंगी जब बहुत कुछ टूट रहा है—मर्यादाएँ, परंपरा-पोषित शील, वर्जनाओं की दीवार! क्या पुरुष प्रभुत्व के नये अधिक आतंककारी रूप आगे भी बने रहेंगे जो पुरुष-दृष्टि से लिखी एक कवयित्री की कविता को तो स्वीकार करें पर स्त्री-दृष्टि से स्त्री की अँधेरी कविताओं को तरह न दें! क्या यह अपने में चौंकाने वाला तथ्य नहीं है कि एमिली डिकिन्सन की अंतःसमृद्ध, पर स्त्री-दृष्टि से लिखी, 1775 कविताओं में से सिर्फ़ सात उनके जीवनकाल में प्रकाशित हुईं! क्या जंजीरें तनिक भी ढीली नहीं पड़ी हैं—एक लंबी कालावधि के बाद भी—

कला को पाने के लिए बहुत हद तक मेरे प्राण रहे
और अब हवा से परे

बहुत निपुणता से साँस लेने की नकल करती हूँ
बिल्कुल निश्चिंत होने के लिए
फेफड़े निस्पंद हैं...अवतरण ज़रूरी
दक्ष समाधियों के बीच

मौन अभिनय का आभास—खुद को कितना
स्पंदनहीन अनुभव करती हैं धमनियाँ

आगे आ रही कविता, आगे आ रहे कवियों और कविता के आलोचकों को एक नये उत्तेजक और चुनौतीपूर्ण असुविधाजनक आत्मपरीक्षण की ज़रूरत होगी। जिसे प्रभुत्वशाली (dominant) विचारधारा कहते हैं वह कैसे कला संस्कृति के मुहावरों और मानदंडों में संक्रमित होती है, इसे अधिक गहराई से देखने जाँचने की ज़रूरत है। दलित कविता दलित कविता ही रहेगी या हिंदी की मुख्य धारा के काव्य मुहावरे में उसकी ठीक-ठीक जगह पहचानी जाएगी!

आलोचक का दुख

डायरी से

[तिथि-क्रमहीन]

❑❑

जर्मन कवि नाटककार बर्तोल्त ब्रेख्त को पूरे रचनाक्रम में हर क्षण विस्फोट की-सी स्थिति दिखाई देती है। कला का सारतत्त्व हो सरलता, भव्यता, संवेदनीयता, पर रूप के मामले में ठंडापन जैसे कोई सकारात्मक युक्ति हो। शब्द लालची जान पड़ते हैं। इस अर्थ में कि बहुत कुछ रूढ़ होता जाता है। मोटी होती जाती है उनकी चमड़ी। सुरक्षात्मकता का लेप चढ़ता जाता है। पर यह भी तो सच है और यह नहीं, कि ब्रेख्त इसका मर्म न जानते हों, कि कवि ही है जो इस सुरक्षा के घेरे को औचक तोड़ देता है और जोखिम भरा एक शब्द उसकी पूरी रचना-प्रक्रिया का बीज शब्द बन जाता है।

❑❑

कविता महज़ व्याकरणिक संरचना नहीं है [—जबकि कविता का गुण-दोष विवेचन बहुत दिनों तक कविता को यही मानकर होता रहा है—यहाँ तक कि इसी स्तर पर चूक कवि के जीवन में घटित बड़े दुर्भाग्य आदि का कारण हो—] वह मुख्य रूप से कलात्मक संरचना है जिसका पूर्वानुमान कवि तक को नहीं होता—और पाठक जिसकी फ़रेब में कभी भी आ सकता है। कविता के रूप से भी अर्थ तक जाना संभव है जैसे अर्थ भी रूप के मर्मग्रहण में सहायक हो सकता है।

❑❑

वाल्टर बेंजामिन ने अपने लिए बादलेयर जैसे कवि का जो आलोचनात्मक पाठ बनाया वह काव्य प्रक्रिया को समझने में दूर तक सहायक है—बादलेयर की कविता क्या है—भाषा से एक तरह की साठ-गाँठ। कानाफूसी। कूट मंत्रणा। कभी कभार विद्रोह भी। यह यदि खेल है तो भी उसका भेद धीरे-धीरे खुलता है। कविता में छूटी हुई जगहें बादलेयर के लिए अंतर्दृष्टि प्रेरित नयी और सार्थक खोज हैं।

❑❑

'पहल' संपादक के नाम कुमारेंद्र पारसनाथ सिंह का पत्र—"इस बिंदु से जब हम समकालीन कविता की बात करते हैं, हमारे सामने दो जातियों की कविताएँ खड़ी होती हैं। एक जाति की कविता वह है जो ख़ुशनुमा होने की कोशिश में, अपने ज़र्द पड़े मुल्क और उसके लहूलुहान वक़्त की पहचान को धूमिल करती है। और दूसरी जाति की कविता वह है जो उस पहचान को और भी तेज़ और साफ़ करती है और इस कोशिश में ख़ुद क्षत-विक्षत और रक्ताक्त हुई रहती है।"

कविता की कोई तीसरी जाति भी तो होनी चाहिए। और फिर कोई कुजात कविता होगी या नहीं!

❑❑

पहल : 31 (1987) में मुक्तिबोध की खंडित पांडुलिपि के कुछ अंश छपे हैं—मुक्तिबोध की चिंता है कि जो अंतर्मुखता उन्हें मिली है वह प्राचीन सांस्कृतिक अंतर्मुखता के विरुद्ध एक नयी अंतर्मुखता है—एक लादी गयी अप्राकृतिक स्थिति—जिसके अंतर्गत मन अनेकों फ़ैंटेसियों द्वारा बाह्य विश्व से अपने अंतः संबंधों के विविध रूप दृश्य प्रस्तुत करता है। उनके शब्द हैं—"यह अंतर्मुखता एक भयानक चीज़ है, उसमें अपार कष्ट है। इस कष्ट की कालिख से मेरी कविताएँ रँगी हुई हैं। इस कविता का मर्म समझने के लिए विद्वान अथवा साहित्यिक अथवा मार्क्सवादी होने की ज़रूरत नहीं। ...निम्नमध्यवर्गीय जन, जिसे थोड़ी-सी भी शिक्षा प्राप्त है इसी प्रकार की अंतर्मुखता रखता है।" अब अंतर्मुखता कवि को कहाँ छोड़ती है! क्या यहाँ! 'धीरे-धीरे भाषा सुखा डालती है अपना शरीर / पड़ोसी पूछते हैं आप क्या करते हैं जी / देखिए हम तो सिर्फ़ पूछ रहे हैं नाराज़ न होना / अरे भाई नाराज़ी कैसी / हम करें क्या, हमसे कुछ नहीं होता है।' (असद ज़ैदी) यह दयनीयता क्या है! क्या महज़ "करुण का आत्मनिवेदन"—या अपने प्रति नयी क्रूरता जैसा सतर्क आत्मविमर्श!

□□

अरुण कमल के कई पत्र। कविता को लेकर यह चिंता—"कि कवियों को समझ में नहीं आ रहा कि कविता कैसे लिखें—कविता कहाँ है—कविता का काम क्या है—एक जड़ता है—। शमशेर नागार्जुन से लेकर नये से नये कवि तक—अपनी-अपनी कोशिशें भी हैं। इसी जड़ता ने पूरे वातावरण को उदासीनता और उदासी से भर दिया है। यह वह समय है जब खेत से फसल कट चुकी है और नयी फसल बोने का वक़्त नहीं है—एक रिक्तता, एक आशा, एक आशंका, एक क्षोभ का समय।"

एक अन्य पत्र में—यह स्वीकार—कि "एक बार फिर कविता गतिहीन हो गयी है अथवा त्वरा कम हो गयी है। इस तरह से ऐसा लग रहा है कि कविता का लंगर ढीला पड़ गया है— It has lost its moorings... यह अंतिम रूप से नहीं कह रहा हूँ—कारण क्या है! वस्तुतः ऐसा है भी या नहीं!...

□□

इधर की कविता पर चंद्रकांत देवताले की टिप्पणी में कई ज़रूरी सवाल उठाए गए हैं। आने वाले समय में कविता के पूरे तंत्र में वह असह्य एकरूपता कम्प्यूटरीकरण और उपभोक्तावाद की तकनीक या हिकमत के चलते देर तक टिक जाने वाली है। नये अनुभवों नयी कल्पनाओं की दुनिया इने-गिने शब्दों में सिमट जाने वाली है। संबंधों में असंवाद असंलग्नता अजनबीपन इस तरह व्याप्त है कि उन्माद या दिलासा बहुत अपर्याप्त लगने लगे। देवताले का कहना है : "पर जैसा होता है; हुआ है, युवा कवियों ने कृतित्त्व के जो कीर्तिमान कायम किए उससे आगे या उस तक वे अपनी ही रूढ़ियों के कारण अब पहुँचते दिखाई नहीं दे रहे हैं। यहाँ मेरा अनुमान ग़लत हो सकता है पर नास्टेल्जिया और एक ख़ास तरह के रूमान के कारण, जिसमें पृथ्वी के वचे रहने, घास-वनस्पति के बचे रहने की कल्पना का अतिदोहन है—कविता में आग की जगह वैसी शीतलता है जो हमारे वक़्त की विकट मुश्किलों को सरल इच्छाओं से आसान करती है।" देवताले का अनुमान सही हो सकता है—पर सरलता की ही रूढ़ियाँ दृश्य पर नहीं हैं दुरूहता की भी रूढ़ियाँ हैं—वे कई बार कविताओं से कविताओं तक का सफ़र हैं। जीवन द्रव्य कुछ यों ही क्षीण नहीं दिखाई देता। कवि दोनों तरह के आलोचकों से महज़ अपना-अपना 'डिफ़ेंस' चाह रहे हैं। कविता की आशातीत सफलता में तो उन्हें संदेह नहीं रहा, आलोचकों की नासमझी को लेकर भी वे अधिक आश्वस्त नज़र आते हैं। देवताले के इस कथन में गहरा अर्थ छिपा है। एक अँधेरे समय में इसका

अर्थ समझना चाहिए— "आशावाद भी कई बार उम्मीद के ख़िलाफ़ जाता है और नाउम्मीदी की चीख़ उम्मीद की मोमबत्ती जलाए रखती है।"

❑❑

मंगलेश को लगता है कि एक स्वप्निल, चमकती हुई और अयथार्थ छवि और उसकी मामूली, लगभग लाचार, वास्तविक स्थिति के बीच की दुविधा में हैं। यह दुविधा या अनिश्चितता सहूलियत भी हो सकती है और चुनौती भी। यह महज़ कवि की अंतरात्मा का सवाल नहीं है—इस दूसरे वास्तविक समय से जो कवि की मुठभेड़ हो रही है, उसकी ही साख पर निर्भर है। कविता ही इसे जाँचने का निर्मम साक्ष्य भी है। वही ख़ुशी को संदेह से देखती है। या देख सकती है। कहीं वे उस कविता की खोज में हैं जिसमें रक्त मांस अस्थि मज्जा सब कुछ हो और जहाँ पूरा-पूरा जीवन धड़कता दिखाई दे।

❑❑

फ्रेंच कवि रिम्बो के एक अनुवादक-पाठकर्त्ता ने जिस बिंदु पर पहुँचकर रिम्बो की कविता का मर्म जाना, वह ऐसी गुणवत्ता या पूर्णता है, जिस पर बच्चे ही भरोसा कर सकते हैं। क्या इस अनुभव-सूत्र के ज़रिये हम मान्यता का आधार बनी बहुत-सी कसौटियाँ छोड़कर अबोधता या विस्मय को काव्यात्मक कल्पना का सारतत्त्व ठहरा सकते हैं! जानने के जो स्रोत हैं उनमें एक है यह अबोधता। बोधवृत्ति को एक और आयाम देने में सक्षम। ग़ालिब के पूछने में दोनों शामिल हैं:

सब्ज:ओ-गुल कहाँ से आए हैं
अब्र क्या चीज़ है हवा क्या है

❑❑

कवि केदारनाथ सिंह के साथ एक शाम। सुरेंद्र काले के घर। केदार जी ने एक सवाल उठाया—प्रेम कविता के बारे में। क्या एक भी अच्छी प्रेम कविता इधर दिखाई दे रही है! शायद नहीं दिखाई दे रही है। और अच्छी महत्त्वपूर्ण कविता भी नहीं दिखाई दे रही है—क्या दोनों में कोई रिश्ता है!

नेरुदा ने क्यों यथार्थवाद को कविता का दुश्मन कहा! शायद एक तरह के यांत्रिक यथार्थवाद को।

नहीं, ऐसा कोई विशेषण लगाने की ज़रूरत नहीं महसूस हुई नेरुदा को। क्या यथार्थवाद की गिरफ़्त में आते ही 'यांत्रिक' 'रुढ़िबद्ध' हो जाने का डर है!

□□

नामदेव ढसाल राजनीतिक चेतना संपन्न कवि हैं। ऐक्टिविस्ट जैसे। पर कविता और राजनीतिक कविता में फ़र्क़ नहीं करते। धड़ल्ले से लिखने में कोई हानि नहीं, पर ज़रूरी है जीने की बारीकियाँ न छूटने पाएँ। खाना खाने, रोटी खाने जितनी स्वाभाविक रहती है कविता। मोहन कुमार डहेरिया की कविता 'उनका बोलना' और संजय चतुर्वेदी की 'एक राजकुमारी थी' दोनों एक अर्थ में राजनीतिक कविताएँ हैं पर उनका स्त्री-विमर्श दो तरह का है और दो दुनियाओं का सच सामने लाता है। एक में स्त्री की उड़ान है—ठोस यथार्थ में हस्तक्षेप करती। दूसरी में एक. अँधेरी मृत्यु में अंत। एक में बाज़ार से इनकार। दूसरी में बाज़ार का मृत्यु पर भी छाया वर्चस्व।

□□

जो पुस्तक बहुत दिनों से मुझे एक निरंतर पाठ की तरह कभी व्यग्र बनाती रही और कभी हताशा में उम्मीद की लौ जान पड़ी है वह ओसिप मांदेलस्ताम पर नादेज़्दा मांदेलस्ताम की पुस्तक 'Hope Against Hope' उम्मीद के विरुद्ध उम्मीद। जीवनी, संस्मरण, आलोचना—सभी विधाओं का एक अनोखा संश्लिष्ट रूप। नादेज़्दा की दृष्टि में भय की उम्मीद की-सी चमक है। जिससे जितना गहरा लगाव है उसी को खो देने का भय है। भय और उम्मीद अभिन्न हैं। उम्मीद खो दें, फिर भय कैसा!

□□

नेरुदा पसंद के कवियों में उस कवि को खोज रहे थे जो मनुष्य-प्रकृति और उनमें छिपी अनेक ताक़तों को खोज निकाले और इस तरह उस महाकाव्यात्मक कविता को भी, जो ब्रह्मांड के महान रहस्यों को और मनुष्य की जीवनी-शक्ति को प्रकट कर सके। एक विस्तृत परिदृश्य की कविता—Expansive Poetry प्रसारकामी कविता। या एक वह कवि जंगली पशु की त्वचा का-सा खुरदुरापन लिए हुए! नेरुदा के लिए महत्त्वपूर्ण कवियों में एक वह जो अ-राजनीतिक होकर जनता के संघर्ष से गहरे स्तर पर जुड़ सकता था। मसलन पॉल एलुआर। पारदर्शी स्पष्टता। अतार्किक अतियथार्थवाद के चमकीले प्रलोभनों से मुक्त। कोई एक ऐसा कवि भी—पसंद में शामिल जो पृथ्वी आकाश के असीमित रूपों से एकदम दैहिक रिश्ता बना सकता हो। उन्हें नाम दे सकता हो। छू सकता हो। फिर एक वैसी कविता जो एक साथ प्रेम और दुख की कविता हो। कविता विद्रोह का ही दूसरा नाम है जो जीवन की सब ज्ञात संरचनाओं का अतिक्रमण कर सके।

❑❑

'निरुपमा दत्त मैं बहुत उदास हूँ' संग्रह (1991) तक आते-आते क्या कुमार विकल मृत्यु की पदचाप सुन रहे थे। अदम्य जीवनीशक्ति और इस नयी हताशा के द्वंद्व की झलक देने वाली कविताएँ कुमार विकल के कवि-व्यक्तित्त्व का क्या कोई नया रहस्य खोलती हैं :

प्रियजन जो कभी मशालों की तरह जलते थे
धीरे-धीरे बुझ रहे हैं
औ' मेरे इर्दगिर्द
जो रोशनी के अनेक घेरे थे
दुश्मन अँधेरों के आगे झुक रहे हैं
नहीं, यह कभी नहीं हो सकता
मैं इन मशालों को फिर से जलाऊँगा
चाहे, मैं खुद होम हो जाऊँगा।

❑❑

नितांत व्यक्तिगत कविताएँ भी हमारे समय को बताती हैं। कवि नरेश सक्सेना के लिए नरेंद्र जैन की कविता देर तक मन पर छाई रहती है। समय जो इतनी गहमागहमी मारधाड़ से भरा है। प्रदर्शन। विज्ञापन। फ़रेब। घोषणाएँ। रैलियाँ। समय को ऐसे भी देखते हैं कवि—जो भीतर की कहा-सुनी पर भी कान देते हैं या नज़र रखते हैं :

हालाँकि ऐसी भेंट के लिए
ज़्यादा ठीक-ठाक नहीं रही दुनिया
लखनऊ अब क्या रहा होगा

कंप्यूटर बिगड़ चुका है
उन्हें उम्मीद है सुधर जाएगा

रेल के डिब्बे में
शर्म से गड़ा बैठा मैं देखता
वे अपने हाथ में लिए पानी की बोतल मेरे लिए

यह लखनऊ है
रात के तीन बज रहे
कवि जागते ही रहते हैं
दूसरों की नींद के लिए चिंतित होते
गुज़रती है रेल

बहुत कुछ पीछे छोड़े जा रहा
एक पारदर्शी आकृति
दूर जाती दिखलाई देती

□□

...और आक्तोवियो पाज़ के लिए शब्द कथन से पहले की ख़ामोशी हैं। शब्द के बाद की ख़ामोशी भाषा में गूढ़ोक्ति भरी ख़ामोशी है। कोई भी तब तक कवि नहीं है जब तक उसे अपने भीतर को नष्ट करने और एक दूसरी भाषा सिरजने के आकर्षण ने लुभाया नहीं है। पाज़ मानते हैं कि भविष्य की कविता वाचिक होगी। कविता सुनने के लिए उसे एक प्रतिध्वनि में, एक छाया में बदलना होगा। कविता अर्थ के विरुद्ध एक लगातार संघर्ष है। कविता उस कवि का अवसान चाहती है जिसने उसे लिखा है और अब उस कवि का जन्म चाहती है जो उसे पढ़ेगा।

□□

कलकत्ते के मित्र आज भी पूछ रहे हैं कि नक्सलबाड़ी आंदोलन के असर में लिखी राजनीतिक कविता की नोटिस क्यों नहीं ली गयी! यह सवाल उन्हें अपने से भी पूछना चाहिए। कुरोसावा की फ़िल्में याद करें और उनकी यह व्याख्या कि सच्चे कलाकार को अपने माध्यम के साथ हिंसक की तरह पेश आना चाहिए, पर जिरह और समझ के साथ। आंदोलन से निकली ज़्यादातर कविताएँ अवधारणा से शुरू होकर अवधारणा पर ही ख़त्म होती हैं। वे विरोध की मुद्रा बनाती हैं—पर तार्किक ब्यौरों और सूत्रों-लक्षणों के साथ। अंततः वे मेनिफ़ेस्टो बनकर रह जाती हैं। दूसरे तीसरे पाठ में निष्प्राण या प्रभावहीन दिखने लगती हैं। मुक्तिबोध 'आत्मसंविद' और 'विश्वचेतस्' में जो कठिन रिश्ता बनाते हैं वही उन्हें दूर तक अर्थवान बनाता है।

□□

आधुनिक रूसी कविता के एक विमर्श में मायकोव्स्की की कविता के बारे में कहा गया है कि एक इतिहास-क्षण से संबंधित आत्मबिंब के इर्द-गिर्द ही मायकोव्स्की ने अपनी कविता की दुनिया बनाई। वे दूसरों पर लिखते रहे, पर अपने बहाने। वे शुरू से अंत तक काव्यनायक की-सी भूमिका में बने रहे। काव्यनायक (Poetic Hero) की अनुपस्थिति से अब कविता का जो परिदृश्य बन रहा है उसमें मायकोव्स्की अकल्पनीय लगें, तो आश्चर्य नहीं।

□□

कवियों-आलोचकों में या तो परस्पर सहमति या मैत्री भाव है या प्रचंड अविश्वास। ख़ासकर कवियों में, आलोचकों के लिए। सहमति के लिए प्रशंसा या सराहना अकेली शर्त है। आलोचक की असहमति है तो उसे कृपण संकीर्ण संवेदनहीन और अहंकुंठित होना ही चाहिए। क्या दोनों का कोई एक समान ठिकाना या लक्ष्य नहीं है। उनके सरोकार क्या इतने अलग हैं! मीर को यहीं याद करने की ज़रूरत हो सकती है।

> रफ्तगाँ में जहाँ के हम भी हैं
> साथ उस कारवाँ के हम भी हैं
> वज्ह-ए-बेगानगी नहीं मालूम
> तुम जहाँ के हो वहाँ के हम भी हैं

□□

विजेंद्र की कविता 'लकड़हारा' पर्यावरण की चिंता पर विस्तृत विमर्श की तरह है। विजेंद्र लंबी कविता के भीतर एक समूचा स्पेस पाना चाहते हैं। एक तरह से पर्यावरण आंदोलन की अनुगूँजों से भरी है—कविता! पर, उसे पाने का आधार है उदयपुर क्षेत्र के आदिवासियों में प्रचलित मिथक। रेणु जब कथा के बीच गीत या कथा के बहाने कोई मिथक चुनते थे तो वह संयोग भर नहीं होता था। मिथक का दुख अपने समय में संक्रमित हो जाता था। विजेंद्र वृत्तांत की सपाटता को एक लय में सँभाले रहते हैं क्योंकि और कोई चमत्कार इस ढंग में ऐसे विमर्श को काव्यसंभव नहीं कर सकता। क्यों विजेंद्र बहुत लोकप्रिय नहीं हैं। शायद इसलिए कि उनकी सादगी के मर्म तक जाने के लिए एक तरह का जीवन विवेक ज़रूरी है जिसमें सिर खपाने वाले अब कम ही होंगे। कविता की यह सादगी जोखिम उठाने जैसी है। यहाँ कविता विदग्ध रसिकों के लिए नहीं—सब सामान्य साधारण पाठकों के लिए है—नवसाक्षरों तक ढंग रूप बदलकर पहुँच सकती है।

□□

हम कला के ऐसे समय में हैं जो शोर से भरा है—मौन या चुप्पी की अपेक्षा रखता हुआ। एक शोख़ चमकीला नकारवाद। —यह मौन के सौंदर्यशास्त्र पर एक टिप्पणी है जिसके निहितार्थ कला के भीतर और बाहर सृजन और उपभोग के क्षेत्रों में मौजूद होंगे।

□□

कविता में प्याज़ नहीं है। घरों में प्याज़ नहीं है। हाट बाज़ार में प्याज़ नहीं है। विचारधारा या विचारधाराओं में प्याज़ नहीं है। यह इक्कीसवीं सदी के दरवाज़े तक पहुँचे देश का यथार्थ है, जो सत्ता की निगाह में 'सांस्कृतिक राष्ट्रवाद' है। इस क्रूर यथार्थ का आने वाली कविता और कविता-संबंधी आलोचना पर कोई असर पड़ने वाला है या नहीं! या भारतीय काव्यशास्त्र के सत्ता विमर्श में इसे विषयांतर मान लिया जाएगा। कवि को पता है कि —

इस तरह कथानक लेता है एक मोड़
आखिरी वफ़ादार पाठक भी धैर्य खो देता है
और फ़िक्र यह — कि —
अब मैं अपना दुख क्या
किसी घोड़े से कहूँगा

—*असद ज़ैदी*

□□

'पर्सनल इज़ पोलिटिकल' क्या यह कसौटी कविता के महत्त्व के मूल्यांकन की एक कसौटी हो सकती है! इस पर इन्हीं शब्दों में न सही गाहे बगाहे देवेंद्र कुमार से बात हो जाती थी। देवेंद्र कुमार के बाद इस शहर में कोई पूर्णकालिक कवि नहीं है। कहें कि सुरेंद्र काले हैं जो नियम से लिखते हैं। केदारनाथ सिंह ने उन्हें कभी अग्निसंभव कवि कहा—उस पक्षी की तरह जो अपनी ही राख से पैदा होता है। देवेंद्र कुमार घर बार में रमे हुए कवि न थे। सुरेंद्र काले हैं। दुनिया को भूलकर लिखने वाले फक्कड़ कवि हैं अनंत मिश्र—जो संग्रह न छपाकर भी संतुष्ट हैं। संतुष्ट हैं कि उनकी ढीली-ढाली बेपरवाह दुनिया में कविता ही कविता है जो कभी भी उनकी पर्चियों पर उतर सकती है और थैले में समा सकती है। युवा कवि गणेश पांडे दुनिया को न भूल पाने वाले असंतुष्ट नाराज़ कवि हैं। संग्रह 'अटा पड़ा है दुख का हाट' के बावजूद दुखी कवि हैं—दुखी और नाराज़! इस संग्रह के समीक्षक कपिलदेव को लगता है कि कवि का निजी अनुभव के इतने तीखे प्रसंगों से भरा होना मुश्किल पैदा करता है। विश्वनाथप्रसाद तिवारी की स्थिति भिन्न है। न दुनिया को याद रख पाते हैं न भूल पाते हैं। आवेगहीन दिखने की कोशिश करते हैं—भूलकर कि काम आया निजी अनुभव का आवेग ही जिसमें 'माँ' शृंखला की कविताएँ संभव हुईं। कात्यायनी की 'सात भाइयों के बीच चंपा' कविता स्मृति में देर तक टिकती है। एक अर्थ में 'हाकी खेलती लड़कियाँ' भी। पर जिन्हें वे

'जनचिंता' की कविता मानकर लिखती हैं वे विश्वसनीय नहीं बन पातीं। अनामिका की घर-दुनिया के त्रास में फँसी निजी कविताएँ, यहाँ तक कि तेजी ग्रोवर के निजी अकेलेपन का रहस्यमय साक्ष्य बनी हुई रागविराग की निजी कविताएँ ज़्यादा विश्वसनीय लगती हैं। 'पर्सनल इज़ पोलिटिकल' का काव्यतर्क निराला में किस तरह दिखाई देता है! प्रार्थना पीड़ा के निजी अनुभव अंतिम दौर के गीतों में सामाजिक वेदना का मर्म उद्घाटित करते हैं। ब्राड्स्की का कहना है कि कला यदि कलाकार को कुछ भी सिखाती है तो वह है मानवीय स्थिति का निजी, गोपन, अंतरंग। यह कविता के लिए अधिक सच है। आमहित या जनहित के पैरवीकारों को, नेतृत्व को अक्सर कविता रास नहीं आती, उलझन में डालती है। कला में दुहराना नहीं चलेगा। इसलिए भी, यहाँ निजी अंतरंग का महत्त्व है। डर यह है कि इधर की परिदृश्य में उभर रहे नये युवा कवि उपलब्ध अर्थात् स्टॉक मैटीरियल या स्टॉक एक्सपीरियंस पर ज़्यादा भरोसा करेंगे, खोज पर नहीं। निजता के साथ गहरे उलझने और इंतज़ार करने का धैर्य उनमें न होगा। यह समय इतना माध्यम-सक्षम है कि हर समय ज़रूरत की अनुभव-रीति उपलब्ध करा देगा। चुनाव या खोज की फ़ुर्सत न होगी।

❑❑

इधर के साहित्यिक परिदृश्य की एक दुर्घटना यह है कि कवियों ने या तो आलोचकों को साध-सहेज लिया है, मित्र बना लिया है या उनसे ऐसा पूर्वयुद्ध ठान लिया है कि दोनों एक दूसरे के लिए विदूषक-कार्टून सरीखे लगें। दोनों शायद बोध अनुभव कल्पना की अगाधता से इनकार कर रहे हों। कभी लगता है कि इधर के आलोचकों में विजयदेव नारायण साही हुए ही नहीं जिन्होंने शमशेर पर लंबा निबंध लिखकर कविता-आलोचना के मुहावरे को अर्थवान बनाया और रामचंद्र शुक्ल के समक्ष और समानांतर जायसी और पदमावत का नया पाठ बनाया। 'अलविदा' में ये पंक्तियाँ जब-तब मन में गूँजती हैं—

> मगर मैं यह सब
> सिर्फ़ अनुमान के भरोसे कह रहा हूँ
> क्योंकि मेरा अनुभव बहुत सीमित है
> और मेरे लिए वे रास्ते बंद कर दिए गए हैं
> जिनसे होकर
> चमकता हुआ जोखम प्रवेश करता है

ब्राड्स्की के शब्द हैं—कविता एकालाप नहीं है बल्कि कवि का पाठक के साथ संवाद है—लेकिन अत्यंत निजी। इस संवाद में कवि पाठक हो सकता है और

पाठक कवि। इसीलिए आलोचक से एक अच्छे सतर्क सघन पाठक की माँग बेजा नहीं है। उसे कवि की ओर से, या कवि के लिए नहीं, बल्कि कवि के साथ बोलना चाहिए।

□□

'लेकिन उदास है पृथ्वी' (मदन कश्यप) में गुस्से और राग के बीच कई कविताएँ पर्यावरण-चिंता को लेकर हैं। यह चिंता पर्यावरण के साथ ही आर्थिक उदारीकरण विश्वबाज़ार के चमत्कारी प्रलोभन वाले दौर में उपस्थित दूसरी चुनौतियों से भी संबद्ध है। जहाँ जानकारियाँ बहुत हों, वर्ग चेतना अवधारणात्मकता में असंदिग्ध हो, सूचनाओं की भरमार हो—कविता को अगर कोई चीज़ बचाती है अबोधता या विस्मय। यह रहस्यवाद नहीं, रहस्य को भेदने की एक अधिक कारगर युक्ति हो सकती है। मदन कश्यप जैसे कवि का ध्यान इस ओर जाना चाहिए। उनके अन्य समकालीन युवा कवियों का भी। कुमार अंबुज इस अबोधता का मर्म जानते हैं। प्रयाग शुक्ल तो अकेले इस एक अबोधता या विस्मय तत्त्व पर दूर तक भरोसा करने वाले कवि हैं। अगर वे विष्णु खरे के अनुसार एक ही कविता लिखते आ रहे हैं तो इस एक कविता के नैरंतर्य को सिर्फ़ बैठे ठाले का काम तो नहीं कहा जाएगा। शायद 'अबोध' के नए-नए रूपों का अनुसंधान ही उनकी कविता का बुनियादी स्वभाव या चरित्र हो।

□□

आग्नेय का संग्रह 'मेरे बाद मेरा घर' देर से छपा है और आसानी से उपलब्ध नहीं है। कुछेक पत्रों में समीक्षाएँ हैं पर बाज़ार में पुस्तकालयों में पुस्तक पहुँची नहीं है। कई संग्रह देर सबेर आते भी हैं तो भुला दिए जाते हैं। जब आक्तोवियो पॉज़ पूछ रहे थे—कि—कविता कौन पढ़ता है। तो बाज़ार और पुस्तकालय का सवाल भी उठा रहे थे। हमारे यहाँ इस सवाल पर कोई चिंता नहीं है। कविता और कविता की आलोचना भी जैसे कवियों-आलोचकों का निजी मामला है। अलग का पाठक समाज दृश्य पर नहीं है। संवाद में नहीं है।

> 'कहाँ गयीं वे भरी कविताएँ जिनके लिए हाथियों के पैरों तले / कुचला जाता रहा हूँ चींटियों जैसा / जिनके लिए मधुमक्खियों के छत्तों में / पकता रहा हूँ शहद जैसा / दुबारा कैसे मिलेगी कविताएँ / खो गयीं मेरी कविताएँ / दूसरे लोग जब लिखेंगे मेरी कविताएँ / तभी मिलेंगी मेरी कविताएँ।'

पर जैसी स्थितियाँ हैं जैसा कविता का मुहावरा है कितने युवा कवि ऐसी

निश्छल सदाशयता या सादगी साध सकेंगे या इस सीधी कविता की कठिन राह पर निर्लिप्त मन से चल पाएँगे। कविता धीरे-धीरे तकनीक होती जा रही है—क्या यह महज़ आरोप है! मलयज कभी 'अर्जित' और 'प्राप्त' के भेद को लेकर आग्नेय की कविता के बारे में जो राय बना रहे थे, अब उनकी कविताएँ पढ़कर लगता है कि इस भेद निरूपण के लिए उपयुक्त उदाहरण वे नहीं हैं। यह ज़रूर है कि इस बीच लिखी जा रही ढेर सारी कविता के मूल्यांकन की यह एक महत्त्वपूर्ण कसौटी हो सकती है।

❑❑

इंदौर से तेजी ग्रोवर का संग्रह 'लो कहा सांबरी' साथ था। यहाँ जीवन-राग के अनुभव चित्र कम नहीं हैं। कभी-कभी बहुत पहले पढ़े अति प्राचीन कवियों के स्मरण मन में उभरते हैं। ऐसे संक्षिप्त सघन ऐंद्रिक पाठ इस रूप में देखकर। संस्कृत कविता की दूसरी परंपरा के कवि। अपभ्रंश के कवि। और भी। यह एक अपने में पूरी कविता। 'मेरी देह पर'—

> मेरी देह पर
> तुम्हारी देह से गिर रही है पसीने की बूँदें
>
> आने वाले ग़रीब दिनों के लिए नमक बन रहा है

अनुभव की वह अवस्था कि व्याख्या को चुप हो जाना चाहिए। अधिकतर कविताएँ आधे अधूरे कथन में, अटपटेपन में, अंतराल या चुप्पी की युक्ति का ख़ास इस्तेमाल करती हैं।

❑❑

अपनी पसंद की ख़ास कविता को कैसे पढ़ें और सराहें—यह चलन अब ख़त्म हो रहा है। याद आते हैं प्रसिद्ध कथाकार शानी। एक अच्छी कविता उनके लिए खोज होती थी जिसे जेब में लिए-लिए वे इंतज़ार करते थे कि कोई कविता प्रेमी मिले और उससे वह अनुभव बाँटें। कहते थे कि एक अच्छी कविता का जादू हम पर इस तरह छा जाना चाहिए कि हम उसे अपने तक सीमित न रख सकें। 'वागर्थ' के एक अंक में छपी यह कविता देर से मेरे साथ है। कविता है—'एक पोस्टकार्ड अनंत को'—

> यह बालू तो मेरी आँखों में है
> शायद उस तट का पता जानती है
> जिस पर हम गले-गले

गिल लेंगे कभी एक दिन ऐसे
जैसे कि दुविधा से मारे हुए मन में
मिलते हैं निश्चय-अनिश्चय।

—अनामिका

□□

क्या सौंदर्यशास्त्र एक और अखंड है? क्या सौंदर्यशास्त्र की दूसरी परंपरा या परंपराएँ नहीं हैं? क्या सौंदर्यशास्त्र के भीतर ही उसका विकल्प खोजने वाली या उसे चुनौती देने वाली अवधारणाएँ विकसित नहीं हुईं? भारतीय उच्च अध्ययन संस्थान शिमला की निराला-फ़िराक़ संगोष्ठी में यह सवाल अचानक नहीं उठा। बीसवीं शताब्दी के अवसान पर नये परिप्रेक्ष्य में, दलित चेतना या स्त्री चेतना के उभार की प्रतिक्रिया में अगर किसी आचार्य-आलोचक को लगे कि रस सिद्धांत की वापसी संभव है क्योंकि रस की अवधारणा अखंड और निर्विवाद है तो चौंकना स्वाभाविक है। यह अस्वीकृति और विद्रोह के साहित्य को ललित साहित्य की तुलना में 'कमतर' करके देखने की कोशिश भर नहीं है। यह मानते हुए भी कि ग़ालिब, मीर, निराला, फ़िराक़, रघुवीर सहाय, केदारनाथ सिंह, मंगलेश डबराल, लीलाधर जगूड़ी, आलोकधन्वा, अरुण कमल, ज्ञानेंद्रपति, वीरेन डंगवाल, राजेश जोशी के मूल्यांकन के लिए कुछ सर्वमान्य कालजयी निर्विवाद कसौटियाँ हो सकती हैं और उनके महत्त्व स्वीकार में उनका सामना करने की चुनौती से बचा नहीं जा सकता। पर मुझे हमेशा लगता रहा है कि एक ऐसी कसौटी के होते हुए भी (जो रस शास्त्र तो नहीं ही है) बहुत से नये मानदंड हर क्षण रचना के निरंतर नवोन्मेष के चलते ही संभव होते हैं। क्या रस सिद्धांत भी एक, और अखंड, रह गया है? क्या मार्क्सवादी सौंदर्यशास्त्र भी एक, और अखंड है। याद आते हैं मुक्तिबोध—जिनकी दृष्टि में ''कला कर्म के भीतर सौंदर्यानुभूति अखंड और निरंतर भाव से बनी रहती है, यह भी निराधार है।''

पोलिश कवि ज़ेबन्यू हर्बर्त आधुनिक समय के ऐसे कवि हैं जिन्होंने 'शुद्धता की अस्वीकृति' के कवि के रूप में अपनी पहचान बनाई है—उनकी कविता 'दो बूंदें' के आधार पर, और कविता को प्रेम कविता मानकर, जो मधुर ललित आनंद की परंपरागत युक्तियाँ पाठ और व्याख्या के लिए खोजेंगे, वे निराश होंगे। कविता प्रेम में समय-उपजे त्रासद तनाव की विलक्षण गूँज भरने वाली है—

''जंगलों में आग लगी हुई थी / ...लोग बचाव के ठिकानों पर / भाग निकले थे / उसका कहना था कि उसकी पत्नी के / इतने लंबे केश हैं / कि कोई भी उनमें छिप सकता है / एक ही कंबल के नीचे / वे / निर्लज्ज शब्दों में /

फुसफुसा रहे थे / प्रेमियों की प्रार्थना की तरह / जब समय बहुत कठिन हो गया / वे एक दूसरे की आँखों में चले गए / और मूँद लीं आँखें मजबूती से / इतनी मज़बूती से कि अब उन्हें / लपटों की आँच महसूस नहीं हो रही थी / जबकि लपटें ऐन बरौनियों तक आ पहुँची थीं। ...'' —यहाँ तनाव और त्रास प्रेम की संवेदना में क्या नया अर्थ भरते हैं और उनके कारण आस्वाद का ढंग किस तरह बदलता है, देखने की चीज़ है। सुंदर का अपना जोखिम है—अपना तनाव—क्योंकि उसके साथ इतिहास और समय के तीखे जटिल अनुभव हैं। जब सौंदर्य बदल गया, सौंदर्य की धारणा बदल गयी, नैतिक-अनैतिक की व्याख्याएँ बदल गईं, सौंदर्यशास्त्र ही एक और अखंड कैसे रह गया।

कविता के ऐसे भी रहस्य हैं जो कवि को बग़ैर बताए एक कविता की प्रक्रिया में आ छिपे हैं। जो उसका चुनाव है तमाम अनुभवों के अंबार में से एक कोई अनुभव, वही उसकी मुसीबत की जड़ है। वह शुरू कहीं और से करता है और शाखा-प्रशाखाओं से होकर विराट और उदात्त की आकांक्षा छोड़कर मामूली-से दुख में टिक जाता है। चीज़ें लगातार धुँधली होती जाती हैं, वह कविता का मूल, यानी आरंभिक क्षण भूल चुका होता है कि अचानक वह कविता की पंक्ति सामने आती है जहाँ से वह अब शुरू करना चाहेगा। ग़ालिब यह रहस्य जानते थे। या कि नहीं जानते थे।

वाय दीवान-गि-ए-शौक कि हरदम मुझको
आप जाना उधर और आप ही हैराँ होना

□□

पत्र विजेंद्र के। कविता, कविता-समय और वास्तविक समय की चिंताओं से भरे। कविता का गद्य पर लिखने का आग्रह। ''कविता और गद्य का न तो कोई विरोध है और न द्वंद्व। पर गद्य कविता नहीं, जब गद्य कविता होने को सचेष्टित होता है तो उसमें आंतरिक क्षय के बीज अंकुरित होने लगते हैं। किसे नहीं पता कि कवियों ने समीक्षा-सिद्धांतों को भी कविता में रचा, पर वहाँ काव्यतत्त्व अनुपस्थित रहा, वह बात गद्य में भी कही जा सकती थी, इधर छूछे गद्य को कविता के नाम से प्रसारित किए जाने के महत् प्रयास हो रहे हैं—निष्प्रयोजन आधुनिकता एवं नवीनता दोनों ही हमारे लिए घातक हैं। हमारी सुदीर्घ और इतनी समृद्ध काव्य परंपरा में, अभी भी जो सुरक्षित है, उसमें काव्यभाषा का भी कोई योग है अथवा नहीं...।''

□□

विजय कुमार के कई पत्र। यह चिंता आगे-पीछे के कई पत्रों में कि कविता में

एक ठहराव है—ठीक वैसा नहीं, जैसा अशोक वाजपेयी बता रहे हैं। ''यह तो सच है कि अनुभूति का एक संकट हिंदी में पिछले कुछ वर्षों से लगातार बना हुआ है पर उसमें सारा दोष कवियों पर थोपना मुझे कुछ ज़्यादती लगती है। विचारधारा के स्तर पर जब तक हम नयी चुनौतियों का सामना करने में स्वयं को सक्षम नहीं बना पा रहे हैं, तब तक अनुभूति के नये रास्ते भी किस तरह से खुलेंगे?'' विजय कुमार कविता के समाजशास्त्र पर बड़े परिप्रेक्ष्य में विचार करना चाहते हैं। स्वीकार कर रहे हैं—''महानगरों ने रचनाकारों को एक हद तक नष्ट किया है और इस पर खुलकर लिखा जाना चाहिए। समय इतना तेज़ दौड़ रहा है कि हम सब एक सर्वनाशी संकट के दौर से गुज़र रहे हैं।'' दूसरे पत्र में युवतर कवियों को लेकर उनकी यह चिंता है कि इस भयानक समय में कोई विकलता या अभिव्यक्ति के लिए बड़ा संघर्ष नहीं है और आलोचना भी कविता को कोई दिशा नहीं दे पा रही न कोई बड़े सवाल उठा रही है। ...आलोचकों और कवियों के बीच भयानक रूप से तुष्टीकरण की स्थिति है। दोनों स्तरों पर यह संकट विचारणीय है, चिंतित करने वाला है।

□□

पाश की कविता 'कल' की शुरू की पंक्तियाँ :

> सच
> मेरी जीभ पर जल रहा है प्रिये
> मुट्ठी भर झूठ का सहारा दे दो
> कि मैं तुम्हें प्यार कर लूँ

सच और झूठ के द्वंद्वपूर्ण संतुलन में ही बनती है कविता। अकेले सच से कविता असंभव है। केदारनाथ सिंह की अपनी हिकमत है कि 'बाघ' कविता में बाघ है भी, नहीं भी है। आता है और नहीं आता। ख़बर है कि आता है पर ख़बरों पर कितना भरोसा किया जाए! आता है और दुनिया (शहर) पर तिरस्कार की-सी नज़र डालकर चला जाता है। पर आ सकता है कभी भी। जब सब उसके बारे में उत्सुक हैं—बेचैन—(यह उत्सुकता भी जैसे एक ऐंद्रिक गतिविधि हो)—पैरों से जूते पूछ रहे हैं, गरदन से बाल, नखों से कंधे, बदन से खाल—कि वह कब आएगा और वह है कि कथा की ओट में जा बैठा है। कथा की ओट। यानी झूठ का सहारा लेकर। अब कथा में कुछ भी संभव है—बाघ के आतंक और बुद्ध की करुणा का चकित करने वाला समक्षीकरण। हवा के एक ही झोंके से दोनों काँपते सिहरते हैं। अब क्योंकि वह कथा में है इसलिए कहीं भी हो सकता है—किसी भी फ़ंतासी में। गन्ने के खेत में बैठा ट्रैक्टर को विराट दाने की तरह देखता। कभी

वह लोमड़ी के साथ है, कभी खरगोश के निकट। बाघ और लोमड़ी दुनिया के बारे में एक साथ सोचते हैं उनके अज्ञात दुख के बारे में। बाघ परेशान है कि वह एक इसी दुख के बारे में कुछ नहीं जानता। मैं फ़िलहाल कविता की व्याख्या नहीं कर रहा हूँ। मैं 'बाघ' की अनेकार्थता को स्वीकार करते हुए 'बाघ' में 'समय' या 'वैश्विक डर' देखने से इनकार नहीं कर रहा हूँ। नैरेटिव में क्रीड़ावृत्ति के हस्तक्षेप की कला अपनी जगह। सभ्यता समीक्षा में आदिम-आधुनिक के साहचर्य-द्वंद्व के गूढ़ार्थ। प्रूस्त की ख़ास कथायुक्ति है कि चरित्र एक-सा और निरंतर मौजूद नहीं रहता। आता है जाता है, फिर बहुत समय बीत जाने पर आता भी है तो उसी पहले रूप या अर्थ में नहीं। कई पाठ हैं और कई व्याख्याएँ। और भी आएँगी—क्योंकि कविता में सच और झूठ का यहाँ इतना सार्थक अर्थबहुल उपयोग है—कि एक निश्चित अर्थ तक पहुँचने का जोखिम भी आकृष्ट कर सकता है। अभी मैं इस इक्कीस खंडों वाली कविता में से कुछ स्थल चुन कर एक अज्ञात मर्म की खोज को कविता के विज़न के पाठ की आरंभिक तैयारी भर मान रहा हूँ। एक यह— कि पक्षी है और डैने हैं, मनुष्य है और कुदाली। दोनों पास-पास, सटे-सटे। बाघ के लिए यह मुग्ध करने जैसा दृश्य है। एक संकेत और—स्त्री है, वह भी छोटे शहर की—जिसके पास कहानियाँ ही कहानियाँ हैं। बाघ जादू है जो किसी क्षण प्रकट हो सकता है। कविता का जो सबसे महत्त्वपूर्ण स्थल है—जो वैयाकरण पाणिनि और ईश्वर न लिख पाने की विवशता जैसे प्रसंगों में अनदेखा रह जा सकता है—वह यह है : "उसका ख़याल था / कि यह जो प्यार है / यह जो हम करते हैं एक दूसरे से / या फिर नहीं करते / यह भी एक बाघ है / और इतना क़रीब कि ध्यान से सुनो / तो तुम अपनी छाती में सुन सकते हो / उसके भारी पंजों के चलने की आवाज़।" अजब है कि स्त्री-पुरुष संबंधों की जैविक उपस्थिति में 'फिज़िकल रियलिटी' बाघ है या हो सकता है। दोनों के अपने-अपने बाघ। यह अर्थ की खोज भी खेल हो सकती है। पर देखें कि लोमड़ी सिखा रही है लिखना और बाघ से यह नहीं हो पा रहा है। इस रहस्य में एक गाँठ है। वह खुल सकती है और नहीं भी खुल सकती है। यह एक नया रिश्ता है। आगे बाघ का अबोधता से सामना है—खरगोश के नरम-नरम रोओं में नख फिराता हुआ वह इस अनोखे मांसल स्पर्श को अनुभव का विषय बनाकर चकित है। अबोध और विस्मय प्यार के अनोखे खेल हैं। 'और उस मुलायम-सी देह को / इस तरह सहलाता रहा / जैसे उसकी जीभ / उस अद्‌भुत कोमलता का स्वाद ले रही हो।' शिशु कल्पना में बाघ मिट्टी का हो जाता है और अचानक टूट भी जाता है। देखें कि दो कवि इस दृश्य में शामिल हैं और बच्चे की ज़िद के सामने अवश। पर असंभव कल्पना के धनी कवि त्रिलोचन हों—तो क्या फ़र्क़ पड़ता है। ला सकते हैं—ठीक वही मिट्टी का बाघ—वही जो टूट गया। एक कवि ही इस असंभव को साध सकता है।

वह कुम्हार की आँखों में जाकर सीधे ला सकता है। एक उत्तर-काल से आदिम समय की ओर मुड़ें—नींद में जाती बैलगाड़ियाँ—गोल गोल पहिये—कि वहीं मिल जाए—एक जिंदा सुच्चा बाघ। यह कालविपर्यय छूट है जंगल से नगर या घर और घर से जंगल में होने की छूट। बस्ती में, गरम गरम घर की खोज में, जीवन की खोज में वह आता है तो शक से भर जाता है। सब कुछ तो है पर धुआँ क्यों नहीं उठ रहा है। जैसे ही उसने एक घर की ऊष्मा देख ली, नया ख़तरा इस भेदिये के लिए शुरू हुआ। परिचित लकड़ी के जलने की गंध थी सगोतिया गंध। बच्चे नींद में या जगे। ओट में पुरुष। लपट में चमक। स्त्री का चेहरा। बाघ इस रहस्यमय गोपन में जैसे आना ही चाहता था कि अपने देह की उठती दुर्गंध से डर गया। डर गया कि भेद खुल जाए तो वह मार डाला जाएगा। जंगल में कहीं आम पकने की गंध थी। जंगल यानी उसके अपने घर में। वह मानवीय दुनिया का हिस्सा हो चला था। डर है कि उसका यह बाघपन खो जाएगा। वह यथार्थ नहीं रह जाएगा। बच्चों की किताबों में ही रह जाए शायद! काल के विपर्यय में जंगल में घर बनाकर या घर में जंगल को चरितार्थ कर जीना तो होगा ही। बाघ के साथ। बाघ के बिना। जैसे कवि को अलग से एक संदेश देना हो। बाघ जैसे उत्तर आधुनिक समय में एक जादू की तरह सुंदर दृश्य की तरह ऐसे आ गया हो कि लोग डर न रहे हों—बाघ खा रहे हों—बाघ पी रहे हों—वह एक मायावी दृश्य बनकर छोटे पर्दे पर आ गया हो। देखें कि 'बाघ' की संरचना में एक भयावह संतुलन है। दूसरी ओर काल्पनिक खिलंदड़ेपन के लिए काव्योचित छूट। ऋतुचक्र पूरा हो रहा है और कविता में जनश्रुति का हस्तक्षेप है। बाघ की गुर्राहट के लिए पाणिनि के व्याकरण में स्वीकृति नहीं है—उनका चीखता हुआ निर्णय है—अशुद्ध! एकदम अशुद्ध! आगे क्या हुआ जानना ज़रूरी नहीं। यह अंत भी हो सकता है—या फिर वही बचा रह गया—आदिम मिट्टी जैसा ताजा आरंभ। अंत में आरंभ। फिर से खड़िया। ककहरा फिर से। कविता संकट के चरम बिंदु पर यही करती है। सब कुछ नये सिरे से शुरू करती है। खोयी हुई भाषा की खोज! कभी जर्मन कवि एन्तसेंसबर्गर ने इसी 'खोयी भाषा की खोज' को लेकर 'एनकाउंटर' में लंबा निबंध लिखा था। इस तरह देखें तो 'बाघ' में स्त्रीपुरुष के आदिम-आधुनिक संबंधों की जटिलता के एक गहन मार्मिक पाठ के लिए नयी चुनौती मिल सकती है। यह संकेत न पूरी व्याख्या है न पूरा मूल्यांकन। एक निजी स्वतःस्फूर्त-जैसा पाठ—जिसे शायद ज्ञानमीमांसक कहें—अशुद्ध! एकदम अशुद्ध!!